GOLDMANN
ARKANA

Buch

Bücher über das Glück gibt es in großer Zahl. Richard O'Connors Buch bietet etwas, das in anderen Werken fehlt: psychologisch fundierte Antworten auf die Frage: Was kann ich hier und heute tun, um wirklich glücklicher zu werden?

Erich Fromm hat in seiner »Kunst des Liebens« die naive Meinung zurechtgerückt, Liebe komme als ein Geschenk des Himmels über uns. Er wies darauf hin, dass Lieben eine Fähigkeit ist, die wir lernen und entwickeln können. Richard O'Connor zeigt, dass es sich mit dem Glücklichsein ebenso verhält.

Der Glaube, Glück käme über uns mit bestimmten günstigen Lebensereignissen, ist eine Illusion. Weder der Geldbetrag x noch die Person y haben (abgesehen von einem kurzfristigen Kick) Einfluss auf unser Glücksniveau. Wir wissen heute durch die Beobachtungen der modernen Psychologie und Neurowissenschaften sehr genau, dass Glück viel mehr zu tun hat mit einer Haltung gegenüber dem Leben als mit bestimmten Ereignissen. Und wir wissen auch, wie wir planvoll und behutsam die Vernetzung und Struktur der Nervenbahnen unseres Gehirns beeinflussen können, um unser Glücksniveau zu erhöhen.

Richard O'Connor hat mit seinen Klienten Techniken entwickelt, die Unglücks- und Depressionsmuster abbauen. Sein Zehn-Stufen-Programm umfasst Übungen und die Einladung, Alltägliches mit veränderter Einstellung und neuer Achtsamkeit auszuführen. Zwanzig Minuten bis höchstens eine halbe Stunde pro Tag reichen, um unsere Lebensqualität nachhaltig zu verbessern.

Autor

Dr. Richard O'Connor ist Psychotherapeut mit eigener Praxis in Connecticut und Manhattan und war Direktor eines großen gemeinnützigen Zentrums für psychische Gesundheit. Er hält Vorträge und gibt Seminare für Therapeuten und Selbsthilfegruppen. Als Autor hat er sich einen Namen gemacht mit Büchern über Depression und Stressbewältigung (»Undoing Depression«, 1997; »Active Treatment of Depression«, 2001; »Undoing Perpetual Stress«, 2005). 2006 gewann O'Connor den »Books for a Better Life Award«.

Richard O'Connor

Glück ist einfacher als du denkst

Aus dem Englischen von
Franchita Cattani

GOLDMANN
ARKANA

Die amerikanische Originalausgabe erschien 2008
unter dem Titel »Happy at Last: The Thinking Person's Guide to Finding Joy«
bei St. Martin's Press, New York, USA.

Verlagsgruppe Random House FSC-DEU-0100.
Das für dieses Buch verwendete FSC-zertifizierte Papier *Super Snowbright*
liefert Hellefoss AS, Hokksund, Norwegen.

1. Auflage

Deutsche Erstausgabe Juni 2009
© 2009 der deutschsprachigen Ausgabe
Arkana, München
in der Verlagsgruppe Random House GmbH
© 2008 Richard O'Connor
Umschlaggestaltung: Design Team München
Umschlagfoto: Masterfile / BrianPieters
Redaktion: Gerhard Juckoff
WL · Herstellung: CZ
Satz: Greiner & Reichel, Köln
Druck und Bindung: GGP Media GmbH, Pößneck
Printed in Germany
ISBN 978-3-442-21818-9

www.arkana-verlag.de

Für Sally
Ja, es *ist* wunderbar.

Inhalt

Dank

Mein Dank gebührt all meinen Patienten, die ich auf ihrem Weg, den sie so mutig gehen und auf dem sie mich so viel gelehrt haben, begleiten durfte.

Ich danke auch Bill O'Hanlon für seine zündenden Ideen und Paul Lippmann für seinen klugen und stets kritischen Rat in all den Jahren.

Und ich danke meiner Frau Robin dafür, zu sein, wie sie ist; für ihre Geduld, mit der sie mir immer wieder Mut gemacht hat und optimistisch war, wenn ich es brauchte; für Brainstorming, Redigieren, Zuhören und dafür, immer irgendwie gespürt zu haben, wann ich bedingungslose Unterstützung und wann ein objektives Feedback brauchte.

Einleitung

Das Glück steckt in einer Sackgasse. Jahrhundertelang war die Überzeugung, mehr Wohlstand führe automatisch zu mehr Glück, einer der wichtigsten Grundsätze der westlichen Gesellschaft. Jetzt aber besitzen wir zum ersten Mal die nötigen Daten, um nachzuweisen, dass dies nicht zutrifft. In den letzten 50 Jahren, seit die Wissenschaftler persönliches Glück zuverlässig zu messen begonnen haben, hört man Menschen in den USA und Europa immer wieder berichten, sie seien jedes Jahr weniger glücklich, und zwar ungeachtet der Tatsache, dass sie ständig reicher werden. Auch in anderen Ländern schwindet das Glück mit zunehmender Verwestlichung und Ausbreitung des Wohlstands rings um die Erde. Die Theorie, an welche die meisten Menschen unbewusst glauben: »Wenn ich erst reich bin, bin ich glücklich«, stimmt einfach nicht. Vielmehr scheint genau das Gegenteil der Fall zu sein: »Wenn ich reich werde, leide ich unter Depressionen und Ängsten.« Im Westen klettert die Zahl der Depressionen und Angststörungen ins Unermessliche. Andere soziale Indikatoren wie Scheidungen, Drogenkonsum, Haftstrafen, schlechte schulische Leistungen, Gewalttätigkeit und Fettleibigkeit, bei denen man einen Zusammenhang mit Unglücklichsein annehmen kann, nehmen ebenfalls zu.

Reichtum ist also nicht die Lösung. Vielleicht ist es gut, sich jetzt einmal mit dieser Tatsache zu befassen, denn im Westen haben wir wahrscheinlich den Höhepunkt des Wohlstands erreicht, und von da aus geht es nur noch abwärts. Eigentlich haben die Vereinigten Staaten den Höhepunkt persönlichen Reichtums wohl schon vor etwa 25 Jahren ohne großes Trara überschritten, denn seither arbeiten wir immer mehr Stunden, um unseren Lebensstandard beizubehalten. Doch ob der Höhepunkt schon vorbei oder demnächst zu erwarten ist: Die Perspektiven sind langfristig einfach deswegen alles andere als rosig, weil die Weltwirtschaft auf eine große Nivellierung zugeht. Die vielen Milliarden Menschen in China, Indien und Afrika wollen ebenfalls unseren Lebensstandard haben. Doch da Energie und andere Ressourcen beschränkt sind, schrumpft unser Anteil am Kuchen, je größer der ihre wird. Wenn man sich die Benzinpreise über die letzten fünf Jahre ansieht, so ist zwar ein Teil der Preiserhöhung auf Gewinnmacherei und Preispolitik zurückzuführen, größtenteils hängt sie jedoch mit der Tatsache zusammen, dass irgendein Neureicher in Shanghai jetzt ebenfalls Benzin will.

Schlimm genug, dass Reichtum kein Glück bringt. Aber es wird auch noch immer schwieriger, überhaupt reich zu werden. Die Zeit für eine Revolution ist gekommen.

Allerdings wird es eine kleine Revolution sein. Auch wenn die Regierungen ihre Arbeit viel besser verrichten würden, so können auch sie keine Lösung in der Frage des Glücks liefern. Die Revolution in Sachen Glück muss bei jedem Einzelnen auf individueller Basis stattfinden, obwohl auch die Beziehungen zu unseren Mitmenschen dazu beitragen.

Sie wissen vielleicht, dass ich mich in meinen früheren Büchern als Menschen mit klinischer Depression bezeichnet habe. Man würde meinen, dass jemand mit klinischer Depression am wenigsten qualifiziert ist, eine Anleitung zum Glück zu schreiben. Das stimmt jedoch nicht, und zwar aus folgendem Grund: Meine Patienten (ebenfalls Depressive) und ich dienen Ihnen – wie die Kanarienvögel im Kohlenbergwerk – als Frühwarnsystem. Wir leiden am sogenannten depressiven Realismus, das heißt, wir neigen dazu, die Dinge ohne tröstliche Illusionen zu sehen. Wir haben uns lange den Tatsachen des Lebens gestellt und können Ihnen helfen, damit umzugehen, wenn diese zunehmend unangenehmer und härter werden, was der Fall sein wird. Außerdem wissen Depressive, dass die Unfähigkeit, glücklich zu sein, als letztes Symptom der Depression verschwindet, und wir haben hart daran arbeiten müssen, dahin zu kommen. Ich habe meinen Teil harte Arbeit geleistet und bin heute froher und mit meinem Los zufriedener als je zuvor. Auf dem Weg habe ich eine Menge gelernt, das ich Ihnen weitergeben möchte. Wenn ich es, bildlich gesprochen, mit einer hinter dem Rücken festgebundenen Hand schaffe, dann schaffen Sie es auch.

Außerdem konnte ich vielen sehr unglücklichen Menschen helfen und bin nun seit fast 30 Jahren Therapeut. Dabei habe ich eine Menge gesehen und viel gelernt: Menschen, die von Sadisten oder anderen Mistkerlen erzogen wurden oder mit solchen verheiratet sind. Vergewaltigte, misshandelte, schikanierte, benachteiligte und gequälte Menschen. Menschen, die am 11. September dabei waren. Menschen, die an Krebs, einem Schlaganfall, Herzinfarkt oder chronischen Schmerzen litten. Menschen, die in ständigen Angstzuständen lebten. Menschen, die sich nie wohlfühlten, ohne dass ein Grund dafür erkennbar war. Ich will damit nicht sagen, dass die Arbeit mit mir einen Reigen tanzender Elfen aus ihnen gemacht hat, aber die meisten fühlen sich heute sehr viel besser.

Es gibt also zusätzlich zu den vielen alten Fakten, auf die wir auch zu sprechen kommen, noch einige unangenehme neue Tatsachen, die dem Glück den Weg verbauen. Glücklicherweise hat es in den letzten Jahren einige wirklich revolutionäre Entwicklungen in der Psychologie und Gehirnforschung gegeben, die eine enorme Hilfe sind – und an weiterer wird gearbeitet. Die Psychologie befasst sich nicht mehr nur damit, Not zu lindern, sondern hilft Menschen zunehmend, ein erfüllteres, befriedigenderes Leben zu führen. Heute weiß man, dass konzentrierte Aufmerksamkeit und Übung, wie man sie zum Beispiel bei hervorragenden Musikern findet, Veränderungen im Gehirn bewirken. Die Nervenbahnen, die zu den Bewegungen der Finger Eric Claptons oder der Unterscheidung von Tönen Pavarottis gehören, werden mit der Zeit breiter und ausgefahrener. Allerdings fängt man in der westlichen Psychologie erst an zu untersuchen, ob absichtsvolle, konzentrierte Übungen so etwas wie Glücksgefühle, Bezogenheit (*relatedness*) oder Mitgefühl verändern können.[1] Wir sind von der – weitgehend ungeprüften – Voraussetzung ausgegangen, dass es sich dabei um festgelegte Eigenschaften handelt, die von den Genen bestimmt und vielleicht von Kindheitserfahrungen beeinflusst werden, sich jedoch keinesfalls durch irgendwelche Erfahrungen im Erwachsenenalter außer vielleicht ein schweres Trauma verändern lassen. Inzwischen gibt es Beweise, die darauf hindeuten, dass das Training der Glücksfähigkeit auch die Schaltkreise im Gehirn verändert. Wenn Sie tippen lernen können, können Sie auch lernen, glücklich zu sein.

Es überrascht vielleicht, dass Glücklichsein, zumindest für die meisten Menschen, Einsatz erfordert. Es stellt sich nicht von selbst ein. Man hat – hoffentlich – ein gutes Gefühl, wenn etwas Gutes geschieht, nur hält das Gefühl nicht an. Schließlich fällt man in den Normalzustand zurück: bei den meisten eine vage Unzufriedenheit. In diesem Buch sprechen wir darüber, wie man ein tieferes, anhaltenderes Glücksgefühl erlangt.

Vielleicht überrascht es Sie nicht, dass das Glück in großen Schwierigkeiten steckt. Möglicherweise vermuten Sie bereits, dass die Menschheit die falsche Richtung eingeschlagen hat. Woher rührte sonst die große Schwäche vieler für exotische Drinks, Lotto, Mode, Schönheitschirurgie und alle anderen Wundermittel, die Wonne und Erfüllung versprechen? Unsere Zivilisation verspricht uns, das Geheimnis des Glücks bestehe darin, genug Geld zu verdienen und das Richtige mit dem richtigen Etikett zu kaufen, um zur Elite zu gehören und sich wirklich wohlzufühlen. Dass das nicht funktioniert, hat nichts mit moralischen Werten zu tun, wie wenn ich Ihnen mit dem Finger drohte und Ihnen sagte, Sie sollten über solch trivialen Dingen stehen. Es ist eine wissenschaftliche Tatsache. Seit 20 Jahren kennen Psychologen und Volkswirtschaftler die »hedonistische Tretmühle«,[2] eine hochtrabende Bezeichnung dafür, dass man ungeachtet der Menge des momentanen Besitzes mehr will, und wenn man mehr hat, noch mehr will. Es ist zudem eine bewiesene Tatsache, dass plötzlicher Reichtum nicht glücklich und eine katastrophale Krankheit nicht unbedingt unglücklich macht. Glück hängt vorwiegend von der Einstellung dem gegenüber ab, was einem das Leben beschert.

Das Gute ist, dass *wir unser Gehirn verändern können*. Der Nachteil: *Es dauert länger, als uns lieb ist.* Forscher haben vor Kurzem einer Reihe von College-Studenten das Jonglieren beigebracht und deren Gehirn mit der neuesten Hochtechnologie im Neuroimaging untersucht. Nach drei Monaten Beobachtung des täglichen Übens haben die Forscher einen messbaren Zuwachs grauer Zellen in bestimmten Hirnbereichen der Versuchspersonen festgestellt.[3] Nach drei Monaten ohne Übung verschwanden die neuen Zellen wieder. *Lebenserfahrungen verändern die Gehirnstruktur.* Wie das Jonglieren setzt sich Glück aus einer Reihe von Fähigkeiten zusammen, die man sich aneignen kann. Und wie beim Jonglieren ist das Erlernen des Glücks eine Arbeit, die Einsatz und Übung erfordert. Wissenschaft und Erfahrung lehren, dass mehr Glück verheißende Verhaltensweisen, Gedanken, Gefühle und Beziehungen den meisten nicht von selbst zufallen. Es braucht eine bewusste, ständige Bemühung, um unglücklich machende Gewohnheiten zu überwinden und sich stattdessen neue Gewohnheiten anzueignen. Doch wenn Sie diese Arbeit geleistet haben, ist das eigentliche Glücklich*sein* überhaupt nicht mehr viel Arbeit. Wenn Sie erst einmal gelernt haben, Rad zu fahren, zu tippen oder zu jonglieren, ist nicht mehr viel bewusste Anstrengung nötig, um die Fähigkeit aufrechtzuerhalten. Wenn Sie regelmäßig üben, integriert Ihr Gehirn die neuen Fähigkeiten, und es wird immer leichter, glücklich zu sein.

Lassen Sie also den Mut nicht sinken, wenn das Nachfolgende Ihnen zu anspruchsvoll vorkommt. Es ist ein umfassendes, vollständiges Programm zur Neustrukturierung Ihres Lebens und Neuverdrahtung des Gehirns. Sie werden nicht alles über Nacht lernen, und Sie lernen es auch nicht, wenn Sie das Buch nur lesen. Sie werden viele meiner Ratschläge regelmäßig üben müssen. Lassen Sie sich jedoch Zeit und schenken Sie ihnen täglich Ihre Aufmerksamkeit. Wenn es drei Monate dauert, bis das Jongliertalent dem Gehirn eingeprägt ist, so sollten Sie dem Talent zum Glücklichsein doch bestimmt auch drei Monate Ihrer Zeit gönnen. Es ist kein leeres Versprechen. Es ist das einzig Wahre. Versuchen Sie es.

Es hilft immer, einen Rahmen für das zu stecken, was man lernen will. Hier also ein kurzer Überblick über das, was Sie in diesem Buch erwartet:

- Ein einleitendes Kapitel darüber, was Glück ist und was nicht.
- Drei Kapitel über die Gründe, weshalb es uns so schwerfällt, glücklich zu sein.
- Ein Kapitel über Achtsamkeit und emotionale Aufnahmefähigkeit, die wichtigsten Fähigkeiten, die wir zum Glücklichsein in der heutigen Welt benötigen.
- Drei Kapitel über Strategien zur Mehrung des Glücks: unnötiges Elend vermindern, sich mehr freuen und zufriedener sein.
- Ein kurzes Kapitel über den Umgang mit dem Unglücklichsein, das unvermeidlich zum Leben gehört.
- Ein Kapitel mit der bescheidenen Überschrift »Der Sinn des Lebens« über das Bedürfnis, einen Sinn im Leben zu sehen.
- Und als letztes Kapitel ein Rückblick.

Ich hoffe, diese Reise, auf die wir uns jetzt gemeinsam begeben, wird Ihnen Freude machen. Ein Buch zu schreiben ist immer harte Arbeit, und dieses hier war keine Ausnahme. Ich habe mir jedoch gelegentlich eine gewisse Lockerheit erlaubt. Es enthält eine Menge Forschungsergebnisse, doch ein Buch über das Glück sollte nicht staubtrocken sein. Ich würde mich freuen, wenn es Ihnen ab und zu ein Lächeln entlockt.

1

Glück erlernen

Alle wollen glücklich sein, nur wissen die meisten nicht, wie man das anstellt. Wir neigen zur Annahme, Glück sollte einfach und natürlich sein. Der Paradiesvogel des Glücks setzt sich anscheinend aus eigenem Antrieb auf Ihren Fenstersims, doch wenn Sie nach ihm greifen, fliegt er weg. Am Mythos vom Glücksvogel ist etwas dran, denn wenn Sie das Glück allzu direkt angehen, entschwindet es Ihnen. Glücklichsein ist in gewisser Hinsicht ein Nebenprodukt unserer Lebensweise. Die neueste Psychologie- und Neurologieforschung belegt die alte Weisheit, Glücklichsein sei eine Kunst, von Tag zu Tag zu leben, die sehr wenig damit zu tun hat, wie viel Geld wir besitzen, wie angesehen wir sind, ob wir unsere »Lebensziele« erreicht haben oder gar, wie viel Elend und Schmerz wir erleiden mussten. Die Wissenschaft vermittelt ganz präzise Methoden, die wir einsetzen können, um glücklicher zu werden. Eine bekannte Studie verglich Lottogewinner und Unfallopfer ein Jahr nach dem jeweiligen Ereignis.[4] Die Forscher stellten fest, dass die Angehörigen beider Gruppen mehr oder weniger ihr allgemeines Glücksniveau vor dem Glücks- oder Unglücksfall wieder erreicht hatten. Griesgrame wurden durch den Lottogewinn einfach nur reiche Griesgrame, und bei zufriedenen Leuten wirkten sich Schmerz und Behinderung nicht besonders auf deren allgemeine positive Einstellung aus.

Manche Menschen jedoch werden durch einen einschnei-
denden Unfall oder eine schwere Krankheit gezwungen, Bi-
lanz über ihr Leben zu ziehen und einige Veränderungen vorzunehmen, die dauerhaft mehr Glück verheißen. Dabei geht
ihnen unter anderem auf, dass Glücklichsein viel einfacher ist,
als wir denken, und sich häufig in Einzelheiten und Augen-
blicken findet, in denen wir nicht danach suchen. Ein wirklich
perfekt getoastetes Käsesandwich kann viel dazu beitragen,
den Tag zu retten, wenn man es richtig betrachtet. Glück ist
einfacher, als man denkt.

Wenn wir davon ausgehen, das Glück sollte sich von selbst
einstellen, macht uns das wahrscheinlich weniger glücklich,
weil diese Annahme dazu führt, dass wir uns selbst beschuldigen oder unser Schicksal beklagen, wenn wir nicht glücklich
genug sind. Diese Selbstanklagen fügen unseren Problemen
nur eine weitere nutzlose Schicht hinzu und lenken ab von
dem, was wir eigentlich tun sollten. Es stimmt zwar, dass wir
eine angeborene Fähigkeit zur Freude haben, wenn etwas Gutes eintrifft, nur vergeht dieser Zustand rasch wieder. Wenn
man darüber nachdenkt, erkennt man, dass dies zum Wesen
des Menschseins gehört. Wäre der normale Grundzustand
nicht von leichter Sorge oder Unzufriedenheit geprägt, hätte der Mensch keine Motivation mehr, etwas verbessern zu
wollen, und wir steckten möglicherweise noch immer in der
Steinzeit. Die Evolution hat uns wachsam, angespannt, hab-
gierig, neidisch und streitbar gemacht, sodass wir nie lange
zufrieden sind. Das sind anerzogene Züge. Unsere stressfreie-
ren Ahnen liefen eher Gefahr, aufgefressen zu werden, und
haben die stressfreien Gene nicht weitervererbt. Auch wenn
wir uns vielleicht nie ganz wohlfühlen, so können wir auf jeden Fall das Verhältnis von Freude zu Elend im eigenen Leben

ändern, und zwar dadurch, dass
wir sowohl unsere Lebensweise,   Glauben Sie ja nicht,
Ziele, Werte und Zeiteinteilung   das Glück falle Ihnen
wie auch unsere Denkweise und   in den Schoß.
Weltsicht ändern. Beim Glück
geht es ebenso sehr um die Hal-
tung *zum* Leben wie darum, was *im* Leben geschieht.

Das Glück kommt also nicht von allein, und zudem beweist das menschliche Gehirn kein besonderes Geschick beim Herausfinden, was uns glücklich macht. Der Mensch kann sich ziemlich gut am Leben erhalten, sich vordrängen, durchschlagen und durchboxen, nur bescheren ihm Überfluss und Komfort eine ganze Reihe neuer Probleme, mit denen das Gehirn nicht umzugehen weiß. Tief in unserem Inneren, wo die Evolution es einpflanzte, erklingt ein ständiges: »Ich will …«, nur wissen wir jetzt, da die Grundbedürfnisse befriedigt sind, nicht mehr, *was* wir wollen. Eine Menge kleiner innerer Schaltkreise flüstern uns ständig ein, wir brauchten *mehr*: mehr Geld, mehr Medikamente, mehr Platz, mehr Sex, mehr Erlösung oder mehr Sicherheit. Es spielt praktisch keine Rolle mehr, wovon. Wir sind fest dazu verdrahtet, neidisch und streitbar zu sein und zu glauben, wir könnten nie genug von etwas haben. Wir können die Tatsachen auf Millionen Arten verfälschen, um beispielsweise vor uns selbst zu begründen, weswegen wir mehr und länger arbeiten müssen, und das trotz des guten Neujahrsvorsatzes, mehr Zeit mit den Kindern zu verbringen. Zum Glück für uns alle hat die Psychologie große Fortschritte im Verständnis der Abläufe im Gehirn gemacht, die das Glück verhindern und zerstören. Dazu kommen seit etwa dem letzten Jahrzehnt erstaunliche Entdeckungen, zum Beispiel, dass dank der neuen Gehirntechnologie zum ersten Mal erkennbar wurde, wie sich die physische Gehirnstruktur auf Lebensereignisse und Denkvorgänge auswirkt und umgekehrt von diesen beeinflusst wird. Genauso, wie man dank des Hubble-Weltraumteleskops unglaublich weit und detailliert in den Weltraum hinausblicken kann, erlauben es die heutigen neuen Instrumente, eine völlig neue Welt im menschlichen Kopf zu entdecken. Der Zugang zum Gehirn (mit seinen Verbindungen zum übrigen Körper) ist uns nicht mehr verwehrt, und jeden Tag werden neue, lebenswichtige Entdeckungen gemacht.

Verdrahten Sie Ihr Gehirn neu

Die jonglierenden College-Studenten sind nur ein Beispiel unter Hunderten von Untersuchungen, die belegen, wie Lebenserfahrungen den physischen Aufbau des Gehirns verändern.[5] Wahrscheinlich hat man Ihnen beigebracht, wir seien alle mit einer festen Anzahl von Gehirnzellen zur Welt gekommen, die mit dem Älterwerden allmählich verlorengehen. Diese Ansicht galt jahrzehntelang für unverrückbar, wurde jedoch vor etwa zehn Jahren widerlegt. Inzwischen weiß man, dass das Gehirn ständig neue Hirnzellen produziert, und zwar Stammzellen, die alle spezialisierten Zellen im Gehirn ersetzen können.[6] Diese neuen Zellen können weiter auswärts in Bereiche wie die Großhirnrinde wandern. Lernen stimuliert ihre Zellteilung, und Lernen findet statt, wenn die Verbindungen zwischen Nervenzellen wachsen und gangbarer werden. Das Üben einer Aufgabe besiegelt die Verbindungen zwischen den neuen und bestehenden Zellen. Untersuchungen haben Folgendes ergeben:

- Bei Londoner Taxifahrern sind diejenigen Hirnbereiche, die mit Navigation und Orientierung zusammenhängen, größer und reichhaltiger.[7]
- Der Hirnbereich, der die linke Hand steuert, ist bei Geigern und anderen Streichern stark erweitert, auch wenn sie das Instrument erst als Erwachsene spielen lernen.[8]
- Eine erfolgreiche Psychotherapie erzeugt in einer PET-Tomografie sichtbare Veränderungen im Gehirn.[9]
- Eine Aufgabe nur schon in Gedanken durchzuspielen bewirkt dieselben Veränderungen im Gehirn wie die eigentliche Übung.[10]
- Hoffnungsfrohe Menschen sind nach einer Herztransplantation gesünder, erholen sich rascher von einer Bypassoperation und haben weniger Herzschmerzen; bei einer HIV-Behandlung geht es ihnen besser, sie leben länger und ihr Immunsystem funktioniert ganz allgemein besser.[11]
- *Schon nur diesen Satz zu lesen hat Ihr Gehirn verändert.* Jede Erfahrung verändert das Gehirn ein wenig. Sie selbst *können bestimmen, welche Veränderungen* stattfinden, indem Sie Ihre Konzentration und Aufmerksamkeit bewusst steuern.

Das Leben hat uns alle viele Fähigkeiten gelehrt. Nicht jeder kann jonglieren, aber wir alle haben vor langer Zeit lesen, schreiben und rechnen gelernt. Heute brauchen wir nicht mehr darüber nachzudenken, wie man das macht. Es ist uns in Fleisch und Blut übergegangen. Die meisten Denkprozesse – Entscheidungen treffen, mit Gefühlen umgehen oder uns mit Mitmenschen vergleichen – finden automatisch statt, was aber nicht bedeutet, dass wir damit geboren wurden oder sie nicht ändern können. Auch wenn wir im besten Fall unser Denken an die besonderen Tatsachen der jeweiligen Situation anpassen können, so neigen wir dennoch dazu, in bestimmten gewohnheitsmäßigen Formen zu denken, zu fühlen und uns zu verhalten. Ich nenne diese Formen gerne »Fertigkeiten« *(skills)*, weil damit betont wird, dass man sie erworben hat. Es sind Fähigkeiten, die Ihre Lebenserfahrung Sie im Lauf der Zeit gelehrt hat. Sie sind nicht einfach wie Mehltau in Ihrem Gehirn aufgetaucht. Und jede manifestiert sich nun physisch in den Schaltkreisen Ihres Gehirns.

Manche Fähigkeiten machen glücklicher, andere unglücklicher. Jedes Mal, wenn man systematisch und objektiv über sich nachdenkt, versucht man, einige Gewohnheiten zu vermeiden, die offensichtlich unglücklich machen, wie zum Beispiel um Geld spielen, zu viel essen, sich einigeln, griesgrämig sein oder sich auf Negatives konzentrieren. Dabei ist uns nicht bewusst – weil die Wissenschaft eben erst dabei ist, es herauszufinden –, dass wir eine Menge anderer Gewohnheiten, Fertigkeiten und Denkweisen besitzen, die uns völlig okay und normal erscheinen, obwohl sie erheblich zum Maß unseres Elends beitragen.

Meist achten wir nicht systematisch und objektiv auf Gewohnheiten, die uns glücklich machen, weil wir annehmen, wir würden schon von selbst mehr von etwas Wohltuendem machen. Leider lässt sich diese Annahme nicht aufrechterhalten. Häufig haben Entscheidungen eine Mischung von Freude und Leid zur Folge, und viel zu oft behindert die Aussicht auf ein wenig kurzfristiges Leid langfristig gesehen das Glück. Körperbewegung ist ein klassisches Beispiel: Natürlich würden wir uns alle besser fühlen, wenn wir täglich trainierten, doch manchmal ist es so angenehm, im Bett zu bleiben. Oder

wir ergreifen eine Sofortfreude beim Schopf und vernachlässigen etwas, das uns später viel glücklicher machen würde:
Wir kaufen zum Beispiel teuren Plunder, statt das Geld für
die Zukunft zu investieren. Zudem lassen wir uns leicht irre-
führen und ziehen falsche Schlüsse hinsichtlich dessen, was
eigentlich glücklich macht. Vielleicht glauben wir, es sei die
schöne Frau, die wir eben an der Theke kennengelernt haben,
dabei ist es eher der Aperitif, der seine Wirkung tut.

Bevor wir also weitermachen, hier eine Begriffsdefinition.

Was ist Glück?

Neulich habe ich einen Test gemacht, mit dem sich angeblich
messen lässt, wie glücklich man ist, und habe sehr schlecht
abgeschnitten.[12] Das hat mich überrascht, weil mir eigentlich
ziemlich wohl war. Vielleicht *wähnte* ich mich nur glücklich.
Tatsächlich aber maß dieser Test nur einen Aspekt des Glücks,
während die westliche Psychologie deren drei erwähnt:

1. Bei glücklichen Menschen herrschen positive Gefühle
    vor. Sie empfinden beispielsweise häufig und intensiv
    Freude, Begeisterung, Zufriedenheit, Frieden und Lie-
    be. (Im weiteren Verlauf meines Buches gebrauche ich
    Freude als Kurzform für diese Reihe positiver Gefühle.)
2. Sie haben zudem verhältnismäßig wenig negative Ge-
    fühle. Trauer, Depression, Bitterkeit, Negativität und
    Neid sind bei ihnen selten. (Nachfolgend verwende ich
    das Wort *Elend* zur Bezeichnung dieser Reihe unange-
    nehmer Gefühle.) Erstaunlicherweise ist dieser Zustand
    ziemlich unabhängig vom Vorhandensein positiver Ge-

fühle. Manche empfinden vieles von beidem, andere wenig von beidem.

3. Schließlich sind glückliche Menschen mit ihrem Leben
generell zufrieden. Sie werden nicht von einer Menge
von Wünschen oder dem Gefühl geplagt, Wichtiges verpasst oder in wichtigen Bereichen versagt zu haben. Sie
finden, sie besitzen fast alles, was sie brauchen, sind
glücklich mit ihren Beziehungen und sehen die Zukunft
meist optimistisch.

Natürlich hängen diese Faktoren untereinander zusammen.
Es ist zwar möglich, zwischen den Extremen von Freude
und Elend hin und her zu schwanken, das ist jedoch die Ausnahme. Zu große Ausschläge sind ein Anzeichen für eine
sogenannte bipolare Störung. Für die meisten Menschen gilt:
Je mehr wir uns freuen, desto weniger elend ist uns. Wer die
Fähigkeit zu positiven Gefühlen hat, erlebt sein Leben eher
als zufriedenstellend, während es denen, die mit dem Leben
unzufrieden sind, schwerer fällt, viele positive Gefühle zu
empfinden. Immerhin unterscheiden sich diese Qualitäten
genügend, um ein signifikantes Ergebnis zu liefern. Der Test,
der mir mitteilte, mir sei eigentlich elend, wo ich doch ganz
zufrieden zu sein glaubte, untersuchte nur die positiven Gefühle. Ich schneide viel besser bei einem Test ab, mit dem
man die Zufriedenheit mit dem Leben misst: Dabei liege ich
gewöhnlich in den obersten 25 Prozent. Das deckt sich mit
meiner Erfahrung. Ich habe einiges erreicht, das mir wichtig
war, und bin gewöhnlich mit dem zufrieden, was ich jeden
Tag tue. Ich weiß aber auch, dass ich manchmal dazu neige,
ein griesgrämiger Pessimist zu sein, und es mir schwerfällt,
mich zu begeistern oder mich zu freuen. Der dritte Faktor –

unnötige Wünsche und Gefühle auszuschalten – fällt unter die alltägliche Disziplin im Umgang mit Depressionen. Ich arbeite hart daran und habe im Lauf meines Lebens allmählich Fortschritte gemacht.

Diese Unterschiede sehe ich auch bei den Menschen, mit denen ich arbeite. Trotz Phasen schwerer Depression ist Susan von Natur aus beschwingt und lebensfroh, und die Menschen sind gerne in ihrer Nähe. Stanley hat sowohl extrem positive wie extrem negative Gefühle, ist aber mit seinem Leben nie zufrieden. Joe ist ein künstlerischer, kreativer Mensch, der mit dem, was er aus seinem Leben gemacht hat, ziemlich zufrieden ist, aber selten irgendwelche intensiven Gefühle empfindet. Peter hat vorwiegend negative Gefühle – vor allem Ärger und Angst – und fühlt sich selten gut, obwohl er bei realistischer Betrachtung stolz auf seine Leistungen ist. Das Hauptproblem bei Grace ist ihr Unvermögen, auf irgendeine ihrer Leistungen stolz zu sein. Howard fühlt sich nur gut, wenn er getrunken hat. Walt ist mit der Wendung, die sein Leben genommen hat, sehr unzufrieden, kämpft aber tapfer gegen negative Gefühle.

Drei Strategien

Wenn wir glücklicher werden wollen, so schlägt uns die Psychologie drei Hauptstrategien vor: Wir können erstens danach streben, mehr positive Gefühle zu haben; wir können zweitens versuchen, weniger negative Gefühle zu haben; und wir können drittens daran arbeiten, zufriedener mit dem Leben zu sein. Offensichtlich ist nichts davon leicht, und nichts tritt über Nacht ein. Die meisten Menschen versuchen dauernd, ihre Gefühle zu beherrschen. Das haben wir alle seit dem zweiten Lebensjahr geübt, sollten jedoch nicht hoffen, es je gänzlich zu meistern. Mehr Befriedigung im Leben setzt sich eindeutig aus zwei separaten Bestandteilen zusammen: Der eine besteht aus dem Justieren der eigenen Maßstäbe, um sicherzugehen, dass man nicht zu hart mit sich umgeht oder Unmögliches erwartet. Der zweite hat mit der eigenen Lebensführung zu tun und besteht wieder aus zwei Teilen: erstens sich versichern, dass das Streben nach den eigenen Zielen und Werten tatsächlich mehr Glück beschert, denn viele sind enttäuscht, wenn sie das Angestrebte bekommen, und stellen fest, dass es ihnen überhaupt nicht besser geht. Zweitens sich versichern, dass man wirklich die besten Strategien einsetzt und die klügsten Entscheidungen zum Erlangen dieser Ziele trifft.

Dann ist da auch noch die Sache mit der Grille und der Ameise.* Um später glücklich zu sein, muss man ein wenig momentanes Glück aufgeben. Wenn jemand in den Zwanzigern seine Zeit mit Partyfeiern verbringt und Sex nachjagt, wird er wahrscheinlich eine ganze Reihe von Fähigkeiten nicht lernen, die finanzielle Sicherheit versprechen. Man muss ein wenig momentanes Vergnügen für künftige Befriedigung aufgeben. Die Erfahrung lehrt, dass es keine Regeln für solche Entscheidungen gibt, und man tut wohl am besten daran, einen Mittelweg einzuschlagen. Wahrscheinlich sollte man die Zwanziger nicht bis zum Blackout im Drogenrausch verbringen, aber man kann in diesen Jahren auch viel zu viel arbeiten und sich die Fähigkeit zur Freude wegprogrammieren. Jeden

---

* »Die Grille fiedelte und sang den ganzen Sommer lang«, heißt es in der Fabel von La Fontaine, aber im Winter »kam sie hungernd zur Ameise, bettelnd um ein wenig Speise« (*Anm. d. Übers.*).

Tag muss man solche kleinen persönlichen Entscheidungen treffen, und manche fallen sehr schwer. »Soll ich abends im Hinblick auf eine Beförderung Überstunden machen oder nach Hause gehen und mit den Kindern spielen?« Sich klug zu entscheiden ist wahrscheinlich eine der schwierigsten Aufgaben, die man lösen muss, um glücklicher zu sein.

> Wer ist glücklicher,
> die Grille oder die Ameise?

Die neuen Neurowissenschaften weisen nach, dass man die Verdrahtung und Struktur des Gehirns bewusst verändern und so seinen Glücksquotienten erhöhen kann. Wenn das unmöglich klingt, so bedenken Sie, dass etwas Ähnliches laufend geschieht, nur sind diese Veränderungen nicht geplant und machen in der Regel unglücklicher. Depression und Angstzustände versteht man heute als Fehlfunktionen des Gehirns, und zwar als solche, die aus einem Leben mit viel Stress, Schmerz und Leid entstehen. Zu viel Stress kann die Gehirnrezeptoren für gute Gefühle lähmen und den Betreffenden in einen ständigen Kampf-oder-Flucht-Zustand versetzen. Doch andererseits kann man sein Gehirn in eine positive Richtung verändern, indem man auswählt, mit welchen Erfahrungen man sein Gehirn füttern will, und darauf achtet, wie man Ereignisse deutet. Man kann sich mehr und öfter freuen als früher. Man kann zufriedener mit sich selbst und dem Leben sein und gleichzeitig das Ausmaß an empfundenem Elend steuern und verringern.

Eine Warnung muss ich dabei anfügen: Erwarten Sie nicht, dass dieses Buch Sie gegen Trauer immun macht. Trauer und andere unangenehme Gefühle gehören zum Leben, und das ist gut so. Wir sind so verdrahtet, dass uns Liebesverlust schmerzt, dass wir Schuldgefühle haben, wenn wir uns oder

andere enttäuschen, und neidisch sind, wenn wir uns ausgeschlossen fühlen. Hätten wir diese Gefühle nicht, wären wir
auch nicht fähig zu lieben und nach etwas zu streben. Man
muss akzeptieren, dass ein bisschen Elend einfach zum Leben
gehört. Aber es gibt nötiges Elend, zum Beispiel in Zusammenhang mit Kummer oder Krankheit, und unnötiges Elend,
das man sich selbst einbrockt. Dieses Buch soll Ihnen helfen,
unnötiges Elend zu vermeiden.

Sinn

Außer den eben erwähnten drei Bestandteilen des Glücks –
Freude, kein Elend und Zufriedenheit mit dem Leben – gibt
es noch eine andere Dimension, die zum Glück gehört und
die ich in Ermangelung eines besseren Begriffes *Sinn* nenne.
Zum Beispiel sitze ich um neun Uhr abends an einem schönen Sommertag hier vor meinem Laptop und schreibe an diesem Buch, und es ist beinahe eine Tortur. Jeder Schriftsteller
kennt eine ganze Reihe von Gefühlen, die mit Elend zu tun
haben: Frustration, Ängste, Unsicherheit und ein Spannungs-
zustand, der Seltsames in den Muskeln und der Verdauung
bewirkt. Etwa dreimal täglich glaubt man sicher, verrückt zu
werden. Trotzdem tue ich das freiwillig, statt ein schönes Essen zuzubereiten, einen guten Kriminalroman zu lesen oder
mit den Hunden zu spielen, was mir mehr Sofortbefriedigung
einbringen würde. Auch wenn ich erwarte, dass mir mein
jetziger Einsatz später einmal mehr Zufriedenheit beschert –
vielleicht rechne ich damit, bis zu meinem Lebensende insgesamt mehr Einheiten Freude gesammelt zu haben, obwohl
mir heute Abend elend zumute ist –, so erklärt das doch nicht
ganz, weshalb ich schreiben will. Ebensowenig erklärt es die

Tatsache, dass es Freude macht, etwas Schwieriges zu leisten. Ich könnte stattdessen bei einem Computerspiel wie *Zelda* oder *Halo,* die schwierig und frustrierend sein können und letztlich doch das Gefühl verleihen, man habe etwas erreicht, ein paar Ebenen hochklettern. Aber wir sind uns wohl alle einig, dass Schreiben irgendwie »besser« und wichtiger ist und tiefer geht. Diese zusätzliche Dimension des Glücks hat etwas damit zu tun, sich selbst zu verwirklichen, einen Beitrag für andere zu leisten, etwas zu schaffen, das von Dauer ist. Diese »Sinn«-Dimension des Glücks macht alles etwas komplizierter, jedenfalls weiß die Wissenschaft nicht besonders viel darüber.[13] Im zweiten Teil des Buches: *Das Glück einüben* werden wir uns eingehender mit diesem Thema befassen.

Die Philosophen

Historisch gesehen gibt es mindestens drei wichtige Theorien in Bezug auf das Glück. Zwei gehen auf die Griechen zurück. Der *Hedonismus* ist eine philosophische Lehre, die das Streben nach Genuss als höchstes Lebensprinzip ansieht. Der Hedonismus hat in unserer Welt, in der die Arbeitsmoral ganz oben steht, einen schlechten Ruf. Ein Hedonist gilt gewöhnlich als selbstsüchtig und kurzsichtig, als jemand, der nur für die augenblickliche Sinnenlust lebt. Das trifft nicht unbedingt zu. Epikur, ein Hedonist, wie er im Buch steht, entwickelte die Idee des ethischen Hedonismus: Füge bei deinem Genussstreben niemandem Schaden zu, dann steht es mit der Welt am besten. Hedonismus ist auch die Grundlage der Nützlichkeitslehre (*Utilitarismus*) von Jeremy Bentham und John Stuart Mill und möglicherweise noch heute die beste Form der Gesellschaftspolitik: Versuche, das Beste für die meisten zu tun.

Nur stellt sich beim Hedonismus natürlich das Problem der Gewöhnung: die Tatsache, dass jeder Genuss rasch selbstverständlich wird und man mehr davon braucht, um denselben Kick daraus zu beziehen. Nach der zehnten Orgie wird es etwas langweilig.

Die zweite Glückstheorie wird als *Eudämonie* bezeichnet. Nach Aristoteles meint dies ein Leben im Einklang mit den eigenen Stärken und Tugenden, bei dem man seinem wahren Potenzial gerecht wird. Die Vertreter der Positiven Psychologie (siehe zehntes Kapitel) schließen aus ihren Forschungsergebnissen, Eudämonie übertreffe den Hedonismus hinsichtlich der Befriedigung im Leben, weswegen sie ihre Bemühungen darauf richten, Menschen beim Streben nach Eudämonie zu unterstützen. Dabei legen sie manchmal mehr Wert auf das, was einem angeblich guttut, als auf etwas, bei dem man sich wohlfühlt. Natürlich schließen sich die beiden keineswegs gegenseitig aus, und gewöhnlich führt etwas, das einem guttut, tatsächlich dazu, dass man sich wohlfühlt. Man muss darauf achten, dass das Streben nach Tugend nicht noch mehr unnötiges Elend bringt.

Immerhin scheint die Eudämonie die Sinndimension des Glücks zu berücksichtigen, was beim Hedonismus nicht der Fall ist. Mit diesem Buch möchte ich Ihnen helfen, ein Gleichgewicht zu finden: viel Freude, möglichst wenig Elend und viel Befriedigung im Leben, aber dabei auch die Sinnfrage nicht außer Acht lassen. Manche wollen dieses Gleichgewicht vielleicht gar nicht, und das ist nicht unbedingt querköpfig von ihnen. Sie beschließen vielleicht, ein anspruchsvolleres Leben mit weniger subjektivem Wohlbefinden und mehr Kreativität oder Erfolg zu führen, wenngleich mit einer Prise kreativer Qual als annehmbarer Zutat – man denke nur an Künstler,

Schriftsteller oder Musiker. Soviel ich aber weiß, *erfordert* Kreativität kein Leiden. Es gibt viel zu viel unglückliche Menschen, die viel glücklicher sein könnten, wenn sie nicht einige Fehler begehen würden, die ich nachfolgend beschreiben will.

Schließlich gibt es noch den östlichen Ansatz zum Glücklichsein, der sich vom westlichen sehr unterscheidet. Buddha lehrte die Vier Edlen Wahrheiten. Die erste lautet: Leben bedeutet Leiden; die zweite: Leiden wird durch Begehren verursacht; die dritte Edle Wahrheit handelt von der Aufhebung des Leidens, und die vierte beschreibt den Weg zur Aufhebung des Leidens, den Buddha den Achtfachen Pfad nannte. Er betont, es gebe eine »rechte« (gesunde, konstruktive, objektive) Art zu sehen, zu denken und sich zu verhalten, die das irdische Leiden verringere. Der Achtfache Pfad wird häufig »Mittlerer Weg« genannt, der Weg zwischen blindem Hedonismus und einem asketischen, zurückgezogenen Leben. Den Mittleren Weg zu erlernen erfordert, die Fähigkeit der Achtsamkeit zu entwickeln. Diese ist ein Hauptprinzip, auf das wir in diesem Buch immer wieder zurückkommen.

Somit haben wir hier drei Überlieferungen, die schön zu unserem dreifachen Weg zu mehr Glück passen: Der Buddhismus hilft, das Elend zu verringern, der Hedonismus lehrt Freude, und die Eudämonie zeigt, wie man mehr Zufriedenheit in sein Leben bringt.

Wer ist glücklich?

Trotz meiner Hiobsbotschaft über den weltweiten Rückgang des Glücks gleich auf der ersten Seite siedeln sich fast alle Menschen ziemlich weit über der Mitte an, wenn man sie geradeheraus bittet, auf einer Zehnpunkteskala anzugeben, wie glücklich sie sind. Über die Hälfte der Befragten stufen sich bei acht oder darüber ein.* (Man muss sich andere, weniger subjektive Maßstäbe ansehen, um die negativen Trends zu finden.) Es ist wie beim »Lake-Wobegon-Effekt«, den der amerikanische Autor G. Keillor in seinen Romanen beschreibt: In dem Ort Lake Wobegon sind alle Kinder überdurchschnittlich begabt. Ähnliche Ergebnisse sind mit geringen Abweichungen in allen Ländern rund um die Welt zu finden.[14] Nicht nur das, sondern alle erwarten außerdem, künftig noch glücklicher zu werden, und je glücklicher sie jetzt sind, desto glücklicher hoffen sie zu werden. Sind wirklich alle so glücklich?

Denken Sie nur einmal über die Frage nach: »Wie glücklich bin ich?« In den meisten Kulturen ist es ein Zeichen der Schwäche oder des Versagens, wenn man zugibt, unglücklich zu sein. Ist man nicht glücklich, so ist man ein Versager im Wettrennen des Lebens. Außerdem wird allgemein angenommen, jeder bekomme, was er verdiene. Wenn Sie also nicht glücklich sind, sind Sie wahrscheinlich selber schuld. Diese Annahmen sind natürlich alle völlig falsch und tragen viel zum unnötigen Elend bei, aber sie motivieren sehr dazu, Meinungsforschern ein frohes Gesicht zu zeigen. Die Frage »Wie glücklich bin ich?« verlangt außerdem, über glückliche Erfahrungen nachzudenken, was das Ergebnis der Befragung wahrscheinlich verzerrt. Würde gefragt: »Wie traurig sind Sie im Vergleich zum Durchschnittsmenschen?«, so fielen die Antworten möglicherweise etwas anders aus, weil die Frage verlangt, dass man über traurige Begebenheiten nachdenkt.

---

* Bei der Intelligenz ist es noch extremer: Nur zwei Prozent der Befragten stufen sich unter dem Durchschnitt ein (Schumaker, S. 26).

Befragt man jemanden über sein allgemeines Glücklichsein, so will man damit nicht wissen, ob sein Leben voller
Freude ist. Man stellt eine Frage, die etwas Nachdenken erfordert, und kann ziemlich sicher sein, dass die meisten Befragten dabei alle drei beschriebenen Faktoren berücksichtigen:
positive Gefühle bei verhältnismäßig wenig negativen Gefühlen und allgemeiner Zufriedenheit mit dem Leben. Psychologen nennen das Ergebnis oft »subjektives Wohlbefinden«
(subjective well-being, SWB).

Nur ist die eigene Einschätzung des Wohlbefindens sehr
stark beeinflussbar. Wenn ich Sie an den 11. September erinnere, an Darfur, an den Nahen Osten, an Krebs und Herz-
krankheiten, an Ihre Jobunsicherheit, an Ihre Sorgen um Kinder und Eltern, dann könnte dies Ihr Wohlbefinden wohl um
einige Punkte reduzieren. In einer dieser gemeinen kleinen
sozialpsychologischen Studien, in der menschliche Schwächen bloßgestellt werden, arrangierten es die Versuchsleiter
so, dass die Hälfte einer Versuchsgruppe unmittelbar vor Ausfüllen des Tests zum subjektiven Wohlbefinden ein 10-Cent-
Stück in einem Münzkopierer fanden.[15] Daraufhin gaben sie
an, insgesamt deutlich zufriedener mit dem Leben zu sein als
die, die keinen Zehner gefunden hatten. Selbsteinschätzungen
zum Glücklichsein werden auch durch Vergleiche stark beeinflusst. Bronzemedaillengewinner einer Olympiade geben
eine höhere Befriedigung an als Silbermedaillengewinner.[16]
Wahrscheinlich vergleichen sich die Silbermedaillengewinner mit denen, die Gold gewonnen haben, während der, der
eine Bronzemedaille ergattert hat, sich freut, überhaupt etwas
gewonnen zu haben. Insgesamt haben Forscher festgestellt,
dass zwei Dinge die Selbsteinschätzungen zum Glücklichsein
generell beeinflussen: erstens die Neigung des Menschen, sich

als besser als der Durchschnitt einzuschätzen; zweitens die Stimmung zur Zeit der Befragung. Trotz der veränderlichen Einschätzung lohnt es sich, über subjektives Wohlbefinden zu sprechen, weil jeder Mensch doch dazu neigt, im Lauf der Zeit ziemlich gleichbleibende Antworten zu liefern.[17] Wenn Jane beim SWB-Test eher höhere Ergebnisse erzielt als Joe, dann ist Jane im Sinne dieses Buches glücklicher als Joe.

Für diejenigen, die es interessiert, gebe ich nachfolgend einen allgemein verwendeten SWB-Test wieder, bei dem es offensichtlich mehr um Zufriedenheit mit dem Leben geht als um unmittelbare Freude oder momentanes Elend. Sie können den Test machen und sich selbst bewerten. Der Dank dafür geht an Ed Diener, den Pionier der SWB-Forschung, der ihn großzügig ohne Copyright zur Verfügung gestellt hat.

Im Folgenden finden Sie fünf Aussagen, mit denen Sie einverstanden sein können oder nicht. Geben Sie auf einer Skala von 1 bis 7 an, wie sehr Sie mit jeder Aussage einverstanden sind.

7: sehr einverstanden

6: einverstanden

5: einigermaßen einverstanden

4: weder einverstanden noch nicht einverstanden

3: eher nicht einverstanden

2: nicht einverstanden

1: gar nicht einverstanden

_____ In den meisten Bereichen verläuft mein Leben ganz nach meinen Idealvorstellungen.

_____ Meine Lebensbedingungen sind ausgezeichnet.

_____   Ich bin zufrieden mit meinem Leben.

_____   Bis jetzt habe ich im Leben das, was für mich
         wichtig war, bekommen.

_____   Wenn ich noch einmal leben könnte, würde ich
         fast nichts ändern.

Addieren Sie Ihre Punkte. Hier die Bewertung:

35–31: sehr zufrieden

26–30: zufrieden

21–25: ziemlich zufrieden

20: unentschieden

15–19: leicht unzufrieden

10–14: unzufrieden

5–9: sehr unzufrieden.

Wenn Sie Ihre Punktezahl ausgerechnet haben, werden eine
Menge Leser verwirrt sein. »Ich habe 27 Punkte erreicht und
müsste also glücklich sein, fühle mich aber ziemlich oft elend.
Was stimmt nicht mit mir?« In den nächsten drei Kapiteln wird
erklärt, weshalb Glücklichsein nicht immer so offensichtlich
ist, wie Dr. Dieners Test es vermuten lässt. Sehen wir uns im
Moment nur noch eine Frage an:

Kann man glücklicher werden?

Wenn Sie den Test jedes Jahr machen, werden Sie jedes Mal
so ziemlich die gleiche Punktezahl erreichen. Dieser Befund
und eine ganze Reihe anderer Forschungsergebnisse legen
die Vermutung nahe, dass jeder Mensch einen Glücks-»Soll-

wert« besitzt, etwas wie einen Thermostat: einen selbstregu-
lierenden Mechanismus, der sich immer wieder auf den für
ihn typischen subjektiven Grad des Wohlbefindens einpen-
delt, nachdem das Auf und Ab unmittelbarer Freude und
momentanen Elends abgeflaut ist. Wenn es sich so verhält,
wie kann man den Sollwert neu justieren? Wenn mein Thermostat auf ziemlich kühle 18 Grad eingestellt ist, kann ich ihn
dann auf wärmere 22 Grad aufdrehen? Oder ist der Sollwert
so stark von den Genen und frühkindlichen Erfahrungen bestimmt, dass Erwachsene gar nicht versuchen sollten, ihn zu
verändern, sondern lieber einen Pullover anziehen sollten?
Das hat mindestens ein Glücksforscher vorgeschlagen, der
sagte, der Mensch könne genauso gut versuchen, größer zu
werden, wie sein subjektives Wohlbefinden zu ändern. Nach
eingehender Reflexion hat er diese Meinung jedoch zurück-
genommen.[18]

Es gibt im Moment viele Forschungsprojekte über die
Funktionsweise der Gene, die schließlich als Schlagzeilen in
Zeitungen und im Fernsehen landen: »Gen gefunden«, heißt
es da, für Glück, eine Glatze, Schüchternheit – was man nur
will. Das ist eine wirklich allzu vereinfachte Sicht davon, wie
die Gene funktionieren. Was das Glück betrifft, so behauptet
diese übermäßig vereinfachte Gentheorie, manche Menschen
seien von ihrer Anlage her fröhlich, andere hingegen genetische Miesepeter. Es liege an den Genen, und da sei nichts
zu machen. Doch gar so trist ist es nicht: Auch wenn wir offensichtlich prinzipiell unterschiedliche Temperamente besitzen, so besteht guter Grund zur Annahme, dass der SWB-
Sollwert sich ändern lässt,[19] und zwar besonders dank einiger
Achtsamkeitsmethoden, die wir noch besprechen werden. Es
ist auch nicht unbedingt so, dass der Sollwert nur durch die

Gene bestimmt wird. Bis wir erwachsen sind, hat das Leben manche gut, andere schlecht behandelt, und es wäre töricht zu glauben, dass diese Begebenheiten das Glücksniveau nicht beeinflussen. Mit dem Älterwerden ändert sich der Sollwert infolge der Erfahrungen weiterhin. Und glücklicherweise steht es einigermaßen in unserer Macht zu wählen, was wir erfahren wollen.

Den Thermostat neu einstellen

Dennoch trifft zu, dass manche Menschen von Natur aus glücklicher sind als andere. Manche haben das Glück, in fast allen Situationen guter Laune zu bleiben, andere hingegen blasen Trübsal. Das sind halbwegs stabile Charakterzüge. Es gab Untersuchungen, bei denen Menschen durch veränderte Lebensumstände und schwankende Einkommenssituationen begleitet wurden. Diese ergaben, dass das Glücksniveau zu Beginn der Studie die besten Voraussagen für das Glücksniveau bei deren Abschluss lieferte. Ein miesepetriger alter Mann war wahrscheinlich schon als Halbwüchsiger pessimistisch. Eine Cheerleaderin in der Highschool wird später wahrscheinlich eine ziemlich überschwängliche alte Dame. David Lykken und Auke Tellegen haben 69 eineiige, voneinander getrennt aufgewachsene Zwillingspaare in den Vereinigten Staaten im Abstand von neun Jahren zweimal zum Glück befragt. Sie stellten fest, dass die Ergebnisse des einen Zwillings zu beiden Zeitpunkten denen des anderen sehr ähnlich waren.[20] Zudem konstatierten sie, dass die Glückspunktzahl des Zwillings A am Anfang eine gute Voraussage für die Punktezahl des Zwillings B am Ende erlaubte, die fast so zuverlässig war wie die Ergebnisse des Zwillings B selbst.

Beachten Sie, dass ich sagte, die Glückspunktzahl des einen Zwillings habe eine *gute* (nicht *ausgezeichnete*) Voraussage für das Abschneiden des anderen erlaubt. Die von verschiedenen Adoptiveltern aufgezogenen Zwillinge erzielten eine Korrelation von 0,53 hinsichtlich ihres Glücks als Erwachsene, bei zweieiigen Zwillingen hingegen betrug diese nur 0,13. Ohne uns in eine lange Diskussion darüber zu verstricken, was diese Werte bedeuten und was solche Statistiken aussagen, lässt sich daraus schließen, dass die Gene hier anscheinend für ungefähr 50 Prozent des Glücks-Sollwertes verantwortlich waren, allerdings bei genetisch *identischen* Zwillingen. Lieferte die Biologie den Hauptgrund zum Glücklichsein, so könnte man, wie bei der Körpergröße, eine Korrelation von etwa 0,90 erwarten. So gesehen ist es eigentlich erstaunlich, dass die Glücks-Sollwerte eineiiger Zwillinge nur wegen der Ereignisse im Lauf ihres Lebens so weit auseinanderliegen.

In den jüngsten seriösen Untersuchungen zu diesem Thema, die ich fand, schätzen die Autoren, dass etwa die Hälfte des SWB-Sollwertes eines Menschen durch Erbanlagen bestimmt wird.[21] Weitere zehn Prozent sind ihrer Schätzung nach auf verhältnismäßig unveränderliche Umstände im Leben (Gesundheit, Familienstand und berufliche Stellung) zurückzuführen. Damit hängen die restlichen 40 Prozent des Glücksniveaus von Dingen ab, die man sehr viel leichter in der Hand hat als ein völliges Umkrempeln der Lebensumstände.

Auch wenn ein Teil des Glücks-Sollwertes von den Erbanlagen abhängt, so ist es eine grobe Vereinfachung zu glauben, die Gene stellten ein unabwendbares Schicksal dar. Die Gene bestimmen sehr viel mehr unser Wesen als man gemeinhin annimmt, jedoch nur, wenn sie durch Erfahrungen »ausgelöst« werden. Die Gene in den Gehirnzellen (Neuronen) produzieren das wesentliche Zellmaterial, das Anpassung und Veränderung einer Zelle bewirkt, wenn sie durch das Signal einer anderen Zelle den Anstoß dazu bekommt. Eine Nervenzelle, die wiederholt ein »Sorgedich«-Signal zum nächstliegenden Neuron geschickt hat, wird durch diese Erfahrung verändert und schickt das Alarmsignal ein andermal schneller ab. Derselbe Veränderungsprozess findet in der Zelle statt, wenn sie wiederholt »Freudich«-Signale sendet. Dieser Zelle fällt es danach leichter, weitere Freudesignale loszuschicken. So werden Schaltkreise oder Zellketten im Gehirn aufgebaut, die bewirken, dass wir uns eher sorgen oder eher freuen.

Aus Wegen werden Straßen

Stellen Sie sich die Schaltkreise im Gehirn wie Millionen schmaler Fußwege vor. Wenn immer mehr Leute auf einem bestimmten Weg verkehren, wird er breiter und fester. Das Gras stirbt ab, die Fußgänger brechen störende Zweige von den Büschen, und der Weg wird leichter begehbar. In Neuengland sind viele alte Straßen ehemalige Feldwege der Indianer, die ihrerseits Wildpfaden folgten. Sie sind nach und nach aus schmalen Fußwegen über Pferdewege und Fahrsträßchen für Fuhrwerke zu Asphaltstraßen geworden. Ebenso wird der Pfad eines bestimmten Schaltkreises im Gehirn jedes Mal, wenn er benutzt wird, breiter und fester und erleichtert die künftige Nutzung. Manche Schaltkreise werden gar Autobahnen. Bei Depressiven führt eine direkte vierspurige Schnellstraße von einer Enttäuschung zur Selbstanklage. Extravertierte besitzen eine nette kleine Autobahn vom Gedanken an eine Party zu Begeisterung und Freude.

So verändert sich das Gehirn durch Erfahrungen. Ein

Neuron, das eine Mitteilung von einem anderen empfängt, schaltet seine kleine genetische Fabrik im Zellkern ein *und verändert sich.* Nicht nur übermittelt jedes Neuron der Nachbarzelle eine Botschaft, sondern es verändert sich dabei selbst ein wenig. Genau das ist die Funktion der Gene: Die Gene im Zellkern bereiten das Neuron auf die Übermittlung einer Botschaft vor und verändern das Neuron dabei ein wenig. *Jedes künftige Ereignis trifft auf ein Gehirn, das bereits durch frühere Ereignisse verändert wurde.* Jedes Mal, wenn Sie lächeln, wird es etwas wahrscheinlicher, dass Sie künftig häufiger lächeln. Dasselbe gilt für Stirnrunzeln. Wenn wir später über Willensstärke sprechen, sollten Sie unbedingt daran denken, dass Sie Ihre eigenen Schaltkreise im Gehirn verändern können. Mit der Zeit kann es Ihnen dank konzentrierter Übung sogar gelingen, einige jener 50 Prozent Ihres Glücksniveaus zu verändern, die zu Ihrem Erbgut gehören.

Glück stellt sich nicht von selbst ein, auch wenn man annimmt, es sollte es. Wir müssen bereit sein, Gedanken, Gefühle und Verhalten wirklich zu ändern, wenn wir den Glücksthermostat neu justieren wollen, denn wenn uns kein lebensveränderndes Ereignis aufrüttelt, werden wir höchstwahrscheinlich weiterhin tun, was wir immer getan haben, und uns genauso fühlen wie zuvor. Wir haben Standardschaltkreise im Gehirn aufgebaut und handeln automatisch und gedankenlos danach. Wenn wir glücklicher sein wollen, müssen wir uns bewusst anstrengen, neue Schaltkreise aufzubauen. Glücklicherweise zeigt die neue Gehirnforschung, dass dies nicht schwierig ist, wenn man mit bewusster Aufmerksamkeit vorgeht und engagiert übt. Im nächsten Teil wollen wir uns erst einmal die Hindernisse ansehen, die Aufmerksamkeit und Übung erschweren.

Teil I

Du liebes Elend

Es gibt eine Menge Gestrüpp wegzuräumen, bevor man glücklicher sein kann, nämlich viel zu viele schlechte Gewohnheiten und falsche Annahmen, die sich jeder im Lauf seiner Erfahrungen angeeignet hat. Die Tatsache, dass so vieles, was elend macht, so lange Zeit ein immer wiederkehrendes Problem war – zum Beispiel Depression, zu viel essen, unglückliche Beziehungen, kontraproduktive Verhaltensweisen, Unordentlichkeit oder zu viele Sorgen –, ist schon an sich ein genügend deutlicher Hinweis darauf, dass normale Problemlösungsfähigkeiten nicht ausreichen. In den meisten Fällen hat sich das Gehirn aus guten Gründen – nämlich aufgrund schmerzlicher Erfahrungen – ein *Talent zum Elendsein* angeeignet. Mit einem Teil davon kommt man offenbar schon zur Welt. Der andere Teil besteht aus Anpassungsversuchen an eine schwierige Welt. In den drei folgenden Kapiteln beschreibe ich die drei Hauptursachen des Elends:

1. *Der heutige Wahnsinn.* Die heutige Gesellschaft und Kultur tragen viel zum Elend bei. Wir leben unter Bedingungen, für die Gehirn und Nervensystem nicht angelegt sind: Schlafentzug durch künstliches Licht, die Notwendigkeit, sich jahrelang acht bis zehn Stunden täglich auf eine bestimmte Aufgabe zu konzentrieren, die Entfrem-

dung von der Natur und die Trennung von Familie und Sippe. Diese Zustände lösen enormen Stress in Gehirn und Körper aus. Offensichtlich kann man die alten Lebensweisen nicht wieder aufnehmen, zudem birgt die neue Lebensweise vieles, was sehr gut ist, solange man sich behutsam an das zeitgenössische Leben anpasst, um sich weniger elend zu fühlen. Dazu kommt die Gehirnwäsche, man sollte alles mögen, was neu und anders ist, als wäre die heutige Realität als solche nicht bereits schlimm genug. Wirtschaft, Staat und Medien wollen uns alle glauben machen, es sei normal, 50 Stunden die Woche zu arbeiten, Besitz bringe Glück, es sei gut, dass beide Eltern kleiner Kinder arbeiten, und jedenfalls könne niemand etwas daran ändern. Von solchen zerstörerischen Märchen sollte man sich möglichst befreien.

2. *Angeborene Torheit.* Infolge unserer Erbanlagen tun wir vieles, das vielleicht zum Überleben der Gattung beiträgt, aber das Glück des Einzelnen verhindert. So hat beispielsweise der Trieb, etwas zu erwerben, zu siegen und an die Spitze zu kommen, seinen Nutzen, aber er macht nicht glücklicher. Psychologen und Wirtschaftswissenschaftler haben einige interessante Methoden aufgedeckt, wie wir uns ständig dahingehend belügen, wie glücklich wir sind – wenn wir beispielsweise annehmen, es mache glücklich, das zu bekommen, was wir gerne hätten –, was es umso schwieriger macht, echtes Glück zu erlangen. Hier geht es um das Gehirn mit all den kleinen Überbleibseln in den Erbanlagen, die uns immer wieder dazu verführen, etwas zu tun, was möglicherweise von evolutionärem Wert ist oder es vor langer Zeit einmal war, jedoch kein bisschen zum Glück beiträgt.

3. *Unnötiges Elend*. Niemand ist völlig sicher oder angstfrei. Kein Mensch empfindet *nie* Ärger, Schuld oder Scham. Das sind normale Gefühle, nur können sie buchstäblich lähmend werden. Um damit zurechtzukommen, lernt man die Realität so zu verzerren, dass die unangenehmen Gefühle leichter zu handhaben sind. Manche Verzerrungen sind harmlos. Doch die Erfahrung lehrt, dass wir nicht wirklich glücklich sein können, wenn unsere Realität so verdreht ist, als lebten wir in einem Wolkenkuckucksheim. Wenn Sie sich beispielsweise auf Verdrängung verlassen, um die Folgen Ihres selbstzerstörerischen Verhaltens nicht wahrzunehmen, so finden die Tatsachen immer einen Weg, Sie einzuholen. Hier geht es um das Denken, um unsere Vorstellung davon, wie das Leben funktioniert, und darum, wie grundverkehrt einige dieser Annahmen sind.

2

Der heutige Wahnsinn:
die Gesellschaft

Die meisten einfachen Tatsachen des heutigen Lebens reichen schon aus, um uns nicht nur unglücklich, sondern auch deprimiert, verängstigt und krank zu machen oder gar umzubringen. Das mag Sie überraschen. Schließlich geht es uns in vielerlei Hinsicht so viel besser als unseren Ahnen. Es stimmt auch, dass wir freier und gesünder sind und uns viel mehr Wahlmöglichkeiten offenstehen. Allerdings hat der Verlauf der jüngeren Geschichte eine höchst unerfreuliche Kehrseite. Wir finden zwar unsere Lebensbedingungen ganz normal, doch hat sich das Leben seit der industriellen Revolution im Grunde so drastisch verändert – und alles ändert sich immer schneller, ohne dass ein Ende in Sicht wäre –, dass uns diese vielen Veränderungen schließlich auf verheerende Weise stressen, und zwar auf eine Weise, die uns meist nicht einmal bewusst ist.

Seit der Aufklärung vertritt die westliche Gesellschaft die Annahme, die Ursachen des Leidens auszuschalten bringe mehr Glück.[22] Damals schien die Annahme äußerst vernünftig, dass die Verminderung von Krankheiten, Hunger und vorzeitigem Sterben bei gleichzeitiger Vermehrung von Wohlstand, Freizeit und Gelegenheiten zum Vorwärtskommen unvermeidlich eine utopische Gesellschaft hervorbringe, in

der alle ihr eigenes spezielles Glück verfolgen könnten. Nun
aber wird langsam klar, dass diese Überzeugung eine grausame Täuschung war. Es gibt keinen Grund zu vermuten,
der Einzelne sei glücklicher als es seine Ahnen vor 300 Jahren
waren. Vielmehr scheint sich das Glück, seit die Wissenschaftler es zuverlässig messen können, seit etwa 50 Jahren auf dem
absteigenden Ast zu befinden.

Zivilisationsbedingter Stress

Kurzum: Die Lebensbedingungen haben sich in den letzten
paar hundert Jahren so gewaltig geändert, dass Körper, Geist
und Nervensystem des Menschen sich an Umstände anpassen
mussten, für die er genetisch oder kulturell nie vorgesehen
war. Das Ergebnis ist eine völlig neue Art von Stress, wie es ihn
früher nie gab. Alle kennen den Stress, der entsteht, wenn man
zu viel arbeitet und mit zu vielen Prioritäten jonglieren muss.
Es gibt jedoch einen tiefer gehenden und alles durchdringen-
den Stress, der uns weitgehend nicht bewusst ist und sich direkt im Körper festsetzt, im Nerven- und Immunsystem, im
Bauch und im Herzen, in der Haut und in den Knochen. In
einer schwierigen, komplizierten und bizarren Welt sind wir
ständig vor Gefahren auf der Hut, und das bringt uns um.

   Der Mensch besitzt wie jedes Tier eine komplexe Reihe
angeborener, außerordentlich wirksamer Reaktionen auf Gefahren, die für seine Sicherheit sorgen. Wenn Sie spazierengehen und plötzlich von einem Straßenräuber bedroht werden, schaltet Ihr Körper automatisch, ohne dass Sie denken
und ohne irgendein Gefühl, in den Kampf-oder-Flucht-
Modus um. Erst dann macht sich das Gefühl bemerkbar, das

man Angst nennt. Die *Amygdala* – jener Bereich im Gehirn, wo Gefahren zuerst wahrgenommen werden – löst eine komplexe Kettenreaktion von Hormonen und Neurotransmittern aus und führt zur Ausschüttung der Notfall-Transmitter Adrenalin und Kortisol aus den Nebennieren. Diese aktivieren Körper, Geist und Sinne, um mit der Bedrohung fertigzuwerden. Das ist das Stressreaktionssystem, das man als Kampf-oder-Flucht-Reaktion bezeichnet. Dabei erhöhen sich Herzfrequenz und Blutdruck, Energie wird in Muskeln und Sinnesorgane umgeleitet, Verdauung und Fortpflanzung werden unterbrochen, Immunzellen in Speicher gelenkt, Steroide zum fokussierten Sehen und zur Wundheilung bereitgestellt – lauter gute Dinge, die Ihnen helfen, der Gefahr zu entrinnen. Wenn es sich herausstellt, dass der vermeintliche Straßenräuber Sie nur nach dem Weg fragen wollte, sendet ein anderer Teil im Gehirn, der *Hippocampus*, dem Körper das Signal zur Entwarnung. Die Nebennieren produzieren keine Transmitter für den Notfall mehr, Herzfrequenz und Blutdruck sinken, die Muskeln entspannen sich und alle Organe kehren in den Normalzustand zurück.

Die sprichwörtliche dunkle Gasse

Stellen wir uns jetzt vor, Sie hätten einen Alptraum. Sie werden im New York des Films *Taxi Driver* in einer dunklen Gasse von Straßenräubern mit Knarren, Messern und Knüppeln umringt. Wohin Sie auch laufen, erwartet Sie eine neue Gefahr. Sie entkommen ein paarmal, wissen aber, dass Sie nicht mehr lange durchhalten werden. Unter solchen Bedingungen gibt es keine Entwarnung für Ihre Stressreaktionen. Sie bleiben im Kampf-oder-Flucht-Modus stecken. Wir wissen aber inzwischen, dass allerlei schlechte Folgen Sie erwarten, wenn Sie zu lange in diesem Zustand bleiben: Erschöpfung, Herzanspannung, gestresste Nieren, Muskelermüdung, Störungen des Verdauungssystems und Kreislaufs und chronisch hoher Blutdruck. Sie werden nicht mehr normal essen können, und Ihr Darm nimmt Schaden. Ihr Immunsystem wird beeinträchtigt. Sie werden infektionsanfälliger und reagieren gleichzeitig zu stark auf geringe Reize. Das Schlimmste aber ist, dass Ihr Gehirn Schaden leidet. Wenn Sie sich die Ergebnisse einer Positronen-Emissions-Tomografie (PET) von Menschen ansehen, die ständig unter Stress stehen, so erscheinen an der Stelle früherer Hirngewebe große weiße Bereiche.[23] Schließlich »lernen Sie, hilflos zu sein«, geben einfach auf und strengen sich nicht mehr an. Glücklicherweise ist alles nur ein Alptraum, und Sie erwachen.

Oder nicht? Der Haken ist, dass es keine Rolle spielt, ob Ihr Alptraum wirklich ist oder nur eingebildet und ob Ihr Leben oder Ihr Lebensunterhalt bedroht ist. In einer Firma zu arbeiten, wo es acht verschiedene Chefs gibt, die Sie herumkommandieren, und zu wissen, dass fünf Leute vor der Tür nur auf Ihre Stelle warten, unterscheidet sich nicht besonders von der Situation, in der Sie von Straßenräubern umringt sind. Nur können Sie nicht fliehen. Ob Sie ständig bedroht werden oder nur das *Gefühl* haben, ständig bedroht zu werden, die Folgen für Gehirn, Geist und Körper sind dieselben. Die Gehirnforscher haben festgestellt, dass sich die Entwarnsysteme des Menschen unter zu viel Stress abnützen. Der Hippocampus kann kein Signal zur Entwarnung mehr geben, und die Rezeptoren der Nervenzellen im Hippocampus schrumpfen allmählich, bis sie bei noch mehr Stress gänzlich absterben. Bei Opfern von Kindsmisshandlung sowie Kriegsveteranen ist der Hippocampus geschrumpft.[24] Ständiger Stress behindert die Fähigkeit des Hippocampus, Erinnerungen richtig einzuordnen, was die Betroffenen verwirrt, bis sie den Unterschied zwischen Erinnerung und Alptraum nicht mehr erkennen. Dann dringt der Stress sogar bis in die Knochen vor: Wenn die Gewebezellen im ganzen Körper von zu vielen Stresshormonen überflutet werden, schalten sie ihre Rezeptoren ab, um sich dagegen zu wehren. Dann aber setzen die endokrinen Drüsen noch mehr Stresshormone frei, die das Immunsystem, Muskeln, Knochen, Darm und Herz immer stärker in Bedrängnis bringen. Das Gehirn wird schließlich dem Stress entsprechend verdrahtet, und seine Nervenschaltkreise beschränken sich darauf, vorkonditionierte Pfade zu benutzen. Das macht es unmöglich, neue Lösungen zu finden oder kreativ zu reagieren.

Glück ist ausgeschlossen, wenn Sie zu gestresst sind. Ihr Gehirn und Körper haben schon genug damit zu tun, eben nur am Leben zu bleiben und zu funktionieren. Genau dahin hat uns das Leben des 21. Jahrhunderts gebracht: Wir geben unser Bestes, nur um uns über Wasser zu halten. Heute werden acht von zehn der am meisten verwendeten Medikamente in den Vereinigten Staaten für stressbedingte Leiden eingesetzt:[25] Antidepressiva, Beruhigungs- und Schlafmittel, Medikamente für Magenleiden und gegen hohen Blutdruck. Damit werden jedoch nur Symptome behandelt, nicht die Ursachen. Es ist, als nehme man Schmerzmittel ein, um mit einem Beinbruch weiter Fußball spielen zu können. Wir sollten darauf achten, was uns Körper und Geist mitteilen: langsamer treten, sich Zeit zum Heilen lassen, lernen, wie man sich vor Stress schützt und effizient damit umgeht. Tun wir das nicht, sterben wir zu früh und mit unnötigen Schmerzen.

Überlegen Sie nur, wie sehr sich die Gesellschaft in den 160 000 Jahren seit dem ersten Auftreten des Menschen gewandelt hat. Die Fortschritte der Menschheit sind größtenteils erstaunlich. Dabei kommen wir noch immer mit dem gleichen Nervensystem aus wie unsere ersten Urahnen. Sie standen nicht unter dem evolutionären Druck, die Langzeitfolgen von Stress zu lindern, weil wenige älter als 35 Jahre wurden. Heute kann man dank der größeren Lebenserwartung genau beobachten, wie sich ein Leben voll Stress auf Körper und Geist auswirkt.

Das größte Hindernis, das dem Glück im Weg steht, ist die Tatsache, dass der Mensch nicht für den Stress, mit dem er heute zu tun hat, gebaut ist. Körper und Geist haben sich über eine Million Jahre für bestimmte Bedingungen entwickelt, die sich bis vor 300 Jahren kaum verändert haben. Der Mensch war jedenfalls nicht auf den Zerfall von Familie und Gemeinschaft vorbereitet, darauf, dass dem Alltag Sinn und Zweck sowie jede menschliche Wärme fehlt, auf zehn- oder zwölfstündige Arbeitstage, den Verlust der Naturverbundenheit, mangelnde körperliche Tätigkeit und die Störung des natürlichen Wach-Schlaf-Zyklus. Ebensowenig sind wir für Stressoren wie Handys, Verkehrsstaus, Schulden, acht Chefs oder Kassenärzte eingerichtet. Im Gegensatz zu unseren Ahnen können wir nicht davonlaufen und den Problemen entfliehen oder sie gemeinsam mit anderen mit Stöcken und Steinen in die Flucht schlagen. Das wäre die natürliche Reaktion, genau das bedeutet »Kampf oder Flucht«. Egal ob wir kämpfen oder fliehen, der menschliche Körper ist für rasche Lösungen konzipiert und für eine rasche Ausschüttung einer Flut von Stresshormonen, und dadurch stehen wir jetzt ständig unter Stress. Es ist möglich, die Stressreaktionen mithilfe der Achtsamkeit regulieren zu lernen, aber es ist nicht leicht und liegt uns nicht im Blut. Regulieren allein genügt auch nicht. Wollen wir dem Stress wirklich entgehen und nicht nur mit ihm fertig werden, müssen wir einige schwierige Entscheidungen hinsichtlich unserer Lebensweise treffen.

Elefanten, Ratten und Menschen

Alles wird noch dadurch verschlimmert, dass Stress von Generation zu Generation übertragen wird. Eine traumatisierte Mutter vererbt ihr Trauma an ihre Kinder. So läuft es auch bei Elefanten. Junge männliche Elefanten, die miterleben, wie Wilddiebe ältere Tiere erschlagen und ohne die Hilfe älterer Elefantenbullen ein Trauma erleben, malträtieren und morden Nashörner und greifen sinnlos Geländewagen an.[26] Wenn ältere Elefantenmütter fehlen, wissen die jungen nicht, wie sie ihre Elefantenbabys beruhigen und schützen sollen. Man hat auch festgestellt, dass Rattensäuglinge, die von der Mutter mehr geleckt und gehegt werden, weniger Angst haben und intelligenter reagieren, wenn sie ausgewachsen sind, ein besser funktionierendes Immunsystem besitzen und selbst aufmerksamere Mütter werden.[27] Man braucht eine Ratte nur eine Zeitlang zu stressen, damit sie eine unaufmerksame Mutter wird und in ihrer Rolle versagt.[28] Es gibt noch nicht viele Untersuchungen über Menschenmütter und Kinder, aber sie sind im Gange, und die Ergebnisse werden nicht erfreulich sein. Laut einer vor Kurzem durchgeführten UNICEF-Umfrage lagen die Vereinigten Staaten auf dem letzten Platz aller reichen Länder im Bereich des allgemeinen Wohlbefindens der Kinder und auf dem allerletzten in Bezug auf Beziehungen innerhalb der Familie und unter Gleichgestellten.[29]

Zivilisationsbedingte Überarbeitung

Eine der größten Stressursachen im heutigen Leben ist die Arbeit. Natürlich kann sie auch viel Erfüllung bringen und Freude machen. Auf diesen Aspekt kommen wir noch zurück. Die Arbeitsanforderungen jedoch sind in der letzten Zeit stark angestiegen, und die Anpassung daran erweist sich als schwieriger, als man wahrhaben möchte.

Das Leben einer Durchschnittsfamilie vor 300 Jahren unterschied sich nicht so sehr von dem einer Familie vor 3000 oder gar 30 000 Jahren. Das Leben war vorhersehbar und vorbestimmt. Die meisten Menschen lebten in kleinen Dörfern und erwarben ihr Brot und das Lebensnotwendige durch Tauschhandel innerhalb der Gemeinschaft. Die Arbeit – Jagen, Landbau usw. – wurde gemeinsam oder zu Hause verrichtet. Die Leute kannten praktisch alle, die sie je kennenlernen würden, und ein gelegentlicher Reisender war ein Ereignis. Die Kinder kannten ihren zukünftigen Beruf bereits, weil sie in die Fußstapfen der Eltern treten würden. Sie wussten auch ziemlich genau, wen sie heiraten würden, weil es nur zwei oder drei Wahlmöglichkeiten gab. Sie gingen zu Bett, wenn es dunkel war, und standen auf, wenn es hell wurde. Sie lebten in Einklang mit den Jahreszeiten. Sie kamen täglich mit Geburt und Tod in Berührung, zum Teil dank ihres ständigen Umgangs mit allerlei Arten von Tieren. Sie waren eng mit der Natur verbunden.

Die Wohlstandsgesellschaft

Ein zeitgenössisches Beispiel eines naturverbundenen Lebens liefern die Buschmänner der Kalahari, die noch heute Jäger und Sammler sind. Der bekannte Neurowissenschaftler und Stressexperte Robert Sapolsky, der die Hälfte des Jahres in Afrika lebt, bezeichnet die Buschmänner als Ur-Wohlstandsgesellschaft,[30] zum Teil deswegen, weil sie täglich nur zwei bis vier Stunden arbeiten, wie es in Jäger-und-Sammler-Gesellschaften die Regel ist.[31] Diese Zeit reicht zum Decken ihrer Bedürfnisse aus, und mehr brauchen sie nicht. Den übrigen Tag verbringen sie mit gemeinsamen Tätigkeiten: meist nur mit Reden. Viel Zeit wird auch der Entfaltung künstlerischer Fähigkeiten sowie dem Singen und Tanzen gewidmet. Sie haben praktisch null Stress. Was wir von oben herab als primitive Gesellschaft mit einer Subsistenzwirtschaft betrachten, ist in Wirklichkeit eine bedürfnislose Gesellschaft. Wir können nicht zurück und die Geschichte ungeschehen machen, aber wir können aus der Gegenüberstellung lernen.

Überlegen Sie nur, wie sich die Umstände im Westen seit der industriellen Revolution verändert haben, seit der Verbreitung einer auf Geld basierenden Wirtschaft, seit der Erfindung der Uhr, des künstlichen Lichts und neuerdings der elektronischen Kommunikation. Die Vorstellung eines »Jobs« – Austausch von Arbeit gegen Lohn – musste erst einmal erfunden werden. Dann musste das Volk gezwungen oder einer Gehirnwäsche unterzogen werden, bis es einen Sinn darin sah, Familie, Freunde und Nachbarn anfänglich zwölf Stunden am Tag sechs Tage die Woche zu verlassen. Es war eine Zeit ungeheurer gesellschaftlicher Turbulenzen, die in England besonders gut belegt ist, wo die Reichen jahrhundertelang Land, das allen gehörte, aufkauften und einzäunten und damit ganze Familien vom Land in die Stadt trieben. Man neigt dazu, die *Ludditen* – die Maschinenstürmer und Textilarbeiter, die dampfkraftbetriebene Webmaschinen sabotierten – als unwissende Bauern abzutun, die sich dem Fortschritt in den Weg stellten. In Wirklichkeit fragten sich viele, ob der Fortschritt wirklich so großartig war, wie er hochgejubelt wurde, aber ihre Stimmen wurden vom Lauf der Geschichte übertönt. Lesen Sie dazu Charles Dickens' *Weihnachtsgeschichte*: Sie vermittelt ein radikales Bild der Zeit. Dickens macht darin deutlich, dass die Armen nicht wegen eines Unglücks oder vorübergehend schlechter Zeiten arm waren, sondern weil die Wirtschaft billige Arbeitskräfte brauchte.

Untätige Hände ...

Tom Hodgkinson erklärt in seinem brillant-subversiven Buch *Anleitung zum Müßiggang,* dass die »protestantische Arbeitsmoral« keine leere Floskel ist. Die protestantischen Kirchenführer im England des 18. und 19. Jahrhunderts unterstützten die industrielle Revolution begeistert mit Predigten: Untätige Hände seien der Tummelplatz des Teufels, und es sei für den Menschen normal, sich zu Tode zu arbeiten. Niedrig gehaltene Löhne wurden moralisch gerechtfertigt, weil sie die Leute dazu brachten, aus Not statt unter Zwang zu arbeiten, was Streiks und Unruhen vorbeugte. Wie der Geistliche Andrew Townsend, ein »Unternehmensberater« des 19. Jahrhunderts, schrieb: Die Leute zur Arbeit zwingen zu wollen.

> macht zu viel Mühe, erfordert zu viel Gewalt und macht zu großen Lärm ... Hunger dagegen ist nicht nur ein Druck, der

friedlich, still und unaufhörlich ist, sondern da er der natür-
lichste Beweggrund für Arbeit und Fleiß ist, reizt er auch zu
den friedlichsten Anstrengungen.[32]

Auch heute noch werden wir einer ähnlichen Gehirnwäsche
unterzogen, die uns glauben macht, Arbeitslosigkeit sei eine
vorübergehende Folge schlechter Zeiten, statt zu merken,
dass die Marktwirtschaft auf ein gewisses Maß von Arbeitslosigkeit angewiesen ist, damit die Löhne niedrig bleiben. Das
Gespenst, das Ökonomen gegen die Vollbeschäftigung an die
Wand malen, besagt: Steigende Löhne führen zur Inflation,
und dann steigen die Preise wie durch Zauberhand. Stellen
Sie sich vor, die Löhne würden steigen, die Preise hingegen
nicht. Dazu müsste man Absatzmärkte steuern und den In-
vestoren die Chance nehmen, möglichst viel Geld zu verdienen – ein kapitalistisches Tabu!

Aus der Sicht des individuellen Glücks haben sich diese
Veränderungen als außerordentlich zerstörerisch erwiesen.
Statt einer kooperativen Gesellschaft, in welcher der Wert des
Lebens dadurch bestimmt wurde, wie viel man zur Gemeinschaft beitrug, haben wir nun eine Konkurrenzgesellschaft, in
der es die größten Schwierigkeiten bereitet, den Wert eines
Lebens zu bestimmen. Statt einer Welt mit Gesellschafts-
ritualen, die dem Einzelnen wie angegossen passten, haben
wir eine Welt, in der das Leben unsicher geworden ist. Statt
der Sicherheit der Gemeinschaft haben wir Angst vor Arbeitslosigkeit und Obdachlosigkeit. Infolgedessen ist die Häufigkeit von Angstzuständen, Depressionen und stressbedingten
Störungen in den letzten 25 Jahren in den USA und in Europa
jedes Jahr gestiegen. Aufreibende Jobs haben eine deutliche
Zunahme schwerer Depressionen und Angststörungen bei

vorher gesunden jungen Leuten zur Folge.[33] 2004 gaben 45
Prozent der befragten College-Studenten an, sie seien so deprimiert, dass sie kaum noch funktionierten, und 94 Prozent
gestanden ein, manchmal überfordert zu sein.[34] 2006 gaben
die Amerikaner ungefähr 76 Milliarden Dollar im Jahr für Antidepressiva aus.[35] Heute prophezeien die Weltbank und die
Weltgesundheitsorganisation WHO, bald werde Depression
das größte gesundheitliche Problem der Welt sein.[36] Gleichzeitig wird die Gesellschaft immer reicher, und es gibt immer
mehr Möglichkeiten der Ablenkung und Zerstreuung. Diener
und Seligman erwähnen, das Bruttoinlandsprodukt sei ein
aussagekräftiges Maß für gesellschaftliche Werte gewesen,
als die Länder sich aus der Armut hochgearbeitet hatten.[37]
Heute jedoch, wo fast alle im Westen »reich« sind, ist es
sinnvoller, empfindlichere Sozialindikatoren heranzuziehen.
In der Zeitschrift *The Economist* wird bei einer Analyse aller
Länder der Welt festgestellt, das materielle Wohlbefinden sei
immer noch der wichtigste Einzelfaktor zur Bestimmung der
Lebensqualität, aber niedrigere Werte in Bezug auf Familienleben, Gemeinschaftsleben und Arbeitsplatzsicherheit ergä-
ben einen insgesamt reduzierten Glückswert in den Vereinigten Staaten und England.[38]

Das allgemeine Glück scheint bei fortschreitender Verwestlichung in allen Ländern abzunehmen. In China stieg
das durchschnittliche Realeinkommen von 1994 bis 2005 um
erstaunliche 250 Prozent, der Prozentsatz der Menschen
jedoch, die sich mit ihrem Leben zufrieden erklärten, nahm
ab und Unglücklichsein nahm zu.[39] In Büchern wie *Bowling
Alone* (»Alleine bowlen«) von Robert Putnam oder *The Loss
of Happiness in Market Democracies* (»Der Glücksverlust in
Marktdemokratien«) von Robert Lane wird beschrieben, wie

mit einer Verbesserung der wirtschaftlichen Situation in den USA Entfremdung und Stress zunahmen und das Glück zurückging. Wenn man das Bruttoinlandsprodukt pro Kopf im Vergleich mit dem Prozentsatz der sich als »sehr glücklich« einschätzenden Menschen in den letzten 50 Jahren in einer Grafik darstellt, ergeben sich praktisch zwei Geraden: Das Bruttoinlandsprodukt steigt stetig an, das Glück sinkt. Wir werden ständig isolierter und misstrauischer gegenüber unseren Mitmenschen. Wir verlassen das klimatisierte Eigenheim im privat bewachten Wohnviertel und fahren im klimatisierten Auto in den klimatisierten Supermarkt und mit den Einkäufen wieder nach Hause, aber alles ohne menschlichen Kontakt. Oder wir gehen ins Internet und kaufen Unterhaltungselektronik und Spiele, und am Ende brauchen wir überhaupt nicht mehr außer Haus zu gehen. Wir haben immer weniger Kontakt zu den Nachbarn und vertrauen einander, der Regierung, den Schulen, der Religion, der Medizin und den Medien immer weniger.[40] Während Sozialwissenschaftler belegen, dass menschliche Nähe, Gemeinschaftssinn und Vertrauen die Grundelemente des menschlichen Glücks darstellen, verschwinden diese aus der Gesellschaft.

Das engmaschige soziale Netz, das der Mensch haben sollte, hat ihn früher wahrscheinlich vor Depression und jedenfalls vor Einsamkeit bewahrt. Doch seit den 1950er Jahren ist der Nachbarschaftssinn im Niedergang begriffen.[41] Die durchschnittlichen Arbeitsstunden und die Zeit für den Arbeitsweg sind stark angestiegen, und oft arbeiten heute beide Ehepartner. Zugleich hat die Mitgliedschaft in Kirchen, Gemeindeorganisationen, Vereinen, Elternvertretungen und sonstigen Einrichtungen stetig abgenommen. Golfclubs sind in Schwierigkeiten, weil die Leute keine Zeit zum Golfspielen mehr haben.[42] Das alles bedeutet, dass wir weniger Gelegenheit oder Möglichkeiten haben, uns selbst zu definieren – wir sind *nur noch* Angestellte, nicht Angestellte *und* Rotarier *und* Protestanten *und* Mitglied eines Bridgeclubs. Bei Schwierigkeiten am Arbeitsplatz können wir somit nicht mehr auf all die anderen Identitäten zurückgreifen.

Noch ein Wort zum Leben in kleinen Gemeinschaften: Dort war für Unehrlichkeit und Misstrauen kein Platz. Wenn jemand ein Versprechen nicht einhielt, so sprach es sich herum. Vertrauen war eine absolute Notwendigkeit. Wenn jemand nicht vertrauenswürdig war, wurde er ausgestoßen. Eric Weiner weist in der *Geografie des Glücks*, seinem Reisebericht über die glücklichsten Länder, immer wieder darauf hin.[43] Ob in der Schweiz eine Vertrauenskrise ausgelöst wird, wenn ein Zug verspätet ist, oder man in Bhutan den Begriff »nicht vertrauenswürdig« gar nicht kennt: Glück hängt mit Vertrauen zusammen. Wenn wir einander oder unseren Führungspersönlichkeiten und Institutionen nicht mehr vertrauen können, fühlen wir uns nicht sicher, sondern sind gezwungen, selbstsüchtig zu handeln und zu wetteifern. Doch dann wird es schwierig, ein glückliches Leben zu führen.

Immer mehr und immer schneller

Unterdessen wird der Rhythmus des Lebens buchstäblich immer schneller. In 32 Städten der ganzen Welt gingen Fußgänger 2006 durchschnittlich 10 Prozent rascher als 1994.[44]

In Amerika hat der Durchschnittsbürger über die letzten 25 Jahre seine Arbeitsstunden von 40 auf 50 erhöht,[45] auf mehr als jedes andere Land der Welt einschließlich Japan. Dabei pflegten die Amerikaner mitleidig auf die Japaner herunterzuschauen, wo die Angestellten anscheinend namen- und gesichtslose, von ihren Arbeitgebern ausgenutzte Lohnsklaven waren. Seltsam, dass man diese Bemerkungen nicht mehr hört, denn die Amerikaner arbeiten heute etwa dreieinhalb Wochen im Jahr länger als die Japaner (sechs Wochen länger als die Engländer, zwölf Wochen länger als die Deutschen). Außerdem sind französische Angestellte, die wegen ihrer kurzen Arbeitswochen und langen Ferien gerne belächelt werden, sogar produktiver als die Amerikaner und produzieren einen ganzen Dollar mehr Wert pro Stunde.[46] Bei neuen Einwanderern nach Amerika steigt der Blutdruck automatisch.[47] Die Amerikaner müssen 25 Prozent mehr Stunden arbeiten und haben 25 Prozent weniger Mußestunden, nur um denselben Lebensstandard zu halten wie vor 25 Jahren. 2005 stagnierte das durchschnittliche jährliche Haushaltseinkommen der Amerikaner schon das fünfte Jahr in Folge, während die Unternehmensgewinne sich verdoppelten.[48] Die Gewerkschaften, die mit ihrem Hinweis an ihre Mitglieder, es gebe noch andere Prioritäten als die Arbeit, immerhin in die richtige Richtung zeigten, hat der wirtschaftliche Wandel kastriert. In Amerika haben die Menschen solche Angst vor einer eventuellen Arbeitslosigkeit, dass sie weniger Urlaub machen, als ihnen eigentlich zusteht, was sowieso weniger ist als in jedem anderen Industrieland. Bedenken Sie: Es warten schon fünf Leute auf Ihren Arbeitsplatz. Kein Wunder, dass 34 Prozent der Amerikaner im Urlaub so oft Kontakt zu ihrer Firma aufnehmen, dass sie hinterher genauso gestresst sind wie zuvor, wenn nicht noch gestresster.[49] Es überrascht somit nicht, dass Menschen, die »reich an Zeit« statt an materiellen Gütern sind, allgemein mit ihrem Leben zufriedener sind.[50]

Dieser veränderte Umgang mit der Zeit richtet verheerende Schäden im Familienleben an. Manche witzeln, die feministische Revolution habe den Frauen das Recht eingebracht, ebenso schlecht behandelt zu werden wie die Männer.

Verschenken Sie
keine Urlaubstage.

Heute gilt es als selbstverständlich, dass beide Ehepartner arbeiten und die Kinder in eine Kindertagesstätte kommen. Ich kann mich nicht erinnern, dass wir so etwas in den 1960er Jahren vorhatten. Heute arbeiten vier von zehn Amerikanern keine normalen Schichten, sodass Elternpaare noch seltener gleichzeitig zu Hause sind. Familien, in denen der Vater der alleinige Geldverdiener und die Mutter zu Hause ist und auf den Schulbus wartet, machen inzwischen nur noch fünf Prozent der Bevölkerung aus, während 49 Prozent der Ehen geschieden werden.[51] Mehr als doppelt so viele Scheidungskinder im Vergleich zu solchen aus heilen Familien werden im Lauf ihres Lebens eine psychiatrische Versorgung brauchen.

Wenn man das alles weiß, kann man sich wirklich fragen, weshalb nicht mehr Firmen ihren Angestellten flexiblere und weniger stressige Arbeitszeiten anbieten.[52] Es sieht nicht so aus, als würde es unter dem Strich etwas ausmachen, und die Belegschaft könnte glücklicher und stabiler werden. Eine Umfrage ergab, dass die Hälfte der Amerikaner gerne einen Tageslohn gegen die Möglichkeit einer Viertagewoche eintauschen würde.[53]

Das Glücksgefälle

Inzwischen hat man festgestellt, dass sich hinsichtlich des Glücklichseins auf der ganzen Welt ein wachsendes Gefälle zwischen Männern und Frauen bildet.[54] In den 1970er Jahren

waren die Frauen im Allgemeinen etwas glücklicher als die
Männer. Seither berichten Männer, sie seien insgesamt glücklicher, die Frauen hingegen sind weniger glücklich. Die Geschlechter haben also die Plätze gewechselt. Das ist schwer
verständlich, weil die meisten sozialen Veränderungen für
Frauen seit den 1970er Jahren – Autonomie, mehr Lohn, bessere Ausbildung – eigentlich mehr Glück versprachen. Untersuchungen zur Zeiteinteilung haben ergeben, dass Männer
weniger Zeit mit Tätigkeiten verbringen, die ihnen keinen
Spaß machen (wie der Job), und mehr Dinge tun, die ihnen gefallen (wie Freizeitbetätigungen). Bei Frauen hingegen ist das
Umgekehrte der Fall. Dies legt den Gedanken nahe, dass das
Arbeitspensum der Frauen größer geworden ist, ohne dass die
Männer ihren Anteil daran übernommen hätten. Heute arbeiten die meisten Frauen und übernehmen noch immer die
Hauptverantwortung für den Haushalt, die Kindererziehung
und die Sorge für die alternden Eltern (einschließlich der
Schwiegereltern). Wenn dies der Fall ist, so ist anzunehmen,
dass die feministische Revolution noch einige Arbeit zu leisten
hat, und das wird den Männern nicht gefallen. Oder die Frau-
en müssen ihre Erwartungen herunterschrauben und nicht
zwei anstrengenden Vollzeitbeschäftigungen – zu Hause und
im Job – gleichzeitig gerecht werden wollen.

Der amerikanische Traum

Das Leben in den Vororten und Randbezirken der Städte –
der amerikanische Traum – erweist sich für die Familie als
tödlich. Die Ausdehnung der Vorstädte hat zur Folge, dass
alle auf Autos angewiesen sind; das wiederum trägt zu Über-
gewicht und anderen gesundheitlichen Problemen bei und

isoliert die Menschen voneinander.[55] Eine Untersuchung der Häufigkeit nachbarschaftlicher Besuche über die letzten 40 Jahre ergibt eine fallende Kurve, ein deutliches Zeichen der Vereinsamung. Weshalb eine Tasse Zucker von einer Nachbarin ausborgen und Kontakt mit jemandem riskieren, mit dem man möglicherweise ins Gespräch kommt, wenn man bequemer zum Mini-Markt fahren kann? Als weitere Folge des Vorstadtlebens haben Eltern keine Nachbarn oder Großeltern mehr, die sie bei der Erziehung unterstützen. Früher befasste sich die ganze Gemeinschaft mit der Kindererziehung, nur gibt es heute keine solche Gemeinschaft mehr. Die Aufgabe fällt nur noch Eltern und Berufserziehern zu, die sich immer größeren Schwierigkeiten gegenübersehen. Schulverwalter müssen sich heute mit Sexismus, Mobbing, gesellschaftlicher Diskriminierung und Schikanen befassen und darauf achten, dass die Kinder nicht mit Schusswaffen zur Schule kommen. Dabei werden gleichzeitig ständig bessere Resultate in standardisierten Tests von ihnen verlangt, und alles ohne Erhöhung der Geldmittel. Die Kinder bekommen von den Eltern nicht die nötige Hilfe, um mit ihren Problemen umzugehen, weil diese überarbeitet und überbeansprucht sind. Eltern wie Kinder werden von der Massenkultur überfordert, ohne dass ihnen ein soziales Netz zur Verfügung stünde, das Alternativen anböte.

Sehen Sie sich Ihre Umwelt an. Wir haben es geschafft, die Luft, die wir atmen, und das Wasser, das wir trinken, zu verpesten. Wir haben die Meere leergefischt; viele Arten sind vom Aussterben bedroht. Wir haben die Ozonschicht so sehr beschädigt, dass Sonnenbaden gefährlich geworden ist. Die Gletscher verschwinden, die Lebensräume der Pflanzen und Tiere verändern sich. Die Nahrung ist mit künstlichen

Fetten, Kohlenhydraten und Geschmacksverstärkern ange-
reichert, was Fettsuchtepidemien auslöst. Allergien nehmen
überhand, weil wir gleichzeitig unser Immunsystem geschädigt und die Luft verschmutzt haben. Wir verschwenden Öl-
und Gasvorräte, die nicht erneuerbar sind. Wir fahren mit
Geländefahrzeugen überallhin, verstreuen unseren Müll und
lassen nichts mehr unberührt. Arbeit und Freizeit sind monotone, sitzende Tätigkeiten geworden. Damit schwinden die
Gelegenheiten zu regelmäßiger Bewegung als normalem Bestandteil des Alltags. Der Körper verkrampft sich, die Muskeln verkümmern, die Gelenke werden steif. Dennoch haben
wir keine Zeit, einfach ruhig zu sein – uns auf den Spaten zu
stützen, während wir zusehen, wie die Sonne untergeht, oder
Tagträumen nachzuhängen, bis ein Fisch angebissen hat. Solche Tätigkeiten wären unverzichtbare Nahrung für die rechte
Gehirnhälfte, die kreative Seite unseres Wesens. Die Schub-
ladenkultur verhindert transzendente Erfahrungen, bei denen man in Berührung mit etwas Größerem kommt – dem
Meer, dem Himmel, den Bergen, dem wachsenden Gras, dem
säuselnden Wind, den fallenden Blättern.

Überfluss

Vor dem Hintergrund dieses trostlosen Bildes sehen wir uns
nun die Konsumgesellschaft an. Eigentlich lautet die Haupt-
botschaft der heutigen Kultur unter dem Strich: »Klar gibt
es ein paar Sachen, um die man sich Sorgen machen sollte,
zum Beispiel den Klimawandel oder die Scheidungsraten,
aber wir können diese Probleme anpacken und gleichzeitig
unser Leben weiterführen. Die Welt hat uns eine Menge an-

zubieten, sie hält viele Vergnügungsarten für uns bereit, und
Glücklichsein ist einfach. *Don't worry, be happy!*« Lassen Sie es
mich deutlich sagen: Machen Sie sich ruhig Sorgen! Es gibt
vieles im heutigen Leben, das grundsätzlich und von seiner
Struktur her die Fähigkeit einschränkt, froh und zufrieden zu
leben. Man muss sich all dessen bewusst sein und sein Leben
entsprechend planen.

Wir alle haben eingetrichtert bekommen, Konsum sei der
Weg zum Glück. Am Ende aber merken wir, dass er nur mehr
Stress bringt. Ganz wie beim sprichwörtlichen Esel hängt
die Möhre immer gerade außer Reichweite. Das nennt man
die »hedonistische Tretmühle«. Der letztjährige Luxus wird
zur diesjährigen Notwendigkeit. Vergangenes Jahr konnte
man sich keinen Flachbildschirmfernseher (kein iPhone, keine Cappuccino-Kaffeemaschine) leisten. Dieses Jahr kommt
man ohne sie nicht mehr aus. Wenn man Amerikaner fragt,
was für sie ein angemessenes Einkommen wäre, so ist es immer ein wenig mehr, als sie im Moment bekommen. 1985
verdiente ein Durchschnittsarbeiter 27 000 Dollar im Jahr und
dachte, 30 000 würden ihn glücklich machen. Zwei Jahre später bekam er seine 30 000 Dollar, war aber noch nicht zufrieden. Er fand hingegen, er wäre wohl glücklich, wenn er ein
paar Tausend mehr im Jahr hätte. Und so geht es Jahr um Jahr.
Wie lange dauert es, bis wir das Muster dahinter erkennen?
Die Wünsche übersteigen die Mittel immer ein wenig, und
wir meinen, deswegen seien wir unglücklich. Das stimmt
nicht und hat noch nie gestimmt. Kein Wunder, dass wir ständig total gestresst sind und uns für unzulänglich halten. Wir
verdienen nie genug, um uns leisten zu können, was wir unserer eigenen Selbstsuggestion nach brauchen.

Man kann die Macht der Gehirnwäsche gar nicht unterschätzen. 66 Prozent der Amerikaner berichten, Einkaufen sei für sie eine Freizeitbeschäftigung.[56] Es gibt heute Zeitschriften wie *Lucky,* die sich nur mit Einkaufen befassen und einen Einkaufswettbewerb sponsern, bei dem die Leser ihre Lieblingskaufhäuser nominieren. Der erste Preis ist eine Einkaufsreise. »Reiseziel Einkaufen« ist ein neuer Trend. Die großen Shopping-Malls und Outlet-Zentren sind immer einen Ausflug wert. Übrigens werden Sie wahrscheinlich bei jedem Einkauf bereit sein, doppelt so viel auszugeben, wenn Sie mit der Kreditkarte statt bar bezahlen.[57] Der westliche Arbeiter oder Angestellte kann in ein Kaufhaus gehen und billige Kleider, Spielsachen und elektronische Geräte kaufen, weil sie in Sklavenarbeit hergestellt und importiert werden. Er kann mit sich zufrieden sein und merkt gar nicht, dass sich sein allgemeiner Lebensstandard im Verhältnis zu den Arbeitsstunden verschlechtert und sein Job wegen Auslagerung der Produktion in Gefahr ist.

Ich will nicht als kultureller Snob auftreten. Es ist nicht etwa so, dass ich nur *glaube,* Konsumdenken sei leer. Es gibt eine Menge Beweise dafür, dass es uns immer elender macht. Unter Glücksforschern ist es ziemlich bekannt, dass materialistisch eingestellte Menschen eher unglücklicher sind, außer Reiche (und dann sind sie auch nicht unbedingt glücklicher als der Durchschnitt).[58] Wie Untersuchungen gezeigt haben, bezahlen Leute, die einen traurigen Film gesehen haben, bis zu viermal mehr für irgendeine Kleinigkeit, wollen aber nicht wahrhaben, dass ihre traurigen Gefühle etwas mit der Kaufentscheidung zu tun haben.[59] »Depressionskäufe« sind etwas, das Therapeuten immer wieder zu sehen bekommen. Man geht einkaufen, weil man sich einsam und leer fühlt, sich langweilt und hofft, ein Kauf werde diese quälenden Gefühle lindern. Beim Einkaufen empfindet man den kleinen Rausch des Erwerbs, doch dann folgen Gewissensbisse, und man fühlt sich schlechter als zuvor. Höchstwahrscheinlich hat man auch noch Geld ausgegeben, das man gar nicht besitzt, und hat durch den Kauf von etwas völlig Überflüssigem nur noch zur eigenen Verschuldung beigetragen.

Mehr, bitte!

In einer Konsumkultur ist sich wohlfühlen das einzige Lebensziel. Wir haben die Tatsache aus den Augen verloren, dass sich wohlzufühlen ein Nebenprodukt der Lebensweise ist. Man erlangt dieses Gefühl nicht, indem man sich Affirmationen vorbetet, lauter Musterkinder hat, die richtigen Kleider trägt oder gar auf der Karriereleiter hochklettert. Glück, Stolz und Selbstachtung sind Fähigkeiten, die man sich durch harte Arbeit und schwere Entscheidungen verdient. Sich wohlfühlen ist kein Recht, sondern eine Leistung. Mein eigener Berufszweig hat dadurch zu dieser Fehlentwicklung beigetragen, dass er suggeriert, fehlendes Wohlbefinden werde durch eine Krankheit verursacht, die man heilen könne. Nehmen Sie diese Pille, machen Sie jene Therapie und leben Sie nach diesem oder jenem Ratgeber. Natürlich gibt es eine Menge unnötiges Elend in der Welt, und ich bin froh, dass wir Leidenden helfen können. Nur gibt es sehr viel mehr Menschen, die sich gerne wohlfühlen würden, ohne die Tatsache zu akzeptieren, dass das Leben harte Arbeit ist, der Mensch ständig vor schwierigen Entscheidungen steht und dafür verantwortlich ist, wie er seine Mitmenschen behandelt.

Bedenken Sie, was wir über Gewöhnung und die hedonistische Tretmühle sagten. Man gewöhnt sich leicht an alles, akzeptiert es als normalen Stand der Dinge und merkt nicht, welchen Schaden es uns und der übrigen Welt zufügt. Es ist großartig, dass wir so anpassungsfähig sind, *nur gibt es einiges, an das wir uns nicht gewöhnen sollten, das wir nicht zulassen dürfen.* Dazu gehören so große Verluste, dass wir uns wirklich bewusst machen müssen, welche Folgen sie für uns haben. Die Natur hat das menschliche Gehirn und Nervensystem als Teil der Natur vorgesehen. In einer künstlichen Welt zu leben macht Menschen zu anfälligen Exoten, die leicht Schaden nehmen. Es belastet den Körper so sehr, dass es sich in psychischen Störungen, körperlichen Erkrankungen, Abhängigkeit von Medikamenten und in Erstarrung zu einem hässlichen, spröden Selbst äußert.

Damit will ich kein übertrieben idyllisches Bild der Vergangenheit malen. Es gibt auch im heutigen Leben viel Wunderbares. Die Welt ist sicherer und viel interessanter geworden. Man kann hingehen, wohin man will, und tun, was man will, und hat sehr viel mehr Optionen, als unseren Großeltern offenstanden, geschweige denn unseren Ahnen im Mittelalter. Doch die Berechenbarkeit und der feste Rahmen des früheren Lebens hatten auch ihr Gutes. Es gibt heute unglaublich viele junge Frauen in den Dreißigern, die keinen Partner gefunden haben und verzweifeln, deprimiert sind und sich Vorwürfe machen, Frauen, die vor 30 Jahren jung geheiratet und Kinder großgezogen hätten. Viele junge Leute braten Hamburger, weil die Fabrik, in der Dad arbeitete, zugemacht hat und nach Mexiko verlegt wurde. Manchmal ist die riesige Auswahl schon fast eine Last. Wie viele Suppen kann Maggi erfinden? Schon nur das Betrachten der vollen Regale macht müde.

Der Wert des Geldes

Glauben Sie bitte nicht, ich fände die Gesellschaft so krank,
dass wir allem entsagen und auf einen Berggipfel meditieren
gehen sollten. Die meisten Menschen können viel glücklicher
in der Welt werden als in der Einsamkeit, nur müssen sie es
klug anstellen. Da der Wohlstand uns in eine Sackgasse geführt
hat und das Konsumdenken so viel Stress verursacht, wollen
wir uns einmal ansehen, was Geld für uns wirklich tun kann.

Es gibt zwei Situationen, in denen ein höheres Einkommen
bestimmt glücklicher macht: Erstens holt es einen aus der
Armut heraus. Wenn sich jemand zuunterst auf der Einkom-
mensleiter befindet, sieht das Leben trostlos aus. Man muss
nur für das Notwendige schon viel mehr arbeiten. Man hat keine Freizeit und kein Geld fürs Vergnügen. Man hat eine Menge
wirklichen Stress, nur um über die Runden zu kommen und
um nicht obdachlos zu werden. Die Gesundheit leidet, weil
man sich keine teure Medizin leisten kann. Wenn man 300 000
Dollar jährlich verdient, bedeutet eine Erhöhung von 30 000
nicht viel. Wenn man aber nur 30 000 im Jahr verdient, geben
einem weitere 30 000 wirklich das Gefühl, reich zu sein, und
verringern Stress und Sorgen im Alltag beträchtlich.

Bis vor Kurzem waren diese Auswirkungen von Reichtum
auf Armut die wirtschaftliche Standardvorstellung. Die Ökonomen nahmen an, Reichtum sei gleichbedeutend mit Glück,
die Wirtschaft habe mehr Wohlstand zum Ziel und der Staat
solle die Wirtschaft (vor allem durch Nichteinmischung) dabei
unterstützen, Geld zu scheffeln. Heute weiß man, dass der Zusammenhang zwischen Reichtum und Glück vielschichtiger
ist und nicht nur durch das Gesetz des abnehmenden Ertrags,
sondern auch durch die Psychologie des Menschen beeinflusst

wird. So nehmen die Amerikaner, die das höchste Pro-Kopf-Einkommen der Welt erzielen, im Vergleich mit anderen Industrieländern nur einen mittleren Platz beim persönlichen Glück ein und liegen nur wenig höher als Kolumbien, Brasilien und die Philippinen, wo das individuelle Einkommen nur einen Bruchteil des amerikanischen Verdienstes beträgt. Es ist interessant festzustellen, dass das persönliche Glück allgemein in südamerikanischen Ländern mit langsamerem Lebensrhythmus und starken Familienbanden recht hoch bemessen ist, und dies trotz des verhältnismäßig niedrigen individuellen Einkommens. Die höchsten Werte erzielen die meisten nordeuropäischen Länder mit geringen Einkommensunterschieden und hoher sozialer Absicherung. Im Gegensatz dazu sind die Bewohner der früheren Sowjetunion die unglücklichsten Menschen von allen, möglicherweise wegen der sozialen und politischen Unsicherheit, in der sie jetzt leben. Zudem ist in den letzten 50 Jahren die Häufigkeit von Depressionen, Alkoholismus und Verbrechen in fast allen verwestlichten Ländern drastisch angestiegen.[60] Diese Trends widersprechen der Annahme, mehr Reichtum bringe mehr Sicherheit und Glück.

Zwar bringt Wohlstand kein Glück, doch ist es schwer, die Überzeugung loszuwerden, er tue es. Die meisten Menschen antworten als Erstes auf die Frage, was sie brauchten, um glücklicher zu sein: mehr Geld.[61] Damit kommen wir zur zweiten Situation, in der mehr Geld tatsächlich etwas bewirken kann. Wenn Sie (wie die meisten Menschen heute) verschuldet sind, ziemlich viel Zinsen für Ihre Kreditkartenschulden bezahlen und es Ihnen schwerfällt, Ihre monatlichen Ausgaben mit dem derzeitigen Einkommen zu bezahlen, so schafft dies eine Menge Stress und Sorgen. Ihnen ist klar, dass echte finanzielle Schwierigkeiten bloß einige Gehaltschecks weit entfernt sind. Da würden Sie sich tatsächlich sehr viel besser fühlen, wenn Sie plötzlich etwas erbten, womit Sie die Rechnungen bezahlen könnten, oder wenn Ihr Gehalt so deutlich erhöht würde, dass Sie in der nächsten Zeit die Schulden abbezahlen könnten. Das Haar in der Suppe ist nur, dass Sie höchstwahrscheinlich immer wieder in dieselben Schwierigkeiten geraten. Wenn Sie den meisten Menschen gleichen, so werden Ihre Ausgaben proportional zum höheren Einkommen steigen. Sowieso steigen sie wegen der Inflation, der Energiepreise und Ähnlichem etwas an, nur werden Sie voraussichtlich außerdem auch mehr ausgeben, weil es den Menschen einfach juckt, mehr zu haben – ganz im Sinne der hedonistischen Tretmühle. Das ist die Sucht nach Besitz.

Untersuchungen haben ergeben, dass der wahrgenommene Reichtum viel wichtiger ist als der tatsächliche Wohlstand. Wenn man mit dem, was man verdient, zufrieden ist, so ist die Wahrscheinlichkeit hoch, dass man auch glücklich ist. Effektiv reichere Menschen sind tendenziell nur um ein Geringes glücklicher.* [62] Wollen Sie dank Reichtum glücklich werden, müssen Sie hart daran arbeiten, eine Nasenlänge voraus zu bleiben. Sind Sie der Erste in Ihrem sozialen Umfeld, der sich einen BMW leistet, so gibt Ihnen dies eine Zeitlang ein richtig gutes Gefühl. Sind Sie der Fünfzehnte, so ist das Gefühl nicht mehr so berauschend. Auch die Freude des ersten BMW-Besitzers verfliegt, wenn 15 andere in seiner Vergleichsgruppe ebenfalls BMWs fahren. Er muss schon den nächsten Schritt

---

* Reichere sind allerdings gesünder, wobei interessanterweise die eigene Einschätzung des Wohlstands stärker mit der Gesundheit zusammenhängt als objektivere Wohlstandsindikatoren (Singh-Manoux, Marmot und Adler, 2005). Vielleicht verringert die Tatsache, weniger Wünsche zu haben, den Stress, was die Gesundheit verbessert.

tun und sich einen Mercedes leisten. So wirkt sich der Gewöhnungseffekt der hedonistischen Tretmühle aus, wenn er noch verstärkt wird durch den Vergleich mit dem Nachbarn und den sozialen Konkurrenzkampf.

In der Tat gibt es gute Gründe, das Streben nach Reichtum mit einer Sucht zu vergleichen. Wegen der Gewöhnung und der hedonistischen Tretmühle hält man Güter, die man besitzt, schon bald für selbstverständlich, und künftig braucht es mehr, um denselben Kick auszulösen. Das Niveau steigt ständig an. Bekommen Sie dieses Jahr eine Gehaltserhöhung von 10 000 Dollar, sind Sie überglücklich. Nochmals 10 000 nächstes Jahr bedeuten nicht mehr so viel. Die Wissenschaftler schätzen, dass Sie nächstes Jahr 14 000 brauchten, um sich ebenso darüber zu freuen wie über 10 000 dieses Jahr.[63] Und so geht es Jahr für Jahr weiter – Sie brauchen immer mehr.

Nur noch eins mehr, versprochen!

Hier eine buddhistische Weisheit:

> Wir denken: »Ich weiß, es ist endlos. Ich weiß, es ist schmerzhaft. Ich verstehe, was du sagst. Ich glaube dir. Aber ich habe da nur noch eine Sache, nur eine einzige winzige Angelegenheit zu erledigen.« Mit diesen Worten können wir bis an unser Grab weitermachen. Das ist Samsara [die ergebnislose Suche nach Beständigkeit und Befreiung vom Leiden]. »Nur noch eins mehr« ist der uns an den Kreislauf des Leidens bindende Faktor.[64]

Eine Menge Versuchsergebnisse deuten darauf hin, dass die glücklichsten Menschen Teilzeitbeschäftigte sind, die sich eigene Ziele setzen, sich für die Gemeinschaft engagieren und aktiv Freizeitbeschäftigungen nachgehen. Die meisten tun das nicht – vor allem aus Angst. Immer mehr Studenten nennen heute »viel Geld verdienen« als Hauptziel ihres Lebens, statt etwas zu tun, was für die Welt von Bedeutung wäre, oder sich auch nur politisch oder in einem Verein zu betätigen. Das ist eine von Angst diktierte Haltung: Sie streben lieber nach Sicherheit.

Auch da ist etwas dran, denn Geld beschafft in der Tat einiges, das mit Glücklichsein zu tun hat, und eins davon ist Sicherheit. Mein Beruf bringt es mit sich, dass ich sehe, wie das Leben für Menschen mit ganz verschiedenem Hintergrund faktisch aussieht. Meine Erfahrung mit reichen und armen Patienten hat mir als wirklich positive Seite des Geldes gezeigt, dass es Autonomie, Sicherheit und Zeit zum Genießen des Lebens verschafft. Ist man finanziell unabhängig, kann man eher tun, was man will, beispielsweise ein Jahr Urlaub für eine Weltreise nehmen, und man hat mehr Gelegenheit, sich weiterzubilden und sein Leben zu bereichern. Sicherheit schützt zudem ein Stück weit vor Stress. Wer 250 000 Dollar im Jahr aus einer Erbschaft bezieht, macht sich keine Sorgen, wenn die Klempnerrechnung 500 Dollar beträgt. »Die Dinge unter Kontrolle haben«, die Überzeugung, das eigene Leben steuern zu können, hängt viel mehr als Geld mit Glücklichsein zusammen. Auch wenn Reiche mit etwas mehr Wahrscheinlichkeit finden, sie hätten ihr Leben in der Hand, so sind Menschen auf den untersten Stufen der wirtschaftlichen Leiter, die ihr Leben in der Hand zu haben glauben, viel glücklicher als diejenigen, die sich zuoberst befinden, dieses Gefühl jedoch nicht haben.[65] Die Freiheit und Sicherheit, die sich mit dem Wohlstand einstellen können, wirken sich somit direkt auf Ihr Glücklichsein aus, aber nur, wenn Sie es klug anstellen und sich damit die Zeit erkaufen, das Leben zu genießen. Es ist paradox, wenn man sich überlegt, dass genau das, was wir durch die gesellschaftlichen Veränderungen verloren haben, zum Teil der Grund dafür ist, heute Reichtum anzustreben, denn damit kann man sich vieles erwerben, was der Gesellschaft früher kostenlos zur Verfügung stand: Zeit für gesellschaftliches Engagement, Zeit zum Entspannen und Genießen des Sonnenuntergangs, Zeit, einfach herumzusitzen und sich zu unterhalten.

Die Frage lautet: Verwenden Sie Ihr Geld tatsächlich dazu, sich abzusichern und aus Ihrer Freiheit Nutzen zu ziehen? Die Antwort lautet meist nein, im Gegensatz zu Ihrer eigenen Überzeugung, klug und besonnen zu sein. Hierzu gibt es wirklich erschreckende Untersuchungsergebnisse: Forscher befragten Leute, ob sie lieber 50 000 Dollar im Jahr verdienten, wenn alle anderen durchschnittlich 25 000 bekämen, oder 100 000, wenn alle anderen durchschnittlich 250 000 hätten (bei gleicher Kaufkraft in beiden Fällen). Die überwiegende Mehrheit wollte lieber mehr als der Durchschnitt verdienen, obwohl es tatsächlich viel weniger war.[66] Anscheinend war die Gelegenheit, für den Ruhestand, Studien, die Gesundheitsfürsorge oder Reisen zu sparen, kurz, unabhängig zu werden, in ihren Augen nicht so viel wert wie das Gefühl, mit den Nachbarn mithalten zu können. In vielen weiteren Untersuchungen wurden ähnliche Ergebnisse erzielt. Man erschaudert ein wenig, ebenfalls Mensch zu sein. Es legt jedenfalls den Gedanken nahe, relativer Reichtum sei wichtiger als absoluter Reichtum, und eine der wichtigsten Aufgaben des Reichtums in unserer Gesellschaft sei die Punktezahl im Ver-

> Sparen Sie für Autonomie und Sicherheit und um sich vor Stress zu schützen.

gleich zu anderen.[67] Dabei wird es *immer* jemanden geben,
der reicher ist als Sie, jemanden, der etwas besitzt, was Sie
nicht haben. Können Sie also wirklich Glück erlangen, indem
Sie dem Reichtum nachjagen? Sie erlangen es nur, wenn Sie
absichtlich gegen den Strom schwimmen und sparen statt
ausgeben. Sonst wird das Streben nach Reichtum nur eine andere Art, sich beim Streben nach Glück völlig zu erschöpfen.

Ein weiteres Beispiel: Das Realeinkommen pro Kopf in den
Vereinigten Staaten hat sich in den letzten 50 Jahren beinahe
verdoppelt. Doch der Anteil der-
jenigen, die sich mit ihrem Einkommen zufrieden erklären, ist
gesunken.[68] Die nächstliegende
Erklärung dafür lautet: Obwohl

**Wie klingen 100 000
Dollar im Jahr für Sie?
Wie wäre es mit 50 000?**

das Durchschnittseinkommen in den letzten zehn Jahren
ständig gestiegen ist, hat sich die Kluft zwischen Reich und
Arm noch schneller vergrößert. Wie wir eben sahen, ist das
relative Einkommen scheinbar wichtiger als das tatsächliche,
wenn es um Glücklichsein geht.[69] Herr und Frau Jones, die
einen angemessenen Haushalt mit einem Einkommen von
150 000 Dollar führen (wobei »angemessen« vom Wohnort
abhängig ist; ich halte mich hier an New Yorker Verhältnisse),
sind von Leuten umgeben, die den neuesten Lexus fahren, an
ihre Häuser anbauen (oder ein zweites Haus kaufen) und ihre
Kinder in die renommiertesten Privatschulen schicken. Wenn
die Jones sich zu sehr in ihrer Umgebung umsehen, werden
sie wahrscheinlich mit ihren »mageren« 150 000 Dollar unzufrieden sein. Wir definieren uns durch unsere Vergleichsgruppe. Haben wir das Gefühl, es gehe uns besser als unserer Vergleichsgruppe, so sind wir mit der eigenen wirtschaftlichen
Situation zufrieden. Finden wir, es gehe uns schlechter, so

fühlen wir uns ziemlich mies. Deswegen sind Busfahrer zufriedener als Börsenmakler. Alle Busfahrer verdienen so ziemlich dasselbe, und die Regeln, wer mehr verdient (aufgrund von Dienstalter und Überstunden) sind klar festgelegt. Doch Börsenmakler können sich immer mit jemand viel Reicherem vergleichen, und wie man es auf die höchste Stufe schafft, hängt viel mehr von Glück und Zufall ab als von harter Arbeit. Um diese hässliche Tatsache anders auszudrücken: Wenn alle mehr verdienen, sind alle glücklicher, doch wenn ich mehr als die anderen verdiene, bin ich noch glücklicher.

Sie wussten gar nicht, dass Sie das brauchen

Dem Geld nachzujagen und sich zu viel Spielzeug und Statussymbole zuzulegen ist somit nicht der Weg zum Glück. Das ist keine besondere Überraschung, nicht? Jahrhundertelang haben Philosophen, Weise, religiöse Lehrer und sogar manche Psychologen das gesagt. Weshalb fällt es also dermaßen schwer, Werte und Entscheidungen dementsprechend zu ändern? Zum Teil liegt es am Konkurrenzdenken: Man lässt sich durch den Wunsch verführen, es besser machen zu wollen als andere, und verliert dabei wichtigere Werte aus den Augen. Die meisten Menschen halten den Wettbewerbsgeist für einen sehr starken, alles verzehrenden Instinkt. Vergessen Sie aber nicht, dass es im Lauf der Geschichte Gesellschaften gab, die sehr viel kooperativer und zusammengehöriger waren als die unsere. Der Kapitalismus ist darauf angelegt, den Wettbewerbsgeist zu wecken. Aber Konkurrenz ist beileibe nicht der einzige Faktor. Eine große Rolle spielen auch die Werte, mit denen die heutige Gesellschaft uns dermaßen überschwemmt. Wie der Fisch im Wasser merken wir gar nicht, dass wir nass sind. Ich nenne es Gehirnwäsche; andere nennen es Werbung.

Es ist eine seltsame Folge der genetischen Programmierung, dass sie uns – wie jedes andere Tier – so handeln lässt, als wollten wir immer nur das, was zum evolutionären Erfolg beiträgt. Hierin verhalten sich Menschen genauso wie Wölfe, Paviane oder andere soziale Tiere in ihrem Revier. Damit Wolfsgene überleben, sucht sich der Wolf ein gesundes Weibchen aus, dessen Eigenschaften darauf schließen lassen, dass es Junge gut aufziehen wird. Die Wölfin sucht sich ihrerseits ein Männchen, das gut jagt und sie vor Raubtieren beschützt. Beim Menschen fühlen sich Männer eher zu jüngeren Frauen mit vollen Brüsten und straffer Haut hingezogen und Frauen eher zu Männern in einer Machtposition und guten Stellung. Diese Merkmale gehören beim Menschen zum evolutionären Erfolg. Der Mann ist also dazu programmiert, nach Macht und Stellung zu streben, die Frau dazu, sich um ihre körperliche Erscheinung zu kümmern. Wir meinen, dies würde uns glücklich machen, aber das tut es nicht (mehr darüber im nächsten Kapitel). Trotzdem bleibt dieser Trieb stark. Dann geht die Werbung hin, bedient sich dieser Wünsche und Bedürfnisse und dreht die Lautstärke voll auf.

Wer in der Werbung arbeitet, weiß so gut wie Psychologen, wenn nicht noch besser, wie das menschliche Gehirn funktioniert. Die Werbung sagt uns, ein bestimmtes Produkt mache beliebter, hübscher, sexier und stärker (und suggeriert uns gleichzeitig, ohne es fehle uns etwas). Sie verspricht uns, diese Dinge bescherten uns automatisch Glück. »Wenn wir nur das Richtige kaufen, werden wir glücklich.« Die Folge davon ist der höchste Schuldenberg bei Konsumenten in der amerikanischen Geschichte. Wir werden ständig reicher und elender. Die Konsumkultur hat uns die Freiheit geschenkt, aus 72 Arten Joghurt auszuwählen, während die medizinische Versorgung im Argen liegt. In den amerikanischen Supermärkten gibt es 29 verschiedene Arten von Chips (alle von derselben Marke), in den Schuhläden gibt es 285 Arten von Laufschuhen, und wir können zwischen 900 TV-Kanälen wählen, auf denen es nichts zu sehen gibt. Das erstaunliche Auswahlangebot soll von der Tatsache ablenken, dass die Wahlmöglichkeiten an sich bedeutungslos sind.

Die Werbung hat es schwer, weil sie uns grundsätzlich dazu bringen soll, etwas zu kaufen, was wir nicht brauchen. (Was wir wirklich brauchen, kaufen wir mit oder ohne Werbung.) Am besten werden Wünsche nach Unnötigem geweckt, wenn es mit etwas in Zusammenhang gebracht wird, nach dem wir uns wirklich sehnen – Reichtum, Schönheit, Beliebtheit, Lebensart oder Status. Naturgemäß liegen diese am unteren Ende der Werteskala. Man kann ein Produkt nicht mit der Behauptung verkaufen, es knüpfe an Werte am oberen Ende der Skala an wie Weisheit, Güte oder Mut; das würden alle durchschauen. Also muss die Werbung an menschliche Schwächen und Selbstzweifel appellieren. Und da wir praktisch rund um die Uhr von ihr bombardiert werden, werden wir ständig daran erinnert, wie unsicher und bedürftig wir sind.

> Sehen Sie sich die Werbung mit Vorbehalten an.

Konsumenten »wissen«, ohne dass man es ihnen zu sagen oder sie davon zu überzeugen bräuchte, dass sie in ihrem jetzigen Zustand nicht adäquat sind. Es ist ihnen offenbar durchaus bewusst, dass sie unzulänglich, unattraktiv, inkom-

petent oder unbedeutend sind und ein anderer Mensch werden müssen, um glücklich zu sein, geliebt zu werden und Erfüllung zu finden.[70]

Aus der Sicht des Glücks ist es ein echtes Problem, dass die
Konsumkultur im Allgemeinen, das Fernsehen im Besonder-
nen und allen voran die Werbung verkünden, Glück sollte
leichtfallen. Sie brauchen nur das Richtige zu kaufen. Tun Sie
dies und sind trotzdem unglücklich, so ist die unausgesproche-
ne logische Folge, dass Sie selber daran schuld sind. Ich denke
dabei an meine Großeltern, die um die Wende zum 20. Jahrhundert geboren wurden. Sie wussten, was bestimmt auch
Ihre Großeltern wussten: Das Leben kann nicht immer nur
leicht sein, und Glück ist vorwiegend eine Sache der Einstellung. Meine beiden Großväter waren Fabrikarbeiter und dankbar, eine Arbeit zu haben, mit der sie ihre Familien ernähren
konnten. Meine Großmütter arbeite-
ten vom Morgengrauen bis zur Abend-
dämmerung. Ich erinnere mich an das
mühsame Auswringen und Aufhängen
der Wäsche, an stundenlanges Tortenbacken und tagelanges
Einmachen. Meine Großeltern hatten auch Freude am Leben,
aber sie *erwarteten* nicht, dass es immer nur Spaß machte.

Versuchen Sie, weniger zu wollen.

Kaufreue

Übrigens: Je mehr Sie fernsehen, desto mehr bekommen Sie
Leute zu sehen, die reicher sind als Sie. Daraus folgt, dass Sie
das Einkommen von Durchschnittsmenschen überschätzen
und das Ihre auf unrealistische Weise für zu niedrig halten.

Je mehr Sie also fernsehen, desto unglücklicher werden Sie.[71] Und Sie geben mehr Geld aus. Nach einer Schätzung geben Amerikaner pro Stunde Fernsehen vier Dollar mehr die Woche aus. Zudem werden Sie wahrscheinlich die Häufigkeit von Gewalt, Drogenabhängigkeit, Scheidungen und Ehebruch überschätzen. Sie neigen dazu, die gesellschaftlichen Zustände für schlimmer zu halten, als sie eigentlich sind, bleiben eher zu Hause und sehen fern, weil Ihnen die Welt zu unsicher erscheint. Vielleicht trägt das Fernsehen überhaupt zur Unsicherheit bei. Als Bhutan 1999 das Fernsehen zuließ, ging eine Welle des Verbrechens durch das Land.[72] Das zuvor nur als Schweinefutter verwendete Marihuana wurde zur Suchtdroge. Jungen fingen an, Fremden Geld zu stehlen, und Mädchen begannen sich zu prostituieren. In der Nationalbank fand zum ersten Mal eine Unterschlagung statt.

In wissenschaftlichen Versuchen wurde nachgewiesen, dass sowohl Männer wie Frauen, die immer wieder attraktive Bilder von Vertretern des anderen Geschlechts zu sehen bekommen, sich weniger an die eigenen Ehepartner gebunden fühlen. Ständig attraktive oder beeindruckende Vertreter des eigenen Geschlechts vorgeführt zu bekommen erzeugt ein schlechteres Selbstbild.[73] Was haben uns denn Fernsehen, Filme und Zeitschriften zu bieten? In der guten alten Zeit, als die Welt noch klein war, hatten alle Gelegenheit, auf irgendeinem Gebiet zu glänzen. Es gab einen besten Jäger, einen besten Messerhersteller, einen besten Bäcker und besten Beerensucher. Doch wenn wir heute Baseball spielen wollen, vergleichen wir uns nicht mit der Amateurmannschaft aus dem Nachbardorf, sondern mit gedopten Spitzensportlern. Weshalb es also überhaupt versuchen?

Fernsehen und Konsumdenken sind nicht die einzigen Faktoren, die ein verzerrtes Bild der Realität vermitteln, die Wirtschaftsnachrichten tun es auch. Wer in den letzten 15 Jahren die Nachrichten im Fernsehen verfolgt hat, konnte sich des Eindrucks wohl nicht erwehren, die Wirtschaft boome mit nur gelegentlichen Einbrüchen, und

Lesen Sie keine Modezeitschriften und Lifestyle-Magazine.

alle profitierten außer Katastrophenopfer, die Lieblinge des Nachrichtengeschäfts. Das stimmte einfach nicht. Nur bei den Reichsten ist das Realeinkommen in diesem Zeitraum angestiegen. Praktisch das gesamte Mehreinkommen ist an das reichste Fünftel der Bevölkerung gegangen, während der Reallohn für die untersten drei Fünftel stagniert hat oder gefallen ist. 1976 verfügten die reichsten 10 Prozent der Amerikaner über 49 Prozent des gesamten Reichtums, 1999 waren es 73 Prozent.[74] Da bleibt nicht viel für die andern übrig. Alles deutet darauf hin, dass der Wohlstand bei den meisten Amerikanern bereits vor den neuen wirtschaftlichen Turbulenzen seinen Höhepunkt überschritten hatte. Der Mittelstand verschwindet. Es gibt keine neuen Facharbeiterstellen mehr, weil die gesamte Herstellung heute in Übersee stattfindet. Es bleiben nur noch Niedriglohnarbeitsplätze. Doch diese Tatsache bekommt man nicht in den Medien zu sehen, die den ungezügelten Kapitalismus hochjubeln.

Übung 1
Macht Konsum glücklich?

Kaufen Sie eine Woche lang nichts ein. Besorgen Sie, bevor Sie mit der Übung beginnen, verderbliche Nahrungsmittel wie Gemüse, Eier und Brot. Tanken Sie das Auto voll. Gehen Sie dann eine Woche lang in keinen einzigen Laden und bestellen Sie nichts im Internet oder telefonisch. Gehen Sie nicht auswärts essen. Versuchen Sie, nicht einmal einen Kaffee, einen Schokoriegel oder eine Zeitung zu kaufen. Machen Sie sich Ihren Kaffee zu Hause und beziehen Sie Ihre Nachrichten aus dem Internet oder Radio. Wenn Sie etwas zu brauchen glauben, so schreiben Sie es für später auf einen Einkaufszettel.

Denken Sie am Ende der Woche über folgende Punkte nach: Haben Sie in der Woche Entzugserscheinungen gehabt? Haben Sie sich gelangweilt oder waren Sie gereizt, besorgt oder deprimiert? Höchstwahrscheinlich war dies der Fall, und wenn ja, dann nicht, weil Ihnen etwas fehlte, was Sie wirklich brauchten, sondern weil Ihnen das gewohnheitsmäßige Kaufen abging. Etwas zu kaufen, sei es nur eine Zeitung oder einen Kaffee, verschafft einem einen kleinen Kick. Man fühlt sich danach ein wenig stärker. Es ist ein kleines Geschenk an uns selbst, um unsere Laune aufzubessern.

Doch wahrscheinlich haben Sie auch gute Gefühle erlebt und sind stolzer, stärker und freier gewesen. Wenn wir Versuchungen widerstehen, bauen wir Willensstärke auf.

Sehen Sie nun auf Ihrer Einkaufsliste nach, was Ihnen anscheinend fehlte. Wie vieles davon brauchen Sie wirklich? Es sind wohl ein paar Dinge darunter, die wirklich nötig sind (wenn

Sie zum Beispiel keine Glühbirnen mehr haben). Hingegen können Sie sicher ohne manches auskommen, das Sie wollten. Stellen Sie fest, wie viele Wünsche durch äußere Anstöße ausgelöst
wurden: Werbesendungen, Plakate, Anzeigen, Kataloge und
Verkaufsangebote per E-Mail.

Wie viel Geld haben Sie gespart? Wie viel könnten Sie in einem Jahr sparen, wenn Sie diese Übung beibehielten? Ich wette,
es sind mehr als ein paar Tausend, die sich für einen Urlaub in der
Karibik oder eine sinnvolle Investition verwenden ließen.

Niedriglohnarbeitsplätze und McKredit

In jüngerer Zeit sind Schulden in Amerika alltäglich geworden. Das ist ein riesiger Unterschied zu früheren Zeiten, als
das Land eher eine Nation von Sparern war. Trotz der Tatsache, dass ein sicherer Job für Amerikaner sehr ungewiss
geworden ist, sind sie heute mehr verschuldet als zu irgendeiner Zeit in der amerikanischen Geschichte. 1952 betrug die
Haushaltsverschuldung (Hypotheken, Bankkredite und Ähnliches) 36 Prozent des Einkommens. Dieser Anteil hat stetig zugenommen, bis die Verschuldung 1997 auf 95 Prozent
des Einkommens angestiegen war.[75] Das bedeutete, dass 17
Prozent des Haushaltseinkommens nur zum Abzahlen von
Schulden, Zinsen und Mahngebühren ausgegeben wurden.
Diese Zunahme hängt größtenteils damit zusammen, dass
Kreditkarten so leicht zu bekommen sind und dass immer
mehr Studenten Anleihen für ihr Studium aufnehmen. Viele
Amerikaner glauben gut mit ihrem Geld umzugehen, wenn
sie monatlich nur den Minimalbetrag für die Tilgung ihrer

Kreditkartenschulden bezahlen. Mir scheint, der Kapitalismus könne sich keinen besseren Arbeitsmarkt denken: Alle sind verschuldet, haben schreckliche Angst, den Job zu verlieren, sind bereit, immer mehr Stunden für immer weniger Geld zu arbeiten und das bei sehr wenig Arbeitsschutz. Dennoch wagen wir nicht, uns gegen die Ungerechtigkeit eines solchen Systems aufzulehnen, weil uns eingetrichtert wurde, es gehe nur so und wir könnten schließlich glücklicher sein, wenn wir mehr kauften. Wir sind so perfekte Konsumenten geworden, dass wir vergessen haben, wie man produziert.

Nach den letzten Wirtschaftsnachrichten stecken wir in einer Rezession. Viele fürchten, es sei eine schlimme, und zwar wegen einiger der eben erwähnten Faktoren: die Höhe der Verschuldung des Einzelnen, fehlende Sachwerte in der Industrie und eine von Verbraucherausgaben abhängige Wirtschaft. Eine leichte Regulierung des Marktes, um die Habgier ein wenig zu drosseln, statt einfach nur zu Mehrausgaben zu reizen, wäre wohl eine Lösung, nur ist dies eine Entscheidung, die den Politikern in den letzten 30 Jahren verhasst war. Macht sich die Rezession breit, wird es für den Einzelnen wohl noch schwieriger, glücklich zu sein, weil die meisten gezwungen sein werden, weniger auszugeben. Wie wir jedoch sahen, ist Ausgeben beim Streben nach Glück zur Sucht geworden. Der Arbeitsmarkt wird noch eingeschränkter, und die Lohnempfänger werden sich noch fester an ihre Jobs klammern, wo sie ausgenützt werden und zu viel arbeiten, weil alle Angst vor der Arbeitslosigkeit haben.

Es muss sich etwas auf individueller Basis ändern, wenn es nicht überhaupt zu einer drastischen sozialen Umwälzung kommt. Wie jemand sagte: »Man kann einerseits reich werden, indem man mehr bekommt; andererseits, indem man weniger haben will.« Möchten wir wirklich glücklich sein, müssen wir lernen, uns gleichzeitig vor zügellosem Konsum und vor den Folgen der Rezession zu schützen. Wir müssen die Werbesendungen abschalten, die Schleichwerbung erkennen und lernen, uns darüber lustig zu machen. Spott ist eine großartige Abwehr gegen Gehirnwäsche. Und es fühlt sich *wirklich gut* an, wenn man feststellt, dass man immer unabhängiger und mehr von innen heraus gesteuert wird. Das könnte mehr Sparen und klügeres Ausgeben bewirken, was der einzige Schutz vor einer Rezession ist.

Schließlich muss man aufhören zu glauben, Glück stelle sich bei einem Ausflug in einen Vergnügungspark am Wochenende oder bei einem Bier ein. Glück ist einfacher, als man denkt. Es ist da, wenn man mit dem Hund in der Sonne sitzt, Mozart oder die Beatles hört oder einen lustigen Film im Fernsehen sieht. Man kann es zu einem Teil des Alltags machen, wenn man bewusst lebt. Es hat kein Preisschild.

Zusammenfassung

Hier einige der Formen, in denen die heutige Gesellschaft das Glück behindert und zu unserem Elend beiträgt:

- Sie versetzt in ständigen Stress. Das schadet der Gesundheit und erschwert eine kluge Entscheidungsfindung. Zudem verursacht es Hirnschäden in den Bereichen des Gehirns, aus dem die guten Gefühle stammen.
- Sie will glauben machen, Überarbeitung sei gut, man solle stolz darauf sein, mit vielen Pflichten jonglieren zu können, statt zu bedenken, dass der Mensch wahrschein-

lich nur für drei bis vier Stunden Arbeit täglich gemacht
ist.

- Sie beschränkt die Freizeit, Zeit mit der Familie, Zeit in
  der Natur, Zeit mit Gott und den Mitmenschen – was
  alles glücklicher machen würde.
- Sie sagt uns, wir könnten glücklich sein, wenn wir nur
  die richtigen Sachen kauften. Das ist einfach eine Lüge,
  nur steckt so viel gesellschaftliche Macht dahinter, dass
  man sich seltsam vorkommt, wenn man es nicht glaubt.
- Sie behauptet, Reichtum sei der größte Wert im Leben,
  wo er doch im Grunde sehr relativ und unbeständig ist.

3

Angeborene Torheit: das Gehirn

Es ist sehr wohl möglich, dass der Mensch sich so sehr mit dem beschäftigt, was er haben möchte, dass er darüber vergisst, das zu tun, was ihn freut.[76]

Daniel Nettle

Lust und Verlangen sind im Gehirn völlig verschiedene Dinge. Da oben gibt es ein ganzes System angenehmer Gefühle, das durch Neurotransmitter mit der Bezeichnung Opioide reguliert wird, darunter die berühmten Endorphine. Das Lustsystem bezweckt, andere Reize möglichst auszuschalten und die Konzentration auf die unmittelbaren Gefühle zu lenken. Beim Lieben sollte man eine Zeitlang vergessen können, dass der Rücken juckt. (Gelingt dies nicht, so sagt dies wohl etwas über die Beziehung aus.) Laufen Sie in einem Marathon mit und haben einen »Läufer-High« genannten Endorphinschub, so wird die Schmerzempfindung in den Beinmuskeln unterdrückt. Die Endorphine lassen auch die Zeit langsamer vergehen und verlängern dadurch angenehme Erfahrungen.

Daneben gibt es ein System des Verlangens, das durch einen anderen Neurotransmitter, das Dopamin, reguliert wird. Dieses System sagt uns, was wir wollen, und lässt uns sehr hart daran arbeiten, es zu erlangen. Es bewirkt, dass man sich »motiviert, optimistisch und voller Selbstvertrauen« fühlt.[77]

Doch Dopamin ist ein Gauner. Es gaukelt vor, man sei glücklich, wenn man das Gewünschte bekomme, auch wenn das
meistens überhaupt nicht der Fall ist. Oder wenn man doch
glücklich ist, gewöhnt man sich rasch daran. Das Gewünschte
zu bekommen befreit uns vom Verlangen, aber nur vorübergehend.[78] Schon bald taucht das Verlangen nach etwas anderem auf. Es ist lustvoll, eine juckende Stelle zu kratzen, aber
es sollte doch mehr als das im Leben geben. Es ist auch lustvoll, sein Verlangen zu beherrschen.

Wie Sucht entsteht

Ratten neigen im Versuch dazu, sich selbst einen leichten
Stromschlag über eine Elektrode im Gehirn zu verpassen, der
sie süchtig macht und sie Nahrung und Sex verweigern lässt, damit sie sich weitere Stromschläge beschaffen können. Ursache
dafür ist das freigesetzte Dopamin. Zunächst nahmen die Forscher an, das Dopamin verursache Lustgefühle, dabei *sah es nie
so aus,* als genössen die Ratten den Stromschlag.* Es gibt viele
weitere Hinweise darauf, dass Dopamin Ratten oder Menschen
überhaupt nicht glücklich, sondern aktiv und gierig macht.[79]
Viele süchtig machende Drogen wie Alkohol und Nikotin aktivieren das Dopamin. Genau deswegen machen sie so süchtig.
      Es ist wohl sinnvoll anzunehmen, der evolutionäre Zweck
guter Gefühle sei nicht, glücklich zu machen, sondern den

---

* Ob Sie es glauben oder nicht: Ratten sind einer ganzen Palette von Gefühlen fähig, welche Wissenschaftler, die allzu viel Zeit im Labor verbracht
haben, inzwischen gut zu deuten wissen. Ratten kichern sogar, wenn man
sie kitzelt, allerdings auf einer für das menschliche Ohr zu hohen Frequenz.
Sehen Sie nur selbst: www.youtube.com/watch?v=myuceywaOUs.

Wunsch nach mehr Glück zu wecken. Der Mensch sollte nie allzu lange wirklich zufrieden sein, sonst wird er durch natürliche Auslese eliminiert. Die Psychologen sind der Meinung, das »Glückssystem« funktioniere anscheinend so: Es sucht ständig nach etwas Besserem und bringt uns dazu, danach zu streben.[80] Es lässt uns nicht viel Zeit, innezuhalten und an den Rosen zu riechen. Dazu muss man sich selbst entscheiden.

Dopamine und Opioide sind in der Tiefe wirkende Substanzen, die nicht nur in allen Familienangehörigen, sondern auch im Hund der Familie – und in den Flöhen auf dessen Rücken – freigesetzt werden. Das hat der Mensch mit dem niedrigsten Wurm gemein: Er mag, was ihm Lust bereitet, aufgrund der Ausschüttung der gleichen chemischen Substanzen im Gehirn. Bedeutet dies, dass der Wurm Lust empfinden kann? Nein, denn definitionsgemäß braucht man ein Großhirn dazu. Es bedeutet hingegen, dass das, was dem Menschen Lust bereitet, in ihn einprogrammiert ist, weil es gut für das Überleben der Gattung ist. Anders gesagt: Die Gene bewegen uns, das zu tun, was für ihr eigenes Überleben gut ist, indem sie uns ein Quantum Lust verpassen. Die Gene programmieren uns ebenso wie den Wurm, bestimmte Erfahrungen zu suchen und andere zu meiden, damit wir am Leben bleiben und unser genetisches Material an die nächste Generation vererben.

> Ihr Gehirn kümmert sich nicht darum, ob Sie glücklich sind oder nicht.

Zufriedenheit und Verlangen sind wie die beiden Seiten einer Wippe: Ist die eine oben, so muss die andere unten sein. Glück ist ein wenig von beidem. Wünscht man sich sehnlichst etwas, so erlebt man eine gewisse Vorfreude und stellt sich vor, wie man sich fühlen wird, wenn man das Ersehnte bekommt.

Das ist jedoch ein ruheloses Sehnen und ganz anders als die erfüllte Befriedigung des Verlangens oder das Genießen. Nur kann man nicht lange an dem Ort der Erfüllung bleiben – schon sehnt man sich nach etwas anderem. Genuss ist wie eine Mitteilung: Ist sie überbracht, so geht der Bote wieder.[81]

Sie können es sich wie die Dressur Ihres Hundes vorstellen. Sie geben ihm jedes Mal ein Stück Hundekuchen, wenn er sitzt, und schon bald setzt er sich auf Befehl. Ihr Gehirn verpasst Ihnen jedes Mal ein kleines Quantum Lust (Endorphine), wenn Sie tun, was es will: etwas, das dem Überleben der Art zuträglich ist. Schon bald tun Sie, was Ihre Gene wollen, und glauben, es mache Sie glücklich. Das tut es auch kurzfristig. Auf lange Sicht jedoch kann es Sie dazu bringen, gegen Ihre Freunde zu wetteifern oder Frauen nachzulaufen, also Verhaltensweisen anzunehmen, die Ihr langfristiges Glück sehr wohl behindern können.

> Die größte Täuschung im Leben lautet: *Ich bin glücklich, wenn ich bekomme, was ich will.*

Selbsttäuschung in Sachen Glück

Daniel Nettle schreibt in seinem brillanten Büchlein *Happiness: The Science Behind Your Smile* (»Glück: Die Wissenschaft hinter Ihrem Lächeln«), die meisten wichtigen Gefühle lösten ein bestimmtes festverdrahtetes Programm in Körper und Gehirn des Menschen aus.[82] Angst? Laufen Sie weg! Wut? Verteidigen Sie sich! Ekel? Spucken Sie es aus. Positive Gefühle aber funktionieren nicht so. Gäbe es ein Glücksprogramm, so sollte man meinen, es würde uns das suchen und bei dem bleiben lassen, was in irgendeinem evolutionären Sinn gut für uns ist, zum Beispiel attraktive Geschlechtspartner oder eine schöne Umgebung. Wir sind jedoch anscheinend etwas zu rastlos, um dabei wirklich zur Ruhe zu kommen. Das liegt wahrscheinlich daran, dass ein zufriedener Cro-Magnon-Mensch eher aufgefressen worden wäre, als unser Ahne zu werden. Funktionierte das Glücksprogramm wirklich, so wäre zu erwarten, dass man sich sehr genau daran erinnerte, welches gute oder schlechte Gefühl bestimmte Erfahrungen hervorriefen, und somit voraussagen könnte, wie viel glücklicher oder unglücklicher man wäre, wenn man die Wahl zwischen bekannten Alternativen träfe. Die Wissenschaft führt in den letzten Jahren jedoch immer mehr Beispiele an, wie sehr wir uns selbst in Sachen Glück zum Narren halten.

Gewöhnung

Die hedonistische Tretmühle ist ein Beispiel für den allgemein verbreiteten menschlichen Hang zur Gewöhnung. Untersuchungen über die Reaktion des Menschen auf positive und negative Ereignisse haben ergeben, dass er ein sehr anpassungsfähiges Wesen ist. Verändert sich etwas in seiner Umgebung, gewöhnt er sich schon bald daran und pendelt sich wieder auf seinen normalen Glücks-Sollwert ein. Diese Fähigkeit hat natürlich ihre guten Seiten: Sie hilft, mit schwierigen Erfahrungen wie Gefängnis, Behinderung und Trauer fertig zu werden. Wir möchten wahrscheinlich nicht weniger anpassungsfähig sein, als wir sind. Vom Glück aus gesehen jedoch liegt das Problem darin, dass wir schon bald wieder auf unseren Sollwert zurückfallen, nachdem uns etwas Gutes zugestoßen ist, und dann wollen wir immer mehr von dem

Guten haben. Die Gehaltserhöhung, von der wir dachten, danach würden wir uns reich fühlen – raten Sie mal: Wir haben sie bekommen und haben noch immer nicht das Gefühl, reich zu sein! Was uns einst spannend erschien, finden wir jetzt selbstverständlich, zum Beispiel exotisches Essen, Drogen oder attraktive Geschlechtspartner. Je mehr man hat, desto mehr will man haben. Das, was im Moment ein gutes Gefühl verleiht, ist dazu verdammt, schon bald an Glanz zu verlieren. Zwar ist es grundsätzlich nicht falsch, sich im Augenblick wohlzufühlen, nur ist das ständige Streben nach mehr offensichtlich nicht der beste Weg zum Glück.

Elendseinheiten

Es kommt noch schlimmer: *Der Schmerz, etwas zu verlieren, das ein gutes Gefühl verleiht, ist größer als die Freude, es überhaupt bekommen zu haben.* Wenn Sie guten Wein mögen, bezieht Ihr Lustsystem beim ersten Probieren fünf Glückseinheiten. Doch nach einer Weile lässt der Reiz des Neuen nach, und Sie schätzen ihn nicht mehr so sehr. Er bringt Ihnen nur noch zwei Glückseinheiten ein, und das ist nicht gerade umwerfend. Noch schlimmer wird es, wenn Sie knapp bei Kasse sind und sich wieder mit einem Billigwein begnügen müssen. Dann nagen möglicherweise ganze zehn Elendseinheiten an Ihnen, und Sie sind schlechter dran als zuvor. Zwar ist es noch niemandem gelungen, Glücks- und Elendseinheiten zuverlässig zu messen. Dennoch lassen manche Untersuchungen den Schluss zu, dass sich ein Verlust mehr als doppelt so stark auswirkt wie ein entsprechender Gewinn.[83] Sie bekommen Ende des Jahres zehn Prozent Gehaltserhöhung, und das freut Sie anfangs sehr. Doch nach ein paar Monaten sind Ihre Ausgaben rasch angestiegen, und Sie finden nichts Besonderes mehr an der Gehaltserhöhung. Wenn dann die Firma verkauft wird und Sie eine 15-prozentige Gehaltskürzung hinnehmen müssen, dann schäumen Sie vor Wut. Sie müssen sich beim Pay-TV und den guten Weinen einschränken, vielleicht die Kinder aus der Privatschule nehmen, was Ihnen viel mehr Elend einbringt, als die Erhöhung Ihnen Freude machte. *Wenn Sie Geld oder Ansehen verlieren, ist das Gefühl, ein Versager zu sein, viel stärker als vorher das Gefühl, erfolgreich zu sein.* Die hedonistische Tretmühle zeigt, dass wir nicht nur gefräßig Neues und Besseres konsumieren, sondern Belohnungen ebenfalls eifersüchtig horten, auch wenn sie uns nicht viel Glück einbringen. Die Rezession wird eine Menge neues Elend bringen, wenn die Menschen nicht rechtzeitig lernen, ihre Werte zu ändern.

Verwirrt Sie diese Sache mit den Glücks- und den Elendseinheiten noch immer, so will ich Ihnen ein weiteres Beispiel geben, und zwar eines von Barry Schwartz:[84] Bei einem Glücksspiel lasse ich Ihnen folgende Wahl: Ich gebe Ihnen ohne Weiteres sofort einen Hunderter, oder Sie haben einen Münzwurf frei. Wenn Sie gewinnen, bekommen Sie 200 Euro, wenn Sie jedoch verlieren, bekommen Sie nichts. Fast alle nehmen den sicheren Hunderter, weil man sich über den zweiten Hunderter weniger freut als über den ersten. Es ist tatsächlich so, dass die Leute erst in Versuchung kommen, wenn der mögliche Gewinn auf etwa 240 Euro steigt. Man könnte also sagen: Wenn jeder Euro des ersten Hunderters eine Glückseinheit einbringt, so verschafft jeder Euro des zweiten Hunderters nur noch etwa 0,7 Glückseinheiten.

Kehren wir jetzt die Bedingungen um. Sie geben mir sofort einen Hunderter, oder Sie können die Münze werfen. Entweder bekomme ich dann 200 Euro oder nichts. In diesem

Fall entscheiden sich die meisten für den Münzwurf. Weshalb? Das Gehirn produziert die Hoffnung, nicht zu verlieren, weil es im tiefsten Inneren weiß, dass der Verlust der ersten Hundert mehr schmerzt als der Verlust der zweiten Hundert. Wenn wir wieder schätzen, dass jeder Euro der ersten Hundert eine Elendseinheit wert ist, so ist jeder Euro der zweiten Hundert entsprechend weniger wert.

Je teurer etwas ist, umso »glücklicher« macht es

Ein weiteres Beispiel der Gewöhnung ist als »Schenkeffekt« bekannt. Die Leute wurden vor die Wahl gestellt, eine Kaffeetasse oder Geld zu bekommen. Man fragte sie auch, wie viel Geld sie brauchten, um eher das Geld als die Tasse zu wählen. Die Antwort lautete 3,50 Dollar. Doch als sie die Kaffeetasse geschenkt bekamen und man sie fragte, wie viel Geld sie dafür zurückhaben wollten, ergab die durchschnittliche Antwort 7,12 Dollar. Offenbar stattet die Tatsache, dass die Tasse *meine Tasse* geworden ist, sie mit einer besonderen Qualität aus, die sie mehr als doppelt so wertvoll macht wie eine Tasse vom Regal. Die Vorstellung, etwas aufzugeben, was uns gehört, erzeugt mehr Elendseinheiten als das ganze Glück, das es uns gebracht hat.

Steigen Sie nicht in die hedonistische Tretmühle ein.

Eine kürzlich durchgeführte Untersuchung kam zum erschreckenden Ergebnis, dass Konsumenten, die den gleichen Wein zu verschiedenen Preisen vorgesetzt bekamen, ihn desto besser fanden, je mehr er kostete.[85] Das Erschreckende daran ist, dass die Forscher dabei einen Blick ins Gehirn taten und feststellten, dass die Lust-Schaltkreise im Gehirn tatsächlich stärker aufleuchteten, wenn die Versuchspersonen den Wein zum höheren Preis kosteten, wobei die Geschmackszentren jedoch gleich reagierten. Der Wein schmeckte gleich, nur genossen ihn die Leute mehr, wenn er teurer war. Das Gehirn selbst trickste die Versuchspersonen aus. Wenn Marktforscher von dieser Untersuchung erfahren, was sie bestimmt tun werden, wird sie ihnen einen Ansporn zur Erhöhung der Preise und genügend Gründe liefern, diese nie zu senken.

Wir glauben also weiterhin, Käufliches mache glücklich. Das tut es jedoch auf keinen Fall. In Wirklichkeit bringt es nur Verdruss. Lassen wir Daniel Nettle nochmals zu Wort kommen:

> Die Dinge, die wir im Leben wollen, sind Dinge, von denen der entwickelte Geist uns sagt, wir sollten sie wollen, ohne sich einen Deut um unser Glück zu kümmern. Alles weist darauf hin, dass Sie wahrscheinlich glücklicher wären, wenn Sie sich nicht um Ihre Beförderung kümmerten, sondern stattdessen ein Boot bauten oder Freiwilligenarbeit verrichteten. Zudem sind die Menschen desto unzufriedener sowohl mit der Arbeit wie mit dem Familienleben, je mehr Wichtigkeit sie dem finanziellen Erfolg beimessen.[86]

Wer seinen Erfolg an materiellen Gütern misst, ist in der Regel weniger glücklich als andere und häufig nach dem Erwerb von Dingen enttäuscht.[87] Das mag daran liegen, dass er hofft, Erwerb bedeute Selbstverwirklichung oder erzeuge das Gefühl, es endlich geschafft zu haben. Er findet zwangsläufig heraus, dass materielle Güter zwar die äußere Form bieten können, das Gefühl aber nicht. Jeden Freitagnachmittag sehe ich einen Typen – wie für eine Safari in Khakihemd und -hose und Stiefeln ausgerüstet – jedes Mal in einem anderen Land-

rover oder Hummer oder einem sonstigen riesigen Gelän-
defahrzeug mit Frontschutzbügeln und Scheinwerfergittern
als Schutz vor Nashörnern im Stau auf der West-Autobahn
stecken, während die Kinder auf dem Rücksitz quengeln.
Er fährt etwas, das viermal mehr kostet als mein Auto. Ist er
viermal glücklicher? Er sieht jedenfalls nicht so aus.

Aber ich bin auch nur ein Mensch, und der Landrover fas-
ziniert mich. Wenn ich schonungslos ehrlich bin, muss ich zugeben, dass ich ein klein wenig neidisch bin. Weshalb benei-
den wir Menschen, die mehr Geld haben? Weshalb nehmen
wir an, wir wären glücklicher, steckten wir in ihrer Haut?
Dabei trickst uns nur das Dopamin aus, und das hat rein gar
nichts mit Glück zu tun, auch wenn wir es meinen. Es gibt womöglich einen Schaltkreis im Gehirn, der uns die Folgen der
Gewöhnung vergessen lässt; wir haben jedenfalls offensichtlich eine Schwäche für den Erfolgsmythos. Es gibt aber noch
andere Arten, wie uns das Gehirn in Sachen Glück irreführt.

Was haben eine Darmspiegelung und ein lustiger Film miteinander zu tun?

Die »Peak-End-Regel« ist ein weiterer Trick, den das Gehirn
uns spielt: Sie wurde zum ersten Mal im Zusammenhang mit
Darmspiegelungen getestet. Eine der ersten Beobachtungen
war die, dass die Patienten eine längere Darmspiegelung mit
einer verhältnismäßig schmerzlosen Phase am Schluss einer
kürzeren vorzogen, die von Anfang bis Ende schmerzte.[88] Die
Ärzte ließen die Messsonde einfach im Darm liegen, ohne sie
zu bewegen. Das wurde als insgesamt weniger unangenehm
empfunden, obschon es einfach nur länger dauerte, manch-

mal bis zwanzig Minuten. Ähnliche Ergebnisse wurden in vielen anderen Situationen festgestellt, zum Beispiel beim Betrachten lustiger Filme.[89] Wenn der Film gut ausgeht, finden ihn die Zuschauer prima, wenn er gut beginnt, aber nichtssagend ausgeht, ist er ein Flop. Dabei spielt die Gesamtanzahl der Lacher keine Rolle. Wir verdrehen unsere Einschätzung von Glück ständig aufgrund von Faktoren wie zum Beispiel, wie es ausgeht. Wie lange es insgesamt dauert, spielt offenbar keine große Rolle. Versuchspersonen lassen die Hand lieber *länger* in eisgekühltem Wasser, wenn die Temperatur in den letzten Sekunden erhöht wird, ohne dass sie es wissen, als weniger lang bei konstanter Kälte. Dasselbe gilt für angenehme Erlebnisse. Der Mensch zieht Erfahrungen vor, die auf einem Höhepunkt enden, auch wenn eine längere angenehme Erfahrung ihm mehr Glückseinheiten verschafft hätte. Daniel Gilbert fasst die Untersuchungsergebnisse wie folgt zusammen:

> Ob wir eine Serie von Klängen hören, eine Serie von Buchstaben lesen, eine Serie von Bildern sehen, eine Serie von Düften riechen oder eine Anzahl von Personen treffen, wir neigen deutlich dazu, uns besser an den Schluss der Serie zu erinnern als an das, was zu Beginn oder in der Mitte geschah. Wenn wir also auf eine ganze Serie zurückblicken, wird unser Eindruck stark davon beeinflusst, was zum Schluss passiert ist.[90]

Dieses Wissen kann man für vieles einsetzen, zum Beispiel dafür, immer etwas Platz für den Nachtisch zu lassen. Im Ernst: Stellen Sie sich vor, Sie planten einen Urlaub mit der »Peak-End-Regel« vor Augen. Sie genießen ihn insgesamt mehr, wenn er auf einem Höhepunkt endet. Daran denke ich jedenfalls bei der Vorbereitung meiner Workshops. Vielleicht finden die Teilnehmer, das Ganze sei großartig gewesen, wenn ich mit etwas besonders Fesselndem aufhöre. Man sollte auch nicht vergessen, dass das Gehirn die Wahrnehmung darüber ständig verzerrt, wie glücklich oder elend man ist. Politiker nutzen dieses Prinzip immer aus. Deswegen schlagen sie die kühnsten politischen Neuerungen direkt nach ihrer Wahl vor, in der Annahme, die Bevölkerung sei dann derart eingelullt, dass sie sich keine großen Gedanken mache, während sie sich an die neuen Tatsachen gewöhnt.

Tricks mit der Zeit

Die »Peak-End-Regel« ist nur ein Beispiel unter vielen, wie wir uns bei Entscheidungen von der Zeit zum Narren halten lassen. Nehmen Sie mal an: Sie bekommen in einem Restaurant eine Speisekarte und werden aufgefordert, für ein monatliches Essen während des nächsten Jahres ein jeweils unterschiedliches Menü auszusuchen. Wenn Sie sich die Auswahl anschauen, läuft Ihnen schon das Wasser bei der Vorstellung im Mund zusammen, welch köstliche Erfahrung Ihnen künftig jeden Monat bevorsteht. Leider heimsen Sie in Wirklichkeit weniger Glückseinheiten ein als Ihr Versuchspartner, der sich für jeden Monat das gleiche Essen aussuchen soll. Sie werden ausgezeichnete und mittelmäßige Mahlzeiten vorgesetzt bekommen, weil Sie gezwungenermaßen auch andere als Ihre Lieblingsspeisen ausgesucht haben. Bei Ihrem Partner jedoch reicht ein Monat aus, das Neuartige an seinem Lieblingsessen und die Vorfreude darauf wiederzubeleben. Gingen Sie und Ihr Partner jedoch zwölf Abende hintereinander ins Restaurant und Sie würden jedes Mal etwas anderes, er aber immer dasselbe essen, so wären Sie der Glücklichere, weil sich bei ihm Gewöhnung und Langeweile einstellen würden. Wie Daniel Gilbert sagt, sind »Zeit und Abwechslung zwei Möglichkeiten, um Gewöhnung zu vermeiden, und wenn Sie eine dieser Möglichkeiten nutzen, brauchen Sie die andere nicht«.[91]

19 Euro jetzt oder 20 Euro morgen?

Ein weiteres Beispiel: Wenn ich Sie auf der Straße anhalte und Sie vor die Wahl stelle, gleich jetzt 19 Euro in Empfang zu nehmen oder mich morgen wieder hier zu treffen und dann 20 Euro zu bekommen, so werden Sie wahrscheinlich lieber den Spatz in der Hand nehmen als die Taube auf dem Dach und zweifellos überlegen, was Sie gleich jetzt mit dem Geld anfangen könnten: etwas Gutes essen gehen, ein Taxi nach Hause nehmen oder am Abend einen speziellen Nachtisch genießen. Die meisten würden sich hingegen eher für 20 Euro in einem Jahr entscheiden als für 19 in 364 Tagen,[92] weil der Aufschub aus dieser zeitlichen Distanz belanglos erscheint. Anscheinend ist die unmittelbare Zukunft sehr stark von Gefühlen wie Gier oder Ungeduld geprägt, während die ferne Zukunft abstrakt wirkt. Objektiv kommen wir besser mit 20 Euro morgen als mit 19 heute weg, wie alle sofort bestätigen würden, handelte es sich um Tausender.

Der »Coolidge-Effekt«

Der US-Präsident Calvin Coolidge wurde auf einem Bauernhof herumgeführt. Frau Coolidge war gerade allein mit dem Bauern im Hühnerstall, als der Hahn eine Henne bestieg. Die First Lady fragte, wie oft der Hahn das tue, und war sehr beeindruckt zu hören: »Dutzende von Malen am Tag.« Da meinte sie: »Sagen Sie das meinem Mann.« Später erzählte der Bauer dem Präsidenten von dem Hahn. »Tatsächlich?«, sagte er, »und immer dieselbe Henne?« Der Bauer antwortete, der Hahn suche sich jedes Mal eine andere aus. »Bitte sagen Sie das Frau Coolidge«, meinte der Präsident.

Wenn ein Rattenmännchen ein neues Rattenweibchen hinter einer Glasscheibe sieht, steigt sein Dopaminspiegel um 44 Prozent an.[93] Lässt man es zu diesem hinein, steigt der Dopaminspiegel beim Umwerben weiterhin an und verdoppelt sich, wenn der Orgasmus naht. Doch bei jeder darauffolgenden Paarung sinkt der erreichte Dopaminspiegel ab, bis er kaum mehr über das normale Maß ansteigt. Zeigt man dem Rattenmännchen jedoch ein neues Weibchen hinter der Glasscheibe, so schießt sein Dopaminspiegel wieder in die Höhe.

Männer sind etwas höher entwickelt als Hähne und Ratten, und entsprechende Untersuchungen wurden bei Frauen noch nicht durchgeführt. Das sinkende Interesse am Sexpartner nach vielen Ehejahren ist jedoch häufig ein ernstes Problem. Frauen verstehen kaum, weshalb ihre Männer Gefallen an Pornografie oder Stripclubs finden, dabei steckt anscheinend nichts dahinter als das Tier im Manne. Wie gesagt, Dopamin geht mit Gelüsten, Neuigkeit und Jagdinstinkten Hand in Hand, Glück und Freude jedoch sind etwas ganz anderes.

Konkurrenz

Sich im Wettbewerb mit anderen zu messen kann wunderbar das aus den Augen verlieren lassen, was wirklich glücklich macht. Wir sind genetisch dazu programmiert, siegen zu wollen. Also fangen bei einem Spiel um Gewinn und Verlust sämtliche konzentrierten Konkurrenzsäfte an zu fließen. Gewinnen fühlt sich tatsächlich besser an als Verlieren und *ist* in den meisten Situationen auch besser, wenigstens aus unserer selbstsüchtigen Sicht. Doch sich zu sehr anzustrengen, um zu siegen, kann einen gewaltigen versteckten Preis kosten. Heute, wo zum Beispiel die nach dem Zweiten Weltkrieg Geborenen alt werden, dies jedoch nicht wahrhaben wollen, sind Sportverletzungen der zweithäufigste Grund für Arztbesuche.[94] Das Ballspiel oder Tennismatch am Wochenende kann bleibende Schäden verursachen, wenn der Siegeswunsch dazu führt, dass die Spieler ihre körperlichen Grenzen mit Gewalt überschreiten. Allzu sehr gewinnen zu wollen kann zudem Beziehungen strapazieren und Freunde vor den Kopf stoßen.

In Business Schools weiß man, dass man die Leute durch Konkurrieren bestens dazu bringen kann, härter zu arbeiten. Die Vorstellungen vom überragenden Nutzen der »Teamarbeit« sind schon seit einiger Zeit begraben worden, zusammen mit der Betriebsrente für alle. Heute begrenzen die Arbeitgeber die Anzahl offener Stellen und machen einen Wettbewerb daraus, diese zu bekommen und zu behalten. Das ist einer der Gründe, weswegen Amerikaner mehr Stunden arbeiten und weniger Urlaubstage nehmen als die Arbeitnehmer in irgendeinem anderen Land. Manche Berufszweige wie das Fernsehen oder die Werbung gelten als besonders exklusiv, und dort muss der Nachwuchs sich ins Zeug legen wie Galeerensklaven. An einem Arbeitsplatz mit starker Konkurrenz ist es fast schon ein Triumph, nur seinen Job zu behalten. Es ist jedoch ein kurzsichtiges Glück, wenn dies bedeutet, 60 Stunden die Woche arbeiten zu müssen. Es hält von der Familie fern, schürt Angst vor Veränderungen und lässt keine

Zeit mehr für Entspannung. Verlieren ist besser als Siegen,
wenn man sich umbringen muss, um zu gewinnen.

In den eigenen Augen gut dastehen

Tatenlosigkeit bereut man mehr als Taten, auch wenn man
genau das Gegenteil glaubt. Angenommen, Sie haben Aktien
des Unternehmens A und wollten diese letztes Jahr gegen Aktien des Unternehmens B eintauschen, haben sich aber doch
dagegen entschieden. Erfahren Sie später, dass Sie 1200 Dollar
verdient hätten, hätten Sie bei B investiert, so bereuen Sie Ihre
Entscheidung. Nehmen wir umgekehrt an, Sie hätten Aktien
des Unternehmens C besessen und diese letztes Jahr gegen
welche der Firma D eingetauscht. Wenn Sie dann hören, dass
Sie 1200 Dollar mehr verdient hätten, hätten Sie Ihre Aktien der
Firma C behalten, so bereuen Sie es ebenfalls. Fast alle meinen,
sie würden es mehr bedauern, leichtsinnig die Chance bei D
ergriffen als die Chance bei B verpasst zu haben, aber sie irren
sich. »Letzten Endes zeigt es sich nämlich, dass Menschen jeden Alters und aus allen Lebensbereichen es mehr bereuen,
bestimmte Dinge *nicht* getan zu haben, als bestimmte Dinge
getan zu haben.«[95] Das gilt auch für die Erfahrung auf dem Totenbett: Niemand stirbt mit dem Wunsch, mehr Zeit im Büro
zugebracht zu haben; er bereut vielmehr, keine Ballonfahrt gemacht, die Pyramiden nicht gesehen und nicht mit jenem Mädchen geflirtet zu haben. Gilbert meint, man bereue Tatenlosigkeit deswegen mehr, weil man leicht begründen kann, weshalb
man etwas getan hat, zumindest habe man ja etwas aus der Erfahrung gelernt. Statt sich für feige und auch noch dumm zu
halten, betrachtet man sich lieber als mutig und dumm.

Gedanken über das Glück

Wenn es also ein »Glücksprogramm« im Gehirn gibt, so ist es sehr ineffizient. Wir können einfach nicht besonders gut voraussagen, welches gute oder schlechte Gefühl etwas verschafft. Ständig wird der Einfluss von Geld, Erfolg und Macht auf das Glücklichsein überschätzt. Der Mensch leidet an einer Art selektivem Erinnerungsverlust in Sachen Gewöhnungseffekt. Er gewöhnt sich stets rasch an neue, verbesserte Umstände, die er dann selbstverständlich findet, worauf sie ihm keine Freude mehr machen, nur vergisst er dies immer. Dann gibt es Dinge wie die »Peak-End-Regel«, die dazu führen, dass man sich notorisch ungenau daran erinnert, wie gut oder schlecht sich eine vergangene Erfahrung anfühlte. Zudem wird das Glücksprogramm von der momentanen Stimmung, dem Wetter, dem Finden eines 10-Cent-Stücks im Münzautomaten und so weiter beeinflusst.

Ich kann es nicht besser sagen als David Nettle. Wollen wir herausfinden, was uns glücklich macht, raten wir einfach möglichst gut … wobei wir voreingenommen sind, beispielsweise durch die »Peak-End-Regel«, die momentane Stimmung, das angewendete Vergleichsniveau und das Unvermögen, die eigene Gewöhnung vorherzusagen. Das bedeutet, dass wir uns möglicherweise ein ungenaues Bild der reinen Folgen unseres Verhaltens auf das Glück machen und Dinge wählen, die uns eigentlich gar nicht glücklicher werden lassen … Diese Folgen sind wahrscheinlich keinem Fehler im Glücksprogramm zuzuschreiben, sondern so wurde es entworfen. Das heißt: *Das Glücksprogramm im menschlichen Gehirn ist nicht dazu da, dass der Mensch glücklicher wird, sondern dass er ständig weiterstrebt.*[96]

Es ist wieder die alte schwarze Magie des Dopamins, die uns auf Trab hält, nach allerlei Dingen zu streben, die wir gar nicht brauchen.

Ihrem Gehirn könnte es nicht gleichgültiger sein, ob Sie glücklich sind oder nicht. Es will Sie nur am Leben halten. Das aber tut es, indem es Sie glauben macht, Sie würden durch ständiges Streben, Sichabmühen, Konkurrieren und Gewinnen glücklich. Wenn Sie wirklich glücklich sein wollen, müssen Sie Ihre eigenen Gene überlisten.

Übung 2
Nachdenken über das Glück

Hier ein paar Fragen, um Sie zum Nachdenken anzuregen. Mit diesen Fragen wollen wir uns in den folgenden Kapiteln näher befassen.

- Denken Sie über den gestrigen Tag nach. Versuchen Sie, sich an drei Dinge zu erinnern, die ein gutes Gefühl in Ihnen auslösten.
- Wie vieles davon, was dieses gute Gefühl auslöste, hatte mit Sinnenlust zu tun, mit Essen, Sex, Behaglichkeit, Schönheit, körperlicher Betätigung? Wie vieles hing mit Leistungen und Stolz zusammen? Wie vieles mit Geldausgeben oder dem Erwerb materieller Güter? Wie vieles mit Fernsehen?
- Worauf freuen Sie sich, wenn Sie an nächste Woche denken? Was, wenn überhaupt etwas, bedeutet Vorfreude für Sie?
- Überdenken Sie das letzte Jahr. Welche größeren Käufe ha-

ben Sie getätigt? Wie sehr erfreuen Sie sich daran? Wie viele davon bereuen Sie?

- Versuchen Sie, sich an zwei oder drei Male im letzten Jahr zu erinnern, als Sie sehr glücklich oder zufrieden waren. Ging es bei irgendeinem davon um Käufe oder Geld?
- Worum ging es bei diesen Gelegenheiten wirklich? Können Sie sie wiederholen?
- Haben Sie letztes Jahr Ferien gemacht? Wie lange? Haben Sie den Urlaub gut geplant? Haben Sie ihn genossen?
- Worüber haben Sie zuletzt laut lachen müssen?
- Wie wissen Sie, ob Sie sich entspannen? Und wie können Sie sagen, ob Sie sich wirklich wohlfühlen?
- Wer ist der glücklichste (erwachsene) Mensch, den Sie kennen? Was ist sein Geheimnis?
- Trinken Sie mehr, als Ihnen guttut – oder nehmen Sie zu viele andere Drogen zu sich?
- Wie viele Stunden arbeiten Sie? Wie viele Stunden bleiben Ihnen zum Lesen, für Hobbys, Bewegung, gesellschaftliche Kontakte?
- Wie ist die Stimmung an Ihrem Arbeitsplatz? Sind Ihre Mitarbeiter freundlich und unterstützen Sie? Ist der Chef vernünftig?
- Bereichert Ihr Broterwerb das Leben Ihrer Mitmenschen?
- Ist Ihre Arbeit anregend oder anspruchsvoll?
- Wie viel Zeit verbringen Sie einfach nur im Gespräch mit Ihrer wichtigsten Bezugsperson?
- Wie viel bewegen Sie sich?
- Wie viele Schulden haben Sie? Sind diese in den letzten Jahren gestiegen oder gesunken?

- Ist Ihr Nettolohn im Vergleich zur Inflation gestiegen, gleich geblieben oder gesunken?
- Haben Ihre Zulagen (Bonuszahlungen, Kindergeld, Urlaubsgeld, Überstunden) in den letzten fünf Jahren zu- oder abgenommen?
- Wie viel Zeit verbringen Sie täglich mit Fernsehen? Nach einigen Studien genießen es Leute, die viel (vier oder mehr Stunden täglich) fernsehen, *weniger* als diejenigen, die wenig fernsehen (weniger als zwei Stunden täglich).[98]
- Machen Sie sich Sorgen über die veränderten Werte im Leben: mehr pöbelhaftes Benehmen, weniger Achtung für die Mitmenschen, mehr Misstrauen oder Gleichgültigkeit, größere politische Uneinigkeit?
- Gehen Sie in die Kirche? Halten Sie sich für einen frommen Menschen? Trägt es zu Ihrem Glück bei?
- Was sind die wichtigsten Gründe für Ihren Stress oder Ihre Sorgen? Wenn Sie sich Zeit nehmen könnten, könnten Sie diese Probleme anpacken? Oder sind es einfach Tatsachen in Ihrem Leben, die Sie akzeptieren müssen?
- Wie viele Pillen nehmen Sie regelmäßig ein?
- Wie gut sind Sie im Vergleich zu vor zehn Jahren medizinisch versorgt?
- Sind Sie und Ihre Zeitgenossen Ihrer Meinung nach glücklicher als Ihre Großeltern in Ihrem Alter?
- Denken Sie, Ihre Kinder werden weniger, mehr oder gleich viel Stress im Leben haben wie Sie?

4

Unnötiges Elend: der Geist

Als wäre es nicht bereits schlimm genug, dass das Gehirn – jenes Organ im Kopf, das so sehr von evolutionären Programmen gesteuert wird – Sie eigentlich gar nicht glücklich machen will, sieht es zudem so aus, als wolle Ihr *Geist* (die vom Gehirn erzeugten Gedanken und Gefühle) dies ebenfalls nicht. Weshalb sonst das ganze sinnlose, kontraproduktive Verhalten, das der Mensch offenbar so gut beherrscht? Von Selbstmord und Süchten bis zu Verzögerungstaktiken und mangelndem Selbstvertrauen sind es genau diese elenden Gepflogenheiten des Geistes, die Therapeuten wie mir so viel zu tun geben und es nahezu unmöglich machen, den Glücks-Sollwert zu ändern.

Wir alle haben schlechte Gewohnheiten, die uns an Erfolg oder Glück hindern und die wir loswerden möchten. Sie schieben die Dinge vielleicht bloß auf, essen zu viel Eis oder sorgen nicht für genügend Bewegung. Oder es behindert Sie womöglich ernstlich, wenn Sie zum Beispiel Ihre Bedürfnisse nicht klar formulieren, bei einem schlechten Job nicht kündigen oder sich in einer schlechten Beziehung nicht trennen. Es kann etwas Schwerwiegenderes sein wie Drogen- oder Alkoholabhängigkeit, zunehmende Verschuldung oder fahrlässiger Umgang mit dem eigenen Leben. In welcher speziellen Situation Sie sich auch immer befinden, Willenskraft allein genügt nicht, um damit aufzuhören, und wahrscheinlich begreifen Sie nicht, weshalb das so ist. Sie wissen sehr genau, was Sie tun *sollten*. Möglicherweise sagen Sie es sich ständig vor und schelten sich jedes Mal, wenn Sie einen neuen Vorsatz nicht halten: »Weshalb habe ich nur so etwas Dummes gesagt? Wann höre ich endlich auf, so verlegen oder so faul zu sein oder zu viel zu essen? Wann organisiere ich mich endlich besser?« Das Problem, welches es auch sei, nimmt eine Menge Raum in Ihrem Gehirn ein. Es sieht so klar aus: Sie können A wählen, die »gute« Alternative, oder B, die »schlechte«. Sie *wollen* auch A wählen, aber offenbar wählen Sie ständig B. *Warum in aller Welt können Sie nicht einfach tun, was Sie glücklich macht?*

Nun, es sollte kaum überraschen, dass es keine einfache Antwort auf diese Frage gibt, sonst schwelgten wir alle in einem Zustand gesunder Glückseligkeit und täten stets genau das, was für uns das Beste ist. Wissenschaftler, religiöse Denker und Philosophen haben seit Beginn der Geschichtsschreibung darüber argumentiert. Eigentlich ist es das Thema des westlichen Schöpfungsmythos, der Genesis: Weshalb gehorchen Adam und Eva Gott nicht? Es ist ja nicht etwa so, dass er sie nicht gewarnt hätte.

Die Antworten auf diese Fragen sind komplex und führen uns in dunkle Winkel, die Sie in den meisten Büchern über das Glück nicht finden. Meiner Ansicht nach ist der Geist selbst die Ursache für das meiste unnötige Elend. Wollen wir wirklich glücklich sein, so sollten wir das begreifen.

Das Unbewusste

Beginnen wir mit Freud. Er war der Erste, der das allgemein verbreitete selbstzerstörerische menschliche Verhalten ergründete, und dazu musste er »das Unbewusste« definieren. Heute ist kaum mehr nachvollziehbar, wie revolutionär diese Auffassung war, weil die Vorstellung, unbewusst motiviert und von versteckten Gewinnen geleitet zu werden, heute selbstverständlich ist. Der Begriff der Verdrängung, der besagt, dass wir buchstäblich *nicht sehen*, was für alle anderen ganz offensichtlich ist – zum Beispiel die Folgen unserer Trunksucht –, beruht auf der Idee der unbewussten Motivation. Freud entfernte gleichsam den Schleier von einer kollektiven kulturellen Verdrängung für immer. Dabei wies er jedoch nur auf etwas hin, was heute gemeinhin anerkannt wird, nämlich auf die Annahme *gemischter Motivationen*. Wenn Sie sich selbst sabotieren und nicht tun, was Sie offensichtlich glücklich machen würde, so gibt es wahrscheinlich irgendwelche Gründe und Motivationen für diese Selbstsabotage, von denen Sie gar nichts wissen, das heißt, sie sind unbewusst. *Abwehrmechanismen* sind die Werkzeuge, die Ihr Geist einsetzt, um unwillkommene Gedanken aus Ihrem Bewusstsein fernzuhalten.

Abwehrmechanismen

Die Tatsache, dass wir uns so leicht selbst sabotieren, ist unter anderem darauf zurückzuführen, dass sich der menschliche Geist wunderbar an schwierige Umstände anpassen kann. Diese Fähigkeit setzen wir täglich und vorwiegend konstruktiv ein. Wir können sie jedoch auch dazu nutzen, uns zu belügen: Wir können uns vorgaukeln, etwas gerade jetzt zu tun sei durchaus in Ordnung, auch wenn wir es bereuen werden, sobald die Tatsachen uns einholen. Solche Fähigkeiten nennen wir Abwehrmechanismen. Sie halten innere Konflikte aus dem Bewusstsein fern. Wir sind voller solcher Konflikte: Wir möchten gut und schlecht sein. Wir möchten es leicht nehmen und reich werden. Wir versuchen ständig das Gleichgewicht zwischen dem zu finden, was das Tierhirn in uns will (*sofortige Befriedigung*), was das Gewissen uns sagt (*sorry, zuerst die Pflicht*), und dem, was die Umstände erlauben (*upps, kein Geld*). Eine plötzliche Veränderung in irgendeinem Bereich stört das Gleichgewicht. Abwehrmechanismen verzerren die Tatsachen, um das Gleichgewicht vorübergehend wiederherzustellen. Wir fangen an, zu verdrängen oder zu rationalisieren oder setzen einen von Hunderten weiterer Abwehrmechanismen ein.[98] »Wahrscheinlich hätte es in Nizza sowieso geregnet. Diese Weintrauben waren wahrscheinlich eh sauer.« Geraten unsere Wünsche in Konflikt miteinander, wenn wir uns beispielsweise zu jemandem hingezogen fühlen, der für uns tabu ist, dann können wir dieses Verlangen auf jemand anderen übertragen, es in Hass verwandeln, es intellektualisieren oder sonst nach einer von unzähligen Möglichkeiten greifen. Abwehrmechanismen sind eine kreative Synthese, wie die Kunst. Der Geist erzeugt unbewusst etwas, das vorher nicht da war.

In den frühen 1960er Jahren entdeckten Forscher zum ersten Mal, dass Menschen unter Stress – beispielsweise Studenten an ihrem ersten Tag im College – erhöhte Mengen des Stresshormons Kortisol im Urin aufwiesen. Dieses Resultat brachte sie auf die Idee, den Kortisolspiegel der Soldaten in Vietnam zu prüfen. Zuerst begaben sich die Forscher an die

Front zu den Männern unter feindlichem Artilleriebeschuss. Sie sammelten den Urin der Soldaten und flogen ihn zum Analysieren nach Washington zurück, wo sie eine Überraschung erlebten: kein erhöhtes Kortisol. Die Soldaten erklärten es damit, dass sie sich in ihre Bunker eingraben und schützen konnten und deshalb eigentlich gar nicht in Gefahr waren. Hingegen sagten sie: »Wenn Sie Leute unter Stress suchen, dann testen Sie die Helikopterpiloten und deren Besatzung. Die haben nichts als eine Aluminiumhaut zwischen sich und dem feindlichen Feuer.« Also sammelten die Forscher pflichtbewusst den Urin einiger Helikopterbesatzungen nach Kampfeinsätzen und analysierten ihn. Wieder ergab sich kein erhöhtes Kortisol. Piloten und Besatzung sagten: »Uns geht es dort oben prima. Wir können rauf und runter, uns überall hindurchschlängeln und allem entwischen, was auf uns zukommt. Die Leute, die wirklich unter Stress stehen, sind die armen Hurensöhne an der Front.«

»Alle leugneten, unter Stress zu stehen, und ihr Körper glaubte ihnen.«[99] So funktionieren Abwehrmechanismen, in diesem Fall Verdrängung und Rationalisierung. Man kann die Tatsachen so verdrehen, dass man nicht merkt, wie sie sich auf die Gefühle auswirken, und zwar in einem solchen Maß, dass sogar die Nebennieren vorübergehend getäuscht werden. Abwehrmechanismen können äußerst nützlich sein, wenn es zum Beispiel Soldaten im Kampf vorübergehend gelingt, die Angst abzustellen, oder Notfallchirurgen ihr Entsetzen abschalten können. Sind wir zornig, so können wir die blinde Wut in die Hand bekommen und damit logische Argumente anheizen. Kummer kann man sublimieren, indem man für andere sorgt. Man kann einfach sagen: »Damit befasse ich mich morgen«, und gut durchschlafen.

Abwehrmechanismen sind für den Menschen existenziell notwendig. Oft sind es kreative, anpassungsfähige Strategien, um mit schwierigen Situationen oder Menschen zurechtzukommen. Nur verzerren sie alle die Tatsachen bis zu einem gewissen Grad, und manche mehr als andere. Wegen dieser Verzerrung können sie gegen die Folgen des kontraproduktiven Verhaltens blind machen. *Verdrängung* ist der klassische Abwehrmechanismus, obschon die Bezeichnung täuscht. Es ist nicht etwa so, als sähe der Alkoholiker die Realität und verdrängte sie dann. Er sieht buchstäblich *nicht,* wie ihn sein Trinken bei der Arbeit in Schwierigkeiten bringt, es für Frau und Kinder ungemütlich macht und ihn manchmal zu einem völlig inakzeptablen Verhalten verführt. »Selektive Blindheit« wäre vielleicht eine bessere Bezeichnung als Verdrängung. *Projektion* ist ein weiterer Abwehrmechanismus. Haben wir wegen irgendetwas Schuldgefühle, so versuchen wir, die Schuld anderen anzuhängen: Ein Mann verspricht seiner Frau, er komme um 20.30 Uhr nach Hause. Wenn er um 21.15 Uhr heimkehrt, sagte er als Erstes: »Verdirbst du uns jetzt den Abend, weil ich mich etwas verspätet habe?« Dabei handelt es sich nicht um eine bewusste Manipulation oder eine vorsätzliche Schuldzuweisung. Er versucht unbewusst, seine Schuld abzuladen. Wenn er zu spät heimkommt, hat er sich seine Frau bereits als unvernünftig fordernde Giftnudel vorgestellt. Solche Abwehrmechanismen bescheren nur unnötiges Elend, sei es, dass wir in Alkohol versinken oder die Ehepartner verärgern. Wollen wir uns von kontraproduktiven Verhaltensweisen befreien, um glücklich zu sein, müssen wir unbedingt erkennen lernen, wie wir Abwehrmechanismen ständig dazu einsetzen, uns selbst zu verletzen.

Diejenigen Abwehrmechanismen, welche die Tatsachen

in großem Stil verzerren, wenden sich am Ende immer gegen uns selbst. Sie haben stets unbeabsichtigte negative Folgen auf Geist und Körper. Nicht nur macht sich das negative Gefühl, das man vermeiden möchte, gewöhnlich anders und möglicherweise verkappt bemerkbar, sondern der Einsatz dieser Abwehrmechanismen formt auch die Persönlichkeit. Statt lediglich mit einer schmerzlichen Erfahrung zu kämpfen, wird man ein Mensch, der die Realität verdrängt. Statt Verantwortung zu übernehmen, wird man zum Schuldablader und Ankläger. Verletzen wir einen geliebten Menschen, so befassen sich die Abwehrmechanismen mit den Schuldgefühlen: Vielleicht rationalisieren wir, wir hätten einfach zu viel zu tun gehabt. Nur führt die inzwischen unbewusst gewordene Schuld möglicherweise dazu, diesen Menschen zu meiden oder, sind wir in seiner Nähe, ihm sogar die Schuld an unserer schlechten Stimmung zu geben. Wir merken es vielleicht nicht, aber womöglich verspannt sich der Körper und produziert Magensäure, oder der Blutdruck geht in die Höhe. Dabei vergessen wir, dass wir das alles selbst verursacht haben, und tun es einfach damit ab, dieser Typ sei eben ein schwieriger Mensch.

Abwehrmechanismen zum Verdrängen von Tatsachen einzusetzen heisst sich selbst belügen. Wenn man erst anfängt, andere zu belügen, erfindet man immer ausgefeiltere Lügen, um die erste zu untermauern. Wegen dieser ausgeklügelten Lügen werden Erfahrungen immer weniger klar erkannt, die Wahrnehmung wird immer verzerrter, die blinden Flecken ständig größer und der Charakterpanzer zusehends schwerfälliger und einschränkender.

Den Ausdruck »Charakterpanzer« hat Wilhelm Reich, einer der ersten großen Psychoanalytiker, vor Jahren geprägt. Damit ist das eigene Muster von Abwehrmechanismen, Rationalisierungen und Paradigmen gemeint, kurz, die Art, wie wir auf alles reagieren, was unsere Behaglichkeit bedroht. Achten wir nicht darauf, Erfahrungen gegenüber aufgeschlossen zu bleiben, so wird der Charakterpanzer im Lauf des Lebens unter Umständen immer dicker, bis wir darin eingeschlossen sind. Dann sind wir wie ein Panzer, der eine Straße im Irak entlangfährt, sehen nur noch durch winzige Luken, können nicht mehr hören, kommunizieren oder auf irgendetwas reagieren, außer darauf zu schießen.

> Prüfen Sie regelmäßig Ihren Charakterpanzer: vorgefasste Meinungen, Sturheit, automatische Urteile und die Unfähigkeit, zuzuhören.

Trauma

Auch nach hundert Jahren Psychotherapie ist der Begriff Abwehrmechanismen noch immer sehr nützlich, nur das, wogegen sich die Abwehr richtet, hat sich sehr geändert. Freud schätzte damals, die Abwehrmechanismen würden dazu eingesetzt, gegen verbotene Impulse und dadurch verursachte innere Konflikte blind zu machen. Heute werden sie als Schutz gegen Gefühle betrachtet, die gefährlich werden oder zu sehr aufregen könnten. Wir wissen aber, dass Abwehrmechanismen, auch wenn sie vorübergehend hilfreich sind, Gehirn und Körper wegen der unkontrollierbaren Folgen der durch die verdrängten Gefühle ausgelösten chemischen Vorgänge schädigen könnten.

Der Zweck der Abwehrmechanismen wird heute vorwiegend anders gesehen, weil Freud bei seinen Untersuchungen einen Kardinalfehler machte. Seine Patienten waren vorwiegend Wienerinnen aus netten, konventionellen Familien, die an unerklärlichen Symptomen litten wie zum Beispiel hysteriebedingten Lähmungen. Als sie Freud durch ihre Träume und Assoziationen zu verstehen gaben, ihre ehrenwerten Familien seien Brutstätten verkorkster Sexualität und einige von ihnen seien zuweilen tatsächlich von männlichen Verwandten oder vertrauten Freunden der Familie sexuell missbraucht worden, war er entsetzt. Zuerst nahm er die Berichte seiner Patientinnen für bare Münze und entwickelte einen Behandlungsansatz, bei dem er wie heute mit dem verdrängten Trauma umging, das heißt, er machte es in einer sicheren, tragenden Umgebung bewusst. Zu Freuds großer Schande jedoch gab er später dem enormen gesellschaftlichen Druck nach, die realen Umstände seiner Patientinnen zu leugnen, und entwickelte daraufhin seine Ödipuskomplextheorie: Es sei nicht etwa so, dass Eltern ihre Kinder verführten oder missbrauchten, sondern die Kinder fühlten sich von Natur aus sexuell zum gegengeschlechtlichen Elternteil hingezogen. Sie schämten sich dieser Anziehung aber so sehr, dass sie ihr Verlangen bis unter die Bewusstseinsschwelle verdrängten, dabei jedoch weiterhin unbewusste Schuldgefühle hätten. Freud schloss daraus, dass seine Patientinnen ihre verbotenen sexuellen Wünsche auf ihre unschuldigen Väter, Onkel und Brüder projizierten. Heute aber, wo man weiß, wie verbreitet sexueller Missbrauch von Kindern ist und Frauen nicht mehr als grundsätzlich schwach und verlogen gelten, vertreten viele große Analytiker die Meinung, wahrscheinlich seien viele Patientinnen Freuds wirklich Opfer sexuellen Missbrauchs gewesen. Tatsache ist, dass Kinder einen Geschlechtstrieb *haben* und wir unbewusst Schuld *empfinden,* nur haben inzwi-

schen Generationen von Frauen (und Männern), die in eine
Analyse gingen, gesagt bekommen, sie sollten die Erinnerungen an den Missbrauch verdrängen und ihre Inzestwünsche
sich selbst vorwerfen.

Ein Buch über das Glück scheint nicht der beste Platz für
eine Diskussion über Kindsmissbrauch, Vernachlässigung und
Traumen zu sein. Man muss diese Themen aber anschneiden,
weil sie so verbreitet sind und im Erwachsenenalter so viel
Elend verursachen.

Denken Sie an die Soldaten in Vietnam, deren Abwehrmechanismen so gut funktionierten, dass sich kein über-
schüssiges Kortisol in ihren Blutbahnen befand. *Das dicke Ende
kam nach.* Das Department of Veterans Affairs (Veteranen-
amt) schätzt heute, über 30 Prozent der Männer, die an vietnamesischen Kriegsschauplätzen dienten, hätten später unter
posttraumatischer Belastungsstörung (PTBS) gelitten.[100] Und
sie sind nicht die Einzigen. Auch zehn Prozent der Frauen und
fünf Prozent der Männer der amerikanischen Bevölkerung
leiden unter PTBS.[101] Es sind mehr Frauen als Männer, weil
Frauen eher Opfer werden; das ist ein sehr großer Risikofak-
tor, denn Hilflosigkeit, weil man die Folgen nicht ändern kann,
macht oft den Unterschied zwischen einer akuten PTBS und
normalen Stressreaktionen aus.[102] Fühlt man sich machtlos,
ein Ereignis zu verändern, versucht man stattdessen die emotionalen Reaktionen abzuwandeln. Dies geschieht durch Dissoziation, Alkohol- und Drogenkonsum oder Gewalttätigkeit.

Eine posttraumatische Belastungsstörung ist ein komplizierter Zustand von Körper, Geist und Gehirn, der durch akuten schweren Stress verursacht wird. Technisch gesehen heißt
dies, dass jemand in eine Situation geriet, in welcher ihm oder
anderen der Tod oder eine schwere Verletzung drohte und

die damalige emotionale Reaktion große Angst, Hilflosigkeit oder Entsetzen war. Das kennzeichnende Symptom bei einer PTBS ist, dass das traumatische Ereignis in Form von aufdringlichen Erinnerungen oder Symptomen weiterbesteht. PTBS kommt sogar bei Menschen vor, die sich *bewusst* Traumen aussetzen wie zum Beispiel Mitgliedern einer Rettungsmannschaft.[103]

Von einer posttraumatischen Belastungsstörung Betroffene leben in chronischem Stress. Im ganzen Körper ist eine signifikante Erhöhung des Adrenalinspiegels festzustellen, die ständige Wachsamkeit, angespannte Alarmreaktionen und immer wieder aufblitzende Erinnerungen bewirkt. Der Schalter des Warnsystems in der Amygdala bleibt in der eingeschalteten Stellung stecken, und überall wittert man Gefahr. Der Hippocampus, der normalerweise den Unterschied zwischen echter Gefahr und Sicherheit erkennt, ist durch das viele Adrenalin geschädigt und kann die Amygdala nicht mehr ausschalten. Deswegen sind Menschen mit PTBS ständig verängstigt und auf der Hut. Sie reagieren zu heftig auf Alltagssituationen, was irrational oder antisozial wirkt, und jagen ihren Lieben dabei einen Schrecken nach dem anderen ein.

Ungeordnete Erinnerungen

Die posttraumatische Belastungsstörung PTBS treibt auch Unfug mit der Erinnerung. Die Betreffenden erleben die Erfahrung innerlich *immer wieder* mitsamt allen Geräuschen, Gerüchen, Körperempfindungen, panischer Angst und Verwirrung. In der Regel verarbeitet das Gehirn Erinnerungen und legt sie als »Erzählung« ab, in der das Wesentliche des Geschehens festgehalten ist. Manche Einzelheiten gehen ver-

loren, aber es bleibt eine zusammenhängende Geschichte
übrig. Bitten Sie jedoch jemanden mit PTBS, Ihnen zu berichten, was passiert ist, so gelingt dies kaum. Der Bericht ist
verwirrt und unzusammenhängend. Die Einzelheiten sind
alle da, nur verliert sich der Betreffende darin. Sie werden den
Ablauf der Ereignisse und deren Wirkung auf ihn kaum ausmachen können, weil der Hippocampus während und nach
dem Trauma dermaßen von Stresshormonen überflutet wurde, dass er seine normale Funktion, die Erinnerung zu sich-
ten, gar nicht ausführen konnte, nämlich erinnerte Gefühle
und tatsächliche Ereignisse in eine zusammenhängende Form
zu bringen, damit sie im Langzeitgedächtnis abgelegt werden können. Die posttraumatische Belastungsstörung hängt
mit dem Unterschied zwischen Erinnern und Träumen zusammen. Wenn ich mich an eine Erfahrung erinnere, ist mir
bewusst, dass ich aus der Gegenwart in die Vergangenheit zu-
rückblicke. Beim Träumen hingegen weiß ich nicht, dass ich
träume. Welches »Ich« auch immer existiert, es existiert nur
im Traum. So fühlt sich das Wiedererleben bei der PTBS an:
Man hat Alpträume im Wachzustand.

Wenn man mit einem Leiden wie einer akuten posttraumatischen Belastungsstörung lebt, kommen Nebenwirkun-
gen dazu, die sich ein wenig von den Folgen des Traumas selbst unterscheiden. Da man etwas nacherlebt, statt sich daran zu erinnern, ist man geneigt, die Schuld für die Verängstigung

> Bedenken Sie: Gefühle
> haben immer eine Ursache.
> Es gibt immer einen Grund,
> weswegen Sie diese haben.

trivialen Alltagsereignissen zuzuschieben, und stößt damit
Menschen vor den Kopf, die sich um einen sorgen. Man hat
das Gefühl, außer Kontrolle und möglicherweise ein wenig

gemeingefährlich zu sein. Man versteht nicht, woher die Alpträume, Gedächtnisstörungen und Ausbrüche kommen, und fürchtet, verrückt zu werden oder einen Hirntumor zu haben. Man fühlt sich von der eigenen Vergangenheit abgeschnitten. Die Gedächtnisstörungen bedeuten, dass die ganze Lebensgeschichte – die eigene Identität – auseinandergerissen und kein Verlass mehr darauf ist. Man greift möglicherweise immer mehr auf Dissoziation als Abwehr zurück. Das aber führt dazu, dass man traumverloren, geistesabwesend und gleichgültig wird. Die Fähigkeiten zur Konzentration und zum Lernen sind geschwächt. Weil man sich nicht beruhigen kann, wird man vielleicht von Drogen oder anderen pathologischen Beruhigungsmechanismen abhängig wie selbstverletzendem Verhalten, Saufgelagen oder Magersucht. Man wird zudem wahrscheinlich Mitmenschen gegenüber höchst misstrauisch, zurückhaltend und vertraut niemandem mehr. Und wie bei der selbsterfüllenden Prophezeiung stellt man natürlich immer wieder fest, dass die andern die Prüfungen, die man ihnen aufgibt, nicht bestehen. In der eigenen Welt gibt es nur noch Wachsamkeit, Misstrauen und Angst.

PTBS war bei unseren Ahnen, die ständig körperlicher Gefahr ausgesetzt waren, wahrscheinlich viel verbreiteter. Doch da kaum jemand älter als 35 Jahre wurde, litt auch niemand unter Langzeitfolgen. Es gab keinen evolutionären Druck, die Stressreaktion zu ändern. Zudem ist es gut, extrem wachsam zu sein, wenn man von Gefahren umringt ist. Aber es ist gar nicht gut, in einem Stau oder zu Hause, wenn man mit den Kindern spielt, hyperwachsam zu sein.

Chronischer Stress

Die posttraumatische Belastungsstörung ist somit ein entsetzliches Leiden, von dem fast acht Prozent der Amerikaner befallen sind. Sie ist jedoch kein Alles-oder-nichts-Zustand. Viele, die von einem früheren Trauma stark betroffen waren, weisen dennoch nicht alle notwendigen Kriterien für eine PTBS auf. Man kann Alpträume, Flashbacks und aufdringliche Erinnerungen haben, ständig misstrauisch und auf der Hut sein und dennoch nicht zu den acht Prozent PTBS-Leidender gehören, weil diese PTBS erst durch die kumulierten Folgen von Stress und nicht durch ein einziges lebensbedrohendes Ereignis hervorgerufen wird. Man gehört vielmehr zu den Unzähligen – ich schätze etwa 30 Prozent der amerikanischen Bevölkerung – mit einem chronischen Traumasyndrom.

»Chronisches Traumasyndrom«[104] ist die Bezeichnung für Folgen, die sich einstellen, wenn man längere Zeit in einer Angst und Hilflosigkeit hervorrufenden Situation lebt. Es ist schlimmer als die akute posttraumatische Belastungsstörung, weil hier alle Symptome vervielfacht sind. Es dringt weit in die Knochen und das Gehirn vor und bewirkt enorme Deformationen. Diese scheinen so sehr zum Betroffenen zu gehören, dass er sich dessen gar nicht bewusst wird. Das chronische Traumasyndrom ist sehr weit verbreitet. Von einem Intimpartner geschlagen zu werden, was mit Sicherheit zu einem chronischen Trauma führt, kommt wohl bei 25 bis 50 Prozent aller amerikanischen Frauen vor. Bei einer bekannten Untersuchung von 17 000 vorwiegend Weißen aus dem Mittelstand gaben 22 Prozent zu, als Kind sexuell missbraucht worden zu sein.[105] Über ein Viertel der Befragten berichtete von regelmäßigem Drogenmissbrauch der Eltern, was implizit bedeutet, dass diese die Kinder vernachlässigten. Nach meiner Erfahrung mit all meinen Patienten im Lauf der Jahre wurden die meisten als Kind misshandelt oder vernachlässigt. Dabei handelt es sich gewöhnlich nicht um Schreckensgeschichten von Verprügeltwerden oder Inzest, auch wenn diese häufig genug vorkommen. Viel häufiger ist die emotionale Misshandlung: Ein Elternteil oder beide untergraben das Vertrauen des Kindes durch harte oder grausame Kritik, beschimpfen es, hacken als Disziplinarmaßnahme emotional auf ihm herum, stellen willkürliche Verhaltensregeln auf, schreien das Kind an, nur weil sie schlecht gelaunt (oder betrunken oder verkatert) sind oder schenken ihm weder Aufmerksamkeit noch Zuwendung, weil es sie verärgert hat. Dann verhalten sie sich möglicherweise am nächsten Tag wie durchaus gute Eltern, als sei nichts geschehen. Das Schlimmste für die emotionale Gesundheit des Kindes ist die *Unvorhersehbarkeit*. Doch solche Verhaltensmuster sind so weit verbreitet, dass die meisten meiner Patienten überrascht sind, wenn ich ihnen sage, ihre Erfahrungen müssten als Misshandlung eingestuft werden.

Eine Stressepidemie

Viele haben ebenso unter irgendeiner emotionalen Vernachlässigung gelitten, auch wenn ihnen diese Bezeichnung nicht einfällt. Vernachlässigung bedeutet manchmal einfach, sich mehr für das Fernsehen als das Kind zu interessieren, emotional unabkömmlich zu sein, wenn es die Eltern braucht, das eine Kind dem anderen vorzuziehen oder sich nicht für seine Schulaufgaben zu interessieren. Vernachlässigung kann durch Nichterkennen eines möglichen Traumas entstehen, wenn ein Kind von anderen schikaniert oder von Erwachsenen

misshandelt wurde. Dabei kommt es immer zu Verhaltens-
änderungen, die von aufmerksamen Eltern wahrgenommen
werden. Doch wer kann heutzutage schon so aufmerksam
sein? Alle Eltern, die ihre Kinder auf diese Art vernachlässigen, glauben ihre Kinder zu lieben, und trotz gelegentlicher
Schuldgefühle finden sie auch, sie seien gute Eltern. Sie sind
vielleicht bessere Eltern, als es die ihren waren, aber trotzdem
noch keine guten. Das Niveau der Kindererziehung muss an-
gehoben werden. Die Bevölkerung muss etwas begreifen: Ein
Kind zu demütigen oder ihm Angst einzujagen ist grausam;
emotional nicht für es da zu sein ist herzlos.

Emotionale Misshandlung und Vernachlässigung der Kinder sind heute sehr verbreitet. Man schätzt, dass nur knapp
über die Hälfte der Amerikaner heute sicher und geborgen
aufwachsen. Besonders tragisch aber ist, dass niemand sein
Kind misshandeln oder vernachlässigen *will*. Es ist einfach
die normale Folge davon, dass
Eltern überarbeitet sind, zu viel

> Weniger gestresste Eltern
> sind bessere Eltern.

Stress haben, mit eigenen Problemen fertig werden müssen
und das Gefühl haben, sie stünden allein da. Misshandlung
und Vernachlässigung kommen viel seltener in Großfamilien
vor.[106] Zur Erziehung eines Kindes gehört eine funktionie-
rende Gemeinschaft, aber die Gemeinschaft zerfällt ringsum.

Es ist auch möglich, dass Vernachlässigung in der Kindheit
sich verheerender auf den Charakter des Erwachsenen auswirkt als gelegentliche Misshandlung. Manchmal verlieren
Eltern, die ihre Kinder lieben, unter Druck die Kontrolle.
Das ist wohl immer noch besser als Gleichgültigkeit. Opfer
sexueller oder körperlicher Misshandlung können behandelt
werden, wenn sie früh genug die Erfahrung gemacht haben,

dass sie geliebt werden. Manche vernachlässigten Kinder haben das nie erfahren. Sie können sich auf nichts abstützen, weder auf Vertrauen noch auf Bindung. Die Bezugsperson, die hätte mithelfen sollen, das Ich des Kindes aufzubauen, hat es im Stich gelassen oder sein Ich untergraben.

Ein chronisches Traumasyndrom braucht nicht das Ergebnis einer schwierigen Kindheit zu sein. Die Lebensbedingungen im Alltag können bei vielen so viel Stress anhäufen, dass die Folgen traumatisch werden. Viele wissen, dass es schon reicht, von der Arbeit überfordert zu sein. Es gibt zu viel Druck, zu viele Chefs, zu lange Arbeitsstunden, zu viele Veränderungen und unvernünftige Erwartungen, dazu Geläster unter den Angestellten oder das Damoklesschwert der Entlassung. Es ist wie beim Frosch im Kochtopf: Die Temperatur wird ganz langsam erhöht, und er merkt gar nicht, dass er zu kochen beginnt. So geht es einem selbst auch: Man glaubt, es sei normal, sich so zu fühlen, und vielleicht sei man nur zu schwach, um sich zu beklagen. Doch wenn man nachts nicht mehr schlafen kann, die Verdauung verrückt spielt, man den Drink nach der Arbeit kaum abwarten kann und nicht mehr weiß, wie man sich freut, dann hat man ein chronisches Traumasyndrom. Es schleicht sich so langsam ein, dass man nicht merkt, wie schlimm es ist, bis es nicht mehr weitergeht.

Wer ein chronisches Traumasyndrom hat, neigt dazu, Gefühle zu vermeiden oder zu verdrängen, weil jedes Gefühl einen Nervenzusammenbruch auslösen könnte. Eine Folge davon ist die Eintönigkeit und Freudlosigkeit der Depression. Eine weitere, subtilere, aber verheerendere Folge ist die Lähmung des Willens: Die Betroffenen fühlen sich nicht mehr motiviert, können nichts mehr wollen oder wünschen und empfinden keine Zuneigung zu irgendjemandem. Das ist ei-

ner der Gründe, weswegen so viele das Gefühl haben, in see-
lentötenden Jobs festzustecken.

Die posttraumatische Belastungsstörung hat meistens
bedenkliche und dramatische Symptome zur Folge. Ein
chronisches Traumasyndrom hingegen entsteht aus einem
ständigen subtilen Muster von Vernachlässigung oder Misshandlung, welches das Sicherheits- und Geborgenheitsgefühl
des Betreffenden untergräbt. Oder es entsteht, wenn man in
einer Situation mit unmenschlichen Bedingungen feststeckt,
in der zu viel verlangt wird. Bei Menschen mit diesen Problemen über Glück zu sprechen mag, milde gesagt, gefühllos erscheinen. Hier gehen wir jedoch Schritt für Schritt vor, und
es geht darum, sich die Folgen der Erziehung auf die Glücksfähigkeit des Erwachsenen anzusehen. Außerdem brauchen
die Millionen Menschen mit posttraumatischer Belastungsstörung und chronischem Traumasyndrom die meiste Hilfe
bei der Suche nach Glück, und die Wahrscheinlichkeit ist
groß, dass Sie, liebe Leserin, lieber Leser, zu diesen gehören.

Die Kindheit und ein »adäquates« Gehirn

Unter dem Strich ist dies für heutige Eltern sowohl beruhi-
gend wie erschreckend. Man braucht nur eine »adäquate«
Mutter zu sein – oder ein adäquater Vater oder adäquate
Großeltern, wer auch immer sich vorwiegend um das Kind
kümmert. Eine adäquate Mutter interessiert sich einfach für
ihr Kind, will gute Arbeit leisten und *erträgt die Gefühlsaus-
brüche des Kindes mit einer gewissen Ruhe.* Leider ist die letzte
Eigenschaft immer schwerer aufzubringen.

Die meisten heutigen Entwicklungspsychologen sind

der Meinung, im ersten bis zweiten Lebensjahr würden die Grundlagen für das Temperament des künftigen Erwachsenen gelegt, insbesondere im Hinblick auf den Umgang mit Gefühlen. Dies geschieht sowohl im Geist des Kindes wie in der physischen Gehirnstruktur, wobei die Hauptbetreuungsperson an dieser mitgestaltet. Mütter, die sich genügend in den Gefühlszustand des Kindes einfühlen können, beruhigen es, wenn es überstimuliert ist, muntern es auf, wenn es apathisch ist, und helfen ihm, sich wieder sicher zu fühlen, wenn es Angst hat. Dabei baut das Kind ein »adäquates« Gehirn auf. Nur achten viele Eltern entweder nicht genügend auf die Bedürfnisse des Kindes, oder sie sind inkonsequent, fördern das Kind, wenn ihnen danach zumute ist, wobei sie es jedoch ein andermal links liegen lassen. Andere Eltern-Kind-Kombinationen sind solche, die einfach nicht zueinander passen, beispielsweise ein energiegeladenes, forderndes Kind mit einer leicht depressiven Mutter oder ein ruhiges, anspruchsloses Kind mit einer überarbeiteten, zerstreuten Mutter.

Bindung

Wenn jedoch zwischen Mutter und Kleinkind alles gut verläuft und die Mutter ganz in der Welt ihres Säuglings aufgehen kann, tauchen die beiden in einen primitiven, instinkthaften Zustand ein, der beim Menschen demjenigen der Katze entspricht, die ihre Neugeborenen leckt. Dabei verbinden sich zwei emotionale Gehirne, und das der Mutter *prägt sich* dem Gehirn des Kindes *ein*, »was ein äußerst rasches Lernen erlaubt, das Früherfahrungen dem sich entwickelnden Nervensystem unabänderlich eingraviert«.[107] Auf diese Weise prägt die Mutter dem Kind ihre Gefühlsmuster auf. Ist sie

ängstlich, wird sie wahrscheinlich ein ängstliches oder ver-
meidendes Kind aufziehen. Ist sie eher ruhig, wird sie ein eher
ruhiges Kind haben. Das bedeutet *nicht,* dass die Mutter, oder
wer immer das Kind bemuttert, vollkommen zu sein hat. Sie
braucht nicht einmal glücklich zu sein. Sie braucht nicht sor-
genfrei zu sein, alle ihre Probleme lösen zu können oder rund
um die Uhr für das Kleinkind verfügbar zu sein. Sie sollte sich
hingegen in jenen Zustand tiefer Verschmelzung versetzen
und sich den emotionalen Bedürfnissen des Kindes in dem
Maße anpassen können, in dem sich diese verändern.*

In der heutigen Welt wird diese Fähigkeit immer seltener.
Von Müttern wird erwartet, viel zu früh nach der Geburt ihres
Kindes ihre Arbeit wieder aufzunehmen, aber ihre Aufmerksamkeit ist dann gespalten. Heute wird von Frauen erwartet, dass sie Karriere und Familie unter einen Hut bringen,
doch das erzeugt sehr viel Stress. Sie werden zerstreut, haben Schuldgefühle, was es ihnen erschwert, die Zeit für eine
Bindung zu finden, die das Kind unbedingt braucht. In einer
bestürzenden, vor Kurzem durchgeführten Studie wurde festgestellt, dass Mütter die Fürsorge für das Kind als diejenige
Tätigkeit einstuften, die sie am wenigsten mochten und die
sie, zusammen mit dem Arbeitsweg, am meisten frustrierte.[108]
Die Forscher bemerkten erklärend, wahrscheinlich seien diese Mütter überwiegend mit anderen Dingen beschäftigt und
fühlten sich durch die Kinderbetreuung davon abgelenkt.[109]

---

* Versäumt das Kind diese Erfahrung im entsprechenden Entwicklungs-
stadium, ist noch nicht unbedingt alles verloren. Psychologen führen wichtige Untersuchungen zur »Resilienz« (Elastizität) durch, der Tatsache, dass
manche Kinder solche verpassten Gelegenheiten kompensieren können,
andere hingegen nicht. Dennoch ist ein Kind, das keine Gelegenheit für
eine Bindung hatte, sehr benachteiligt.

Ein interessantes Experiment wurde vor einigen Jahren in natura durchgeführt, als die Angehörigen eines Cherokee-stammes jeder durchschnittlich 12 000 Dollar im Jahr von einem neuen Kasino im Reservat bekamen.[110] Das Verhalten ihrer Kinder wurde signifikant weniger problematisch, seit die Familien finanziell verhältnismäßig besser gestellt waren. (Dabei hatten sie die Armutsgrenze gerade eben überschritten.) Die einzige Variable, die die Forscher zur Erklärung anführen konnten, war die Feststellung, dass die Eltern einfach mehr Zeit hatten, sich um ihre Kinder zu kümmern. Anderswo auf der Welt braucht man nicht arm zu sein, um keine Zeit für die Beaufsichtigung der Kinder zu haben. Es reicht, wenn beide Eltern arbeiten und die Kinder am frühen Nachmittag aus der Schule kommen.

Wie wir eingangs schon sagten, weiß man heute, dass das Gehirn sehr viel veränderlicher ist, als man je dachte. Das ist ein guter Grund zum Optimismus: Sie können Glücksgefühle trainieren, bis sie zur Gewohnheit geworden sind. Als Kehrseite der Medaille wird ersichtlich, wie auch negative Lebenserfahrungen sich auf Dauer auswirken. Einfach und direkt gesagt:

> Machen Sie es sich zum Prinzip, Ihren Kindern Ihre ungeteilte Aufmerksamkeit zu schenken.

Wenn Sie das Glück hatten, eine sichere, gleichbleibende Beziehung zu einer Betreuungsperson mit stabilem, gesundem Charakter zu haben, haben Sie bessere Chancen, als Erwachsener glücklich und zufrieden zu sein. Das liegt daran, dass dieser Boden für das Wachstum eines gut funktionierenden Gehirns erforderlich ist. Dank der ganzen neuen Technologie, mit der man die Entwicklung des menschlichen Gehirns nachverfolgen kann, weiß man heute, dass negative Kindheitserlebnisse Hirnschäden verursachen. Allan Schore und Daniel Siegel, die führenden Forscher auf diesem wachsenden Gebiet, sind sich einig:[111] *Es braucht keine direkte Misshandlung oder Vernachlässigung, sondern bloß eine schlechte Eltern-Kind-Beziehung, um Schäden in der Gehirnstruktur zu bewirken, die bis ins Erwachsenenalter bestehen bleiben.* Daraus entstehen Erwachsene, denen es schwerfällt, in Kontakt mit ihren Emotionen zu bleiben und ihre Gefühle unter Kontrolle zu behalten, sich zu konzentrieren oder etwas zu lernen, Mitmenschen zu vertrauen und sie zu verstehen sowie sich selbst zu achten und zu beherrschen. Heute weiß man, dass aufmerksames Bemuttern bei Mäusen eine bessere Chance für das Überleben neuer Neuronen im Hippocampus zur Folge hat, dem zum Regulieren von Gefühlen und Stress so wichtigen Bereich im Gehirn.[112] Ich denke, es wird nicht lange dauern, bis dieselben Ergebnisse über die menschlichen Mütter vorliegen. Gutes Bemuttern erzeugt ein stärkeres, elastischeres Gehirn.

Es gibt jedoch tatsächlich immer wieder eine zweite Chance. Interessante Untersuchungen werden im Bereich der Elastizität oder *Resilienz* durchgeführt, der Fähigkeit mancher Menschen, ungeachtet aller Härten ein gesundes Ich zu entwickeln. Es gibt keinen Grund, sich aufzugeben. Trotzdem sind sie anfänglich vorbelastet.

Inzwischen kann man die Folgen gedankenloser Erziehung mit Fernsehen, Videospielen und Reizüberflutung in den heutigen Schulen beobachten. Es gibt immer mehr Fälle von Depressionen bei Kindern und Jugendlichen, von Schulangst und anderen Ängsten, Lernbehinderungen, Aufmerksamkeitsdefizit-Hyperaktivitätsstörungen (ADHS), Verhaltensstörungen, Asperger-Autismus sowie Drogenmissbrauch in zunehmend jüngerem Alter. Das Gehirn der Kinder, die heute zur Schule gehen, ist nicht richtig verdrahtet, und sie können deswegen buchstäblich nicht stillsitzen und aufpassen. Sie haben ihre Gefühle nicht unter Kontrolle. Alle Steuerzahler sind in Aufruhr wegen der Kostenexplosion für Sonderpädagogik. Sollten wir uns nicht überlegen, weshalb es heute so viel mehr Kinder gibt, die Sonderschulen brauchen?

Es sieht erschreckend aus, aber ich möchte die Eltern doch beruhigen. Sie brauchen nicht eine Menge zu wissen oder ein besonderes Können zu besitzen, um adäquate Eltern zu sein. Was Sie hingegen wirklich brauchen, ist *Zeit* für Ihr Kind, Zeit, in der Sie sich nicht von Gedanken an Arbeit ablenken lassen, die Sie verrichten sollten. Gute Eltern sein ist leicht und natürlich. Auch wenn Sie selbst keine guten Eltern hatten, können Sie sich bestimmt erinnern, was Sie als Kind brauchten und nicht bekamen. Geben Sie es Ihrem Kind. Wenn Sie sich genügend, und ohne sich ablenken zu lassen, in Ihr Kind einfühlen können, um seinen Gefühlszustand zu spüren, werden Sie wissen, was zu tun ist. Die Einfühlung selbst ist wahrscheinlich das Wichtigste dabei.

Zurück zum Glück

Unter dem Strich kann man sagen, dass die posttraumatische Belastungsstörung PTBS, das chronische Traumasyndrom und sogar eine nicht adäquate Erziehung Hirnschäden verursachen. Keine riesigen Schäden, wie sie bei einem Hirnschlag entstehen, sondern subtile Schäden, die darauf hinauslaufen, dass das Gehirn einfach nicht richtig verdrahtet ist. So viele Menschen sind heute in dieser Hinsicht verletzt, dass es wohl übertrieben erscheinen mag, über Glück als Ziel zu sprechen. Doch der Mensch ist ein bemerkenswertes, sehr flexibles Wesen. Das menschliche Gehirn kann sich selbst reparieren, wenn die richtigen Bedingungen vorhanden sind. Ich habe noch keinen einzigen Patienten gehabt, der überhaupt noch nie glücklich war, außer vielleicht in Krisenzeiten, die höchstens ein paar Wochen dauerten. Danach erholen sich die meisten wieder. Sogar bei den deprimiertesten, ängstlichsten Menschen gibt es Zeiten im Lauf des Tages, wenn sie lächeln und sich wohlfühlen. Einfache Freuden wie Sonnenschein, ein Schmetterling, der Wind im Gesicht oder eine schöne Blume behalten offensichtlich immer ihren Zauber. Wie sehr geschädigt wir auch sind, die Fähigkeit zur Freude verlieren wir anscheinend nie sehr lange.

Freude ist gut für uns. Barbara Fredrickson und ihre Kollegen haben die Wirkung positiver Gefühle auf die Bewältigung von Situationen und auf das Denken untersucht.[113] Sie haben nachgewiesen, dass positive Gefühle die Denkvorgänge zur Lösungsfindung befördern und mit der Zeit Vertrauen und die Fähigkeit zur Problembewältigung aufbauen. Freude und Zufriedenheit können einengendes, defensives, Stress auslösendes Denken rasch umkrempeln. Im Verlauf von Wochen meistern Menschen mit mehr positiven Gefühlen Probleme kreativer und sind angesichts von Stress belastbarer. Bessere Problemlösungsfähigkeiten und größere Belastbarkeit haben ihrerseits – in einer positiven Feedbackschleife – positivere Gefühle zur Folge. Es ist also lebenswichtig, bereit zu sein, sich mit dem eigenen

> Wenn Sie blockiert sind oder in einer Sackgasse stecken, sehen Sie sich einen lustigen Film an oder suchen Sie sich etwas anderes, das Ihnen rasch ein positives Gefühl verschafft.

Geist zu befassen und Möglichkeiten zu finden, den Schaden möglichst gering zu halten, den wir uns selbst zufügen, unser kontraproduktives Verhalten einzugrenzen und zu lernen, dass wir Gefühle weder zu verdrängen noch zu intellektualisieren, noch zu projizieren brauchen.

Zurück zu den Abwehrmechanismen. Sie wissen, dass Sie wahrscheinlich verdrängen oder dissoziieren, wenn Sie sich in einer unangenehmen emotionalen Situation befinden. Sind Sie Opfer eines Traumas, so befürchten Sie wahrscheinlich unbewusst, Ihre Gefühle seien gefährlich. Im nächsten Kapitel befassen wir uns damit, wie man mit dieser Angst umgeht. Doch im Moment stellt sich die Frage: Wie wissen Sie, wann Ihre Abwehrmechanismen am Werk sind? In der nachfolgenden Tabelle finden Sie die Aufzählung einiger weitverbreiteter Abwehrmechanismen mit der entsprechenden Definition und den jeweiligen Gefahren: den paradoxen unbeabsichtigten negativen Folgen. Achten Sie darauf, ob Sie sich (oder Ihren Ehepartner, Chef oder andere Nahestehende) darin erkennen:

Die Abwehrmechanismen

Abwehr-mechanismus	Definition	Unbeabsichtigte negative Folgen
Verdrängung	Eigene Gefühle einfach nicht wahrnehmen und somit die Folgen des Ereignisses (häufig des eigenen Verhaltens) nicht erkennen.	Trinken; Geld ausgeben, das man nicht hat; sich nicht genügend körperliche Bewegung verschaffen usw. Man sieht vielleicht noch keine Folgen, aber sie werden sich einstellen.

Abwehr-mechanismus	Definition	Unbeabsichtigte negative Folgen
Dissoziation	»Wegtreten«. Bei unangenehmen Gefühlen oder Situationen erleidet man einen vorübergehenden Gedächtnisschwund, oder traumatische Erinnerungen tauchen als Flashbacks ohne Sinn oder Zusammenhang auf.	Man merkt nicht, wann man tatsächlich in Gefahr ist. Man kann sich möglicherweise nicht durchsetzen. Die Dissoziation wird manchmal Bestandteil des Charakters, und man wird geistesabwesend, unaufmerksam und fahrig.
Projektion	Man schiebt die eigenen Gefühle anderen zu.	Ergibt schwierige, um nicht zu sagen untragbare zwischenmenschliche Beziehungen. Enthebt der Verantwortung. »*Ich* bin nicht wütend. *Du* bist derjenige, der hier vor Zorn vergeht, Freundchen!«
Passive Aggression	Man bringt andere dazu, die eigene Wut auszudrücken; man macht andere wütend, indem man sie bevormundet oder nachlässig oder faul ist.	Wenn man ständig ein Chaos produziert, das andere ausbaden müssen, und dabei keine Ahnung hat, weshalb sie deswegen so ungehalten sind, lassen sie einen schließlich fallen.
Abkapseln der Gefühle, Intellektualisieren	Die Gefühle werden ganz unpersönlich und intellektuell erlebt.	Wird ein Gefühl überhaupt geäußert, so nur in plötzlichen Ausbrüchen. Macht kaltherzig, starr und einsam.

Abwehr-mechanismus	Definition	Unbeabsichtigte negative Folgen
Rationalisieren	Unannehmbare Verhaltensweisen, Einstellungen oder Überzeugungen werden durch eine falsche Argumentation gerechtfertigt: »Alle machen das. Einer mehr kann nicht schaden.«	Man wird sich selbst gegenüber unehrlich und moralisch faul. Fördert schlechte Gewohnheiten. Zudem wird man von mehr Menschen durchschaut, als man vermutet.
Aufschub	Etwas bis zur letzten Minute aufzuschieben wird als Vorwand benutzt, weshalb man sich nicht wirklich anstrengt.	Führt zu schlechten Resultaten, dem Gefühl, die Dinge nicht in der Hand zu haben, zu Wut auf sich selbst und Depression.
Somatisieren	Die Gefühle werden nicht bewusst wahrgenommen, sondern drücken sich im Körper aus.	Wut erzeugt Rückenschmerzen, der Wunsch nach Beachtung eine unheilbare »Krankheit«. So entfremdet man sich schnell von anderen, was wiederum vernichtende körperliche Folgen haben kann.

Übung 3
Lernen Sie Ihre Abwehrmechanismen kennen

Denken Sie an etwas, was Sie schon eine ganze Weile haben
oder tun wollten. Es kann eine Auslandsreise sein, von der Sie
träumen. Oder vielleicht wollten Sie schon lange abnehmen.
Oder Sie haben etwas immer wieder aufgeschoben, zum Bei-
spiel Ihr Leben anders zu organisieren oder mehr schöne Stun-
den mit Ihrem Mann oder Ihrer Frau zu verbringen. Nehmen
Sie für diese Übung etwas, das sich nur knapp außerhalb Ihrer
Reichweite befindet, nicht etwas Unmögliches oder etwas, das
Ihnen schreckliche Schuldgefühle einbringt, sondern etwas, das
Sie wirklich möchten.

Überlegen Sie, was Sie daran hindert. Hören Sie auf die Stimmen in Ihrem Kopf, die Ihnen erklären, weshalb es nicht geht:
»Ich kann einfach nicht sparen. Es macht zu viele Umstände. Ich
habe keine Zeit. Es liegt an den Genen.«

Behandeln Sie diese Stimmen mit Respekt, denn sie sind
wichtige Bestandteile von Ihnen. Hören Sie jedoch auch auf die
unterschwellige emotionale Botschaft. Es sind die Stimmen Ihrer
Abwehrmechanismen, die zu Ihrem Schutz da sind. Gewöhnlich
schützen sie Sie vor der Angst, die sich einstellt, wenn Sie etwas
riskieren oder sich ändern wollen. Sie schützen Ihre Selbstachtung, weil sie verhindern, sich der Tatsache zu stellen, dass
Angst Sie bremst. Und wenn nicht Angst, dann wahrscheinlich
irgendeine Form von Ärger oder Wut. »Weshalb sollte gerade ich mich ändern?« Ihre Abwehrmechanismen schützen Sie
womöglich davor, Kummer oder Wünsche zuzulassen: »Wahrscheinlich sind die Trauben sowieso sauer.« Da ist ein Wunsch,

etwas, das Sie gerne hätten, und eine Abwehr, die begründet, weshalb Sie es nicht haben können. Die Abwehr verhindert, dass der Wunsch Sie lockt, und vertreibt ihn manchmal sogar aus dem Bewusstsein. Sie schließt das Dopaminventil.

Wenn Sie einen Abwehrmechanismus erkannt haben, überlegen Sie, wie er sich auf Ihr Leben auswirkt. Erkennen Sie irgendwelche unbeabsichtigten negativen Folgen, die in der Tabelle über die Abwehrmechanismen auf den vorhergehenden Seiten aufgeführt sind? Verändern diese Ihren Charakter und erlauben Ihnen nicht, so zu sein, wie Sie sein möchten?

Überlegen Sie sich, vor welchen Gefühlen die Abwehr Sie schützt: vor Angst, Kummer, Wut oder Wünschen? Wenn Sie sich Zeit lassen, wird die Erinnerung an die erste traumatische Begebenheit, in der Sie diese Gefühle verspürten, in Ihrem Bewusstsein auftauchen.

Sehr wahrscheinlich hängt diese mit einer großen Enttäuschung in Ihrem Leben zusammen. Sie haben jemanden oder etwas verloren, der oder das Ihnen wichtig war, oder haben etwas nicht bekommen, was Sie wirklich brauchten. Seither haben Sie sich dadurch geschützt, dass Sie solche Gefühle nicht mehr verspüren wollten. Gibt es denn heute wirklich noch etwas, wovor Sie sich fürchten müssten? Oder verletzen Sie sich doch mehr, wenn Sie das Gewünschte nicht anstreben?

Wenn Sie diese rationalisierenden, projizierenden oder verdrängenden Stimmen künftig hören, versuchen Sie, die darunterliegenden Gefühle zu erkennen, die Angst, den Ärger oder den Kummer. Tun Sie dann Ihr Möglichstes, nach dem zu handeln, was in Ihren Augen richtig ist, ohne sich gedankenlos von diesen unbewussten Gefühlen beherrschen zu lassen.

Zum Teil dient ein offensichtlich kontraproduktives Verhalten dem gleichen Zweck wie die Abwehrmechanismen: Es steuert die Gefühle. Fragen Sie Menschen, die sich selbst verletzen, trinken oder magersüchtig sind, so werden sie Ihnen kaum sagen: »Ich war so angespannt, und die Selbstverletzung hat mir Luft verschafft.« Oder umgekehrt: »Ich war innerlich wie tot und zu deprimiert zum Leben. Das Trinken hat mir geholfen, mich wieder zu spüren.« Alkohol- und Drogensüchtige oder Spieler haben gewöhnlich zu viele Rationalisierungen und Entschuldigungen, um so ehrlich antworten zu können. Grundsätzlich aber dienen ihre Gewohnheiten ebendiesem Zweck: sie bei Verstimmungen zu beruhigen oder sie anzuregen, wenn sie sich langweilen oder leer fühlen. Kleine schlechte Gewohnheiten wie Aufschieben oder Sichüberarbeiten oder zu viel ausgeben bewirken genau dasselbe: Sie bringen Spannung in ein ödes Leben. Fernseh- oder Internetsucht und Überessen können die Gefühle zum Schweigen bringen.

Der eigentliche Grund, weswegen es so schwerfällt, kontraproduktive Gewohnheiten aufzugeben, ist ihre Wirksamkeit. Kein anderes Verhalten, das man ausprobiert, bringt beunruhigende Gefühle ebenso unmittelbar unter Kontrolle. Machen wir eine Diät, trinken und verletzen wir uns nicht mehr oder stellen wir den Fernseher ab, so wird uns unweigerlich der unangenehme Zustand, den wir so lange gemieden haben, wieder bewusst. Im Extremfall helfen Medikamente in der Übergangsphase: ein Beruhigungsmittel während des Alkoholentzugs (obschon auch dieses abhängig machen kann), ein Antidepressivum bei Essstörungen oder Selbstverletzung. Forscher arbeiten an neuen Arzneien, die direkt in den Dopaminkreislauf eingreifen, denjenigen Mechanismus, der das heftige Verlangen auslöst. Medikamente sind allerdings nur eine vorübergehende Maßnahme. Am Ende muss man eine Kehrtwendung machen und sich den eigenen Dämonen stellen.

Dann erweisen sich diese gar nicht als Dämonen, sondern nur als Seiten unserer selbst, als Gefühle, die wir so lange gemieden haben, dass sie sich im Unbewussten zu Kobolden verwandelt haben.

Max und Stella

Wir haben zwei gewöhnliche Pudel zu Hause, Max und Stella. Max haben wir ganz klein bekommen. Er ist jetzt ein über 40 kg schweres Mondkalb, das alle mag und erwartet, dass es alle mögen. Er geht schwanzwedelnd mit erhobenem Kopf und grinsender Schnauze auf die Leute zu und bekommt viele Streicheleinheiten und Zuwendung. Wenn wir Freunde zu Besuch haben, müssen wir ihn manchmal aussperren, weil er mit seinem Betteln um Aufmerksamkeit zum Plagegeist wird.

Mit Stella ist es ganz anders. Wir bekamen sie mit acht Monaten, nachdem sie (mit ihrem Bruder) bereits eine Weile von anderen Leuten aufgenommen worden war. Sie wurde jedoch, wie man uns sagte, wieder in das Hundeheim zurückgebracht, weil die Hundeeltern mit zwei Hunden nicht zurechtkamen. Doch entweder war Stella von Geburt auf schwierig oder sie wurde misshandelt. Sie hat vor allen und allem Angst. Sie reagiert auf Besucher vor der Tür sofort mit einem drohenden Gebell, das sich sogar für Leute, die keine Hundekenner sind, deutlich von einem freundlichen Bellen unterscheidet. Deswegen fühlen sie sich nicht wohl, wenn Stella in der Nähe ist. Wenn sie hereinkommen, verdrückt sie sich knurrend in eine Ecke. Das Drama ist, dass sie Zuwendung *möchte*. Wenn wir allein sind, ist sie unser Schoßhund. Wenn wir Gäste haben, kommt sie um die Ecke geschlichen und führt einen Annäherungs-Rückzugs-Tanz mit den Leuten auf, der den Kern eines neurotischen Konflikts darstellt. Wenn sie findet, jemand sei einigermaßen sicher, kommt sie näher und schnuppert, ist jedoch allzeit bereit, bei jeder schnellen Bewegung und jedem lauten Geräusch wieder abzuhauen.

Max und Stella sehen die Welt völlig verschieden. Sie haben verschiedene *Paradigmen*. Ein »Paradigma« ist ein wissenschaftlicher Begriff und steht für eine übergreifende Theorie. Paradigmen bestimmen, wie man die Welt deutet, und häufig auch, was man unmittelbar sieht. Als die Astronomen das Paradigma aufstellten, es gebe Kanäle auf dem Mars, blickten sie durch ihre Teleskope und sahen Kanäle. Sie sagten sich nicht, es gebe dort Kanäle, und stellten sie sich dann vor. Ihre Sehorgane registrierten das Vorhandensein von Kanälen. Als Psychologen das Paradigma aufstellten, Depression erfordere ein bestimmtes Reifeniveau, nahmen sie nicht wahr, dass Kinder deprimiert sein können. Der Sage nach konnten die Indianer Cortez' Schiffe nicht sehen, als er nach Mexiko angesegelt kam. Sie sahen seltsame, in Metall gekleidete Männer aus dem Wasser steigen, die Schiffe jedoch nicht, auf denen sie gekommen waren. Ihr Geist hatte nie gelernt, sich große Objekte aus Holz im Wasser vorzustellen. Das entsprechende Paradigma fehlte ihnen. Max' Paradigma lautet, dass neue Menschen Freunde sind, Stellas Paradigma hingegen, sie seien eine Bedrohung.

Die Autobahnen des Geistes

Paradigmen sind die Autobahnen des Geistes. Die I-95 ist die schnellste Autobahn, die direkt von New York nach Miami führt, und die Fahrt dauert etwa 20 Stunden. Dabei verpasst man allerdings Chesapeake Bay, das Shenandoah Valley, die Great Smokies, Savannah und den ganzen Reichtum der Südstaaten. Man isst auf der ganzen Fahrt in McDonald's, bekommt nichts Gegrilltes, keine gebratenen grünen Tomaten, kein Brathähnchen und keine Maisgrütze. Paradigmen sind sehr effizient, nur nehmen sie manchmal dem Leben jede Fülle und Freude. In einer Welt, in der man sich ständig beeilen muss, wird man dauernd genötigt, die schnellsten Paradigmen zu nutzen.

Der Mensch formuliert natürlich Theorien, die der Welt einen Sinn geben sollen. Wahrscheinlich ist es auch Ihre Theorie, dass die Sonne jeden Morgen aufgeht. Diese Theorie ist gut begründet und stützt sich auf eine Menge Erfahrung, nur bleibt sie dennoch eine Theorie. Vielleicht haben Sie die Theorie, Ihre Schwiegermutter hasse Sie, Ihr Nachbar sei ein Wichtigtuer, oder wenn Sie bloß eine Harley-Davidson Fat Boy hätten, wären Sie ein echter Aufreißer. Wenn es ums Glück geht, glauben Sie vielleicht, es stelle sich mit dem Wohlstand ein (aber ich hoffe, dass ich Sie von dieser Überzeugung befreit habe) oder damit, viele Freunde zu haben oder den Urlaub zu genießen. Als logische Wesen versuchen wir, unsere Theorien in Übereinstimmung miteinander zu bringen, die Erfahrungen zu ordnen und sie als Hilfe für Entscheidungen zu nutzen. Wir alle sind Theoretiker, und unsere miteinander verwobenen Theorien werden Paradigmen. Eine paradigmatische Abfolge von Theorien Depressiver lautet meistens: »Das Leben ist Scheiße, wird immer Scheiße sein, und ich bin selbst daran schuld.« Extravertierte und Optimisten hingegen neigen zur Annahme, die meisten Menschen seien wie sie, hätten wahrscheinlich Erfolg bei ihren Tätigkeiten und auch noch Spaß daran. Man sieht sofort, dass solche Paradigmen sich selbst bewahrheitende Prophezeiungen sind. Depressive machen schon allein deswegen eher Erfahrungen, die sie in ihrer Überzeugung bestärken, das Leben sei Scheiße, weil sie es glauben. Extravertierte hingegen stellen fest, dass die meisten sie tatsächlich mögen, weil die anderen gut mit ihnen auskommen.

Paradigmen sollen die Zukunft voraussagen helfen, Sinn in die Vergangenheit bringen, vor Gefahren bewahren und Alpträume unter Kontrolle halten. Wären wir völlig logische Wesen, würden wir unsere Paradigmen aufgrund neuer Erfahrungen ständig ändern. »Wenn ich lieb und rücksichtsvoll mit meiner Frau umgehe, ist sie gewöhnlich auch lieb und rücksichtsvoll mit mir. Es wäre wahrscheinlich gut, wenn ich immer lieb und rücksichtsvoll wäre.«

Wir sind jedoch nicht völlig logisch: »Ich habe versucht, heute lieb und rücksichtsvoll zu sein, aber sie war zu sehr mit den Kindern beschäftigt und hat es nicht gemerkt. Scheiße mit diesem ›Lieb und rücksichtsvoll‹-Unsinn. Ich will es ihr schon zeigen.« Schon haben sich Ärger und Verletztheit eingeschlichen, und wir vergessen, dass sich Liebenswürdigkeit und Rücksicht in der Regel bezahlt machen.

Paradigmen ändern

Paradigmen ändern ist schwierig, aber möglich. Rassismus und Sexismus sind klassische Paradigmen. Rassismus gibt es noch immer überall, er hat jedoch viel von seiner Schärfe verloren und wird öffentlich nicht mehr akzeptiert. Hingegen haben noch immer sehr viele Menschen eine sexistische Einstellung Frauen wie Nancy Pelosi oder Hillary Clinton gegenüber, wobei diese und andere Frauen mehr Macht erlangt haben, als man sich noch vor 50 Jahren hätte vorstellen können. Gesellschaftliche Paradigmen können sich mit der Zeit ändern und unsere eigenen ebenso. Das bewirkt jede gute Psychotherapie, aber auch jede »lebensverändernde« Erfahrung wie Kriegsdienst oder Elternschaft. Es dämmert uns, dass die täglich befahrene Autobahn uns an Orte führt, wo wir gar nicht hinwollten. Tiefinnere Überzeugungen und Werte können sich ändern. Man kann seine Paradigmen auch absichtlich ändern und das dank einiger Methoden, die ich später noch beschreiben will. Der eigentliche Trick ist, zu merken, wann Paradigmen Glück verhindern.

Vor einiger Zeit erwachte ich eines Morgens und fühlte mich mies. Ich hatte am Abend davor viel zu viel gegessen und getrunken. Das war in der Regel mindestens einmal die Woche der Fall und dauerte schon eine ganze Weile. Ich schimpfte innerlich mit mir, wie ich es immer tat: »Du bist schwach, hast keine Selbstdisziplin, bist dazu verdammt, dick zu werden, und auf dem besten Weg zum Alkoholiker. Weshalb um Himmels willen bist du so selbstzerstörerisch? Ist es nicht Zeit, dass du erwachsen wirst?« Es war wie immer äußerst schmerzlich.

Beim morgendlichen Duschen fasste ich einen Entschluss.

»Von heute an fange ich ein Programm mit einer Diät, Körperbewegung und ohne Alkohol an. Dann werde ich mich prima fühlen.« Praktisch sofort ging es mir schon besser. Statt mich zu hassen, war ich stolz auf das neue Ich, das alle alten schlechten Gewohnheiten ablegen würde. Der Stimmungsumschwung war unglaublich.

Doch dann sah ich plötzlich zum ersten Mal die Realität: Wie oft hatte ich genau das schon durchexerziert? Tausend Mal? Wie oft hatte ich es wirklich durchgezogen? *Ich merkte, dass ich mir einfach leere Versprechungen gab, um mich nicht mehr so mies zu fühlen.* Es war eine billige, leichte Flucht. Vielleicht würde ich mich einen oder zwei Tage lang an meine Vorsätze halten, doch es waren keine ernsten Versprechen, sondern nur Rationalisierungen, um unangenehmen Tatsachen zu entfliehen. Mir etwas zu versprechen, was ich nicht würde durchhalten können, hieß, wirklich selbstzerstörerisch zu sein und den Glauben an mich selbst zu untergraben.

Seit jenem Tag belüge ich mich nicht mehr – wenigstens nicht in diesem Punkt. Ich erwische mich, wie ich damit anfangen will, aber es geht nicht mehr. Weil ich meine Versprechen mir gegenüber etwas ernster nehme, achte ich darauf, was ich mir vornehme. Und wahrscheinlich weil ich mehr Selbstachtung habe, sind meine schlechten Gewohnheiten weniger verlockend geworden. Es ist schon eine geraume Zeit her, seit ich so über die Stränge geschlagen habe.

Ein besonders schädliches, in der zeitgenössischen Kultur sehr verbreitetes Paradigma lautet, Gefühle seien gefährlich. Viele sind unbewusst zu diesem Schluss gekommen und haben sich sehr angestrengt, Gefühle zu vermeiden, zu verdrängen oder unter Kontrolle zu halten. Wir alle wurden von den Eltern konditioniert, bestimmte Gefühle oder Wünsche unannehmbar oder hässlich zu finden. Depressive Eltern haben womöglich ungewollt Begeisterung oder Überschwang ihrer Kindern im Keim erstickt. Eine verbreitete unterschwellige Mitteilung lautete, zu viel Stolz oder Eigenliebe sei nicht in Ordnung. Ärger wird fast immer verurteilt, auch wenn er am richtigen Platz unbedingt notwendig ist. Zu harte oder kritische Eltern haben dem Kind möglicherweise beigebracht, Ehrgeiz und Ziele seien zwecklos. Ich selbst schlage gelegentlich deswegen über die Stränge, weil ich Gefühle steuern, mich beruhigen oder beschwichtigen möchte, wenn es in meinem Kopf wild zugeht. Solche Konditionierungen halten bis ins Erwachsenenalter an. Ehepartner, Chefs und das soziale Umfeld lassen uns stets wissen, was sie gut finden und was nicht. In manchen Arbeitssituationen werden offener Wettbewerb und Ehrgeiz gefördert, in anderen nicht gern gesehen. Manche Frauen verstärken das gesunde sexuelle Selbstbild ihres Mannes, andere hingegen nicht. Manche Männer unterstützen den Wunsch ihrer Frau nach Erfolg in der Karriere, andere setzen sie unterschwellig herab. Missbilligen andere unsere Gefühle, versuchen wir, sie nicht zu haben. Das können wir nicht ändern; es ist ein Reflex.

Versuchen wir, Gefühle nicht zuzulassen, geht es uns schlecht. Gefühle teilen uns – häufig ganz unbewusst – Wichtiges über die Welt mit. Es gibt einen Bereich im Gehirn, der Gesichter sofort als ungefährlich oder gefährlich einschätzt. Männer, die infolge eines Gehirntumors keine Angst mehr haben, vertrauen allen und werden übers Ohr gehauen, während ein normaler Mensch physisch auf Angst reagiert, bevor sie ihm

> Lernen Sie Ihre Vorurteile und Paradigmen über die Welt, die Menschen und sich selbst kennen.

bewusst wird.[114] Er handelt aufgrund vager Vorahnungen und
Gefühle aus dem Bauch, auf die man wirklich achten sollte.
Wir sollten auch wütend werden können, wenn wir oder unsere Lieben bedroht werden. Und natürlich macht das Leben
keinen Spaß mehr, wenn wir uns nicht mehr freuen, stolz auf
etwas sind oder uns sexy fühlen.

Gefühle vermeiden, sie allzu sehr zu beherrschen oder sich
vor ihnen zu fürchten, ist ein besonders schädliches Paradigma. Man versucht, unangenehme Gefühle zu vermeiden, nur
gelingt das den meisten nicht, ohne auch die positiven Gefühle auszuschalten. Also wird man gefühllos und verkümmert,
wird kaltherzig und zieht sich zurück. Manchmal erlebt man
einen Gefühlsausbruch wie aus dem Nichts, nur weil man so
viel unterdrückt hat, dass man Dampf ablassen muss. Wenn
das passiert, wird man verlegen, hat die Dinge nicht mehr in
der Hand, und die Überzeugung, Gefühle seien gefährlich,
wird wieder einmal bestätigt. Man kann probieren, immer
mehr Medikamente oder Drogen zu nehmen, aber damit lan-
det man nur in einem noch tieferen Loch. Das nächste Kapitel
enthält einen Plan, wie man wieder eine reiche Gefühlspalet-
te in sein Leben bringen kann.

Unser Geist ist wahrlich etwas Wunderbares, nur wird er
im Leben leider manchmal verletzt. Das bewirkt, dass er
sich zu sehr schützen will, was
wiederum dazu führt, dass wir
den eigenen Gefühlen misstrau-
en oder uns vor ihnen fürchten.

Versuchen Sie nicht,
Gefühlsregungen unter
Kontrolle zu halten.

Das heutige Leben erfordert,
sehr organisiert, logisch und wettbewerbsorientiert zu sein
sowie alles unter Kontrolle zu haben. Ständig muss man
schnell denken. Nehmen Sie die Autobahn und sausen Sie

mit 120 Sachen am Leben vorbei. Leider berauben wir uns damit wichtiger Informationen über uns und die Welt, die wirklich nötig sind, um die richtigen Wege einzuschlagen und echtes Glück zu finden. In den Folgekapiteln werden wir viel darüber erfahren, wie man die verlorenen Teile seiner selbst wiederentdeckt.

Übung 4
Meine Biografie

Diese Übung soll Sie dazu anregen, sich aus neuer Sicht zu betrachten. Verwenden Sie jetzt ein paar Minuten Zeit darauf, denn wir kommen später noch ein paarmal darauf zurück.

Nehmen Sie einen Notizblock oder ein Heft zur Hand oder setzen Sie sich an Ihren Computer. Schreiben Sie Ihren Namen oben auf jede Seite und auf die erste Seite »5 Jahre alt«, auf die zweite »10 Jahre alt«. Auf jeder neuen Seite fügen Sie fünf Jahre bis zu Ihrem jetzigen Alter hinzu.

Beschreiben Sie sich jetzt einfach in jedem Alter. Gehen Sie in sich. Denken Sie mit einfühlsamer Neugier, Zuneigung und Achtung über sich nach. Diese Haltung ist sehr wichtig, und möglicherweise braucht es einige Übung, um sich in diese Gemütsverfassung zu versetzen. Wird die Übung langweilig oder zu anstrengend, so legen Sie sie eine Weile beiseite, bis Sie sich wieder achtungs- und liebevoll zugeneigt sind. Da Sie jetzt zurückblicken und sich in die Situation anderer Fünf- oder Zehnjähriger und so weiter versetzen können, denken Sie darüber nach, was Sie von diesen unterschied. Waren Sie neugierig, energiegeladen, ernst, schüchtern, glücklich oder

besorgt? Schreiben Sie etwas darüber auf, was Sie gerne taten –
Fahrradfahren, Lernen, mit Freunden zusammensein, ein Essen
für die Familie kochen oder mit etwas handeln. Schreiben Sie
auch etwas über die wichtigsten Menschen in Ihrem damaligen
Leben auf, über Eltern, Lehrer, Geliebte, Chefs, und welche Gefühle diese in Ihnen auslösten.

Das ist der schwierigste Teil der Übung, für den Sie die meiste
Zeit aufwenden sollten. Wenn Sie damit fertig sind, bitte ich Sie,
sich jede Altersstufe noch einmal vorzunehmen und folgende
Fragen zu beantworten:

Gab es damals Schwierigkeiten? Hat etwas Sie unglücklich
gemacht oder beunruhigt? Was bewirkte, dass Sie schlecht über
sich dachten? Hat man Ihnen vermittelt, Sie seien unwichtig,
andere würden Sie nicht mögen oder Sie seien unfähig? Dachten Sie, Sie seien anders, weil Sie dick, ungeschickt oder ängstlich waren? Fühlten Sie sich nicht sicher?

Was würden Sie sich selbst sagen? Was hat das Leben Ihnen
zu sagen versucht, das Sie nicht verstanden haben? Wie würden Sie jetzt, wo Sie aus dem Rückblick Nutzen ziehen können,
reagieren und sich aus den jeweiligen Schwierigkeiten heraus-
helfen?

Denken Sie über Ihre Ängste nach. Angst ist der Kern der
Sache. Allzu viele Menschen glauben insgeheim, niemand liebe
sie, das Leben habe keinen Sinn, sie seien unfähig, täuschten anderen etwas vor und würden eines Tages entlarvt. Diese Ängste
sind einerseits ein Produkt des heutigen gestressten Lebens. Es
ist wie beim Hund im Experiment über die erlernte Hilflosigkeit,
der nie weiß, wann er einen elektrischen Schlag bekommt, den
er nicht unter Kontrolle hat. Dann ist freischwebende Angst die

natürliche Reaktion. Andererseits haben diese Ängste jedoch einen ganz realen Inhalt, und wir müssen irgendwann aufhören, so zu tun, als ob, und uns den Dämonen stellen.

Denken Sie darüber nach, was Sie an sich nicht mochten. Das meiste, was Sie heute an sich unglücklich macht, reicht weit zurück. Prüfen Sie, ob Sie es bis zu den Anfängen zurückverfolgen können.

Überlegen Sie, was Sie glücklich machte. Lassen Sie Ihre schönsten Erinnerungen an sich vorbeiziehen. Ging es dabei um die Familie, Liebe, Leistungen, Entdeckungen oder etwas, das Sie begeistert hat?

Jetzt kommt der Clou an der Übung. Überlegen Sie, wie sich Ihre Ängste im Lauf Ihres Lebens entwickelt und welchen Zusammenhang Ihre kindlichen Ängste mit dem haben, wovor Sie sich heute fürchten. Wie bei den bekannten Kippfiguren, bei denen Sie entweder eine Vase oder zwei Gesichter sehen, aber nicht beides auf einmal, würde ich wetten, dass Sie entweder Ihre kindlichen Ängste als dumm abtun oder deren anhaltenden Einfluss in ihrer heutigen erschreckenden Form erleben. Das ist der Konflikt zwischen dem denkenden und dem fühlenden Teil des Gehirns. Ich möchte aber, dass Sie eine neue, tolerante Haltung sich selbst gegenüber einnehmen lernen.

Auch das, was Sie an sich nicht mochten, hat seine Wurzeln in der Kindheit. Es sind Vorstellungen über Sie, die Erfahrungen Ihnen beigebracht haben, zum Beispiel als Sie bei einem Date abgewiesen oder vom Vater zusammengestaucht wurden. Damals war es wohl eine Riesensache, doch im großen Ganzen gesehen sind solche Begebenheiten recht trivial.

Vergessen Sie nicht, jetzt achtungs- und liebevoll an sich

zurückzudenken. Sie sehen, wie Ihre Ängste im Kindes- und Jugendalter entstanden sind. Sie waren weder töricht noch kindisch, sondern es gab einen echten Grund dafür. Sie können sich nicht liebevoll betrachten und diese Angst abtun. Sie können sich aber auch nicht achten und heute wieder völlig von Angst übermannt werden. Sie können lernen, die Tatsache zuzulassen, dass manches Ihnen Angst einjagt, aber das macht Sie weder inadäquat noch schlecht. So beginnen Sie, die Kluft zwischen Ihrer Selbsteinschätzung und Ihren Gefühlen über sich zu schließen.

Ebenso können Sie einsehen, dass das, was Sie heute nicht an sich mögen, im Lauf der Zeit wie Unkraut aus damals scheinbar wichtigen Dingen entstanden ist, die es aber eigentlich nicht sind. Wahrscheinlich wäre auch gar kein Unkraut gewachsen, wenn Sie sich nicht so sehr darum gekümmert hätten. Es ist wie beim stechenden Splitter in Ihrem Finger: Sie sind sich dessen so bewusst, dass Sie meinen, alle könnten ihn sehen. Wenn Sie ihn objektiv betrachten, werden Sie überrascht sein, wie winzig er ist.

Überlegen Sie, was Sie glücklich gemacht hat. Fühlen Sie sich heute von einigen dieser Gefühle abgeschnitten? Wie ist das passiert? Gibt es eine Möglichkeit, sie wieder in Ihr Leben zurückzuholen?

Teil II

Das Glück einüben

Es gibt drei riesige Hindernisse, die dem Glück den Weg verbauen: die von uns selbst aufgebaute Zivilisation und Gesellschaft; unser Gehirn und unser Geist.

- In unserer Gesellschaft, die auf der Prämisse aufbaut, Wohlstand bringe Glück, haben wir genügend Erfahrungen gemacht, um einzusehen, dass dies ein Hirngespinst ist, das uns nur bis ins Einkaufszentrum führt. Man hat uns eingetrichtert, Glück entstehe, wenn man das Richtige kaufe. Wenn wir es also kaufen und noch immer unglücklich sind, geben wir uns selbst daran die Schuld. Außerdem werden wir ständig einer Gehirnwäsche unterzogen, bis wir glauben, Überarbeitung, Multitasking und Schulden seien normal und erstrebenswert.
- Das Gehirn, dem das Überleben mehr am Herzen liegt als das Glück, trickst uns auf allerlei Arten aus, bis wir glauben, wir seien glücklich, wenn wir bloß das tun, was für die Erhaltung der Art gut ist. Es will uns vor allem glauben machen, wir würden glücklich, wenn wir bekommen, was wir wollen. Das Erwünschte zu bekommen beschwichtigt wohl ein großes Verlangen, aber nur vorübergehend, und schon bald wollen wir etwas anderes.

- Der Geist, der mit Tatsachen fertigzuwerden versucht,
  die manchmal einfach zu verwirrend und aufreibend
  sind, um sie bewältigen zu können, verzerrt sie auf ver-
  schiedenste Weisen. Das ist natürlich und normal und
  hilft, die Nacht zu überstehen, nur haben solche Verzerrungen häufig selbstzerstörerisches oder sich selbst sabo-
  tierendes Verhalten zur Folge. Wir vermeiden Risiken,
  trösten uns mit Medikamenten, rationalisieren und suchen nach leichten Auswegen, wo wir doch wissen, dass
  wir es auf lange Sicht bereuen werden.

Es gibt eindeutig sehr viel zu tun, bevor wir glücklich sein
können. Im nächsten Kapitel geht es darum, einen neuen
Lotsen zu finden, wie ich es nenne. Es geht um eine neue,
objektivere, weniger beeinflussbare Sicht und Haltung der
Gesellschaft gegenüber, um die Launen des Gehirns und die
automatischen Reaktionen des Geistes. Diese neue Sicht erlangen wir vor allem, indem wir achtsam sein lernen. Die
größte Hoffnung für die Neueinstellung unseres Glücksther-
mostats bildet die regelmäßige Übung der Achtsamkeit. In
den nachfolgenden Kapiteln werden konkrete Methoden zur
Reduktion unnötigen Elends im Leben behandelt ebenso wie
die Möglichkeiten, mehr Freude und Befriedigung zu erlangen. Nach einem kleinen Umweg über den Umgang mit un-
vermeidlichem Schmerz wollen wir uns schließlich die letzte,
geheimnisvolle Dimension des Glücks ansehen: dem Leben
einen Sinn zu geben.

5

Ein neuer Lotse

Rein verstandesmäßig zu wissen, dass Glück nicht leicht ist, hebt den tief verankerten Glauben nicht auf, es sollte es sein. Also sieht man sich nach jemandem um, dem man für diesen Stand der Dinge die Schuld geben kann. 90 Prozent der Menschen entscheiden sich für den üblichen Verdächtigen: sie selbst.

Übung 5
Schmutzige Wäsche

Nehmen Sie ein Blatt Papier und schreiben Sie alles auf, was bei Ihnen nicht stimmt, alle Seiten, die Sie an sich am wenigsten mögen, die Ihnen peinlich sind oder um derentwillen Sie sich schämen: schlechte Gewohnheiten, vom Nasenbohren angefangen über das Anschreien des Hundes bis zu anderen wirklich verletzenden Dingen; Schwächen und Charakterfehler wie Ängstlichkeit oder Unterwürfigkeit; Eigenschaften, bei denen Sie das Gesicht verziehen oder Ihnen bange wird, schon wenn Sie nur daran denken, zum Beispiel Unbeholfenheit in Gesellschaft, den Ball nicht auffangen können, Pickel und alles, was in Ihren Augen mit Ihrem Körper nicht stimmt. Dazu gehört auch alles, wessen andere Sie beschuldigt haben, wobei Sie jedoch nicht sicher sind, ob es stimmte. Zum Beispiel fand Ihre ehemalige Freundin Sie selbstsüchtig, und ein Arbeitskollege meinte, Sie leisteten nicht genug. Nehmen Sie sich mindestens zehn Minuten Zeit, um auch wirklich alles aufzuschreiben. Lesen Sie den nächsten Absatz bitte nicht, bevor die zehn Minuten um sind. Wir wollen den Witz an der Sache nicht vorher verraten.

Fertig? Überlegen Sie jetzt, wie viele Jahre Sie mit diesen Problemen gerungen haben. Gleichen Sie den meisten Menschen, so schleppen Sie die meisten davon wahrscheinlich seit Ihrer Jugend oder dem frühen Erwachsenenalter mit sich herum — einer Zeit, in der man sein soziales Bewusstsein entwickelt und begreift, dass man sich von anderen Menschen unterscheidet. Manches ist wahrscheinlich schon seit Kindheit da, jedenfalls lange Zeit.

Können Sie einen Schritt zurücktreten und einfach nur der Stimme zuhören, die Sie kritisiert? Erinnert sie Sie an jemanden? An ein Familienmitglied oder jemanden aus dem Fernsehen oder einem Film?

Auf wie viele Arten haben Sie versucht, zu ändern, was Sie an sich nicht mögen? Wie oft haben Sie es mit guten Vorsätzen, einer Therapie, Selbsthilfebüchern, Beichten, einem Gelübde, Gruppen oder Medikamenten versucht? Finden Sie den Gedanken, es nochmals zu versuchen, unerträglich, oder sind Sie noch immer bereit zu kämpfen?

Wie oft ist es Ihnen bei all Ihren Bemühungen gelungen? Offensichtlich nicht oft, sonst stünden diese Probleme nicht auf Ihrer Liste. Wahrscheinlich haben Sie alles versucht, was Sie konnten. Sind Sie bereit zuzugeben, dass Sie womöglich gar nicht wissen, wie man diese Dinge ändert, und dass die herkömmlichen Geisteskräfte möglicherweise nicht das richtige Werkzeug dazu sind?

Was wäre, wenn ich Ihnen vorschlüge, nicht mehr zu kämpfen? Was, wenn Kämpfen das Problem eigentlich verschlimmert oder es zumindest fortbestehen lässt?

Legen Sie Ihre Liste für später beiseite. Räumen Sie sie irgendwo weg, wo Sie nicht mehr daran denken, bis Sie sie brauchen.

Steven Hayes, der die Akzeptanz- und Commitment-Therapie (ACT) entwickelt hat, macht eine faszinierende Feststellung.[115] Wir haben einen großartigen Geist, der wunderbar Probleme lösen kann, nur lassen sich manche gar nicht lösen: Verletzung, Schmerz, Verlust, Enttäuschung, Ablehnung, Krankheit, Angst, Ärger, Eifersucht, um nur einige zu nennen. Lassen wir unseren Geist darauf los und haben keinerlei Erfolg, so wird alles nur noch schlimmer: Wir sind frustriert, weil wir es nicht ändern können, halten uns für unzulänglich und beschuldigen uns selbst. Depressive beispielsweise meinen natürlich, intensiv über ihre Probleme nachzudenken verbessere ihre Situation. Nun stellt es sich heraus, dass dieser Ansatz genau verkehrt ist. Das ganze Wiederkäuen hält den depressiven Gefühlszustand nur am Leben, also fühlen sie sich schlechter, noch antriebsloser und hilfloser.[116] Den meisten Menschen kommt manchmal der Gedanke: »Was ist nur los mit mir? Die andern scheinen sich nicht solche Sorgen zu machen. Sie haben ihr Leben offenbar in der Hand. Sie schreien ihre Kinder nicht an.« *Wir wollen alle zum Menschsein gehörenden Probleme lösen, und es gelingt uns nicht. Wir erwarten von uns, eine Welt zu meistern, für die wir einfach nicht bestimmt sind,* eine Welt, in der wir uns ständig im Kampf-oder-Flucht-Modus befinden, und nicht einmal das gelingt uns. Aufgeben können wir auch nicht. Das ist der Stoff, aus dem Zwangsvorstellungen entstehen, wenn man um vier Uhr früh erwacht und nicht mehr einschlafen kann, sondern mit vagen Selbstbeschuldigungen immer weiter auf der Abwärtsspirale nach unten rutscht.

Andere Psychologen haben den Begriff »fundamentaler Attributionsfehler« (Zuweisungsfehler) geprägt.[117] Das bedeutet, dass man beim Nachdenken über ein Ereignis im Leben die eigene Rolle überschätzt, sodass sie unverhältnismäßig wichtig erscheint. Das kann man nicht umgehen, es passiert automatisch. Es ist nur natürlich, dass wir in der Geschichte unseres Lebens die Hauptperson sind. Der Gedanke, das Universum könnte im Wesentlichen zufällig und gleichgültig sein, gefällt uns nicht besonders, also nehmen wir an, alles drehe sich um uns, wo wir vielleicht nur Statisten in einer Massenszene sind. Jemand behandelt uns unhöflich und wir fragen uns, wie wir das bloß verdient haben. Dabei denkt der Betreffende womöglich nur an seine kranke Frau. Bei einem Unfall auf der Autobahn entsteht ein kilometerlanger Stau, und wir kommen nicht umhin, vor allem an unser eigenes Pech zu denken, während Tausende von anderen mit uns im Stau stecken. Denken wir über ein unlösbares Problem nach, zum Beispiel, wie man glücklich wird, so nehmen wir unweigerlich an, es hänge mit uns und dem zusammen, was wir tun oder lassen. Also strengen wir uns noch mehr an, uns zu bessern. Doch das macht wahrscheinlich alles nur noch schlimmer. So viel Aufmerksamkeit auf uns selbst zu richten tut uns gar nicht gut. Es dient nur dem, was ich den »inneren Kritiker« nenne; es bewirkt nur, dass wir unsere Messlatte viel zu hoch setzen oder Scheuklappen bekommen und nur noch einen kleinen Ausschnitt aus der Welt wahrnehmen. Es macht defensiv und fügt dem Charakterpanzer Schicht um Schicht hinzu.

Auf sich herumhacken

Nachfolgend eine hierzu passende kleine Geschichte über die Angst. Als ich in meinen Zwanzigern in Chicago lebte, bekam ich plötzlich große Angst vor dem Aufenthalt in Hochhäusern und dem Befahren von Brücken. Ich war damals sehr deprimiert und hatte einige wirklich selbstzerstörerische Impulse, die den Samen für die Phobie bildeten. Doch alle, die je an einer Phobie gelitten haben, wissen, dass sie ein Eigendasein entwickelt. Ich bin jahrelang in die Therapie und Analyse gegangen, um Hilfe für meine Depression zu bekommen, machte jedoch keine Fortschritte mit meiner Höhenangst. Sie war für mich die Ursache eines großen Schamgefühls und schürte auch einige realistische Zukunftsängste: Je erfolgreicher ich wurde, desto häufiger musste ich mich für Besprechungen oder die Arbeit in Hochhäuser begeben. Bei solchen Gelegenheiten quälten mich Angst, Unentschlossenheit und meine Zwangsvorstellungen schon Tage zuvor. »Muss ich da wirklich hin? Wie viele Beruhigungstabletten soll ich nehmen? Was, wenn sie nicht wirken? Was, wenn ich aus dem Zimmer rennen muss? Das wird man mir nie vergessen.«

Zufällig fiel mir die Lösung in Form eines großartigen Stellenangebotes auf dem Land in Connecticut in den Schoß. Wir fuhren über Land, und ich hatte die Route so geplant, dass wir möglichst keine Brücken überqueren mussten; am Zielort gab es keinerlei Hochhäuser. *So hatte ich gar keine Gelegenheit, Angst zu haben und mich deswegen zu hassen.* Ein paar Jahre lang

machte ich meine Sache gut und brauchte mich nicht täglich
der Erniedrigung zu stellen, mich wie ein Schwächling zu
fühlen. Einige Zeit danach mied ich bei einem Besuch in New
York das Empire State Building, stellte jedoch fest, dass ich die
Aussicht aus dem Fenster unseres Zimmers im siebten Stock
genoss. So ist es mehr oder weniger geblieben. Jetzt habe ich
kein Problem mit Brücken mehr und kann bis etwa in die
15. Etage hoch, doch weiter oben wird mir schwindelig. Damit kann ich leben. Ich will nicht mehr auf mir herumhacken,
nur weil mein Gehirn bei Abgründen verrückt spielt. Ich habe
aufgehört, an mir herumzunörgeln, und bin geheilt.

So steht es mit den meisten Sachen, die Sie aufgezählt haben
und die in Ihren Augen bei Ihnen nicht in Ordnung sind. Sie
kämpfen gewaltig damit, doch dadurch werden sie nur stärker. Herkules musste mit dem Riesen Antäus kämpfen, dem
Sohn der Mutter Erde, Gaia. Jedes Mal, wenn Herkules ihn
zu Boden warf, stärkte ihn seine Mutter. Wir machen unsere
menschlichen Schwächen nur zu Riesen, weil wir so viel geistige Energie in sie hineinstecken. Wir verletzen uns immer
wieder neu, während wir vergeblich den Heilungsprozess zu
beschleunigen versuchen. Hayes sagt genau das, was schon in
der Genesis steht und worauf Freud und Buddha hinwiesen:
Es ist unser Geist, der uns das meiste Elend verschafft. Wir
wollen nicht akzeptieren, dass die Dinge nicht so sein können,
wie wir sie gerne hätten, und dass unsere Versuche, das Unmögliche zu schaffen, fruchtlos sind.

In den 30 Jahren, in denen ich nun schon therapeutisch
arbeite, ist es noch *nie vorgekommen*, dass die Therapie jemandem Angst, Selbstzweifel, Befangenheit oder was immer genommen hätte, woraufhin er sein Leben geändert hätte. Das

möchten alle, nur funktioniert es so nicht. Stattdessen ändern sie ihr Leben allmählich, und Ängste und Zweifel sind nicht mehr so lähmend. Mit mir über ihre Angst zu sprechen bringt ihnen etwas. Sie schämen sich viel weniger, sehen ihr Problem weniger kritisch aus viel objektiverer Sicht, worauf sie besser mit der Angst umgehen können. Aber sie verschwindet nicht ganz. Sie müssen im Alltag mit ihren Ängsten fertig werden, dann erst stellt sich wirklich Erleichterung ein. Tatsache ist, dass man nichts tun kann, um Gefühle sofort zu ändern. Gefühle folgen dem Verhalten. Man kann sich aber mit etwas anderem beschäftigen, dann verändern sich die Gefühle wahrscheinlich. Nur kann man es sich nicht leisten zu warten, bis sich die Motivation einstellt. *Diese* Fee besucht diejenigen nicht, die sich nicht selbst auf den Weg machen.

Der innere Kritiker

Denken Sie noch einmal an Ihre Liste, in der Sie zusammengefasst haben, was alles mit Ihnen nicht stimmt. Erinnern Sie sich an die Stimme in Ihrem Kopf, die Ihnen ständig etwas einredete? Das ist der innere Kritiker. Die meisten Menschen werden, wenn sie unglücklich sind, zwischen zwei Teilen in sich selbst hin und her gerissen. Der innere Kritiker ist die Stimme, die Sie ständig beurteilt und der Sie nie gerecht werden. Er ist die Stimme, die Ihnen einen unverhältnismäßig großen Anteil Schuld zuschiebt, wenn etwas schiefgegangen ist. Er ist die Stimme, die aus Mücken Elefanten macht. »Was ist nur los mit dir? Davor brauchst du doch keine Angst zu haben, sei doch nicht ein solcher Waschlappen. Weshalb hast du noch nicht mit den Übungen angefangen? Du bleibst aber auch bei gar nichts dran!« Klingt das vertraut? Solche Sätze hören die meisten, wenn wir unter Stress stehen.

Der andere Teil des Ichs ist damit beschäftigt, sich gegen die Angriffe des inneren Kritikers zu verteidigen. Nennen Sie ihn den »schüchternen Verteidiger«. Er möchte den Kritiker zum Schweigen bringen, kann es aber nicht, weil er die üblichen geistigen Gewohnheiten anwendet wie Verdrängung, Rationalisierung und Dissoziation, Alkohol und Drogen, Shoppen und Überessen. Er versucht uns zu helfen, dem Kritiker zu entfliehen oder ihn zu vergessen, aber das funktioniert nur kurzfristig, weil wir dem Kritiker, noch während wir vor ihm fliehen oder ihn vergessen, weitere Munition liefern. »Du Schwachkopf, du gibst vor, etwas zu sein, das du nicht bist. Du willst nur deinen Kummer ertränken. So leicht wirst du mich nicht los!«

So dauert das Unglück an. Wir werfen uns viel zu viel vor und machen uns nur noch elender. Dann verteidigen wir uns ineffektiv und halten den Teufelskreis in Gang. Wir müssen etwas radikal anderes ausprobieren. An dieser Stelle kann die Therapie helfen. Ich stelle den inneren Kritiker nicht ab und stärke auch den Verteidiger nicht. Stattdessen helfe ich den Patienten, sich vom Kampf zu distanzieren. Wenn sich jemand ständig selbst bestraft, sage ich etwa, er gehe zu hart mit sich um. Wenn er in der Defensive steckt, helfe ich ihm, sich dem zu stellen, wovor er Angst hat.

Ein guter Freund verwendet den Begriff *mitfühlende Neugier*, um die Haltung des idealen Therapeuten Patienten gegenüber zu bezeichnen. Wir beginnen die Therapie mit einer viel mitfühlenderen, freundlicheren und verständnisvolleren Haltung dem Patienten und seinen Problemen gegenüber, als dieser sie sich selbst gegenüber aufbringt. Wir sind neugierig auf ruhige und furchtlose Weise und möchten verstehen, wie sich die Dinge so schlecht entwickelt haben. Wir gehen davon aus, die Tatsachen furchtlos zu betrachten werde die Not des Patienten lindern. Mitfühlende Neugier ist eine Haltung, welche die meisten Menschen auch sich selbst gegenüber aufbringen sollten. Welche Veränderung würde dies für fast alle meine Bekannten bedeuten! Der Kampf zwischen dem inneren Kritiker und dem schüchternen Verteidiger ist ganz ähnlich wie der Umgang inkonsequenter Eltern mit ihren Kindern. Ist der Verteidiger am Ruder, ist man nachsichtig mit sich selbst und verwöhnt sich, zieht sich aus der moralischen Schlinge und gibt sich Versprechen, von denen man weiß, dass man sie nicht halten wird. Doch der innere Kritiker ist noch immer da und wartet nur darauf, bis die Abwehr nachlässt, was praktisch immer der Fall ist. Dann verhängt er wieder ein Urteil und findet, man sei der Sache nicht gewachsen. So schwankt man zwischen Verwöhnen und Strafen hin und her. Genau wie Kinder, die so erzogen werden, bekommt man Angst und wird verwirrt, hat keine Selbstachtung mehr, sondern hasst sich immer mehr. Mitgefühl ersetzt das alles durch Geduld, Sanftheit, Liebe, Anstand, Erbarmen und Anteilnahme. Es hilft uns, nicht mehr zu urteilen, sondern sich lieber einzufühlen und bereit zu sein, alle Gefühle zuzulassen, und zwar furchtlos, vertrauensvoll, zuversichtlich und stark.

> Es ist Zeit, den inneren Kritiker und den schüchternen Verteidiger hinter sich zu lassen.

Neugier bedeutet ein wenig kühle Distanzierung von den aufgeregten Gefühlen, dem Wunsch, objektiv zu verstehen, weshalb man etwas empfindet, weshalb man etwas tut, besonders, wenn es mühevoll ist oder das Gegenteil des Gewünschten bewirkt. »Weshalb bin ich gerade da wütend geworden? Weshalb bin ich heute so trübsinnig?« Wir betrachten uns nicht, um uns zu peinigen, nicht, um dem Kritiker Munition zu liefern, auch nicht im verzweifelten Bestreben, eine Sofortlösung zu finden, sondern mitfühlend, aufrichtig interessiert und überzeugt, dass es sinnvolle Lösungen gibt. *Wie ungereimt auch unser Verhalten sein mag und welche merkwürdigen Gefühle wir auch haben mögen, es gibt immer Gründe dafür. Die Wahrheit wird uns zur Befreiung verhelfen.* Wir blicken ein wenig tiefer und etwas objektiver als sonst. Wir hauen uns nicht einfach auf die Finger oder versprechen uns, es nächstes Mal besser zu machen. »Weshalb? Was stört mich? Weshalb habe ich Angst, hinzusehen?« Wir verstehen, dass unsere Gefühle nur menschlich sind. Sie werden uns weder zerstören noch in den Wahnsinn treiben. Höchstwahrscheinlich klopfen sie uns auf die Schulter und versuchen, uns etwas Wichtiges mitzuteilen.

Der innere Nörgler

Wer ist am Steuer, wenn wir zwischen dem inneren Kritiker und dem schüchternen Verteidiger hin und her zappeln? Wer führt unser Leben und trifft Entscheidungen? Wir haben so etwas wie »Die drei Stooges«* im Kopf, bei denen Moe auf den andern herumhackt, Larry weinerlich Entschuldigungen vorbringt und Curly das »Es« verkörpert, denjenigen, der *fühlt,* Lust auf etwas hat, sich etwas ersehnt und alle überhaupt erst in Schwierigkeiten bringt. Am Steuer ist niemand, das Schiff weicht vom Kurs ab, fährt hierhin und dorthin, kommt

---

* Ein in Amerika sehr bekanntes Komikertrio *(Anm. d. Übers.)*

nirgends an und droht stets unterzugehen. Wir brauchen einen klugen, ruhigen, findigen Lotsen, der eingreift und diese Typen loswird: einen Abraham Lincoln, Martin Luther King, Winston Churchill oder Atticus Fink (aus *Wer die Nachtigall stört*). Doch diesen muss jeder in sich selbst finden. Dafür ist Achtsamkeit wichtig.

Achtsamkeit

Achtsamkeit ist keineswegs eine neue Idee, jedoch ist sie inzwischen in der Psychotherapie, Meditation und in Kreisen alternativer Medizin hoch in Mode. Eine vor Kurzem unter Klinikärzten durchgeführte Untersuchung ergab, dass Achtsamkeit als Psychotherapieansatz bei ihnen an dritter Stelle genannt wird.[118] Das ist bemerkenswert, wenn man bedenkt, dass vor wenigen Jahren noch kaum von Achtsamkeit die Rede war. Inzwischen läuft diese großartige Idee Gefahr, durch Überbeanspruchung ihren Wert zu verlieren. Lassen Sie mich also klar definieren, wie ich den Begriff verwende. Zuallererst ist das *achtsame Leben* zu nennen, was bedeutet, dass man vorsätzlich eine neue Haltung seinen Gedanken, Gefühlen und Erfahrungen gegenüber einnimmt, eine offene, mitfühlende und objektive Haltung. Es bedeutet die bewusste Bemühung, sich nicht durch alte Denk- und Verhaltensmuster leiten zu lassen, sondern das Einzigartige in jeder Erfahrung zu sehen. Dann gibt es die *Achtsamkeitsmeditation*, eine spezielle Form der Meditationspraxis, die sowohl dazu dient, ein achtsames Leben zu fördern, als auch sonstigen Nutzen bringt. Auf die Meditation kommen wir noch zurück. Konzentrieren wir uns erst einmal auf das achtsame Leben.

Wenn Sie nicht wissen, was Achtsamkeit ist, so kennen Sie bestimmt ihr weniger erfreuliches Pendant, die Ruhelosigkeit: die hektische, hyperwache Geisteshaltung, in der wir ständig Punkte auf der Liste der Erledigungen abhaken wollen, Eile haben, nicht zuhören, unkonzentriert, zerstreut und nicht ganz da sind. Achtsamkeit hingegen bedeutet, präsent und dennoch gelassen zu sein. Sie bedeutet, Gedanken, Gefühle und Erfahrungen voll auszukosten, ohne sich durch irrationale Sorgen und Ängste ablenken zu lassen. Sie bedeutet, sich mit mitfühlender Neugier zu betrachten, vertrauensvoll und liebevoll, mit einer Haltung, die jederzeit anerkennt, dass Sie sich ein Rätsel sein können.

Achtsamkeit heißt für mich, den Geist auf neue Art, bewusst und mit Absicht einzusetzen. Es bedeutet, die Beobachtungsfähigkeit des Geistes auf sich zu richten und mitfühlend und neugierig zu verfolgen, was im Kopf vor sich geht, und dann dieselbe Fähigkeit auf die Welt anzuwenden. Es bedeutet, besser zu beobachten und absichtsvoller zu sein sowie sich Reaktionen auf Gefühle und Impulse genauer anzusehen. Es bedeutet, neugieriger zu sein, bereitwilliger unter die Oberfläche zu blicken und nicht so voreilig Schlüsse zu ziehen. Und es bedeutet, freundlicher, geduldiger und toleranter sich und anderen gegenüber zu werden. Ellen Langer, die jahrelang über Achtsamkeit geforscht und geschrieben hat, nennt sie nichtkategorisches, kreatives Denken. Achtsamkeit heißt, seinen Paradigmen zu entfliehen und sich auf einer höheren Ebene zu engagieren.

In einem ihrer Experimente übergab Ellen Langer einer Anzahl Pflegeheimpatienten eine Topfpflanze für ihr Zimmer.[119] Der Hälfte wurde gesagt, sie sollten die volle Verantwortung für die Pflanzen übernehmen, sie düngen, gießen und schneiden. Man forderte sie zudem auch auf, sich aktiv an Entscheidungen zu ihrer eigenen Betreuung, medikamentösen Behandlung und der Einrichtung ihres Zimmers zu beteiligen. Der anderen Hälfte wurde gesagt, sie könnten sich für die Pflege der Pflanzen auf die Angestellten verlassen, genauso wie auch für ihre eigene Betreuung. 18 Monate später

Gießen Sie Ihre Pflanzen selbst ...

waren doppelt so viele Pflegefälle aus der zweiten Gruppe gestorben, die den Angestellten die ganze Verantwortung überlassen hatte. Bei den Überlebenden waren diejenigen, die sich um ihre Pflanzen kümmerten, aktiver, energischer und geselliger. Ihr Gesundheitszustand hatte sich in diesem Zeitraum sogar verbessert, der in der anderen Gruppe hingegen verschlechtert. Ellen Langer hat viel ausführlicher, als es hier möglich ist, beschrieben, wie man sich seine Umgebung so gestalten kann, dass Achtsamkeit, Kreativität und Neugier gefördert werden.[120] Ich kann Ihnen ihre Bücher sehr empfehlen.

Übernehmen Sie möglichst viel Verantwortung für Ihr Leben.

Eine der wichtigsten Zutaten der Achtsamkeit nennt man manchmal »metakognitives Bewusstsein«. Es ist die Fähigkeit, alle Gedanken und Gefühle im Geist so zu betrachten, als seien sie gewissermaßen bloß ein vorbeiziehender Festzug, den Sie sich aus einiger Distanz ansehen, ohne sich ihm anzuschließen. Dabei entwickeln Sie einen Teil im Geist, der sich nicht durch die Dringlichkeit mitreißen lässt, sondern sich zurückhält und Ihr eigenes Selbstbild, Ihre Ziele und Werte, nicht aus den Augen verliert. Manchen Patienten empfehle ich, sich quälende Gedanken oder Impulse als altmodische Dampflokomotive vorzustellen. Sie stehen auf dem Bahn-

steig, während die riesige Lok mit lautem Pfeifen und Dampf-
wolken in den Bahnhof einfährt. Es ist ein überwältigendes
Erlebnis, *aber Sie stehen auf dem Bahnsteig und haben die Wahl, ob
Sie in den Zug einsteigen wollen oder nicht.* Kann sein, dass Sie Ihr
ganzes Leben eingestiegen sind, ohne darüber nachzudenken.
Doch wenn Sie Achtsamkeit üben, wird es Ihnen immer leichter fallen, bewusst zu entscheiden, ob Sie zulassen wollen,
dass Ihre Gedanken und Gefühle mit Ihnen durchbrennen.

Man muss allerdings sagen, dass viele Unglückliche im
Hinblick auf ihre Gedanken und Gefühle schrecklich »achtsam« sind, nur im negativen Sinne. Ich meine damit Menschen, die allzu sehr über ihre Erfahrungen nachgrübeln, bei
jeder erinnerten Begebenheit nach dem Haar in der Suppe
fischen und sich dabei beschimpfen: »Wie konnte ich nur so
etwas Dummes sagen? War das Kleid, das ich anhatte, auch
passend? Habe ich zu viel gegessen? Habe ich zu viel getrunken? Haben die anderen es gemerkt?« Diese zwanghaften Selbstzweifel sind ein Merkmal von Depressionen und
Katzenjammer und kein bisschen achtsam. Sie sind nicht
bewusst, sondern automatisch und unkontrollierbar. Achtsamkeit ist sowohl bewusst als auch sanft. Sie setzt Mitgefühl
voraus und vermeidet Urteile.

Achtsamkeit hat eine paradoxe Qualität. Sie bedeutet,
dass Sie mit Ihrer Erfahrung, so-
wohl mit äußeren Ereignissen
wie dem, was in Ihnen vorgeht,
durchaus in Berührung sind,
gleichzeitig jedoch ein wenig

> Schauen Sie nicht *mit*
> Ihren Gedanken, sondern
> *auf* Ihre Gedanken.

Abstand davon halten. Sie lassen sich nicht mehr so leicht
davon mitreißen. Sie beinhaltet, dass Sie die Dinge klar und
deutlich so sehen, wie sie sind, ohne Abwehr, Täuschungen,

Wünsche oder Ansprüche. Dabei betrachten Sie sich und Ihre Erfahrung sowohl mitfühlend wie freundlich. Achtsamkeit bedeutet, nicht zu urteilen, sondern zu lernen, dass Urteilen eine zerstörerische geistige Gewohnheit ist, eine rasche Einteilung von Erfahrungen in Schwarz und Weiß, die dem Leben seine Fülle und Feinheiten nimmt.

Eine regelmäßige Meditationspraxis ist zum Entwickeln der achtsamen Haltung äußerst hilfreich, jedoch nicht die einzige Möglichkeit. Eine spirituelle Erfahrung wie Ehrfurcht vor der Schönheit oder der Natur erhebt uns über uns selbst und lässt uns die Welt mit anderen Augen sehen. Ein inniges, vertrauliches Gespräch, bei dem man die Dinge aus der Sicht des anderen zu sehen bekommt und einiges über die eigene Sehweise erfährt, ist eine Achtsamkeitserfahrung. Regelmäßiges Schreiben, sei es als Tagebuchführen oder als kreatives Schreiben, erfordert eine äußerst achtsame Prüfung der Erfahrungen, die man gemacht hat. Auch Spielen kann man achtsam, und Erlebnisse wie Musik und Tanz, an denen man gemeinsam mit anderen teilnimmt, können uns aus einem Stimmungstief befreien. Malen oder zeichnen zu lernen kann die Wahrnehmung weiten. Auch eine richtig durchgeführte Psychotherapie fördert die Entfaltung einer achtsamen Haltung. Schon nur die Grundsätze der Achtsamkeit kennenzulernen hilft. Ein Problem dabei ist allerdings, dass man die meisten dieser Erfahrungen nur gelegentlich macht, Achtsamkeit jedoch Übung erfordert. Wollen wir unser Gehirn wirklich neu verdrahten, müssen wir uns in die Turnhalle der Psyche begeben und vieles immer wieder wiederholen, damit sich neue Schaltkreise bilden und die alten zerstörerischen Gewohnheiten ersetzen, die uns im Elend feststecken lassen. Meditation ist die Turnhalle.

Übung 6

Achtsamkeit: ein Vorgeschmack[121]

Probieren Sie Folgendes aus. Es dauert nur eine Minute. Setzen Sie sich bequem hin, legen Sie die Hände in den Schoß, schließen Sie die Augen und atmen Sie ein paarmal tief ein und aus. Strecken Sie nun den linken Zeigefinger aus und berühren Sie ihn mit dem rechten Zeigefinger. Erforschen Sie die Oberfläche des linken Zeigefingers mit dem rechten. Sie werden die Erhöhungen und Rillen auf dem Finger erspüren und sich ein inneres Bild von dessen Lage im Raum machen. Vielleicht »sehen« Sie Ihren linken Finger mit dem geistigen Auge.

Kehren Sie nun den Vorgang um und erforschen Sie den rechten Zeigefinger mit dem linken. Sie werden dasselbe am rechten Zeigefinger entdecken und sich wieder ein inneres Bild davon machen können.

Bevor Sie weiterlesen oder darüber nachdenken, nehmen Sie sich einige Augenblicke Zeit, um die Erfahrung in sich hineinsinken zu lassen.

Überlegen Sie nun: Weshalb nehmen Sie die Erhöhungen und Rillen des rechten Zeigefingers nicht wahr, wenn Sie den linken damit erforschen? Weshalb entsteht dabei nicht ein ebensolches Bild wie vom linken vom rechten Zeigefinger? Weshalb richtet sich Ihre Aufmerksamkeit, wenn Sie die Finger vertauschen, wieder nur auf den abgetasteten Finger statt auf den, der abtastet?

Wie in aller Welt haben Sie das gemacht? Irgendwie haben Sie »beschlossen«, der eine Finger solle aktiv abtasten, der andere jedoch das abgetastete passive Objekt sein. Sie können die Rollen vertauschen, jedoch nicht beides gleichzeitig tun. Ihre

»Entscheidung« beeinflusst das Wahrgenommene ganz eindeutig und drastisch.

Erforschen Sie nun Ihren Geist mit Ihrem Geist. Lassen Sie Ihre Aufmerksamkeit über den oberflächlichen Inhalt Ihrer Gedanken und Gefühle wandern. Ebenso wie Sie beschlossen haben, den einen Finger zu erforschen, lassen Sie Ihren Geist zum Objekt der geistigen Erforschung werden. Achten Sie darauf, was er tut. Was denkt er? Was nimmt er wahr? Wie ist seine Stimmung? Wie wach ist er?

Das Herz schlägt, der Magen verdaut, das Gehirn denkt. Denken Sie nicht darüber nach, was es denkt, sondern beobachten Sie mit Ihrem geistigen Auge, wie es denkt.

Dies ist eine Form von Achtsamkeit, der objektiven, neugierigen Betrachtung der eigenen geistigen Prozesse aus einer gewissen Distanz und ohne sich davon mitreißen zu lassen.

Jetzt denken Sie vielleicht: »Achtsamkeit ist offenbar ganz leicht; ich brauche nur ein wenig anders zu denken.« Oder Sie finden, es klinge so leicht, dass ein deutlicher Einfluss auf Stress und Verwirrung kaum vorstellbar ist. Wahrscheinlich beherrschen so wenige sie, weil sie sie nicht ernst nehmen. Eigentlich ist Achtsamkeit eine schwierige Kunst, die großes Geschick in Bezug auf Kontrolle und Koordination des Geistes erfordert. Dasselbe trifft auf Jonglieren zu, und Jonglieren kann man in drei Monaten lernen. Die Anonymen Alkoholiker (AA) kennen den Satz: »Nur weil es einfach ist, heißt es noch nicht, dass es leicht ist.« Wir stoßen sofort auf das, was Therapeuten *Widerstand* nennen: die halsstarrige Neigung des Menschen, an Problemen festzuhalten, und zwar ungeachtet aller Beweise, dass eine Haltungsänderung besser wäre. Der Widerstand kommt von der Angst her, manifestiert sich jedoch als tausenderlei verschiedene Ablenkungen, Hindernisse und Begründungen, um nicht zu tun, was einem guttäte. Wenn Sie sich ernsthaft hinsetzen und ein paar Tage lang zu meditieren versuchen oder einfach immer wieder daran denken, achtsam zu sein, werden Sie feststellen, dass es nicht so leicht ist, wie es aussieht. Sie werden damit aufhören wollen. Sie werden vergessen zu üben. Ihr Gehirn wird Sie ständig auf andere Wege lenken wollen. Achtsamkeit konfrontiert uns direkt mit lebenslangen schlechten Gewohnheiten, mit Ängsten und anderen Gefühlen, die große Macht über uns haben, auch wenn sie uns nicht bewusst sind. Übung ist alles. Sie stellen dabei in Frage, was das Leben Ihnen jahrelang über den Umgang mit Ihren Gefühlen beigebracht hat.

Übung 7
Achtsamkeitsübung zur Überwindung innerer Widerstände

Achten Sie darauf, dass Sie sich jeden Tag etwas Zeit für die Übung der Achtsamkeit nehmen, sei es bei der bewussten Meditation, beim Spazierengehen oder in einem warmen Bad, jedenfalls an einem Ort, wo Sie nicht abgelenkt werden. Pflegen Sie beim Üben der folgenden Schritte eine mitfühlende Neugier sich selbst gegenüber.

- Beobachten Sie Ihre Gedankengänge. Entwickeln Sie einen beobachtenden Blick, der merkt, wohin Ihre Gedanken abwandern, wenn Sie nicht darauf achten. Beschäftigt sich Ihr

Geist beim Autofahren, Gehen oder Einschlafen mit Erfolgen oder Misserfolgen? Nehmen Sie sich immer wieder Begebenheiten vor, bei denen Sie sich schämten oder gedemütigt wurden? Sorgen Sie sich ständig um jeden nächsten Punkt auf der Liste in Ihrem Kopf? Fürchten Sie, zu viel über die Zukunft nachzudenken? Das alles sind gute Hinweise auf den Gegenstand Ihrer Ängste.

- Achten Sie auf Ihre Träume. Legen Sie einen Notizblock auf den Nachttisch, und schreiben Sie beim Aufwachen sofort alles auf, woran Sie sich erinnern. Achten Sie auf wiederkehrende Motive. Haben Sie sich verirrt oder stecken Sie fest? Kämpfen oder fliehen Sie? Taucht eine Szene aus Ihrer Kindheit immer wieder auf? Solche Träume suchen oft ein ins Unbewusste abgeschobenes Problem zu lösen.

- Halten Sie Ausschau nach wiederkehrenden Mustern in Ihrem Leben. Kommen Sie sich immer ausgenützt vor, sind enttäuscht oder werden abgewiesen? Enden Ihre Beziehungen immer schlecht? Stoßen Sie immer wieder auf allzu kritische Chefs? Vielleicht gehört einiges davon zum Gepäck, das Sie mit sich herumtragen.

- Wo schmerzt es? Manchmal haben Körpersymptome eine symbolische Bedeutung. Verdauungsprobleme könnten bedeuten, dass Sie etwas herunterzuschlucken versuchen, was Sie nicht sollten. Rückenschmerzen können ein Hinweis sein, dass Sie zu schwer tragen. Chronische Erschöpfung könnte Ihnen sagen wollen, dass Sie Angst haben und überfordert sind. Atemprobleme bedeuten vielleicht, dass Ihnen jemand die Luft zum Atmen nimmt.

- Sprechen Sie mit vertrauten Menschen. Wenn Sie Ihrer bes-

ten Freundin erlaubten, ganz frei ihre Meinung zu äußern,
was würde sie Ihnen sagen? Schießen Sie immer wieder ein
Eigentor, und andere sehen es, Sie aber nicht?

- Denken Sie an Ihre Autobiografie zurück. Seit wann läuft et-
was schief? Wann haben Sie zum ersten Mal Angst oder das
Gefühl gehabt, Sie seien anders oder es fehle Ihnen etwas?
Was geschah damals in Ihrer Umgebung? Hatten Ihre Eltern
Schwierigkeiten oder gab es Probleme in der Schule? Waren
Sie krank? Hat Ihnen jemand geschadet oder Angst einge-
jagt, und niemand hat Ihnen geholfen?

- Welche Rolle würde für Sie passen, wenn Sie eine Roman-
oder Filmfigur wären? Wer würde Sie spielen? Wäre es eine
Komödie, Tragödie, eine Liebesgeschichte oder ein Aben-
teuerroman? Wären Sie die beste Freundin oder der beste
Freund, das Opfer oder die komische Figur, die die Spannung
löst? Was hindert Sie daran, Held oder Heldin in Ihrer eigenen Geschichte zu sein?

- Fallen Ihnen Muster oder Themen auf, die Ihnen unnötiges
Elend bereiten, so sprechen Sie mit einer vertrauten Freundin
oder einem vertrauten Freund darüber. Wenn man solche
Probleme in Worte fasst, kann man sich besser darauf konzentrieren und sie besser einordnen, als wenn man sich bloß
daran erinnert. Bitten Sie Ihre Freundin oder Ihren Freund, zuzuhören, kluge Fragen zu stellen oder Ihnen nötigenfalls ein
Feedback, jedoch keinen Rat zu geben. (Das könnte ein guter
Therapeut noch besser als eine Freundin oder ein Freund.)

Achtsamkeitsmeditation

Alle, die in der Übung der Achtsamkeit einen weiteren Schritt tun und regelmäßig meditieren wollen, werden feststellen, dass die Meditationsübung den offensichtlichen Nutzen der Achtsamkeit – klares Denken, kluge Entscheidungen und zentrierte Gefühle – noch weit übersteigt. Neuere Untersuchungen haben ergeben, dass die Praxis der Achtsamkeitsmeditation das Gehirn tatsächlich neu verdrahtet und neue Nervenbahnen aufbaut. Sie verspricht, stressbedingte Schäden zu heilen, was mehr Freude ermöglicht. Die achtsame Meditationsübung wirkt sich auch auf den Umgang des Gehirns mit Gefühlen aus, besonders im präfrontalen Kortex, den viele Gehirnforscher für den Sitz des Selbstbewusstseins im Körper halten. Die Meditationspraxis hat eine erhöhte Aktivität in diesem präfrontalen Bereich zur Folge, in dem das Gehirn positive Gefühle verarbeitet und negative Gefühle kontrolliert, wobei die erhöhte Aktivität auch noch andauert, wenn man nicht mehr meditiert. In dieser Hirnregion befindet sich eine Reihe von Neuronen, die Angst- und Wutbotschaften aus der Amygdala regulieren. Es wird auch scheinbar immer leichter, je häufiger wir Achtsamkeit üben. Wir lernen, beunruhigende Gefühle zu beherrschen, ebenso wie wir Radfahren lernen: Nach einer gewissen Zeit brauchen wir nicht mehr darüber nachzudenken. Es geht einfach fast von alleine.

Der Nutzen der Meditation

Das auf Achtsamkeit basierende Antistressprogramm von Jon Kabat-Zinn, in dem Aufklärung, Gespräch und tägliche Meditation kombiniert werden, hat ergeben, dass es sich nach

lediglich acht Wochen bereits erstaunlich wohltuend auf Körper und Geist auswirkt.[122] Es hilft beträchtlich bei vielen stressbedingten Störungen einschließlich schwerer Depression,
Angstzuständen, chronischen Schmerzen, Bulimie, Psoriasis, Mischneurose und Fibromyalgie. Sogar bei sogenannten
»normalen« Menschen hat ein achtwöchiges auf Achtsamkeit
beruhendes Antistressprogramm Veränderungen im Verhältnis der beiden Hirnhemisphären bewirkt, die nachweislich
mit einer positiveren Stimmung zusammenhängen (siehe
»Das Links-rechts-Verhältnis«, weiter hinten in diesem Kapitel). Es fördert die Immunreaktion sowohl bei gesunden
Versuchsteilnehmern wie bei Krebspatienten. Es verbessert zwischenmenschliche Beziehungen und das allgemeine
Wohlbefinden.[123] Ein auf Achtsamkeit beruhendes Behand-
lungsprogramm bei Depressionen hat sich zur Vorbeugung
von Rückfällen als viel effizienter erwiesen als die herkömmliche Behandlung.[124]

Geben Sie der Meditation
eine Chance!

Diese vielen Vorteile stellen
sich nicht ein, ohne eine Be-
wusstseinsveränderung zu bewirken. Ziel der regelmäßigen
Achtsamkeitsmeditation und Entwicklung der entsprechenden Fähigkeiten ist das Erreichen des Zustands, den die
Buddhisten den »weisen Geist« nennen – die Integration des
logischen, emotionalen und intuitiven Geistes und das Aufgeben des endlosen Strebens. Bei so verschiedenen Leiden
wie chronischen Schmerzen, Ängsten und Depressionen lehrt
Achtsamkeit den Patienten, Gefühle wahrzunehmen, zu beobachten und zuzulassen und gleichzeitig dem Drang nach so-
fortiger Linderung nicht nachzugeben. Dieser Prozess gleicht
demjenigen, den Psychologen *Extinktion* (Auslöschung) nen-

nen,[125] was so viel bedeutet wie Unterbrechung der Verbindung zwischen einem Reiz (Leidensdruck) und der Reaktion darauf (Linderung suchen). Nicht nur sind die Schaltkreise, die beim Erblicken eines McDonald's ein Hungergefühl auslösen, nicht mehr in Funktion, sondern ein neuer Schaltkreis bildet sich, der McDonald's mit Selbstkontrolle verknüpft.

Bei der Meditation entsteht ein neuer Schaltkreis im Gehirn, der, wie Daniel Goleman es nennt, »High Road«, die entlang des logischen Bereichs des Gehirns verläuft und sich über die »Low Road«, welche die Amygdala direkt mit dem blinden Streben nach Linderung verbindet, hinwegsetzt.[126] Wir haben einen Verbindungsweg verlassen und einen neuen eingeschlagen, und je häufiger wir den neuen Weg benutzen, desto gangbarer wird er. Der Schlüssel dazu ist Aufmerksamkeit. Wenn man sich auf Körperempfindungen (Atem, Haltung, Bauch und so weiter) konzentriert, verlagert das die Aufmerksamkeit weg vom Geschwätz, mit dem der Kopf gewöhnlich angefüllt ist. Dies hat anscheinend eine bessere Integration der linken und rechten Hirnhemisphäre, der »logischen« und der »kreativen« Seite des Gehirns, zur Folge, die sich durch tatsächliche Veränderungen im verbindenden Hirnareal der Meditierenden zeigt.[127] Wie gesagt: *Achtsamkeitspraxis verändert das Gehirn.*

Sind Sie bereit, es mit Meditation zu versuchen, so folgt hier meine vereinfachte Methode. Nehmen Sie sich fest vor, mindestens eine Woche lang jeden Tag eine gewisse Zeit zu meditieren. Wenigstens so lange sollten Sie die Übung machen, um entscheiden zu können, ob Sie sie von jetzt ab regelmäßig machen wollen. Versuchen Sie es immer wieder. Wenn Sie es fünf Tage die Woche bis zu einer halben Stunde schaffen, reicht dies aus, um allmählich Nutzen daraus zu ziehen.

Übung 8
Einfache Achtsamkeitsmeditation

Suchen Sie sich einen ruhigen Ort, an dem Sie eine halbe Stunde oder länger ungestört sind. Stellen Sie Telefone, Fernseher und Radio ab. Wenn Sie Haustiere haben, so sorgen Sie dafür, dass diese Sie nicht ablenken. Mir hilft es, einen Ventilator anzustellen, sowohl wegen der Kühlung als auch wegen des leichten Rauschens.

Setzen Sie sich bequem hin. Wenn Sie auf dem Boden sitzen wollen, ist es besser, ein kleines Kissen unter das Gesäß zu legen. Setzen Sie sich im Schneidersitz hin, doch ohne sich zu strapazieren. Sitzen Sie aufrecht und mit geradem Rücken. Lassen Sie das Gewicht des Kopfes direkt auf der Wirbelsäule aufliegen. Möchten Sie lieber auf einem Stuhl sitzen, so stellen Sie die Füße möglichst flach auf dem Boden, legen die Hände in den Schoß oder auf die Oberschenkel, und sitzen Sie ebenfalls aufrecht mit geradem Rücken. Die Haltung ist wichtig, weil sie das Einschlafen verhindert.

Schließen Sie die Augen und atmen Sie langsam und tief ein und aus. Nicht so tief, dass Sie sich anstrengen müssen, sondern einfach so, dass es bequem geht. Dabei hilft es vielleicht, sich im Atemrhythmus auf ein Wort oder einen Satz zu konzentrieren: »Ein … aus. Ein … aus.« Ändern Sie dies je nach Stimmung. Wenn ich gegen ein Verlangen ankämpfe, denke ich: »Welle … Felsen.« Die Wellen sind zwar stark, doch der Felsen bleibt stehen. Ein andermal ziehe ich vor: »Ich bin hier … ich bin daheim.« Finden Sie Sätze, die Ihnen guttun.

Konzentrieren Sie sich auf die Atmung. Fallen Ihnen Gedanken oder Gefühle ein, lassen Sie diese vorbeiziehen und wenden Ihre Aufmerksamkeit wieder der Atmung zu. Stellen Sie sich die ablenkenden Gedanken und Gefühle wie Blasen vor, die in einem ruhigen Teich an die Oberfläche steigen. Sie steigen auf und platzen, bilden kleine Wellen und Kreise und lösen sich auf. Der Teich bleibt ruhig. Wenden Sie Ihre Aufmerksamkeit wieder der Atmung zu.

Urteilen Sie nicht. Versuchen Sie nicht, es richtig zu machen. Üben Sie einfach jeden Tag. Denken Sie daran, dass ablenkende Gedanken und Gefühle das normale Geschwätz in Ihrem Gehirn darstellen. Es braucht Übung und Talent, um mit der Stille dahinter in Berührung zu kommen.

Wenn ich mich auf die Meditation vorbereite und unruhig bin, denke ich gerne an folgendes Bild von Anh-Huong Nguyen, einem vietnamesischen Anhänger von Thich Nhat Hanh: »Wenn Sie ein unruhiges Baby haben, schreien Sie es an? Werden Sie wütend? Schütteln Sie es? Nein – Sie *wiegen es sanft hin und her*.« Genau das zu üben müssen wir uns absichtlich vornehmen: uns fürsorglich und mit Anteilnahme zu behandeln. Ebendies bewirkt die Meditation für den ruhelosen, verängstigten Geist: Sie baut einen Rahmen auf, innerhalb dessen wir uns sicher fühlen.

Sie werden feststellen, dass aufdringliche Gedanken Sie immer wieder ablenken. Manchmal sind es bohrende Gedanken an Aufgaben, die Sie erledigen sollten, manchmal angenehme oder unangenehme Erinnerungen. Auch Gefühle können Sie ablenken, vor allem Ungeduld und Unbehagen. *Bedenken Sie, dass diese aufdringlichen Gedanken und Gefühle zum normalen Lärm gehören, den Ihr Gehirn produziert, weil es so gewohnt*

ist, unter Stress zu arbeiten. Sogar die erfahrensten Meditierenden werden noch immer manchmal auf diese Art abgelenkt.
Hierbei könnte es helfen, sich zum Beispiel vorzustellen, dass
man diese Gedanken in eine Schachtel legt oder auf einer Liste
aufschreibt, die man sich später vornimmt. Oder sagen Sie sich
einfach: »Nein, danke.« Regen Sie sich nicht über sich selbst auf,
weil Sie abgelenkt werden. Sagen Sie sich nicht, Sie machten es
nicht richtig, sondern richten Sie Ihre Konzentration einfach wieder auf den Atem. Sich zu verurteilen ist ebenfalls eine Gewohnheit, die Sie während der Meditation beiseite legen können.

Werden Sie abgelenkt oder regen Sie sich auf, so kultivieren
Sie die Haltung mitfühlender Neugier. Gehen Sie offen und ver-
ständnisvoll oder mit freundlichem Interesse an Ihre Frustration
heran: »Ich frage mich, was hier wohl los ist?«, statt zu sagen:
»Ich mache das nicht richtig.«

Am Anfang sind zwanzig Minuten in Ordnung. (Weniger
lang bewirkt nicht viel.) Wenn Sie bereit sind aufzuhören, öffnen Sie die Augen. Bleiben Sie noch etwas sitzen und genießen
Sie die Ruhe, in der Sie sich befinden.

Wenn Sie einen Wecker brauchen, so sollte er leise klingeln,
damit er Sie nicht erschreckt. Sie können sich eine Cassette oder
CD besorgen, auf der nach der gewünschten Zeit Tempelglo-
cken erklingen. Das ist viel schöner als jeder Wecker. Oder Sie
können den Wecker auf Ihrem Handy oder elektronischen Or-
ganizer mit einer Klangfolge einstellen, die Ihnen gefällt.

Versuchen Sie, jeden Tag einigermaßen zur selben Zeit zu
meditieren, aber nicht, wenn Sie übermüdet sind, zu sehr unter
Stress stehen oder gerade eine große Mahlzeit zu sich genommen haben. Dauerhafte Gesundheit und dauerhaftes Glück er-

langt man wohl am besten, indem man sich eine Stunde täglich für körperliches Training und Meditation gönnt. Ich meditiere sehr gerne, während ich mich vom Körpertraining abkühle.*

Es gibt noch eine Menge anderer Meditationsformen. Viele Menschen, besonders diejenigen mit Ängsten oder Muskelverspannungen, mögen die Methode des *Bodyscans* oder »Körperabtastens«. Es gibt eine Meditation, bei der man die Achtsamkeit auf den Schmerz richtet, und eine Gehmeditation. Viele mögen die Meditation »liebende Güte«, bei der Sie sich zuerst auf das Gefühl konzentrieren, das Sie als Kind empfanden, wenn jemand Sie innig liebte, und sich danach darauf konzentrieren, dieses Gefühl Ihrem Gegenüber

Urteilen Sie nicht.

zurückzugeben und es dann an die ganze Welt zu verströmen. Über *www.buddhanet.net* und andere Internetverbindungen, z.B. *www.buddhismus-deutschland.de*, finden Sie Infos über vielerlei Meditationsarten auch im deutschen Sprachraum. Im christlichen Bereich gibt es ähnliche Meditationsformen, nur konzentriert man sich dabei statt auf den Atem meist auf ein heiliges Wort. Ob die Meditation Sie Gott oder Ihrem wahren Selbst näherbringt, spielt aus meiner Sicht keine Rolle. So oder so werden Sie glücklicher, weiser und haben die Dinge besser in der Hand.

Meditieren macht nicht unbedingt Spaß. Schon ziemlich am Anfang werden Sie merken, wie schnell Sie bereit sind,

---

* Mit freundlicher Genehmigung adaptiert aus *Undoing Perpetual Stress* von Richard O'Connor, Berkley Press 2005.

über Ihre Erfahrungen und sich selbst zu urteilen. »Das ist langweilig. Mein Rücken schmerzt. Bestimmt mache ich es nicht richtig. Meditation ist nichts für mich.« Statt nach diesen Urteilen zu handeln, nehmen Sie einfach nur wahr, wie Ihr Gehirn ständig urteilt. Urteilen bedeutet, dass Ihr Frontallappen, das »höhere« Hirnzentrum, verzweifelt versucht, die Kontrolle zu behalten, während Ihre Konzentration auf den Atem diese unterläuft. Ein Hauptgrundsatz der Achtsamkeit ist das Aufheben des Urteilens. Dies gilt es zu lernen. Beim Urteilen versieht man Erfahrungen mit grob vereinfachenden Schwarz-Weiß-Etiketten: »Das ist gut, das ist schlecht. Er ist ein Knilch, sie ist wunderbar.« Urteilen erzeugt kategorisches, starres, sinnloses Denken. Verurteilen Sie sich auch nicht dafür, *dass* Sie urteilen. Es ist schwer, diese Gewohnheit abzulegen. Stellen Sie es einfach fest und versuchen Sie, sie loszuwerden. Versuchen Sie, darüber zu lächeln: »Da fange ich wieder damit an – wie ein Türhüter vor einem feinen Club: Die kommen rein, die bleiben draußen. Mein armer Frontallappen hat offensichtlich schrecklich Angst davor, die Kontrolle zu verlieren.«

Manchmal denke ich beim Meditieren an den kleinen Teich in meinem Garten. Es ist ein friedlicher Anblick mit einem kleinen Springbrunnen, Seerosen und Fröschen und viel Sonne. Wenn ich anfange, darüber nachzudenken, wie ich den Teich verbessern könnte, weiß ich, dass die Konzentration nachgelassen hat. »Eine bessere Filteranlage besorgen, die Steine am Rand befestigen, damit sie nicht mehr hineinfallen, die Bepflanzung auswechseln.« Das ist der Problemlösungsmodus, in dem der Verstand geschult ist, sogar in dem Ausmaß, dass er Probleme schafft, wo es gar keine gibt. Mein Teich ist schön, wie er ist, aber mein Höhlenmenschbewusstsein strebt ständig etwas Neues an. Mein Unsicherheitsbewusstsein versucht ständig, die Dinge zu verbessern. Mein Konsumbewusstsein ist ständig auf Ausschau nach etwas Neuem. Manchmal ist es schon sehr schwierig, einfach nur still zu sein.

Meditieren ist nicht leicht. Der in Meditation sehr erfahrene Paul Fleishman sagt: »Sich auf den Atem konzentrieren ist wie auf einem Gymnastikball balancieren.«[129] Möglicherweise haben Sie nie das Gefühl, »gut« zu meditieren, aber das spielt überhaupt keine Rolle. Nach einigen Jahren Übung verbringe ich gewöhnlich die ersten zehn

Lassen Sie es, wie es ist.

Minuten einer Meditationssitzung noch immer mit überlegen, was ich tun will, sobald ich fertig bin. So lange dauert es, bis Atmung und Konzentration die Oberhand über die Geschäftigkeit meines Gehirns gewinnen. Manchmal kann ich mich beim Meditieren noch immer nicht konzentrieren. Ich versuche dann einfach, mir vor Augen zu halten, dass mein Gehirn neue Verbindungen bildet, auch wenn ich es nicht merke.

Die größte Wirkung erzielt die Meditation wohl deshalb, weil man mit ihr vor allem übt, aufmerksam zu sein.[130] Wie wir im siebten Kapitel noch sehen werden, ist das Wachstum des Gehirns davon abhängig, worauf wir die Aufmerksamkeit richten. Meditieren erlaubt, den Scheinwerfer der Aufmerksamkeit geschickter auszurichten, sodass wir uns eher auf Freuden konzentrieren und unnötige Sorgen loslassen können. Wir erkennen allmählich, dass unsere Gedanken nicht wir selbst sind, und dadurch wird es leichter, sich von quälenden Gedanken zu befreien. Ohne es zu merken, werden wir bessere Herren über unser Gehirn.

Erwarten Sie keine Wunder. Erwarten Sie keine brillanten Gedankenblitze. Erwarten Sie nicht, plötzlich bei besserer

Stimmung zu sein. Erwarten Sie nicht, dass Ihre schlechten Gewohnheiten einfach von Ihnen abfallen oder Sie jetzt alle Lebensprobleme lösen werden. Sie können hingegen erwarten, in alledem allmählich immer mehr Fortschritte zu machen. Bedenken Sie: Es braucht drei Monate täglicher Übung, bis das Jongliergeschick sich dem Gehirn einprägt. Lassen Sie sich also für die Meditationsübung ebenso viel Zeit.*

Kleine Warnung: Es ist nicht ungewöhnlich, dass jemand beim Meditieren manchmal einen »veränderten Bewusstseinszustand« erlebt. Dabei kann die Zeit stillstehen, das Identitätsgefühl verloren gehen oder intensive Gefühle, Wahrnehmungen oder völlig neue Einsichten können auftauchen. Lassen Sie sich davon möglichst nicht erschrecken. Die meisten Meditierenden stellen fest, dass die bei der Achtsamkeit entstehende Ruhe ihnen hilft, solche Erfahrungen einfach nur neugierig und freundlich zu begrüßen. Doch manche, besonders an posttraumatischer Belastungsstörung leidende Menschen können sich wahrscheinlich nach einem solchen Erlebnis nicht leicht wieder beruhigen. Gehören Sie zu dieser Kategorie, wäre es wohl hilfreich, wenn Sie einen in Meditationstechniken erfahrenen Therapeuten fänden, der Ihnen über diese Schwelle hinweghelfen kann.

---

* Übrigens wiederhole ich ja ständig, dass Erfahrungen das Gehirn verändern. Aber ich nehme an, dass man auch ohne Meditationspraxis Achtsamkeit üben kann und dabei dieselben Veränderungen im Gehirn bewirkt wie bei der Meditation. Nur gibt es noch keine entsprechenden Forschungsergebnisse, und die Meditation ist genau diejenige disziplinierte, wiederholte Übung, von der man weiß, *dass* sie das Gehirn neu verdrahtet. Sie dürfen also optimistisch sein, was die Entwicklung von Achtsamkeit ohne Meditation angeht. Vergessen Sie nur nicht, dass Sie sich dabei möglicherweise die effizienteste Art zu deren Erlangen entgehen lassen.

Die meisten meditieren jedoch, ohne je veränderte Bewusstseinszustände zu erleben. Glauben Sie nicht, Ihnen würde etwas vorenthalten, wenn keine solchen Zustände bei Ihnen eintreten.

Unter anderem sind folgende Bücher ausgezeichnete Hilfen, um die Achtsamkeitsmeditation zu Hause zu erlernen:

- *Im Alltag Ruhe finden: Meditationen für ein gelassenes Leben* von Jon Kabat-Zinn, Fischer, Frankfurt a. M. 2007,
- *Vipassana-Meditation: die Praxis der Freiheit* von Joseph Goldstein, Arbor, Freiburg 1999,
- *Metta-Meditation* von Sharon Salzberg, Arbor, Freiburg 2003.

Wenn Sie Gelegenheit haben, an einem Wochenendseminar teilzunehmen oder einen Kurs bei einem erfahrenen Meditationslehrer zu besuchen, so ergreifen Sie die Chance beim Schopf. In einer Gruppe mit einem lebendigen Leiter bekommt die Erfahrung eine völlig andere Dimension.

Achtsamkeit und Buddhismus

Bei dem Begriff »Achtsamkeit« denkt man häufig an Buddhismus. Tatsächlich leiten sich die heutigen Techniken der Achtsamkeitsmeditation aus der 2500 Jahre alten Vipassanatradition ab. Aber die Übung der Kontemplation und Meditation findet man in nahezu allen Religionen.

Je mehr man sich jedoch mit dem Buddhismus befasst, desto weniger erscheint er wie eine Religion im westlichen Sinn und umso mehr wie eine Psychologie oder Philosophie.

Der Buddhismus ist an Wahrheitsfindung interessiert, und da er dabei empirisch vorgeht, ist er der Wissenschaft sehr wesensverwandt. Es gibt keinen Glauben an eine göttliche Offenbarung. Es gibt keine Gottheit. Es gibt sehr wenige Verhaltensregeln. Sünde gehört nicht zum Vokabular, sondern Unwissen gilt als hauptsächliche Ursache des Elends.

Der Buddhismus lehrt, Leiden entstehe aus der Illusion, dass die Dinge von Dauer seien und man sich für sein Glück darauf verlassen könne. Leiden rühre daher, an etwas festhalten zu wollen, wie es ist oder wie man es gerne hätte, ohne zu akzeptieren, dass alles sich in ständigem Wandel befindet. Der Buddhismus konzentriert sich darauf, »geschickt«, frei von Verlangen und anderen negativen Geisteszuständen in der Gegenwart zu leben. Es wird wenig über ein nächstes Leben oder göttliche Wesen gesagt. Vielmehr sind viele praktische Ratschläge darin zu finden sowie die bekannten Zen-*Koans* oder Paradoxa, die zu einem achtsamen Denken führen sollen.

Karma ist eine buddhistische Lehre, die man landläufig als eine Art Teufelskreis versteht: Jetziges Glück oder Unglück ist zumindest teilweise das Ergebnis guter oder schlechter früherer Taten. Die Vorstellung des *geschickten Handelns* weist den Ausweg aus dem Teufelskreis, weil wir in der Gegenwart die Reaktion auf unser Unglück ändern können. Karma bedeutet eigentlich, dass geschicktes Handeln in der Gegenwart ändert, was uns künftig zustößt. Es ist eher eine Wachstumsspirale als ein Teufelskreis. »Geschickt« in diesem Sinne bedeutet ethisch und mitfühlend. Es ist »geschickt«, die Wahrheit zu sagen, das Recht anderer zu respektieren, über Neid und Konkurrenz hinauszuwachsen, anderen Gutes zu wünschen und achtsam zu sein. Wenn Sie das alles tun können, werden Sie in Zukunft höchstwahrscheinlich glücklicher als ein Mensch, der lügt, betrügt und eifersüchtig ist. Diese Eigenschaften *Fertigkeiten* zu nennen unterstreicht, dass es sich dabei nicht um angeborene Fähigkeiten handelt, sondern eher um Gewohnheiten, die man lernen und üben muss. Auch wenn Übung im Moment schwerfallen mag, erleichtert sie das künftige Leben. Das ist gutes Karma.

Es gibt einen grundlegenden Unterschied zwischen Buddhismus und der westlichen Auffassung des Menschen. Im Westen hält man den Menschen für vervollkommnnungsfähig. »Wenn ich gut genug bin, komme ich in den Himmel. Wenn ich reich genug bin, werde ich glücklich.« Sogar in der Psychotherapie neigt man zur Annahme, wenn das Trauma geheilt sei oder eine Einsicht stattfinde, habe das Elend ein Ende. Im Buddhismus ist *das Grundproblem die Sehnsucht nach Vollkommenheit* sowie die Weigerung, diese Sehnsucht als Ursache des Elends zu erkennen. Akzeptiert man, dass man nicht darum ringen sollte, mehr zu bekommen, sondern weniger wollen sollte, kann man sein Elend verringern. Im Buddhismus wird nicht gesagt, es gebe ein anderes Leben als dieses oder Kräfte, die mächtiger seien als der Mensch. Vielmehr sind wir hier allein auf uns gestellt, und dies ist unsere einzige Chance. Die Buddhisten schlagen eine Methode vor, um in einer Welt voller Angst und Leiden zu leben. Es ist nichts weiter als eine Methode, die jedoch über zweieinhalb Jahrtausende lang ziemlich erfolgreich war.

Das Links-rechts-Verhältnis

Der führende Hirnforscher Richard Davidson hat mit seiner Feststellung, in Meditation erfahrene tibetische Mönche seien die glücklichsten Menschen der Welt, viel Interesse geweckt.

Das liegt daran, dass bei diesen das Verhältnis zwischen Links- und Rechtshirnaktivität den optimalen Zustand aller Menschen erreicht, die er untersucht hat, und dieses Verhältnis verbessert sich noch während der Meditation. Worum handelt es sich bei diesem Verhältnis? Es gibt genügend Beweise dafür, dass ein bestimmter kleiner Bereich in der rechten und linken Hirnhemisphäre, im präfrontalen Kortex oder Stirnhirnlappen, für einen großen Anteil unseres relativen Glücks und Elends verantwortlich ist. Bei mehr Aktivität im linken Stirnhirnlappen sind wir glücklich, bei mehr im rechten traurig. Zuschauer, die beim Sehen eines witzigen Videoclips lächeln, weisen mehr Hirnaktivität im linken Stirnhirnlappen auf. Wenn wir an etwas Trauriges denken, leuchtet der entsprechende Bereich im rechten Stirnhirnlappen auf.[131] Haben Sie Angst, öffentlich zu sprechen und werden genötigt, eine Rede zu halten, so leuchtet der rechte Stirnhirnlappen wie beim Silvesterfeuerwerk auf.[132] Dieser Unterschied zwischen der linken und rechten Hirnhälfte ist sogar bei Säuglingen feststellbar. Ein süßer Geschmack lässt den Bereich in der linken Hirnhälfte aufleuchten, ein wenig Zitronensaft den in der rechten. Mit zehn Monaten weisen Babys bereits Temperamentsunterschiede auf. Diejenigen, bei denen die rechte Hirnhälfte aktiver ist, weinen beim Fortgehen der Mutter eher als diejenigen mit einer aktiveren linken Seite.[133] Der Bereich in der linken Hirnhälfte scheint eine zentrale Schaltstelle für gute Gefühle zu sein, und wird seine Aktivität unterdrückt, sind die Betreffenden deprimiert. Der entsprechende Bereich auf der rechten Seite ist das Zentrum schlechter Gefühle. Wird dessen Aktivität unterdrückt, fühlt man sich wohl. Jeder Mensch hat ein eigenes Links-rechts-Verhältnis, das im Verlauf der Zeit ziemlich stabil bleibt. Ein hoher Linkshirn-Anteil entspricht vielen verschiedenen Messungen positiver und glücklicher Gefühle.

Nicht nur Glück, sondern auch die Gesundheit scheint durch das Links-rechts-Verhältnis beeinflusst zu werden. Anscheinend ist die Immunreaktion desto besser, je mehr Aktivität im linken Stirnhirnlappen stattfindet. Zumindest stellte Melissa Rosenkranz dies fest, als sie gesunde Freiwillige gegen Grippe impfte. Die Rechtshirn-Aktiveren produzierten nach der Impfung weniger Grippeantikörper; ihre Immunreaktion war nicht so stark wie bei den Linkshirn-Aktiveren.[134]

Davidson hat mit einigen Kollegen ein achtwöchiges Achtsamkeitsschulungsprogramm für Westler entwickelt und entdeckt, dass die Absolventen danach ein verbessertes Links-rechts-Verhältnis aufwiesen, das noch Monate anhielt.[135] Die Meditierenden berichteten, sie litten weniger unter Ängsten sowie geistigen und körperlichen Stresssymptomen. Ihre Immunreaktionen verbesserten sich ebenfalls. Die Meditationspraxis bewirkt also nicht nur eine achtsame Haltung, sondern sie vermag auch das Links-rechts-Verhältnis im Gehirn zu verändern. Man weiß noch nicht, ob die achtsame Haltung ebenso gut auf andere Arten gefördert werden kann. Sie scheint jedoch ein entscheidender Faktor für mehr Glück zu sein.

Wir haben mehrmals den Glücks-Sollwert erwähnt, die Vorstellung, jeder besitze so etwas wie einen persönlichen Glücksthermostat und jeder pendle sich immer wieder um den eigenen Ausgangswert ein. Es gibt buchstäblich Hunderte von Untersuchungen mit Tausenden von Menschen, die besagen, die besten Voraussagen über den Glückswert am Ende einer Untersuchung gestatte der Stand des Glücks zu Beginn der Studie. Dies traf zu, ob die Studie wenige Wochen oder Jahre in Anspruch nahm, ob die Befragten reicher oder ärmer wur-

den, erkrankten oder gesund blieben, von Unglück oder Glück
ereilt wurden. Die Veränderung des Links-rechts-Verhältnisses
im Gehirn jedoch stellt den Thermostat möglicherweise neu
ein, wärmt uns etwas mehr, wenn uns zu kalt ist, sei es auf Dauer oder zumindest so lange, wie wir Achtsamkeit üben. Dazu
sind weder Medikamente nötig noch ein Zauber oder geheimnisvolle Maschinen, nur konzentrierte Aufmerksamkeit.

Noch einmal der neue Lotse

Weil die Menschen den inneren Kritiker bekämpfen und so
viele die tiefsitzende Überzeugung nicht überwinden, es sei
etwas mit ihnen nicht in Ordnung, gehen die meisten mit dem
Wunsch nach Bestätigung durchs Leben – Bestätigung von den
Eltern, den Ehepartnern und dem Chef. Wir alle haben ein an-
geborenes Bedürfnis, unsere Gefühle anerkannt und verstanden zu sehen. Das ist nicht dasselbe wie Zustimmung. Es ist
subtiler und grundlegender, als zu sagen: »Sie haben recht!« Es
besagt: »Ich verstehe, wieso du dich so fühlst. Es würde mir genauso gehen, steckte ich in deiner Haut.« Bekommen wir keine
Bestätigung von der Welt, so fühlen wir uns fremd, sind nicht
auf der Höhe und deprimiert. Bestätigung ist eines der grundlegenden heilenden Elemente, welche die Therapie liefert. Der
Therapeut sagt: »Ihre Gefühle ergeben Sinn für mich.« Häufig
bekommt der Patient dies von niemandem auf der Welt gesagt, auch nicht von sich selbst. Viele werden von der geheimen
Angst in die Therapie getrieben, verrückt zu werden, weil ihre
Gefühlslage weder für Nahestehende noch für sie selbst einen
Sinn ergibt. Sie merken es nicht, aber sie sind in der Falle des
Urteilens gefangen und bewerten sich ständig negativ.

Achtsamkeit hebt dies auf und gibt uns eine Art von Bestätigung. Wir betrachten uns ohne Urteil, nur konzentriert und mitfühlend. Wir verschaffen uns selbst das, was Therapeuten ein »stützendes Umfeld« nennen. Wie Eltern, die einem Kind dieses stützende Umfeld bieten, ermöglicht dieses uns, unsere Innenwelt, unser innerstes Ich, in Sicherheit zu erforschen. Dadurch werden die neuronalen Netze im Gehirn, die unser Ich darstellen, wiederhergestellt und gestärkt. Wir werden kohärenter, solider und können mehr annehmen, sowohl nervlich wie gefühlsmäßig. Dan Siegel weist auf Forschungsergebnisse hin, die besagen, dass sowohl sichere Bindungen wie Achtsamkeitsmeditation eine bessere Steuerung der Körpersysteme bewirken, Gefühle ausgleichen, die Einstimmung auf andere fördern, Angst regulieren, flexible Reaktionen ermöglichen sowie Einsichten und Empathie zulassen. Die Übung der Achtsamkeit verändert das Gehirn genau wie gute Elternschaft durch bessere Integration des präfrontalen Bereiches. Fühlt man sich sicher und hat keine Angst, sei es als in elterlicher Liebe geborgenes Kind oder als Erwachsener im Zustand der Achtsamkeit, so ist man gesünder, glücklicher, neugieriger, aufgeschlossener und kann besser denken und empfinden. Je mehr man sich in diesem Zustand befindet, desto besser passt sich das Gehirn an, bis dies der Normalzustand wird.

> Achtsamkeit macht Abwehrmechanismen überflüssig.

Abwehrmechanismen verzerren die Realität und verfälschen den Charakter. Paradigmen sind starre Erwartungen, denen zufolge das Leben wie ein Auto auf der Autobahn dahinrollen soll. Achtsamkeit unterläuft die Abwehrmechanismen und weicht die Paradigmen auf. Dank ihr können wir die Autobahn verlassen und neue Wege im Gehirn einschlagen. Abwehrmechanismen schützen vor unerwünschten Gefühlen, Achtsamkeit hingegen lehrt, dass man Gefühle nicht zu fürchten braucht. Kann man Gefühle zulassen, ohne genervt darauf zu reagieren, braucht man nicht mehr vorzugeben, nichts zu empfinden. Achtsamkeit fördert urteilsloses Akzeptieren. Was auch immer während der Achtsamkeitsmeditation vor dem geistigen Auge auftaucht – Erinnerungen, Gedanken, Gefühle oder Körperempfindungen –, wird als einmaliges Ereignis beobachtet und nicht in Kategorien wie gut/schlecht, gesund/krank, klug/töricht eingeteilt. Es braucht sehr viel Übung, nicht mehr auf diese Art zu urteilen, weil das heutige Leben das Gefühl vermittelt, man müsse sofort auf jede Erfahrung reagieren und auf alles vorbereitet sein. Die häufigste Sofortreaktion ist wohl, mittels Verdrängung, Projektion oder Dissoziation in die Defensive zu gehen. Doch paradoxerweise hat die Abwehr gegen negative Gefühle wie Ärger, Angst, Scham oder Schuld nur Depression, Angstzustände und Schmerz zur Folge. Die Gefühlsenergie ist noch immer da, nur ist sie abgeblockt und sucht sich einen anderen Weg, um ans Tageslicht zu treten und uns zu verletzen. Achtsamkeit lehrt, dass kein Gefühl und kein Umstand negativ ist. Sie *sind* einfach. Also ist es klug, sie zu akzeptieren. Nehmen wir uns so an, brauchen wir keine Abwehr mehr. Statt dass Ihr verängstigter, genervter, defensiver Geist die Entscheidungen in Ihrem Leben trifft, können Sie diese bewusst und verantwortungsvoll selber treffen. Die starren Paradigmen schmelzen hinweg, und statt durch Vorurteile und Angst gelenkt zu werden, können wir die Realität einschließlich derjenigen unserer Mitmenschen in ihrer ganzen wunderbaren Komplexität wahrnehmen. Der neue Lotse im Geist sieht die Dinge, wie sie sind, und trifft Entscheidungen, die nicht von Angst, Ärger oder Verlangen gelenkt werden.

Wenn jemand Achtsamkeit übt und zum ersten Mal die Führung durch den neuen Lotsen erlebt, ist es eine Offenbarung. Er kann sich selbst und die täglichen Kämpfe mit dem unnötigen Elend aus einer anderen Sicht neu betrachten, wie man einen Freund, der einem sehr nahe steht, betrachten würde, der in Panik wild um sich schlägt. Der innere Kritiker muss sich wohl gründlich getäuscht haben. Bei vielen verändert dieses Ereignis das Leben, und sie haben den Eindruck, sie würden sich nie wieder so wie vorher sehen. Leider unterschätzen wir dabei die Macht, die der Stress hat, uns wieder in Achtlosigkeit herabzuziehen. Doch an die neue Sicht, an den neuen Lotsen, *erinnern* wir uns im tiefsten Inneren, und es wird bei jedem Mal leichter, wieder mit Ruhe und Sicherheit in Kontakt zu kommen. Der neue Weg bleibt im Gehirn bestehen, auch wenn wir uns noch eine Weile verirren.

Die achtsame Haltung bringt somit weitere Vorteile, die auf lange Sicht wohl wichtiger sind, als nur den Glücksthermostat neu zu eichen. Sie lehrt Geduld und schenkt eine neue Perspektive. Sie lehrt, uns nicht mehr selbst zu täuschen, und ermöglicht es, unsere wirklichen Gefühle zu erkennen. Sie unterläuft unsere Abwehrmechanismen. Sie lehrt, dass die Gedanken, Gefühle und Impulse, die so fesselnd erscheinen, tatsächlich kurzlebig sind. *Dieses* Wissen erlaubt es uns, uns mehr auf das eigentlich Wichtige zu konzentrieren. Es ermöglicht ein intensiveres Erleben. Weil es uns die Tatsachen klarer wahrnehmen lässt, treffen wir bessere Entscheidungen. Wir werden nachdenklicher, überlegter und engagieren uns sowohl gefühlsmäßig wie geistig mehr. Wir entwickeln mentale Konzentrationsmuskeln, die uns in jeder Lebenssituation zu

Hilfe kommen. Mit anderen Worten: Achtsamkeit zu erlernen fördert offensichtlich alle drei Bestandteile des Glücks:

1. Sie lässt mehr Freude, Verbundenheit, Spiritualität und andere unmittelbar glückliche Erfahrungen zu.
2. Sie bringt dank besserer Entscheidungen und einer objektiveren Selbstbeurteilung mehr Zufriedenheit ins Leben.
3. Sie hilft, negative Gefühle zu beherrschen oder loszulassen.

6

Weniger Elend

Eine annehmende, achtsame Haltung zu kultivieren trägt viel zu künftigem Glück bei. Schon das allein ist vielleicht für viele Leser die Lösung, nur ist es ein lebenslanger Prozess und nicht für jeden sofort möglich. Manchen fällt es sehr schwer, regelmäßig zu meditieren. Andere sind vom momentanen Stress oder schlechten Gewohnheiten zu sehr überfordert, um ohne Hilfe einen achtsamen Geisteszustand zu erlangen. Wieder andere brauchen möglicherweise gezielte Hilfe für bestimmte Aspekte oder Bereiche in ihrem Leben, die es ihnen verwehren, ohne konkrete, konzentrierte Aufmerksamkeit glücklicher zu werden.

Vielleicht erinnern Sie sich, dass Psychologen Glück als relatives Fehlen negativer Gefühle (Elend), als reichlich positive Gefühle (Freude usw.) sowie als Gefühl der Zufriedenheit mit dem Leben definieren. Dem habe ich als ebenfalls wichtige Komponente des Glücks das Gefühl hinzugefügt, das Leben habe einen Sinn und ein Ziel. Die nächsten vier Kapitel sollen dazu beitragen, unnötiges Elend zu verringern, die Fähigkeit zur Freude zu fördern, mehr Zufriedenheit zu erlangen und einen übergreifenden Sinn im Leben zu finden.

In den letzten paar Jahrzehnten hat die Psychologie sehr viel darüber gelernt, wie Denkgewohnheiten es manchmal nahezu unmöglich machen, sich wohlzufühlen oder glücklich und stolz auf sich selbst zu sein. Man weiß inzwischen auch viel besser, wie und weshalb wir uns so geschickt selbst sabotieren.

Viele glauben beispielsweise genau zu wissen, was sie tun sollten, um glücklicher zu sein, haben jedoch nicht die nötige Willenskraft dazu. Manche nennen es Motivation, Antrieb oder Selbstkontrolle. Wir sagen zum Beispiel, wir seien zu müde, deprimiert oder überfordert, um aus dem gewohnten Trott auszubrechen. Wir glauben, es fehle uns *etwas,* wobei meistens Willenskraft genannt wird. Die allgemeine Auffassung lautet, Willenskraft (bzw. Selbstkontrolle, Antrieb oder Motivation) sei ein verhältnismäßig unveränderlicher Charakterzug, den man entweder besitzt oder nicht. Man kann sich die Welt leicht in Menschen aufgeteilt vorstellen, die um 5:30 Uhr aus dem Bett springen, um zehn Kilometer zu laufen, bevor sie Haferbrei und Dörrpflaumen frühstücken, früh zur Arbeit gehen, sich nie ablenken lassen oder langweilen, deren Autos und Kinder stets sauber sind und glänzen – und in die übrige Menschheit, die diese Muster an Selbstdisziplin beneidet und sich über sie ärgert. Doch dabei gehen wir am Kern der Sache vorbei: Willenskraft entsteht durch Übung. Die Wissenschaft weiß inzwischen, dass »Willenskraft« aus einer Reihe von Gewohnheiten und Annahmen in Bezug auf Selbstkontrolle und Veränderung besteht. Willenskraft ist eine Fertigkeit wie Tennisspielen oder Tippen und somit etwas, das man sich dank wiederholter Übung aneignen kann. Man braucht kein Muster an Selbstdisziplin zu sein, um die Fertigkeit der Willenskraft bis zu dem Punkt zu vervollkommnen, an dem sich eine Menge unnötigen Elends im Leben vermeiden lässt.

Damit kommen wir zur alten Frage: In welchem Maß besitzen wir einen freien Willen, Wahlfreiheit für unser Handeln, und in welchem Ausmaß werden wir von Kräften beherrscht, die sich unserer Kontrolle entziehen: von der Erbsünde, dem Erbgut oder der eigenen miesen Kindheit? Darauf gibt es keine einfache Antwort. Hier mein eigener Versuch einer Klärung: Wenn wir glauben, etwas entziehe sich unserer Kontrolle, tun wir gut daran, in uns zu gehen und zu prüfen, ob wir rationalisieren: »Ich kann nicht anders. Ich kann nicht abnehmen, es liegt an meinen Genen. Ich kann nicht anders als deprimiert sein, es ist eine Geisteskrankheit. Ich wollte sie nicht schlagen, aber ich habe die Kontrolle verloren. Ich bin ein Verlierer, ein Fremder, ein Ausgestoßener, werde missverstanden, bin Opfer und hilflos.« Oder: »Ich bin begabt, bin etwas Besonderes, und mir steht es zu, mich über Regeln hinwegzusetzen.« Ist alles zu unklar und können wir uns nicht erklären, weshalb wir nicht handeln, wie wir sollten, so stützen wir uns gerne auf solche Aussagen, damit wir moralisch aus dem Schneider sind und rechtfertigen können, weswegen wir uns die Sache leicht gemacht haben. Doch das Ergebnis unter dem Strich lautet: Es ist ein Fehler, den freien Willen und Selbstdisziplin als Entweder-Oder zu betrachten. Die meiste Zeit trifft zu, dass das, was wir tun, fühlen, denken und sehen, von Kräften bestimmt wird, die uns nicht bewusst sind. Im jetzigen Augenblick jedoch haben wir immer eine Wahl. Es ist ein lohnenswertes Ziel, sich so weit wie möglich von unsichtbaren Kräften zu befreien, einschließlich des eigenen Charakterpanzers, und die Fähigkeit zur Selbstkontrolle zu verbessern und zu erweitern.

Damit will ich nicht sagen, Selbstdisziplin sei der Schlüssel zum Glück. Der Typ, der um 5:30 Uhr joggen geht, ist nicht unbedingt glücklicher als ich, der ich bis neun Uhr schlafe. Schön für Sie, wenn Sie trotz einiger überflüssiger Pfunde mit Ihrem Gewicht zufrieden sind. Das sollten mehr Leute sein. Doch Selbstdisziplin ist der Schlüssel, um viele der gemeinen kleinen geistigen Gewohnheiten abzulegen, die uns elend sein lassen. Es ist eine einfache Tatsache im Leben, dass alles, was man geflissentlich übt, immer leichter wird. Üben Sie, den Wecker zu verschlafen, so fällt es Ihnen immer leichter. Wenn Sie üben, aufzustehen, wird auch das leichter. Das Gehirn lernt, ob man ihm etwas beibringen will oder nicht. Auch wenn das Leben verwirrend genug ist, wissen Sie bei den meisten kleinen Entscheidungen, was richtig ist. (Vielleicht gefällt die Entscheidung Ihnen nicht, aber Sie wissen, dass sie richtig ist.) Im jetzigen Augenblick können Sie wählen. Je häufiger Sie das Richtige wählen, desto leichter fällt es nächstes Mal. Das Gehirn legt beim Üben neue Verbindungen an. Je mehr Sie die Willenskraft üben, desto mehr haben Sie davon. Je mehr Sie an Ihre Kraft glauben, Entscheidungen zu treffen und den Verlauf Ihres Lebens zu bestimmen, desto glücklicher sind Sie.

Aufbau von Willenskraft

Erinnern Sie sich an die Jongleure? Es waren drei Monate täglicher Übung erforderlich, bis die Forscher Veränderungen in deren Gehirn feststellten. Willenskraft ist wie das Jonglieren eine Fertigkeit, die Sie sich aneignen können.[136] Sie ist nicht etwas, womit Sie geboren wurden oder nicht. Doch wenn Sie sie den Schaltkreisen Ihres Gehirns einprägen möchten, müssen Sie das, wozu Sie sich entschlossen haben, eine Zeitlang täglich üben. Hier einige Tipps, um es Ihnen zu erleichtern.

Vermeiden Sie Auslöseimpulse und Ablenkungen. Sind Sie Alkoholiker, so meiden Sie Bars. Wenn Sie zu viel essen, gehen Sie keine Nahrungsmittel einkaufen. Und wenn Sie einkaufen müssen, gehen Sie im Laufschritt mit einer Liste in einen Laden und kommen im Laufschritt wieder heraus. Wenn Sie zu viel fernsehen, setzen Sie sich dazu nicht in Ihren Lieblingsstuhl, sondern stellen Sie diesen (oder den Fernseher) in ein anderes Zimmer. Wenn Sie am Computer arbeiten wollen, so schließen Sie Webbrowser und E-Mail-Programm. (Ich gehe tatsächlich so weit, dass ich meine W-LAN-Verbindung kappe und somit aufstehen und sie wieder einschalten muss, bevor ich Zeit vertrödeln kann.)

Meiden Sie Möglichmacher. Das sind Leute, die es Ihnen leicht machen, Ihr selbstschädigendes Verhalten fortzuführen. Leute, mit denen Sie in der Pause rauchen gehen oder die Sie dazu aufstacheln, unnötige Risiken einzugehen. Erklären Sie ihnen, Sie sollten sich etwas weniger häufig sehen, bis Sie Ihre schlechte Gewohnheit gemeistert hätten. Vielleicht gehört auch Ihr Ehepartner zu den Möglichmachern, wenn dieser Sie zum Beispiel zum Faulsein auffordert oder Ihnen zu viel zu essen auftischt. Versuchen Sie, es ihm (oder ihr) zu erklären, und bitten Sie ihn (oder sie) um Hilfe.

Meistens ist es schlimmer, als erwartet. Sie wissen, dass die Jongleure drei Monate lang täglich üben mussten. Wir bereiten uns beispielsweise seelisch auf eine Abmagerungskur vor, indem wir uns sagen, wir wollten in der ersten Woche zweieinhalb Kilo verlieren. Tritt das nicht ein, geben wir auf. Bereiten Sie sich lieber auf eine Langstrecke vor.

Aber es ist nicht so schlimm, wie befürchtet. Noch niemand ist bei einer Abmagerungskur vor Hunger gestorben, und für die meisten ist es nicht wirklich so schlimm. Dasselbe trifft auf das Aufgeben jeder schlechten Gewohnheit zu. Wahrscheinlich erleben Sie ein paar schlimme Tage, doch sie gehen vorbei. Schon bald stellen sich einige gute Gefühle ein wie Stolz und Selbstachtung, wenn Sie sich an Ihre Kur halten.

Versuchen Sie es nur dann, wenn Sie wirklich bereit sind. Jedes Mal, wenn Sie einen halbherzigen Versuch machen und aufgeben, untergraben Sie Ihr Selbstvertrauen und Ihre Willenskraft ein wenig. Versuchen Sie es nicht wieder, bis Sie Ihr Problem wirklich durchdacht haben und bereit sind, daran zu arbeiten.

Bitten Sie um Hilfe. Verkünden Sie Ihren Entschluss oder Vorsatz öffentlich. Schon dies allein hilft Ihnen, ehrlich zu bleiben. Bitten Sie alle Nahestehenden um Hilfe. Diese könnten zum Beispiel in Ihrem Beisein Gesprächsthemen wie Essen oder wilde Partys vermeiden. Sie könnten Sie bei Fortschritten auch besonders aufmerksam anerkennen oder Mitgefühl beweisen, wenn es Ihnen schwerfällt. Gibt es eine Selbsthilfegruppe für Ihr Problem, so treten Sie ihr bei. Die AA und Weight Watchers sind sehr nützliche Einrichtungen, denn die Unterstützung der Gruppe stärkt Ihre Willenskraft sehr.

Reizkontrolle. Fällt es Ihnen beispielsweise schwer, sich an die Arbeit zu machen, so versuchen Sie es damit: Arbeiten Sie nur an Ihrem Schreibtisch, und verrichten Sie an Ihrem Schreibtisch nichts anderes als Ihre Arbeit. Wenn Sie merken, dass Sie abgelenkt werden, sich Sorgen machen oder nicht entscheiden können, was Sie als Nächstes tun wollen, stehen Sie auf und gönnen Sie sich eine kurze Pause. Bringen Sie das, was Sie stört, anderswohin. Versuchen Sie nicht, zu arbeiten, wenn Sie nicht am Schreibtisch sitzen. Am Ende werden Sie den Schreibtisch (den Computer, die Küche, die Staffelei) als Reizquelle weniger fürchten, weil er nur noch einer produktiven Aktivität dient.

Belohnen Sie sich. Sie tun etwas, das Ihr Leben verändert, und müssen sich dafür loben. Vielleicht schenken Sie sich etwas Besonderes oder machen eine Reise, wenn Sie finden, Sie hätten das Problem gemeistert. Oder gönnen Sie sich täglich eine kleinere Belohnung als Beweis Ihres Fortschritts.

Kleine Schritte. Unglücklicherweise für echte Therapeuten hatte Dr. Leo Marvin in dem Film *Was ist mit Bob?* recht. Man muss gehen lernen, bevor man laufen kann. Willenskraft ist eine harte Sache. Messen Sie Ihren Erfolg in Zentimetern. Sie werden den Mut verlieren und manchmal sogar ausrutschen. Vergessen Sie nicht, sich für jeden gut geschafften Tag wirklich zu loben.

Nicht zwingen – ablenken. Das Gehirn ist so konstruiert, dass wir uns nicht dazu zwingen können, *nicht* über etwas nachzudenken, besonders, wenn es sich um Sorgen oder eine Versuchung handelt. Man kann einen selbstzerstörerischen Impuls nicht zum Verschwinden bringen, indem man ihn fortwünscht, aber man kann einfach an etwas anderes denken. Erstellen Sie eine Liste guter Erinnerungen, auf die Sie bei Bedarf zurückgreifen können, oder angenehmer Tätigkeiten, die Sie zur Ablenkung verrichten können: mit Freunden sprechen, spazieren gehen, eine Tasse Tee trinken oder die Musik laut stellen und alleine tanzen.

Lassen Sie Ihren Vorsatz nicht wegen eines Ausrutschers fallen. Rutschen Sie möglichst nicht aus, doch wenn Sie es tun, schelten Sie sich nicht zu sehr. Allzu viele Menschen finden, ihre Erfolgschancen seien vertan, wenn sie die Diät einmal nicht eingehalten haben. Das ist eine Rationalisierung, um aufzugeben. Erinnern Sie sich lieber daran, dass Sie etwas sehr Schwieriges unternehmen. Wenn Sie es nicht ganz schaffen, heißt das noch nicht, es bestehe keine Hoffnung für Sie. Ebensowenig ist es ein Grund zum Aufgeben. Vergessen Sie nicht: Sie haben sich für drei Monate verpflichtet.

Kosten Sie die positiven Resultate aus. Achten Sie auf Ihre Gefühle, wenn Sie allmählich die Last, die Sie mit sich herumgeschleppt haben, loswerden. Vielleicht fühlen Sie sich freier, stärker und sind stolz auf sich. Vielleicht sehen Sie besser aus, haben mehr Zeit und schaffen mehr. Gestatten Sie sich, diese Gefühle achtsam, konzentriert und freudig auszukosten.

Verlass auf Gewohnheiten

Wahrscheinlich putzen Sie sich die Zähne zu bestimmten Zeiten, ohne weiter drüber nachzudenken: direkt nach dem Frühstück und vor dem Zubettgehen. Stellen Sie sich vor, was wäre, wenn Sie sich nicht an diese Gewohnheiten erinnern könnten und zweimal täglich bewusst überlegen müssten, wann Sie die Zähne putzen sollen. Das wäre eine völlige Zeitverschwendung. Also haben Sie eine nette kleine Gewohnheit entwickelt, die Ihnen mehrere Minuten und einige Entscheidungen täglich sparen hilft. Das ist eine ganz wichtige Abkürzung zu weniger Elend: gute Gewohnheiten entwickeln, um nicht zu viele Entscheidungen treffen zu müssen.

Genau dasselbe können Sie mit etwas komplexeren Abläufen auch tun. Sie können es sich zur Gewohnheit machen, immer am gleichen Tag zur selben Zeit ins Fitnesscenter oder zum Joggen zu gehen. Halten Sie Ihre Trainingssachen immer am selben Ort bereit, damit Sie losgehen können, bevor Sie es sich anders überlegen. Ist es erst einmal zur Gewohnheit geworden, kommen Sie viel eher zu Ihrer Bewegung und ersparen sich die inneren Nöte, ob Sie gehen sollen oder nicht, die Zeit, Ihre Sachen zu finden, und die Schuldgefühle, wenn Sie nicht gegangen sind. Sie gehen einfach.

Produktive Arbeit ist ein weiteres Thema. Wenn Sie mir gleichen, haben Sie wahrscheinlich Phasen, in denen Sie ziemlich konzentriert etwa eine Stunde lang arbeiten können. Dann gleitet die Aufmerksamkeit ab, und Zeitverschwender schleichen sich ein: E-Mails lesen. Schlagzeilen überfliegen. Den Wetterbericht anschauen. Einen Satz googeln, der Ihnen nicht aus dem Kopf geht. Dabei entdecken Sie einen interessanten Link, und schon surfen Sie im Web. Dann bekommen Sie Schuldgefühle, versuchen weiterzuarbeiten, merken aber, dass Sie hungrig sind. Da fällt Ihnen ein, dass ein Zahn schmerzt und Sie den Zahnarzt anrufen sollten, und während Sie auf die Verbindung mit der Praxis warten, werden Sie von einem Angebot in einem Onlinekatalog abgelenkt. Dann bekommen Sie wirklich Schuldgefühle, haben aber auch wirklich Hunger, also holen Sie sich etwas zu essen, und schon ist es 14 Uhr, und Sie haben gerade eine Stunde produktiv gearbeitet. In Amerika gab es einst Stellen, an denen man dafür bezahlt wurde, so zu arbeiten (vielleicht gibt es noch immer welche, wahrscheinlich beim Staat), doch wenn Sie in der heutigen Wirtschaft oder selbständig arbeiten, überleben Sie so nicht lange.

Es ist wirklich viel effizienter und erzeugt viel weniger Elend, wenn Sie sich echte Pausen ohne Schuldgefühle einräumen. Der Trick ist, innerlich klar zwischen Arbeitszeit und Zeit zum Faulenzen zu unterscheiden. Gönnen Sie sich, wenn Sie lange genug gearbeitet haben und Ihre Gedanken herumzuschweifen beginnen, eine bestimmte Zeit zum Aus-

spannen, und spielen Sie eine Weile herum, ohne sich schuldig zu fühlen. Ist die Zeit um, machen Sie sich wieder an
die Arbeit. Wahrscheinlich will Ihr Gehirn dann noch weiter
faulenzen. In dem Fall schreiben Sie alle kleinen ablenkenden
Gedanken auf, die Sie wahrnehmen. Schreiben Sie sie auf,
um sich wenn nötig später damit zu befassen. Jetzt aber versuchen Sie, wirklich wieder zu arbeiten. Gelingt es Ihnen eine
Viertelstunde lang nicht, brauchen Sie offensichtlich noch
eine Pause. Machen Sie sie. Doch wenn Sie eine Viertelstunde
auf Ihrem Stuhl sitzen bleiben können, stehen die Chancen
gut, dass Sie schließlich wieder produktiv werden, vielleicht
etwa eine weitere Stunde lang.

Bei diesem Bestreben sind zwei Punkte wichtig:

- Die Motivation folgt dem Handeln, nicht umgekehrt.
  Bringt man sich dazu, die aufgeschobene Aufgabe zu
  erledigen, ist es in der Regel nicht so schlimm, wie man
  dachte. Plötzlich hat man eine Idee, und allmählich freut
  man sich über den gemachten Fortschritt. Es ist ein
  Fehler zu warten, bis die Motivation Sie überfällt. Gewöhnlich stellt sie sich ein, wenn man sich nicht zu sehr
  ablenken lässt.
- Wir wollen das Gehirn darin schulen, effizient zu arbeiten. Wir aktivieren eine Reihe von Neuronen, die einen
  Schaltkreis bilden, der beim nächsten Mal aktiviert wird,
  wenn wir uns wieder an die Arbeit machen. Dann erleichtert dieser Schaltkreis die Konzentration. Ebenso
  bringen wir den Ablenkungsneuronen bei, dass sie warten müssen, bis sie an der Reihe sind. Würden wir drei
  Monate jeden Tag so arbeiten, wie die Jongleure übten,
  könnte ein Hirnforscher in dem Bereich des Gehirns

ein Wachstum feststellen, das die jeweiligen Fähigkeiten steuert, die unsere Arbeit erfordert.

Übung bewirkt, dass nächstes Mal alles leichter fällt. Lernen findet statt, ob wir es wissen oder nicht. Üben wir, ineffizient zu sein, fördern wir unsere Ineffizienz. Üben wir, produktiv zu sein, fällt es uns leichter, produktiv zu sein.

Hier einige Grundsätze zur Veränderung Ihres Lebens oder Verhaltens:

- Treffen Sie eine klare Entscheidung und halten Sie sich daran.
- Machen Sie sich die tägliche Übung dessen, was Sie beschlossen haben, zur Routine.
- Vergeuden Sie keine Zeit, über bereits Entschiedenes nachzudenken.

Diese Grundsätze lassen sich auf viele weitere Lebensbereiche anwenden, was unnötiges Elend enorm reduziert:

- Geld sparen
- Gesund essen, sich an eine Diät halten
- Rechnungen wöchentlich bezahlen
- Lebensmittel einkaufen
- Kochen statt auswärts essen
- Kataloge wegwerfen
- Zu Fuß gehen statt Auto fahren
- Lesen statt fernsehen
- Eine neue Fertigkeit üben oder sich ein neues Hobby zulegen
- Den inneren Kritiker zum Schweigen bringen

Wenn Sie nach diesen Vorschlägen üben, haben Sie sich
Selbstdisziplin angeeignet, ehe Sie sich's versehen. Das fühlt
sich *gut* an. Sie werden stolz auf sich sein. Es ist wirklich befriedigend, einkaufen zu gehen und zu merken, dass Sie nicht
in Versuchung geraten, oder konzentriert einen produktiven
Arbeitstag hinter sich zu bringen, gesund zu essen und keine
Gelüste zu haben. Diese Befriedigung gibt Ihnen einen Vor-
sprung beim nächsten Schritt zum Herabsetzen unnötigen
Elends:

Den inneren Kritiker zum Schweigen bringen

> Nichts im Leben ist so wichtig, wie Sie denken,
> wenn Sie es sich recht überlegen.[137]

Ich hoffe, Übung 5 im fünften Kapitel, bei der Sie alles aufschreiben sollten, was mit Ihnen nicht in Ordnung ist, hat Ihnen gezeigt, wie absurd diese Aufstellung voller Kleinigkeiten
ist, die nur menschlich sind und die Ihnen niemand zur Last
legt (oder gar kennt). Höchstwahrscheinlich hat aber die Einsicht, wie absurd das alles ist, den inneren Kritiker nicht zum
Schweigen gebracht. Das menschliche Gehirn ist dazu programmiert, ängstlich, auf der Hut und nie zufrieden zu sein,
und wir nehmen diese Haltung und wenden sie gegen uns.
Genetisch gesehen, *können wir die Dinge nicht so sein lassen,
wie sie sind, uns selbst eingeschlossen.* Es gibt immer ein Haar
in der Suppe.

Jeffrey Schwartz, ein Psychiater an der Universität von Los
Angeles (UCLA), hat einige Zeit darauf verwendet, in der Ge-
gend von Los Angeles die schwierigsten Fälle mit Zwangs-

störungen für seine Studie zu finden, um nachzuweisen, dass
Psychotherapie das Gehirn neu zu verdrahten vermag.[138] Mit
allen Möglichkeiten der UCLA-Labors tastet er das Gehirn
seiner Patienten ab, wenn ihre Symptome aktiv sind, und kann
ihnen den nicht richtig funktionierenden Teil im Gehirn zeigen. Er vertritt die Theorie, es gebe im Gehirn einen »Sorge«-
Schaltkreis, der die Aufmerksamkeit auf alles richtet, was in
der vertrauten Umgebung nicht in Ordnung ist. Bei Patienten
mit Zwangsstörungen werde dieser Schaltkreis nicht abge-
stellt, wenn er seine Aufgabe erfüllt hat. Dann registriert das
Gehirn nicht, dass die Hände sauber, die Türen geschlossen
und die Herdplatten alle abgeschaltet sind. Deswegen müssen
die Betreffenden zurückgehen und immer wieder nachsehen.
Schwartz bringt seinen Patienten bei, ihre Symptome neu zu
benennen: »Ich brauche mir eigentlich nicht die Hände zu waschen. Es gibt nur ein Problem mit der Gehirnverdrahtung,
das *mir sagt,* ich müsse mir die Hände waschen.« Bei anhaltender Unterweisung, Therapie und mit Unterstützung der Gruppe schaffen es die Patienten, sich zu bremsen und ihren Zwän-
gen nicht mehr nachzugeben. Den meisten fällt das anfangs
sehr schwer, doch schon bald geht ihnen ein Licht auf: »Eine
Woche, nachdem die Patienten ihre Symptome in krankhaf-
te Hirnprozesse umbenannten, berichteten sie, die Krankheit
beherrsche sie nicht mehr.«[139] Schwartz konnte den Fortschritt
bei anhaltender Übung in den Gehirntomografien nachweisen: Der Sorge-Schaltkreis wurde zunehmend schwächer.

Diese Grundsätze lassen sich auch dazu anwenden, den inneren Kritiker zum Schweigen zu bringen. Auch wenn dieser
wahrscheinlich komplexer ist als ein einziges Gehirnzentrum,
so bildet er dennoch einen ausgetretenen Pfad im Gehirn,
wenn nicht gar eine vierspurige Autobahn. Dieser vertrau-

te Schaltkreis wird leicht durch bestimmte Ereignisse oder Gedanken aktiviert. Ist der innere Kritiker erst einmal eingeschaltet, macht er einfach, was er immer tut, und sagt Ihnen, welch inkompetenter, tadelnswerter Dummkopf Sie doch sind. *Wenn Sie diese Stimme hören, versuchen Sie, sie einfach als eine fehlerhafte Verdrahtung im Gehirn zu betrachten.* Ebenso, wie ein guter Geruch in der Küche den Hungerschaltkreis im Gehirn einschaltet, schalten Enttäuschungen, Verletzungen und schmerzliche Erfahrungen den Schaltkreis des inneren Kritikers ein. Das Gehirn verbindet den momentanen Schmerz mit den Ursachen ähnlicher früherer Verletzungen. Erst gestern war ein Patient bei mir, der eine schreckliche Erfahrung in einer Situation gemacht hatte, in der er eine Woche lang völlig ignoriert wurde. (Er war allein in den Urlaub gefahren, was für manche gut ist, für andere hingegen furchtbar.) Er fühlte sich schrecklich einsam, völlig abgelehnt und gedemütigt. Als er nach Hause kam und ihm seine Gefühle erst richtig bewusst wurden, verkehrte er die Einsamkeit in Selbsthass und dachte: »Ich bin abscheulich, hässlich, etwas stimmt überhaupt nicht mit mir, es ist meine Schuld, ich bin ein hoffnungsloser Fall und es wird nie besser.« Schlimm genug, dass seine Umgebung ihm so schreckliche Gefühle einflößte, aber fünfmal schlimmer war, dass sein innerer Kritiker diese als Brennstoff benutzte, um ihm richtig einzuheizen.

Am Anfang ist es sehr schwer, die nötige Unterscheidung zu treffen: »Ich bin verletzt, nicht unvollkommen; ich fühle mich schrecklich, aber wer sagt, es sei meine Schuld?« Bei jedem Üben wird es leichter. Manchmal hilft es auch, den inneren Kritiker zu benennen. Einer meiner Patienten erkannte die Stimme seiner Mutter in ihm. Er lernte, höflich zu antworten, ohne sich weiter darauf einzulassen: »Ich höre, Mutter, aber jetzt muss ich mich um meine Wäsche kümmern.« *Den inneren Kritiker zu bekämpfen macht ihn nur stärker. Wir müssen lernen, uns von ihm freizumachen.*

Der innere Kritiker ist eine Manifestation des sogenannten strafenden Über-Ichs, wie es manche Therapeuten nennen, das viele Menschen von allzu kritischen und nie zufriedenen Eltern übernommen haben. Haben Sie zum Beispiel ein Zeugnis mit vier Einsen und einer Zwei nach Hause gebracht, so sahen die Eltern nur die Zwei. Waren Sie drei Kilo zu schwer, so fanden die Eltern das furchtbar. Der innere Kritiker ist gewöhnlich der gleichgeschlechtliche Elternteil – Väter bei Jungen, Mütter bei Mädchen. Versuchen Sie, sich diesen Elternteil als ein wenig lächerlich vorzustellen, inzwischen schon älter und etwas hinfällig, ungepflegt, unrasiert, morgens mit schlechtem Atem und wahrscheinlich nicht besonders lebensfroh. Sie waren bloß zufällig die unglückliche Zielscheibe eines Vaters oder einer Mutter, die es nicht besser wussten. »Ja, Mutter, ich weiß, ich sollte drei Kilo abnehmen, aber das ist wirklich nicht das Wichtigste auf der Welt.« Benennen Sie den inneren Kritiker und versehen Sie ihn mit einer Persönlichkeit, mit etwas, das Sie daran erinnert, dass er bloß eine Stimme in Ihrem Kopf ist und nicht die reine Wahrheit. Es ist wieder einmal der innere Nörgler Moe, den wir in Kapitel 5 kennengelernt haben. Geben Sie ihm den Laufpass. Anne Lamott, die ihre Kämpfe im Leben in einer urkomischen Reihe von Aufsätzen und Memoiren festhielt, sagt zu ihren zwiespältigen Gefühlen beim Tod ihrer Mutter: »Immer wieder fielen mir harte, wunderliche Gedanken ein, aber ich wandte mich jeweils sacht von ihnen ab und sagte: ›Das ist nicht die Wahrheit; auf diese Gedanken kann ich nicht vertrauen. Sie sind nur zur Unterhaltung da.‹«[141]

Ein strafendes Über-Ich kann man auch entwickeln, wenn man sich unrealistisch hohe Maßstäbe setzt. Manchmal möchte man einfach der Star sein und ist nie zufrieden, solange man es nicht ist. Manche konzentrieren sich auf jeden Makel, jeden winzig kleinen Fehler. Sie können nie Abstand gewinnen und sehen nicht, dass sie alles in allem ein ziemlich attraktiver, kompetenter, erfolgreicher oder geliebter Mensch sind. Das ist ein Drama. Mit einem strafenden Über-Ich behaftet zu sein ist ein sicherer Weg zu unnötigem Elend, weil man dann sein Leben damit verbringt, Strafen zu vermeiden, statt sich zu freuen oder zufrieden zu sein. Bestenfalls hofft man, sich nicht schlecht zu fühlen. Ein förderndes Über-Ich hingegen bekommt man von Eltern (Großeltern, Lehrern und sonstigen Erwachsenen) mit, die dem Kind beibringen, es sei in Ordnung, sich über die eigenen Leistungen zu freuen, auch wenn sie nicht perfekt sind. Statt lediglich den inneren Kritiker zum Schweigen zu bringen und dessen entschlossene Angriffe auf Ihre Selbstachtung zu meiden, leben Sie in dem Wissen, dass man sich gut fühlen kann, wenn man etwas gut gemacht hat. Statt nie zufrieden zu sein, wenn man nicht jedes Mal ein Tor schießt, ist man schon ganz zufrieden, wenn dies ab und zu der Fall ist.

Übung 9
Ein förderndes Über-Ich aufbauen

Wenn Ihr innerer Kritiker aufdringlich ist, so ist es hilfreich, einige positive Antworten parat zu haben, wenn er Sie wieder mal besucht. Vergessen Sie nicht: Sie haben den Nörgler Moe in sich, der erwartet, unangefochten auf dem unglücklichen Jammer-lappen Larry herumhacken zu können. Reagieren Sie wie ein Er-wachsener, statt sich wie Larry zu entschuldigen und zu winseln.

Wenn der Kritiker sagt:	*Könnten Sie antworten:*
Was für eine Müllhalde! Kannst du denn nie Ordnung halten?	Schelten hilft nicht. Neh-men wir uns zehn Minu-ten Zeit dafür.
Sieh dich bloß an! Wann willst du endlich abnehmen?	Du steckst mit mir im glei-chen Körper. Was gibt dir das Recht zu meckern?
Denk nicht daran, auf diese Par-ty zu gehen. Du weißt, du wirst nur verlegen sein und dich ab-gelehnt fühlen.	Ich gehe, aber ohne große Erwartungen. Ich will ver-suchen, mit einem Un-bekannten zu reden und die Leute anzulächeln.
Das war ein schreckliches Re-ferat! Hast du gesehen, dass die eine Frau in der fünften Reihe einfach gelesen hat? Alle haben sich furchtbar gelangweilt.	Vielleicht musste sie das Buch bis zu einem be-stimmten Datum lesen oder war einfach unhöf-lich. Viele andere schienen sehr wohl aufzupassen.

Versuchen Sie es selbst: Was hat Ihr eigener innerer Kritiker über Sie zu sagen? Und wie würde eine angemessene, selbst-sichere Antwort lauten?

Ein solcher Ansatz im Umgang mit dem inneren Kritiker fällt einem nicht in den Schoß. Er erfordert bewusste Acht-samkeit. Die natürliche, automatische Reaktion auf Kritik ist, in die Defensive zu gehen und die Tatsachen mithilfe von Abwehrmechanismen zu leugnen oder zu verdrehen. Dann lässt man es am Hund oder am Ehepartner aus, betrinkt sich und versucht es zu vergessen, rationalisiert oder verhandelt mit sich: »Morgen mache ich es besser.« Das verschafft eine kurze Atempause, liefert dem inneren Kritiker jedoch nur mehr Munition: »Hast du gedacht, du könntest mich vergessen? Da hast du dich aber geirrt.« Wir müssen lernen, die Standard-schaltkreise im Gehirn zu unterbrechen, die wir das ganze Leben benutzt haben und die uns nicht wirklich guttun. Deshalb ist es wichtig, den inneren Kritiker als etwas zu erkennen, das nicht Sie sind. Er ist nur eine Stimme in Ihrem Kopf, nur das Produkt Ihres Denkens. Wenn Sie diesen Schritt erst gemeistert haben, wird es leichter, achtsam und kreativ zu sein, statt wie gewohnt zu reagieren. Denken Sie an den neuen Lotsen in Ihrem Kopf, an den klugen Geist, der geschickt hinhören und den Lärm im Kopf ausschalten kann.

Weniger negatives Denken

Das Gehirn ist ein hervorragender Problemlöser. Genau das unterscheidet uns vom Tier. Alle haben täglich Tausende von Fragen zu beantworten und kommen fast immer zum richtigen Ergebnis: »Habe ich genug Geld in der Tasche? Was muss ich einkaufen? Reicht der Sprit im Tank? Wie viel Zeit braucht man bis dorthin?« Diese Dinge löst man automatisch im Hintergrund und findet es selbstverständlich. Da wir so gut durch den Alltag navigieren können, ist es nur natürlich, dass wir dieselben Fertigkeiten auf uns selbst anwenden und uns dabei unglücklich machen. Wenn wir unglücklich sind, weil die Dinge nicht so laufen, wie wir gerne möchten, suchen wir die Lösung bei uns. *Wir neigen dazu, das Leben und uns als Probleme anzusehen, die es zu lösen gilt. Das ist ein großer Fehler.*

Machen Sie einmal ein Gedankenexperiment. Nehmen wir an, Sie seien traurig. *Versuchen Sie, nicht traurig zu sein. Versuchen Sie es, so gut Sie können. Seien Sie stattdessen glücklich.* Sobald Sie das gelesen haben, wissen Sie, dass es Unsinn ist. Sie können Ihre Gefühle so nicht kontrollieren. Wahrscheinlich versuchen Sie es jedoch die ganze Zeit irgendwo unter der Bewusstseinsoberfläche. Schließlich erscheint es logisch genug. Wir haben ein so hervorragendes Gehirn, dass wir etwas so Simples wie eine traurige Stimmung in der Hand haben sollten. Nur ist es wie der Befehl: »Denken Sie nicht an einen rosa Elefanten.« Paradoxerweise taucht genau das, woran man nicht denken möchte, immer wieder in Gedanken auf, solange man es unterdrücken will. Also werden Sie ständig an Ihr Traurigsein erinnert, was Sie nur noch trauriger macht. Sie bekommen zudem das Gefühl, unzulänglich und inkompetent zu sein, weil Sie etwas so Einfaches, wie nicht traurig zu sein, nicht schaffen. (Übrigens, falls Sie sich gefragt haben: Intelligenter zu sein wirkt sich nicht auf den Glücksquotienten aus. Die Korrelation zwischen subjektivem Wohlbefinden und dem IQ ist 0,06,[143] also praktisch unerheblich.)

Erinnern Sie sich an die Zeit, als Sie Radfahren lernten: In 20 Metern Entfernung stand ein Telefonmast, und sonst war weit und breit keine Gefahr. Theoretisch hätten Sie in jede beliebige Richtung fahren können – nur zog dieser Telefonmast Sie wie ein Magnet an. Sie versuchten verzweifelt, anderswohin zu lenken, doch je mehr Sie sich bemühten, desto näher kam der Mast. Sie wussten schon in dem Augenblick, als Sie ihn sahen, dass Sie gegen ihn fahren würden. Und das geschah dann auch. Ebenso geht es uns offenbar mit bestimmten Gedanken, Gefühlen oder Erinnerungen, die wir vermeiden möchten. Sie haben etwas »Klebriges« an sich, wie gewisse Klebstreifen, die man nicht mehr von den Fingern bekommt. Je mehr man sich bemüht, desto mehr klebt man fest.

Sich lösen

Es heißt, Tolstois älterer Bruder habe einst erzählt, er habe in der Ecke stehen müssen, bis er nicht mehr an einen weißen Bären dachte. Wir wissen: So geht es einfach nicht. Doch wenn man sich nicht dazu bringen kann, nicht an weiße Bären zu denken, kann man stattdessen an bunte Papageien denken. Ablenkung ist eine ganz gute Strategie bei »klebrigen« Gedanken. Könnte man seine Gedanken konzentriert auf etwas anderes – zum Beispiel die Ziellinie – richten, führe man vielleicht gerade noch am Telefonmast vorbei.

Ein Problem des Menschseins besteht offenbar darin, dass wir unangenehme Gefühle nicht verdrängen können, ohne auch die positiven zu unterdrücken. Wir können nur die Lautstärke verändern, aber keinen Sender suchen. Da haben wir offenbar keine Wahl: Entweder fühlen wir alles, das Gute und das Schlechte, oder gar nichts. Die Praxis der Achtsamkeit zielt nicht darauf ab, sich wie ein Einsiedler 24 Stunden am Tag sieben Tage die Woche aus der Welt zurückzuziehen, sondern die Gefühle intensiver, aber anders zu erfahren, und zwar von einer ruhigen Mitte aus, im Vertrauen darauf, dass sogar die unangenehmsten Gefühle vergehen. Man lernt erkennen, dass Gedanken, Gefühle und Empfindungen immer fließend sind und sich verändern, und man lernt auch, sich nicht so hineinzusteigern. Daniel Siegel nennt es Urteilsvermögen und erklärt: »Man erkennt diese geistigen Aktivitäten als Wellen auf der mentalen Meeresoberfläche. Von dieser tieferen Ebene im eigenen Geist, von diesem inneren Raum des achtsamen Gewahrseins aus, kann man einfach die Wellen auf der Oberfläche des Geistes beobachten, wie sie kommen und gehen.«[144] Wenn Sie also über den Benzinpreis lästern, so denken Sie an die Leute in Shanghai, die ebenfalls Benzin haben möchten, und sehen Sie ein, dass wir teilen müssen.

Eine der wenigen wirksamen Strategien, um sich von traurigen Gefühlen und klebrigen Gedanken zu lösen, ist aufstehen und etwas tun. *Gefühle folgen der Handlung. Der Körper macht es vor.* Wenn ich mit jemandem arbeite, der ziemlich depressiv ist aber noch etwas Humor hat, sage ich manchmal so etwas wie: *Wissen Sie, wenn Sie sich einfach einen Ruck gäben und spazieren gingen, würden Sie sich vielleicht besser fühlen.* (Das funktioniert allerdings bei schwer Depressiven nicht. Sie hätten das Gefühl, nicht ernst genommen zu werden.) Ich provoziere absichtlich. Die meisten Depressiven wissen das und mögen es *gar nicht.* Ihre Depression erscheint ihnen so wichtig, so wirklich und bedeutungsschwer. Sie sinnen über das Wesen des Seins nach, über die Leere des Universums, und wollen nicht gesagt bekommen, eine eher weltliche Betätigung könnte diesen Überlegungen eine völlig andere Richtung geben. Aber so ist es. Indem ich sie provoziere, lehre ich sie Achtsamkeit, denn auch wenn sie keinen Spaziergang machen, wird ihnen etwas klarer, dass ihre Depression nicht gar so viel Macht hat, wie es aussieht.

Hier eine weitere Möglichkeit: Versuchspersonen einer Untersuchungsreihe wurden in drei Gruppen mit verschiedenen Aufgaben eingeteilt. Die Teilnehmer der ersten Gruppe sollten jeden Abend ein paar Zeilen über kürzlich Vorgefallenes aufschreiben, wofür sie dankbar waren. Die der

zweiten sollten über kürzlich vorgefallene Auseinanderset-
zungen berichten, und die Kontrollgruppe sollte nur die Ereignisse des Tages aufschreiben. Die Dankbarkeitsgruppe zog

Gefühle folgen der
Handlung.

im Vergleich zu den anderen beiden
Gruppen den größten Nutzen aus
der Übung: Diese Teilnehmer hatten mehr positive Gefühle, bessere
Laune, verschafften sich mehr körperliche Bewegung und
waren auch nach Aussage ihrer Lieben besser gelaunt.[145] Es
wäre also gut, sich diese Praxis zur Gewohnheit zu machen.

Und wie wäre es mit einer weiteren revolutionären Idee
zum Verringern unnötigen Elends? *Wenn etwas Ihnen ein
schlechtes Gefühl vermittelt, so tun Sie es nicht.* Das ist jedoch
viel schwieriger, als es klingt, weil wir die Zusammenhänge
zwischen inneren Befindlichkeiten und äußeren Ereignissen
nicht besonders gut erkennen. Man weiß, dass zum Beispiel
Frauen, die viele Frauenzeitschriften lesen und auch sonst
immer wieder Bilder von ausnehmend attraktiven Frauen zu
sehen bekommen, sich selbst weniger attraktiv finden, und
ihre Selbstachtung sinkt. Aber sind sich die Frauen dessen bewusst? Dasselbe passiert bei Männern, wenn sie Berichte über
dominantere oder erfolgreichere Geschlechtsgenossen lesen.
Bringen Männer ihr geringeres Selbstgefühl mit dem Lesen
über die Herren des Universums in Verbindung? Leider sind
wir offenbar nicht dazu gemacht, solche Zusammenhänge
zu erkennen. Es ist ganz ähnlich wie bei unserer Blindheit in
Bezug auf die hedonistische Tretmühle. Therapeuten wirken
täglich kleine, für die Klienten sehr beeindruckende Wunder,
wenn sie zu bedenken geben: »Vielleicht sind Sie heute deswegen so deprimiert, weil Sie sich gestern Abend mit Ihrem
Mann gestritten haben.« Nur ist es ein billiger Trick, denn je-

der, der sich die Mühe machen würde, hinzuhören, würde den Zusammenhang erkennen. Das heißt, jeder außer man selbst, weil die Abwehrmechanismen dafür blind machen. Man erkennt den Zusammenhang nur, wenn man Achtsamkeit übt.

Das Schnarrsignal des Geistes

Sie kennen bestimmt das äußerst lästige Signal, das beim Hockey und Basketball in gewissen Intervallen erklingt: *Brrääää-äp!* So etwas können Sie als aversiven (unangenehmen) Reiz einsetzen, wenn Sie merken, dass Ihr Geist Wege einschlägt, die Sie nicht betreten wollen. Stellen Sie sich den Ton in Ihrem Kopf vor: Selbstbeschuldigung? *Brrääääp!* Zu viel Besorgnis? *Brrääääp!* Die an Skinner geschulten Verhaltensforscher konnten nachweisen, dass es dazu beiträgt, manche schlechte Gewohnheit aufzugeben, wenn man sich etwas leicht Unangenehmes antut. Sie könnten zum Beispiel ein Gummiband am Handgelenk tragen, das Sie zurückschnellen lassen, wenn Sie an eine Zigarette denken. Dieses Signal verpasst dem Körper einen Minischock, es ist ein kleiner Streich, den man sich selbst spielt, um den Geist rasch vom Weg abzubringen, den man vermeiden möchte. Selbstverständlich muss man auf den Gedanken, den man abpfeift, einen positiveren folgen lassen.

Nicht richtig denken

Wenn es etwas gibt, das Psychologen auf jede erdenkliche Art untersucht haben, so ist es der Zusammenhang zwischen Denken und unnötigem Elend. Es besteht eine sehr starke Verbindung zwischen bestimmten Denkweisen auf der einen

Seite und Depression, Angstzuständen und Stress auf der anderen Seite. Zudem gibt es eine Menge Beweise dafür, dass die Änderung solcher Denkmuster das Leiden bedeutend zu lindern vermag.

Auch wenn übertriebene Vernunft überbewertet wird und die besten Entscheidungen mit dem Geist insgesamt – mit Logik, Gefühlen und Intuition – gefällt werden, so sollten wir dennoch möglichst vernünftig sein, wenn wir schon vernünftig sein wollen. Wenn wir von unserem großartigen Großhirn erwarten, es solle dazu beitragen, uns vor unnötigem Elend zu bewahren, so sollten wir es auch richtig nutzen. Man kann nicht gut denken, wenn die Gedankengänge auf falschen Annahmen beruhen. Ebensowenig kann man gut denken, wenn man den Regeln der Logik nicht folgt. Sehen wir uns also Folgendes an:

Falsche Annahmen

Falsche *Annahmen* über die Welt und uns selbst wurden erstmals erkannt, als die kognitive Verhaltenstherapie entwickelt wurde, um Depressiven zu helfen. Man braucht nicht depressiv zu sein, um nach diesen Annahmen zu leben. Wenn man jedoch danach lebt, macht man sich ziemlich unglücklich. Zwar wirken diese Annahmen unbewusst, aber die meisten geben doch kleinlaut zu, sich in einigen Punkten wiederzuerkennen. Unter Stress oder von starken Gefühlen übermannt, treten diese kognitiven Fehler umso wahrscheinlicher auf:

- *Katastrophensicht: Wenn … geschieht, ist es eine Katastrophe.* Es gibt natürlich echte Katastrophen. Doch manche können nicht anders, als immer das schlimmstmögliche

Ergebnis anzunehmen: »Dieser seltsame Leberfleck ist Krebs. Der Flug ist verspätet: das Flugzeug ist abgestürzt. Wenn Johnny nicht in den richtigen Kindergarten geht, kommt er nicht aufs richtige College.«

- *Alles muss perfekt sein, sonst ...* (»... mag man mich nicht, bin ich ein Versager, werde ich abgelehnt, bin ich wertlos, werde ich gedemütigt«). Perfektionismus ist einfach verheerend. Die Behandlungsergebnisse sind gewöhnlich bei den größten Perfektionisten unter den Depressiven am schlechtesten.[146] Setzt man sich unmögliche Ziele, so erreicht man sie garantiert nie, und das ist ein sicherer Weg ins Elend. Perfektionismus bedeutet auch Konzentration auf Einzelheiten statt auf den Sinn, somit versteht man auch das Wesentliche nie richtig.

- *Ich muss so sein wie die anderen.* In der Pubertät wollten sich alle unbedingt anpassen und dazugehören, wobei die meisten allerdings auch unter Ablehnung zu leiden hatten. Hoffentlich haben wir allmählich gelernt, dass dazuzugehören Kompromisse bezüglich wichtiger Werte erfordert. Andern zu gefallen ist ein karger Ersatz für Selbstachtung, die dem Vertrauen auf eigene Werte und eine eigene Meinung entspringt.

- *Ohne dich kann ich nicht leben.* Gibt man jemandem diese Macht über sich, so sagt man damit, es gebe nichts, was man nicht tun würde, um die Beziehung zu erhalten. Meinen wir das wirklich? Würden wir stehlen, lügen und morden, um dem Betreffenden zu gefallen? Hoffentlich nicht! Wenn nicht, so ist es *doch* möglich, ohne ihn zu leben. Wer diese Haltung einnimmt, lässt sich gedankenlos von der Angst vor dem Verlassenwerden beherrschen.

- *Mit mir ist etwas nicht in Ordnung, mir fehlt etwas, ich bin unzulänglich.* Mit jedem ist irgendetwas nicht in Ordnung. Allen fehlt irgendetwas. Doch manche Familien brauchen einen Sündenbock, und es gibt Menschen, denen solche Überzeugungen von Eltern oder Angehörigen dermaßen oft eingetrichtert wurden, dass sie inzwischen einen wichtigen, verheerenden Teil ihrer Persönlichkeit bilden. Andere haben diese Rolle übernommen, weil sie entmutigt waren und es aufgegeben haben, sich zu ändern. Das hat natürlich Hoffnungslosigkeit und Lethargie zur Folge.

- *Ich muss aussehen wie alle anderen.* Sind Sie rundlich oder spindeldürr, klein oder groß, haben Sie merkwürdiges Haar oder Riesenfüße, so werden manche Leute in Ihrem Leben das sehr hochgespielt und Sie sehr befangen gemacht haben. Solche Gefühle können tief gehen und unglaublich viel Schmerz verursachen. Das Fernsehen, in dem alle schön sind, ist auch keine Hilfe, und Internet-Spams nützen häufig tiefsitzende Unsicherheiten aus. Doch mit zunehmender Reife beginnt man einzusehen, dass man (a) für sein Aussehen nicht verantwortlich ist, (b) die äußere Erscheinung ein sehr oberflächlicher Wert ist und es (c) viele außerordentliche, großartige Menschen gibt, denen ein etwas anderes Aussehen überhaupt nichts auszumachen scheint.

- *Alle tun das.* Das ist eine Pauschalrationalisierung, die erlaubt, sich wissentlich falsch zu verhalten. Sie schiebt die Schuld auf die Gesellschaft ab: »Wenn alle andern es tun, wäre ich schön dumm, es nicht zu tun.« Doch wie alle Abwehrmechanismen funktioniert auch dieser nicht ganz und schützt nicht völlig vor Schuldgefühlen. Somit trägt er auch wieder etwas mehr zum Charakterpanzer bei, weil man sein wissentlich falsches Verhalten ständig rechtfertigen muss.

Ich hoffe, es ist klar geworden, inwiefern solche Überzeugungen zum Elend beitragen. Aber ich sollte noch eine Feinheit dabei erwähnen: Alle diese Annahmen setzen Teufelskreise in Gang, die genau diejenigen Umstände, die wir vermeiden wollen, herbeiführen. Bemühen Sie sich zu sehr, dass man Sie mag, wirken Sie bedürftig und verzweifelt. Halten Sie sich für nicht liebenswert, so werden Sie sich nicht besonders anstrengen, liebenswert zu sein. Die kognitive Verhaltenstherapie trägt dazu bei, unbewusste Überzeugungen wie die genannten aufzudecken und sie so zu beleuchten, dass die ihnen zugrunde liegenden Annahmen infrage gestellt und ihre Folgen erkannt werden können.

Logische Fehler

Zusätzlich zu falschen Annahmen haben Kognitivtherapeuten bei der Untersuchung Depressiver eine Reihe logischer Fehlschlüsse entdeckt, die bei ihren Patienten ziemlich verbreitet waren. Spätere Recherchen – und ein wenig Innenschau – haben ergeben, dass diese logischen Fehler beileibe nicht auf die Depression beschränkt sind. Jeder kann täglich bei Problemlösungen und Entscheidungen Fehlschlüsse ziehen und tut es auch. Wollen wir sichergehen, eine Entscheidung logisch zu treffen, sollten wir darauf achten, die Regeln der Logik anzuwenden.

Hier einige verbreitete logische Fehler, die für depressives sowie nicht depressives, jedoch kontraproduktives Denken

typisch sind. Manche liegen für Sie vielleicht weit jenseits der
Grenzen des Rationalen, doch wenn Sie sich ehrlich beobachten, werden Sie wahrscheinlich einige davon am Werk sehen:

- *Maßlose Verallgemeinerung.* Die Annahme, etwas treffe in
  jedem Fall zu, wenn es unter bestimmten Umständen
  zutrifft. »Meine Frau versteht mich nicht: Frauen können Männer nicht verstehen.«
- *Selektive Aufmerksamkeit, die Positives (oder Negatives) für
  ungültig erklärt.* Dabei wird nur auf Informationen ge-
  achtet, die der eigenen vorgefassten Meinung entsprechen. Depressive ignorieren selektiv gute Nachrichten.
  Manisch Veranlagte schalten selektiv Warnsignale aus.
  »Alle haben über meine Witze gelacht außer Georg.
  Sie wollten mir wohl nur Honig ums Maul schmieren.
  Georg ist der einzig Ehrliche.«
- *Selektive Verantwortung.* Depressive übernehmen die Ver-
  antwortung für schlechte Ereignisse, nicht aber für gute.
  »Gutes ist reines Glück, Schlechtes ist meine Schuld.«
  Viele fallen auch ins andere Extrem: »Ich habe 500 Dollar
  im Lotto gewonnen! Ich *wusste,* dass ich gewinnen wür-
  de!«
- *Einen zeitlichen Kausalzusammenhang voraussetzen.* Da B
  auf A folgte, wird angenommen, A sei die Ursache von
  B gewesen. Das ist der Grund für viel Aberglauben. Sie
  können jeden Baseballspieler fragen: »Ich habe diese Socken bei den beiden letzten erfolgreichen Spielen getragen. Also ziehe ich die Socken wieder an.«
- *Übertriebener Selbstbezug.* Das ist der grundlegende Attributionsfehler, die Fehlannahme, die glauben machen
  will, es drehe sich alles um einen selbst. In negativer

Geistesverfassung kann dies dazu führen, dass jemand glaubt, alle beobachteten ihn ständig, besonders wenn er einen Fehler macht, und dass er annimmt, es liege an ihm, wenn etwas schiefläuft.

- *Schwarz-Weiß-Denken.* Dieses ist der Fall, wenn man Erfahrungen nur in die Kategorien gut-schlecht, richtig-falsch ohne jeden Grauton einteilt. »Jerry ist ein guter Freund. Jerry kann nichts falsch machen.«

- *Emotionale Begründungen.* Dabei glaubt man, Gefühle machten etwas zu dem, was es ist. Das kann man bei Streitgesprächen beobachten: In der Hitze des Gefechts ist man vom eigenen Standpunkt völlig überzeugt. Erst später gibt man vielleicht zu, einige wichtige Fakten vergessen zu haben.

Solche logischen Fehler ermöglichen es, verzerrte Paradigmen und falsche Annahmen über die Welt beizubehalten. Es sind eher Beispiele fehlerhafter Gehirnverdrahtungen, fehlerhafter Schaltkreise, die mit der Zeit entstanden sind, bis man einfach nicht mehr sieht, wie unrichtig sie sind. Sie fördern ihren eigenen Fortbestand, weil sie immer wieder zu den gleichen Schlussfolgerungen führen.

Die kognitive Verhaltenstherapie, die es sich zur Aufgabe macht, solche falschen Denkmuster zu korrigieren, gibt es seit 30 Jahren. Sie wird gemeinhin als Behandlungsmethode der Wahl bei Depressionen und Angstzuständen anerkannt. Doch einige erfahrene Kognitivtherapeuten, die über die Funktionsweise ihrer Methode nachgedacht und auf Achtsamkeit basierende Techniken zu deren Verbesserung eingesetzt haben, sind auf eine neue Idee gekommen.[147] Sie vertreten die Ansicht, die kognitive Verhaltenstherapie sei nicht deswegen so wirksam, weil sie die Denkweise ändert, sondern weil sie die *Haltung* dem Denken gegenüber verändert. Bei dieser Technik braucht man nicht jeden kognitiven Fehler zu widerlegen, sondern sie bewirkt ungewollt etwas Distanz von den Denkvorgängen. Damit wären wir wieder beim bereits erwähnten »metakognitiven Bewusstsein«. Statt mit dem inneren Kritiker zu streiten, gehen Sie höflich weg. Beim Revidieren ihrer Methoden haben die Therapeuten die Achtsamkeitsmeditation selbst ausprobiert und eine Behandlung entwickelt, die Depressionen dauerhafter lindert als die herkömmliche kognitive Verhaltenstherapie. Achtsamkeit ist aber nicht nur für Depressive hilfreich, sondern für alle, die total gestresst oder weniger glücklich sind, als sie sein könnten.

Weniger kontraproduktives Verhalten

Viele haben das Gefühl, sie seien herumkommandiert worden, seit sie das erste Wort verstehen konnten. Das ganze Leben hat man uns zu tun gedrängt, was gut für uns ist, und *wir haben es satt!* Bis wir erwachsen sind, haben wir den gesamten Druck verinnerlicht. Er ist zum nie zufriedenen inneren Kritiker geworden, der nur deswegen auf uns herumhackt, weil wir es zulassen. Gut sein bedeutet für uns, willkürlicher Autorität nachzugeben und auf den inneren Nörgler Moe zu hören. Dabei besitzen alle einen inneren Curly, der den inneren Moe mit Pfeifkonzerten neckt und ihm eine lange Nase dreht. Leider sind wir die Verlierer, wenn sich die beiden in den Haaren liegen.

Alle kennen den Schmollmund eines Zweijährigen, dem man sagt, er solle etwas tun, was er nicht tun will. Dieser

Zweijährige lebt bis zu einem gewissen Grad in allen weiter, und das ist auch gut so. Täten wir immer alles, was Obrigkeiten uns zu tun heißen, wäre das Leben sehr langweilig und wir hätten eine erschreckende Gesellschaft, so etwas wie Deutschland unter Hitler oder China unter Mao.

Als Erwachsene wissen wir nur zu gut, was gut für uns ist. »Trink nicht zu viel, iss nicht zu viel, spiel nicht, rauche nicht. Räume auf. Mach deine Arbeit rechtzeitig fertig. Bewege dich regelmäßig. Benutze Zahnseide. Spare. Nimm keine Drogen. Fahr defensiv und vergiss nicht, dich anzuschnallen!« Wer ist diese Nervensäge in Ihrem Kopf, dieser Spießer, dieser Tyrann der Konventionen? Wie viele Erwachsene kennen Sie, die das alles schaffen? Alle handeln gelegentlich etwas selbstzerstörerisch, zum Teil deswegen, weil es Unabhängigkeit beweist sowie abenteuerlich und spaßig sein kann. Allzu oft haben wir das Gefühl, wir seien für die Menschheit und die Chefs brav und für die Eltern, auch wenn sie vor zwanzig Jahren gestorben sind. Der klassische Abwehrmechanismus gegen rigide Autorität ist *passive Aggression,* was leider bedeutet, dass man unabhängig zu sein glaubt, wenn man sich selbst schlecht behandelt, eine Art, seine Unabhängigkeit vom strafenden Über-Ich zu behaupten. Rebellion ist stets ein Zeichen von Nonkonformismus, manchmal auch von Kreativität, wobei es Dinge gibt wie gesunden Menschenverstand oder Gesundheit, wogegen wir nicht rebellieren sollten.

Aufschieben ist auch eine Art passiver Aggression, nur noch selbstzerstörerischer als sonst, weil man gegen sich selbst passiv aggressiv ist. Tun Sie sich selbst leid und lassen einen Stapel schmutziges Geschirr in der Spüle stehen, dann hinterlässt das jetzige Selbst dem späteren Selbst einfach eine Stinkbombe. Später ärgern Sie sich über Ihre jetzige Tatenlosigkeit und machen Ihre Schuld- und Schamlast noch etwas schwerer. Aufschieben führt auch dazu, dass man sich mit zweitrangigen Ergebnissen zufriedengibt. Man kann sich immer einreden, man hätte es besser gemacht, hätte man mehr Zeit gehabt. Man kann sich auch einen fast an *Flow* (siehe achtes Kapitel) grenzenden Kick verpassen, indem man die Dinge bis zur letzten Minute aufschiebt und dann einen Adrenalinschub einheimst, weil man das Ruder gerade noch herumgerissen hat. Wenn Sie wirklich gut rationalisieren können, verschaffen Sie sich auf diese Weise enorme Befriedigung, nur ist es ein billiges Glück. Sie schrauben Ihre Erwartungen an sich selbst immer weiter zurück.

Übung 10
Kontraproduktives Verhalten erkennen

Nehmen Sie sich Ihre in Übung 5 aufgestellte Liste all dessen hervor, was bei Ihnen nicht in Ordnung ist. Gehen Sie diese diesmal mit anderen Augen durch, nämlich mit mitfühlender Neugier. Stellen Sie sich vor, Sie seien ein liebevoller Vater oder eine liebevolle Mutter, die diese Aufstellung eben im Zimmer ihres halbwüchsigen Kindes gefunden hat. Wahrscheinlich würden Sie von Mitgefühl ergriffen. Was würden Sie Ihrem Kind Hilfreiches sagen? Sie würden natürlich darauf hinweisen, dass es ungerecht hart mit sich umgeht, zu viel von sich selbst verlangt und sich zugestehen muss, auch nur ein Mensch zu sein.

Was aber, wenn einige Punkte auf der Liste an Ihrem Kind *Sie* stören? Ich meine nicht das Übliche wie Unhöflichkeit oder Schlampigkeit. Ich meine Dinge, von denen Sie wissen, dass sie dem Kind im Erwachsenenalter ein gewisses Maß an Unglück bescheren werden. Verhaltensweisen, mit denen es ein Eigentor schießt: Schüchternheit, mangelnde Durchsetzungskraft, zu rasches Aufgeben, zu schnell in Wut geraten, zu empfindlich auf Ablehnung reagieren.

Welchen Rat würden Sie sich hinsichtlich Ihrer Aufstellung geben, wenn Sie Ihre eigene liebevolle Mutter oder Ihr eigener liebevoller Vater wären? Was würden Sie sich anzunehmen, was zu verändern raten? Was haben Sie einigermaßen im Griff? Welche selbstzerstörerischen Gewohnheiten haben Sie? Vielleicht handelt es sich um einen Mangel, zum Beispiel nicht wissen, wie Sie etwas wirklich Nützliches tun könnten, also fehlendes Gemeinschafts- oder Organisationstalent. Was könnten Sie ändern, wenn Sie es wirklich versuchten? Erinnern Sie sich an bereits Gesagtes: Können stellt sich durch Übung ein. Wollen Sie versuchen, sich zu ändern?

Suchen Sie sich einen Punkt auf Ihrer Liste aus und überlegen Sie achtsam und aufmerksam, wie Sie sich ändern könnten. Denken Sie darüber nach. In Übung 14 im zehnten Kapitel kommen wir darauf zurück.

Der *Sekundärgewinn* ist ein weiteres wichtiges Element, das uns unnötigerweise elend macht, wenn wir uns selbstzerstörerisch verhalten. Sekundärgewinn ist nach psychologischer Definition der versteckte Gewinn, den man aus dem Elendsein bezieht. Genau darauf ist ein Kind grundsätzlich aus, wenn es Bauchschmerzen bekommt, um nicht zur Schule gehen zu müssen: ein paar Streicheleinheiten von Mutti und vielleicht den ganzen Tag fernsehen. Oder als Jugendlicher könnten Fantasien vom tragischen, romantischen, missverstandenen Künstler eine Kompensation für Ablehnung und Entfremdung sein. Der Sekundärgewinn ist auch bei vielen Krankheiten Erwachsener ein Schlüssel. Viele, die lange krank sind, gewöhnen sich daran, wegen ihrer Krankheit Zuwendung zu bekommen. Sie lassen andere Seiten ihrer Persönlichkeit verkümmern und befürchten, niemand werde sich mehr um sie kümmern, wenn sie gesund werden. Sekundärgewinn kann auch einer der Gründe sein, weswegen sich manche für andere opfern (dann fühlen sie sich heilig), weshalb sie in einem Job bleiben, über den sie sich ständig beklagen (Angst vor Veränderung), und für eine Menge anderer unglückseliger Gewohnheiten. Eine meiner Patientinnen nannte ihre Depression einen großen sanften Tröster. Sie war eigentlich nicht tröstlich, aber ungefährlich und vertraut. Manchmal fand sie, sie habe das Recht, deprimiert zu sein, nicht mehr zu kämpfen, sich einzukuscheln, alte Filme anzuschauen und sich selbst zu bemitleiden.

Wenn Sie merken, dass sich der Wunsch nach Sekundärgewinn in Ihnen regt, so sehen Sie es so: Er behindert Sie automatisch. Er versetzt Sie in eine unterlegene Lage andern gegenüber, die Ihnen geben sollen, wonach Sie sich sehnen: Zuwendung und Liebe. Überdenken Sie anhand Ihrer Autobiografie (Übung 4) die Begebenheit, als Sie zum ersten Mal dachten, der Sekundärgewinn könne Ihnen verschaffen, was Sie brauchten. Wahrscheinlich waren Sie damals noch klein, hatten Angst oder waren traumatisiert. Überlegen Sie sich, wie Sie Zuwendung und Liebe auf andere Weise bekommen können. So entwickeln Sie viel mehr Selbstachtung.

Freunden Sie sich nicht mit Ihrem Elend an.

Die Selbstbeherrschung wiedererlangen

Man kann unnötiges Elend sehr gut vermeiden, indem man sich nicht selbst in Schwierigkeiten bringt. Das ist nicht immer leicht. Manchmal denkt man, man drehe durch. Etwas ist geschehen, das Sie völlig aus der Bahn geworfen hat, und alles dreht sich in Ihrem Kopf. Es kann etwas sein, das jeden aus dem Konzept bringen würde, oder auch etwas ganz Persönliches. Ihr Herz rast. Ihr Gehirn läuft auf Hochtouren und ist vollgestopft mit viel zu vielen Gedanken, Gefühlen und Fragen. Sie wären kein Mensch, wenn Ihnen so etwas nicht gelegentlich passierte. Doch wenn es mehr als einmal im Monat geschieht, stehen Sie unter zu viel Stress und sollten etwas an Ihrer Situation ändern. Sie sollten den Schaden möglichst gering halten und Fehler vermeiden, die alles nur noch verschlimmern würden. Hier einige Ratschläge:

Gefühle beherrschen lernen[148]

- Atmen Sie ein paarmal tief durch und distanzieren Sie sich. Treten Sie innerlich einen Schritt zurück und nehmen Sie die Haltung eines Beobachters ein. Konzentrieren Sie sich darauf, ruhig und objektiv zu bleiben.
- Versichern Sie sich, dass Sie weder hungrig, ärgerlich, einsam oder müde sind.
- Nehmen Sie keine Drogen, einschließlich Koffein und Alkohol, was Ihre Stimmung verändern oder Sie enthemmen könnte.
- Überzeugen Sie sich, dass Sie die Fakten genau kennen. Treffen Sie keine Schnellurteile. Stellen Sie viele Fragen.
- Beobachten Sie Ihre Gedanken und Gefühle achtsam.

Ihre erste Reaktion ist möglicherweise Abwehr oder Ablenkung. Ärger kann eine Tarnung für Angst sein, Eifersucht verdeckt vielleicht nur Unsicherheit, die daher rührt, dass wir wissen, wir waren nicht aufmerksam genug. Manche Gefühle haben mehr als eine Ebene. Wenn Sie diese sorgfältig prüfen, zeigt sich womöglich etwas anderes dahinter.

- Sprechen Sie mit Freunden und Ihren Lieben, denen Sie vertrauen können, objektiv zu sein und Sie zu unterstützen.

- Erinnern Sie sich an Ihre Grundwerte und handeln Sie danach. Übereilen Sie nichts und tun Sie nichts, was Sie später bereuen werden. Verletzen Sie Nahestehende nicht. Wenn Sie sicher sind, dass Ihnen ein Unrecht widerfahren ist, so sinnen Sie nicht auf Rache, sondern überlegen Sie sich sorgfältig, wie Sie am klügsten und nutzbringendsten reagieren sollen. Beschließen Sie, etwas in dieser Sache zu unternehmen, wenn Sie ruhiger geworden sind, und warten Sie ab.

- Geben Sie Ihren Gefühlsimpulsen nicht nach. Viele bedauernswerte emotionale Entscheidungen rühren daher, dass man Erleichterung in einem scheinbar unerträglichen Gefühlszustand sucht, was das Problem nicht löst. Geben Sie Ihre Stelle nicht auf, schimpfen Sie nicht mit Ihrem Chef, machen Sie nicht Schluss mit Ihrer Freundin, ziehen Sie nicht um und verschenken Sie nichts, wenn Sie nicht ruhig sind. Eine Zeitlang nichts zu tun ist besser, als eine Dummheit zu machen.

- Achten Sie auf Ihren Körper. Wenn Sie zu aufgeregt oder wütend sind oder Angst haben, machen Sie zu Ihrer Beruhigung erst einige Entspannungsübungen, und wenn das unmöglich ist, ein paar Aerobic-Übungen, um etwas Stress abzubauen.

- Wenn Sie in zwanghaften Gedankengängen feststecken, denken Sie an eine weitere Maxime der AA: »Bewege einen Muskel, ändere einen Gedanken.« Lösen Sie sich aus der Situation und tun Sie körperlich etwas anderes. Ein langer, energischer Spaziergang ist eine großartige Therapie. Tennis oder Golf spielen wirkt manchmal Wunder, wenn Sie einen verständnisvollen Partner haben. Oder versuchen Sie es mit einem warmen Bad oder einem guten Film.

- Bringen Sie sich dazu, etwas Nützliches zu machen, etwas, das nichts mit der momentanen Situation zu tun hat.

- Erinnern Sie sich daran, dass es Ihnen jedes Mal, wenn Sie eine Gefühlsaufwallung überstehen können, beim nächsten Mal leichterfallen wird. In Ihrem Gehirn sind neue Verbindungen entstanden, die Ihnen künftig die Beherrschung Ihrer Gefühle erleichtern werden.

Noch etwas: Sprechen Sie darüber. »Stressbearbeitung nach belastenden Ereignissen« ist heute ein anerkanntes Verfahren, um einer posttraumatischen Belastungsstörung bei Notfallhelfern vorzubeugen. Eine Menge Untersuchungen belegen, dass sich der Gesundheitszustand von Menschen deutlich bessert, wenn man ihnen hilft, ihr Trauma zu verarbeiten und sich damit zu befassen, auch wenn sie möglicherweise beim Erzählen noch immer in seelischer Not sind. Dabei geht es nicht nur darum, »die Gefühle rauszulassen«. Es gibt auch Hinweise darauf, dass Ihr Immunsystem umso stärker wird, je selbstbeherrschter und kontrollierter Sie werden, indem Sie das Trauma im Kontext sehen.[149]

Den Konsum einschränken

Der »Konsumismus« ist etwas, das zu sehr viel unnötigem Elend führt. Ein großer Teil davon ist nicht nur unnötig, sondern man sieht ihn auch nicht. Man nimmt das Elend als selbstverständlich hin, weil es anscheinend normal ist. Es ist jedoch nur zum jetzigen Zeitpunkt in der Menschheitsgeschichte normal. Die heutige Prämisse lautet: Glück ist einfach, Sie brauchen nur die richtigen Produkte zu kaufen. Doch damit müssen Sie sich auf eine große Enttäuschung gefasst machen, denn implizit besagt dies, es sei Ihr eigener Fehler, wenn Sie nicht glücklich sind. Sehen Sie nur, wie glücklich alle im Fernsehen sind.

Der Sozialpsychologe John Bargh ließ Versuchspersonen vermeintlich einen Sprachtest machen. Beim ersten Experiment bekam die Hälfte der Teilnehmer etwas über alte Menschen zu lesen, die anderen erhielten etwas anderes. Diejenigen mit der Lektüre über die Alten gingen nach dem scheinbaren Ende des Experiments langsamer durch die Gänge als die anderen. Doch genau darum ging es Bargh. Er maß ihr Tempo. In einem zweiten Experiment bekam die Hälfte der Gruppe etwas über Unhöflichkeit zu lesen, die andere nicht. Die Teilnehmer der Unhöflichkeitsgruppe unterbrachen den Versuchsleiter, der sich mit einem Kollegen unterhielt, nach beendeter Lektüre rascher als die anderen. Glauben Sie also wirklich, dass Sie gegen Fernsehwerbung immun sind? Glauben Sie tatsächlich, Gewalttätigkeit in Filmen und in der Musik wirkten sich nicht auf die Gewalt in der Gesellschaft aus? Bargh hat zudem den von ihm so benannten »Chamäleoneffekt« dokumentiert: die unbewusste Tendenz, die wir alle besitzen, Handlungsweisen, Gefühle und Einstellungen von Menschen in unserer Umgebung nachzuahmen.[150] Besetzen die nachgeahmten Menschen eine höhere Stellung, ist der Chamäleoneffekt stärker. Selbstverständlich werden im Fernsehen fast alle so dargestellt, als seien sie sozial besser gestellt als wir.

Depressives Einkaufen ist ein neues Phänomen. Bei meinen Patienten sehe ich es häufig. Sie langweilen sich, sind einsam oder haben Angst und gehen einkaufen. Im Grunde kaufen sie Trostpreise ein, etwas, mit dem sie sich aufmuntern wollen, weil das Leben sie nicht recht befriedigt. Natürlich geben sie dabei Geld aus, das sie besser für etwas anderes ausgegeben hätten, weil sie das Gekaufte eigentlich gar nicht brauchen. Damit wird das Gefühl, sich nicht in der Hand zu haben, nur noch größer. Heute, wo alle ins Internet können, kann man Anreizen kaum entgehen und sich Trostpreise besorgen, ohne die Pantoffeln auszuziehen.

Konsumismus ist zugstark und manchmal ganz subtil. Dabei hilft es natürlich nicht, dass man bestimmte Dinge kaufen muss: Autos gehen kaputt, Computer sind überholt und die neuen Modelle sehr sexy. Dazu kommen Produkte, die mehr Glück verheißen: ein Heimtrainer, Zubehör für ein Hobby, eine neue Gitarre, eine Segeljacht, ein Jetski, Ferien in einer Berghütte. Die schiefe Ebene ist spiegelglatt und mit Rationalisierungen geschmiert. Wir sind so verdrahtet, dass wir uns ständig mit anderen vergleichen und um Statussymbole wetteifern.

> Kaufen Sie nicht in Pantoffeln ein.

Das Beste, was ich Ihnen zum klugen Umgang mit Geld raten kann, ist das Buch *Your Money or Your Life* von Joe Dominguez und Vicki Robin (oder auf Deutsch: *Affluenza – Zeitkrankheit Konsum* von John de Graaf u. a.).[151] Wenn Sie das einfache Leben schätzen und es sich zur Gewohnheit machen, wird Konsum Sie viel weniger locken. Wie wir bereits sagten: Man trifft einmal eine Entscheidung und hält sich automatisch daran. Nur statt sich automatisch die Zähne zu putzen, spart man automatisch Geld. Bedenken Sie, dass Geld Ihnen kein Glück erkaufen kann, Geldmangel aber sehr wohl ins Elend führt. Niemand hat es je besser ausgedrückt als Mr. Micawber in Dickens' *David Copperfield:* »Jahreseinkommen 20 Pfund, Jahresausgaben 19 Pfund, 19 Schilling und sechs Pennies, ergibt Fröhlichkeit. Jahreseinkommen 20 Pfund, Jahresausgaben 20 Pfund, sechs Pennies, ergibt Elend.« Das eigentlich Wertvolle am Geld ist, dass es Ihnen Freiheit und Sicherheit erkaufen kann. Konsumausgaben jedoch machen dies unmöglich.

Machen Sie Ihre Kinder auf Werbetricks aufmerksam (und beachten Sie diese selbst):

- Produkte werden mit Schönheit, Beliebtheit, Kraft, Macht und Jugend in Verbindung gebracht. Alle in der Werbung sind schön oder sehen gut aus.
- Die Hintergrundmusik in Geschäften soll emotional ansprechen: Sie lullt ein oder regt an.
- Der Besitz des Produkts soll uns besser machen als die andern.
- Genau *jetzt* findet ein großer Ausverkauf statt, und wenn wir die Gelegenheit nicht nutzen, werden wir es bereuen.
- Manchmal wird Angst geweckt: Ohne dieses Produkt sind wir benachteiligt. Wir könnten krank werden oder Geld verlieren.
- Manche Werbung ist sehr scharfsinnig und lässt durch-

blicken, nur Anspruchsvolle würden den Witz verstehen und das Produkt kaufen.

- Die meiste Werbung spricht unterschwellig den Wettbewerbsgeist an. Bedenken Sie aber: Es den Müllers gleichmachen zu wollen heißt nur, sich in die hedonistische Tretmühle zu begeben.

- Vergessen Sie nicht: Zu bekommen, was Sie wollen, macht Sie nicht glücklich. Lernen Sie, auf die Beherrschung Ihrer Wünsche stolz zu sein.

Die Konsumkultur bringt mehr Stress und verringert die allgemeine Befriedigung durch zu viele Wahlmöglichkeiten. Barry Schwartz unterscheidet beim Auswählen zwei Gruppen: die »Anspruchsvollen« (*maximizers*) und die »Genügsamen« (*satisficers*).[152] *Anspruchsvolle* legen sehr viel Wert darauf, das Hochwertigste zu kaufen. Sie informieren sich vorher, lesen Verbraucherzeitschriften und stellen in verschiedenen Geschäften Vergleiche an. »Genügsamen« hingegen schwebt beim Einkaufen ein annehmbares Niveau vor. Entspricht ein Produkt diesem Niveau hinsichtlich Preis, Qualität und Zweckdienlichkeit, kaufen sie es und sind mit dem Einkaufen fertig. Leider bedeuten ausufernde Wahlmöglichkeiten (wir erwähnten bereits die 285 Arten von Laufschuhen), dass immer mehr Käufer ins Fahrwasser der Anspruchsvollen getrieben werden. Schließlich können wir nur uns selbst an der Nase nehmen, wenn wir nicht das Beste für unser Geld bekommen. Anspruchsvolle stellen es so an, dass viele Enttäuschungen auf sie warten.

In einer interessanten Forschungsreihe wurde festgestellt, dass Käufer lieber etwas bei einer Auswahl von sechs Schokoladen oder Marmeladen kauften als bei 24 oder 30 Sorten. Zu-

dem waren die mit der kleineren Auswahl mit dem Gekauf-
ten zufriedener. Schwartz und seine Kollegen führen zwei
Faktoren als Erklärung dafür an: Erstens wird die potenzielle
Kaufreue vermieden. »Je mehr Wahlmöglichkeiten es gibt,
desto eher wird eine Wahl getroffen, die nicht optimal ist.
Diese Aussicht schmälert womöglich die Freude, die sich
aus der tatsächlichen Wahl ergibt.«[153] Der zweite Faktor ist
der: Um eine fundierte Entscheidung bei einer Auswahl von
30 Produkten zu treffen, muss man sich anstrengen und zur
eingehenden Prüfung jedes einzelnen eine Menge Zeit investieren. Da finden wohl viele, das sei einfach zu viel Aufwand,
und gehen wieder – oder kaufen blindlings etwas ein und laufen dann Gefahr, an Kaufreue zu leiden.

Seien Sie genügsam.
Kaufen Sie überlegt ein
und freuen Sie sich.

In einer anderen Studie wurden Bewohner der USA und fünf
europäischer Länder befragt,
wo sie lieber eine Eistüte kaufen
würden: in einem Geschäft mit
einer Auswahl von zehn Sorten oder in einem mit über 50
Sorten. Nur in den USA zog die Mehrheit der Befragten die
größere Auswahl vor.[154] Lassen sich Amerikaner von den Aus-
wahlmöglichkeiten so beeindrucken?

Multitasking

Der Begriff *Multitasking* (verschiedene Aufgaben gleichzeitig
erledigen) ist ein Werbetrick, um die Tatsache, dass Sie viel
zu viel zu tun haben, als etwas Gutes darzustellen. Sie sollen
stolz darauf sein, wie sehr man Sie braucht und wie gut Sie
mit Stress umgehen können. Doch Multitasking gewährleis-

tet nur, dass nichts je gut erledigt wird. Angenommen, eines Ihrer Lieblingsmusikstücke sei Pachelbels Kanon, ein anderes »Twist and Shout« der Beatles. Spielen Sie mal beides gleichzeitig ab. Das ist Multitasking. Um irgendetwas gut zu machen, muss man der Sache seine ganze Aufmerksamkeit widmen.

Ein Forscherteam wollte eine neue Methode testen, um die Gefühlszyklen der Frau im Tagesverlauf zu messen. Die Ergebnisse waren entmutigend. Für die Kinder zu sorgen wurde als eine der frustrierendsten, am wenigsten erfreulichen Tätigkeiten eingestuft.[155] Dabei haben bei einer kürzlich durchgeführten Umfrage viele Frauen – 35 Prozent – rückblickend das Aufziehen ihrer Kinder als erfreulichsten, befriedigendsten Aspekt ihres Lebens genannt.[156] Wahrscheinlich kommt dieser Widerspruch von der Tatsache her, dass Kindererziehung laufend stattfindet, während die Frau Auto fährt, mit Freunden spricht, Essen vorbereitet oder fernsieht (wobei das alles als erfreulicher eingestuft wurde, als sich mit den Kindern abzugeben). Mit anderen Worten: Um die Kinder muss man sich meist kümmern, während man noch anderes zu tun hat, und das ist zwangsläufig frustrierend. Natürlich musste die Kindererziehung immer nebenbei stattfinden. Das war die traditionelle Rolle der Frau. Nur kann man sich viel eher von den Bedürfnissen eines Kindes ablenken lassen, wenn man zum Beispiel Unkraut jätet oder webt, als wenn man in starkem Verkehr Auto fährt oder mit dem Handy telefoniert. Multitasking ist unter anderem deswegen ein (schlechter) Witz, weil die Intensität der heute normalen Tätigkeiten (Autofahren, Handy bedienen, mit Aufgaben jonglieren) und die dazu erforderliche Aufmerksamkeit im Vergleich zu vergangenen Generationen um etwa 200 Prozent gestiegen ist.

Multitasking macht anfälliger für Versuchungen. Eine

Reihe von Versuchspersonen sollte eine Zahl im Kopf behalten und dann zwischen Fruchtsalat und einem großen Stück Schokoladentorte wählen. Je einfacher die Zahl, an die sie sich erinnern sollten, desto eher trafen sie die gesündere Wahl.[157] Offenbar lenkt die Anstrengung, sich an kompliziertere Zahlen zu erinnern, das denkende Gehirn ab und erlaubt es dem emotionalen Gehirn, sich einzuschleichen und die Entscheidung an sich zu reißen. Ich frage mich, welche Rolle die Informationsflut bei unserer Fettsuchtepidemie spielt.

Man braucht seine Fähigkeiten heute auch im Urlaub. Das macht den Reiz der neuesten Ferienorte aus. Früher fuhren wir an einen Strand, lagen zwei Wochen lang im Sand, gingen manchmal ins Wasser und lasen meistens ein Buch oder zwei. Oder wir mieteten ein Häuschen mit den Schwiegereltern, tranken abends ein paar Margaritas und spielten Monopoly. Wenn man heute Strandurlaub macht, kann man Tauchstunden nehmen, schnorcheln, Jetski fahren, Fallschirm segeln, an Sandburgwettbewerben teilnehmen, fischen, Kajak fahren, Strandvolleyball spielen, sich in Glücksspielen versuchen, Trinken, Tanzen, an Tanzwettbewerben teilnehmen, kuren, sich massieren lassen, Bergtouren und Ausflüge zu Ruinen machen und unvorstellbar viel essen. Und vergessen Sie nicht: Die meisten Amerikaner sind (mit gutem Grund) ihrer Stelle so wenig sicher, dass sie auch während ihres Urlaubs ständig im Büro anrufen. Sie *brauchen* diese Unmenge an Ablenkungen, welche die neuen Ferienorte anbieten, um sich wenigstens eine Minute lang nicht mehr um den Job zu sorgen. Nur wird dadurch der Druck größer, wieder einmal der »Anspruchsvolle« zu sein und unzufrieden aus dem Urlaub nach Hause zu kommen, wenn man nicht Fallschirmsegeln konnte oder den Salsa nicht gemeistert hat.

Ein weiteres Problem im Zusammenhang mit Multitasking ist, dass man dabei nur reagiert. Man setzt keine eigenen Prioritäten, sondern beantwortet das Telefon, beugt sich dem Tagesplan des Chefs oder dem des Kunden. Man reagiert auf Dringendes, nicht auf Wichtiges. Vergessen Sie nicht: Nur Sie selbst können Ihr Glück zur Priorität machen. Die Anzahl meiner Mitbürger, die zugeben, mit niemandem über wichtige Dinge sprechen zu können, hat sich zwischen 1985 und 2004 verdreifacht.[158] Wir werden im siebten Kapitel noch sehen, dass das, womit Sie sich befassen, die Wachstumsrichtung Ihres Gehirns bestimmt. Es besteht kein Zweifel daran: Man kann Multitasking gut beherrschen – drei Gespräche gleichzeitig führen, mit dem Daumen SMS eintippen, Dinge koordinieren, arrangieren. Wollen Sie ein Multitaskingtalent werden oder lieber tatsächlich etwas leisten? Wollen Sie ständig auf die Forderungen anderer reagieren oder Ihr Leben genießen?

> Multitasking ist kein Talent, auf das Sie stolz sein sollten.

> Machen Sie eins nach dem anderen.
> Tun Sie Ihr Bestes und gehen dann zum Nächsten über.

Weniger zwischenmenschliche Konflikte

Mitmenschliche Beziehungen bereiten in der Regel am meisten Freude und Spaß im Leben, können jedoch auch schreckliches Leid bringen, und vieles davon ist unnötig.

Anerkennung und Akzeptanz

Alle wollen anerkannt werden, doch eine Lektion der Reife lautet: Anerkennung und Autonomie sollten sich das Gleichgewicht halten. Das Gefühl, gemocht zu werden, und der Eindruck, seine Entscheidungen selbst zu treffen, sind als Glücksursachen manchmal miteinander unvereinbar. Im siebten Kapitel kommen wir auf zwischenmenschliche Beziehungen als Grund für Freude zurück. Bedenken Sie im Augenblick, dass sich eine Menge unnötigen Elends vermeiden lässt, wenn Sie sich klar, direkt und bestimmt mitteilen lernen. Hier meine Ratschläge für eine achtsame Kommunikation:

Es gibt einen Konflikt. Sie wollen etwas, das jemand Ihnen nicht geben will. Oder Sie haben das Gefühl, man respektiere Sie nicht, höre Ihnen nicht zu oder haue Sie übers Ohr. Sie lesen ganz ruhig für sich, und Ihr Ehepartner kommt herein und dreht den Fernseher an, ohne Sie zu fragen. Jemand hat Sie beim Chef angeschwärzt, und der Chef hat Sie kritisiert, ohne Ihren Standpunkt anzuhören. Was tun?

- Machen Sie Ihren Kopf frei. Emotional reagieren Sie unmittelbar vielleicht so, dass Sie sich ärgern, weinen, erstarren, nach Atem ringen oder hinausstürmen. In der Regel sind solche Sofortreaktionen nicht die beste Lösung. Bringen Sie zuerst Ihre Gefühle unter Kontrolle. Danach:
- Beurteilen Sie Ihre Rechte möglichst kühl und achtsam. Was stimmt nicht in dieser Situation? Werden Sie respektvoll behandelt, können aber Ihren Kopf nicht durchsetzen? Oder kommt zum Konflikt noch Respektlosig-

keit hinzu? Sie können immer zu Recht erwarten, mit Achtung behandelt zu werden, und das ist wahrscheinlich noch wichtiger als der strittige Punkt. Alle haben Grundrechte, nur vergessen wir diese leicht, auch das Recht, es sich anders zu überlegen, »ich weiß nicht« zu sagen, das Recht auf eine würdige, respektvolle Behandlung und etwas zu empfinden, ohne dafür verurteilt zu werden.

- Bestimmen Sie einen Zeitpunkt, zu dem Sie sich mit dem Problem befassen können. Setzen Sie diesen Zeitpunkt bei einem Konflikt mit einem Nahestehenden, Mitarbeiter oder jemandem, mit dem Sie ständig in Kontakt sind, so fest, dass er beiden passt. Manche Situationen muss man allerdings sofort lösen, bevor noch mehr Schaden entsteht. Darauf sollten Sie vorbereitet sein.

- Sagen Sie, wie Sie das Problem empfinden. Sagen Sie klar, inwiefern das Verhalten Ihres Gegenübers Sie verletzt oder in Schwierigkeiten bringt. »Es verletzt mich, dass du nie daran denkst, mich tagsüber anzurufen.« – »Es ist nicht fair, wenn du deine Sachen nicht aufräumst.« – »Wenn Sie im Büro dreckige Witze erzählen, bin ich gekränkt und werde verlegen.« Manchmal reicht es schon, das Problem zu formulieren. Manchmal merkt der andere gar nicht, wie etwas auf Sie wirkt. Manche sind nur gedankenlos und bitten sofort um Verzeihung. Manchmal prüft jemand, wie weit er gehen kann, respektiert dann aber die von Ihnen gesetzten Grenzen. Machen Sie also nicht alles durch Überreagieren noch schlimmer. Drücken Sie sich ruhig und objektiv aus und vermeiden Sie persönliche Angriffe. Spekulieren Sie nicht über die Beweggründe des Betreffenden.

- Sagen Sie, wie Sie sich fühlen, und achten Sie darauf, dass Ihre verbalen und nonverbalen Mitteilungen übereinstimmen. Hier sind buchstäblich »Ich-Aussagen« nötig: »Wenn du mir deinen Teil der Hausarbeiten aufbürdest, kann ich meine Aufgaben nicht erfüllen; ich mache mir Sorgen, meinen Termin nicht einhalten zu können.« – »Wenn Sie im Büro dreckige Witze machen, kränkt es mich und berührt mich peinlich. So sollte ich mich an einem Ort, an dem ich jeden Tag arbeite, nicht fühlen müssen.« Der andere ist nicht dafür verantwortlich, wie Sie sich fühlen, hat jedoch das Recht, es zu erfahren. Wenn Sie Ihre Gefühle nicht ausdrücken, nehmen Sie an, der andere könne Gedanken lesen.

- Üben Sie, wenn nötig, bestimmte nonverbale Ausdrucksweisen, bis diese Ihnen in Fleisch und Blut übergegangen sind. Seien Sie nicht verlegen – viele müssen das üben. Bitten Sie einen guten Freund, mit Ihnen zu trainieren. Halten Sie bei jedem Gespräch Augenkontakt. Nehmen Sie eine aufrechte Haltung ein. Sprechen Sie mit fester Stimme. Schreiben Sie auf, was Sie sagen wollen, wenn Sie fürchten, den Faden zu verlieren, plötzlich nichts mehr sagen zu können oder sich zu verheddern. So können Sie in Ihren Notizen nachsehen oder sie einfach ablesen. Oder Sie können im Zeitalter der E-Mails den Betreffenden anmailen und um eine Unterredung bitten. Sie *üben*, bestimmt zu sein, und sollten sich nicht darum sorgen, ob Sie es beim ersten Mal perfekt schaffen. Das nächste Mal geht es leichter.

- Sagen Sie Ihrem Gegenüber, was Sie möchten. Verwenden Sie einfache, direkte Worte. Bleiben Sie konkret: »Ich möchte, dass du mir beim Abwaschen hilfst«, und nicht: »Ich möchte, dass du mehr Rücksicht auf mich nimmst.« »Ich möchte, dass Sie keine schmutzigen Witze mehr machen«, und nicht: »Ich möchte, dass Sie mir mehr Achtung entgegenbringen.« Äußern Sie sich über das Verhalten des Gesprächspartners, nicht über seine Person oder seinen Charakter, was ihn nur in die Defensive treiben würde.

- Hören Sie genau auf die Antwort. Vielleicht haben Sie sich geirrt. Vielleicht haben Sie Verhalten oder Motivation Ihres Gegenübers falsch gedeutet. Haben Sie sich geirrt, so seien Sie bereit, um Verzeihung zu bitten. Ziehen Sie die Lehre aus der Erfahrung. Weshalb haben Sie einen falschen Schluss gezogen? Bestimmtheit erfordert sowohl eine klare Ausdrucksweise wie genaues Zuhören.

- Wenn Sie weder zu einer Klärung kommen noch eine Entschuldigung erhalten, so achten Sie auf defensive Reaktionen des anderen. »Sie verstehen das nicht … es sind eigentlich gar keine schmutzigen Witze … Sie sind einfach zu empfindlich.« Das bedeutet, dass das, was Sie sagten, nicht klar angekommen ist. Ist dies der Fall, sagen Sie es einfach noch einmal. Lassen Sie sich nicht ablenken. Behalten Sie Ihr Ziel im Auge und ignorieren Sie Ablenkungsmanöver wie Themenwechsel, Abschieben der Schuld auf andere oder einen direkten Angriff. Bleiben Sie beim Thema. Kann sein, dass Sie sich mehrmals wiederholen müssen, bis Ihr Gegenüber merkt, dass Abwehrmechanismen nichts bringen.

- Sie sollten auch die Folgen beschreiben. Sagen Sie klar, was geschieht, wenn Ihr Gesprächspartner kooperiert oder nicht kooperiert. Es sollte keine Drohung sein, sondern eine einfache Feststellung: »Wenn ich meine

Arbeit erledigen kann, können wir später zusammen ausgehen.« Haben Sie es mit einem Ihres Wissens unkooperativen Menschen zu tun, könnten Sie die logischen Folgen seiner Weigerung erwähnen: »Wenn ich meine Arbeit nicht erledigen kann, haben wir nicht genügend Geld, um zu kaufen, was du haben möchtest.« Oder: »Wenn Sie nicht aufhören, schmutzige Witze zu machen, muss ich mit dem Manager oder der Personalabteilung sprechen.«

- Seien Sie zum Verhandeln bereit. Fragen Sie, ob Ihr Gesprächspartner eine andere Lösung für das Problem sieht. Seien Sie bereit, etwas zurückzustecken, um die Hauptsache dann doch zu bekommen. Oft braucht der andere einen Ausweg, der sich nicht wie eine völlige Niederlage anfühlt. Sie sollten also kompromissbereit sein.

- Erreichen Sie nichts, so überlassen Sie das Problem dem anderen. »Ich kann meinen Standpunkt nicht ändern. Lass dir Zeit zum Nachdenken und komm dann wieder auf mich zu.« Er ist im Moment vielleicht so überrascht oder defensiv, dass er nicht klar denken kann, findet jedoch eine Lösung, wenn Sie ihm etwas Zeit zum Nachdenken lassen.

- Hat er Sie verstanden, was in der Regel der Fall ist, so seien Sie liebenswürdig. Drücken Sie Ihre Anerkennung einfach und direkt aus. Es ist sehr wichtig, Ihren Gesprächspartner das Gesicht wahren zu lassen. Ist er zu einer Änderung bereit, können Sie sich auch seine defensiven Erklärungen anhören. Lassen Sie sich dabei nicht auf eine langatmige Diskussion ein, die das Gute, das Sie erreicht haben, wieder zunichte machen könnte, aber erlauben Sie ihm, wenn nötig, seine Würde zu wahren.

- Sie sollten sich nicht schlecht fühlen, wenn Sie sich aufregen und nicht so ruhig sein können, wie Sie möchten. Ihre Gefühlsaufwallung bewirkt möglicherweise mehr, als wenn Sie kühl, ruhig und gelassen bleiben.
- Bedenken Sie: Bei jedem Üben gelingt es Ihnen besser. So aufreibend es das erste Mal auch sein mag, bestimmt zu sein und zu bleiben, so erfreulich wird es sein, wenn Sie merken, dass es leichter wird und dass Ihr Gehirn durchsetzungsfähig denken lernt.*

Achtsame Kommunikation

Vor Kurzem habe ich einigen Patienten mit sehr positiven Ergebnissen empfohlen, ein Experiment zu machen. Das Prinzip ist einfach: *Sagen Sie nur, was Sie meinen,* sagen Sie es überlegt und drücken Sie sich klar und genau aus. Keine Notlügen, keine kleinen Abweichungen von der Wahrheit, keine unaufrichtigen Kommentare, mit denen Sie sich herausreden,

> Sagen Sie, was Sie wirklich sagen wollen.

und kein Um-den-Bart-Gehen. Sagen Sie nichts, was dem Ego des anderen schmeichelt, es sei denn, Sie meinen es ehrlich. Achten Sie auf Ihre nonverbale Kommunikation und stimmen Sie diese auf das Gesagte ab. Vermeiden Sie möglichst alles Automatische oder Falsche wie ein aufgesetztes Grinsen, wenn Sie verlegen sind, oder abgedroschene, leere Worte wie »großartig, wunderbar«. Wählen Sie Begriffe und Bilder, die Ihre Gefühle ausdrücken. Sie brauchen nicht ständig die

* Mit freundlicher Genehmigung adaptiert aus *Undoing Perpetual Stress* von Richard O'Connor, Berkley Press 2005.

nackte Wahrheit zu sagen, doch was Sie sagen, sollte nur die Wahrheit sein.

Hören Sie gleichzeitig genau auf das, was die andern sagen. Konzentrieren Sie sich. Denken Sie nicht über Ihre Antwort nach. Sie wird Ihnen einfallen, ohne dass Sie darüber nachzudenken brauchen. Versuchen Sie, sich in Ihre Gesprächspartner einzufühlen.

Zuerst merken die Leute, dass das leere Geschwätz, das ihnen früher ungehindert über die Lippen kam, sehr viel weniger wird. Die Anzahl gesprochener Worte pro Tag sinkt drastisch, und schon bald fühlen sie sich wohl, wenn sie schweigen. Dann merken sie allmählich, wie viel entspannter sie sind. Statt dass Gespräche zu verbalen Stepptänzen werden, bei denen sie sich anstrengen, gemocht zu werden, und sich dabei mit kleinen Lügen auf immer mehr Äste hinauswagen, können sie ruhig und aufmerksam bleiben. Sie hören sehr viel besser zu und nehmen wahr, was andere wirklich möchten. Vielleicht können sie es ihnen nicht geben, aber sie haben ihnen ehrliches Zuhören geschenkt.

Schließlich merken die Betreffenden, wie viel wohler sie sich generell fühlen. Sie sind zentrierter und entspannter. Der Knoten der Anspannung im Bauch ist weg. Die mit Unaufrichtigkeit einhergehende Scham und Schuld, die ihnen nicht einmal bewusst waren, lösen sich auf, und es stellt sich ein Gefühl der Freiheit und Selbstachtung ein. Sie sind stärker geworden und haben sich besser in der Hand. Es ist eine großartige Übung zum Reduzieren von Angst in Gesellschaft. Das Unbehagen unter Menschen stammt größtenteils daher, dass man Leerräume füllen will. Gewöhnen Sie sich lieber daran, weniger zu sagen. Überlassen Sie es den anderen, sich wegen des Schweigens zu sorgen.

Hier noch eine andere Version dieser Übung. Versuchen Sie es mit dem Rat der Hasenmutter aus Walt Disneys Trickfilm *Bambi*: »Wenn du nichts Nettes sagen kannst, sag lieber gar nichts.« Achten Sie darauf, wie oft Sie sich jeden Tag dankbar und anerkennend äußern. Versuchen Sie, dies öfter zu tun.

Der Nutzen der Achtsamkeit

Es gibt natürlich tausenderlei weitere Arten, wie uns unser kluges kleines Gehirn unnötiges Elend auflädt. Ich habe nur die wichtigsten Punkte angeführt. Doch ein Thema taucht dabei immer wieder auf: Das Gehirn vom Autopiloten lenken zu lassen, führt nicht nur zu schlechten Entscheidungen, die an sich schon unglücklich machen, sondern nicht zu denken und unbewusst zu funktionieren fühlt sich auch noch schlecht an. Tief im Gehirn gibt es einen Teil, der stets ehrlich ist und Abwehrmechanismen und Ausreden durchschaut. Er weiß es, wenn wir die Dinge eigentlich nicht unter Kontrolle haben, uns etwas vormachen, und macht sich Sorgen. Er ist nicht der innere Kritiker – das ist ein künstliches Gebilde, das nicht alle besitzen. Er ist einfach jener Teil im Menschen, der nicht anders kann, als die Dinge so zu sehen, wie sie wirklich sind. Gefällt ihm nicht, was er sieht, so schickt er die Stresssignale Adrenalin und Kortisol in den Körper, und diese lösen Angst und Unzufriedenheit aus. Achtsamkeit bringt uns in Kontakt mit diesem inneren Teil, und das wiederum hilft uns, ruhig zu werden und das Steuer wieder zu ergreifen. Wenn wir ehrlich mit uns sind und uns als zusammenhängendes Ganzes verhalten, haben wir den größten Einzelschritt zum Reduzieren unnötigen Elends getan – und einen Schritt in Richtung Freude.

7

Mehr Freude

Wie Sie wissen, ist Glücklichsein nicht unser Normalzustand. Der Geist ist in Ruhe immer leicht kribbelig. Die hedonistische Tretmühle ist im Gehirn fest verdrahtet. Sie lockt uns weiter zu mehr und immer noch mehr. Wir können das Gehirn jedoch auch dazu einsetzen, diesen Einflüssen entgegenzuwirken. In diesem Kapitel geht es um Freude, um das unmittelbare Empfinden positiver Gefühle. Es ist nötig, der Freude besondere Aufmerksamkeit zu schenken, denn in der heutigen Welt passiert so vieles, das ein achtsames Gewahrsein der momentanen Gefühle verhindert. Und wenn Ihnen diese Achtsamkeit fehlt, entgeht Ihnen sehr viel Glück.

Hier eine Fabel des Science-Fiction-Schriftstellers Harlan Ellison:

Ein Mann führt ein trostloses, elendes Leben, bis er es nicht mehr aushält und sich umbringt. Er kommt auf einem düsteren fernen Planeten wieder zu sich, der von häßlichen krabbenähnlichen Wesen bewohnt wird,

Gönnen Sie sich drei Monate lang eine tägliche Übungszeit, um etwas Neues zu lernen (zum Beispiel bewusst Freude wahrzunehmen).

und er ist eines davon. Er erkennt, dass er vor seinem Leben auf Erden auf diesem Planeten gelebt hatte und es ihm

vorbestimmt war, nach seinem Tod wieder dorthin zurück-
zukehren. Er fragt, welches Verbrechen er begangen habe,
um ein so elendes Leben auf der Erde zu verdienen. Gar kein
Verbrechen, antwortet man ihm. »Im Gegenteil: Du hast hier
ein so gütiges und bewundernswertes Leben geführt, dass du
mit einem Leben auf Erden belohnt wurdest.« Für jene Welt
ist die Erde der »Planet der Freuden« mit mildem Wetter,
reichlich Nahrung, erfrischendem Wasser, wo der Himmel
nachts von einer Million Sterne erhellt wird und der Tag mit
einer wärmenden Sonne gesegnet ist,

> … wo es so viel weniger Kummer gab als überall sonst.
> Er erinnerte sich an den Regen, den Schlaf, das Spüren des
> Sandes am Strand unter seinen Füßen, an das heranrollende
> Meer, das sein ewiges Lied flüsterte – und genau in solchen
> Nächten, die er auf Erden missachtet hatte, hatte er geschla-
> fen und schöne Träume gehabt … vom Leben auf dem Plane-
> ten der Freuden.[159]

Die einfachste, aber wichtigste Aussage zum Glück lautet:
Erwachen Sie! Ihre Umgebung ist voll spektakulärer Schönheit.
Wunder geschehen direkt vor Ihren Augen. Verglichen mit
unseren Ahnen und den meisten Menschen der heutigen Welt
haben wir ein sehr bequemes, angenehmes Leben mit vielen
Freiheiten und Möglichkeiten. Gehen Sie nicht an alledem
vorbei, ohne es wahrzunehmen.

Ich habe das Wort *Freude* als Sammelbegriff für die ganze
Bandbreite guter Gefühle gewählt, doch jetzt ist es an der
Zeit, uns näher damit zu befassen, welches diese Gefühle eigentlich sind. Paul Ekman, der wahrscheinlich bekannteste
lebende Emotionsforscher, hat eine Liste guter Gefühle auf-

gestellt, darunter einige, die mir nicht eingefallen wären, und andere, für die es im Englischen und Deutschen gar kein Wort gibt.[160] Aber mir sind auch einige eingefallen, die Ekman anscheinend ausgelassen hat. Womöglich fallen auch Ihnen noch einige ein. Hier Ekmans Aufstellung:

- Sinnenfreuden (Berührung, Geruch, Geschmack und so weiter)
- Vergnügen
- Zufriedenheit
- Begeisterung
- Erleichterung
- Staunen
- Ekstase
- *fiertà* (ital.) – die Verbindung von Begeisterung, Stolz und Erleichterung über die Bewältigung einer schwierigen Aufgabe
- *nacheß* (jiddisch) – Stolz auf die Leistung eines anderen, unserer Kinder oder Schüler zum Beispiel
- Hochgestimmtheit
- Dankbarkeit
- Schadenfreude.

Dieser Aufstellung würde ich hinzufügen:
- Sicherheitsgefühl
- Verspieltheit
- Rausch
- Freude – die einfache, reine Freude
- Stolz
- Tüchtigkeit – Herr der Lage sein; das Gefühl, dass unser Tun etwas bewirkt

- Nächstenliebe – die Freude, Mitmenschen etwas zu schenken, ihnen in der Not zu helfen, und schließlich
- Erfüllung: ein komplexer Gefühlszustand, der mit persönlichem Wachstum zusammenhängt.

Ich möchte darauf hinweisen, dass weder auf Ekmans noch meiner Liste etwas mit Geld oder Besitz zu tun hat.

Dass mir ziemlich rasch einige Punkte zusätzlich zu Ekmans Liste eingefallen sind, bedeutet wahrscheinlich nur, dass es unendlich viele Gründe für gute Gefühle gibt. Doch wie wir schon sahen, scheint Glück in der Welt allgemein zu schwinden. Ein Hauptgrund dafür dürfte sein, dass wir anscheinend dabei sind, die Fähigkeit zu verlieren, überhaupt noch etwas zu empfinden. Im vierten Kapitel haben wir die vielen Arten besprochen, wie wir heute unter dem Druck stehen, Gefühle zu beherrschen oder zu verdrängen. Infolgedessen haben wir gelernt, unsere Gefühle zu fürchten. Sie können jeden Therapeuten fragen: Er wird Ihnen sagen, dass wir uns mitten in einer *Alexithymie*-Epidemie befinden, das heißt einer Epidemie der Gefühlsblindheit. Das ist für unser ganzes Sein sehr gefährlich, nicht nur für das Glück, weil Gefühle die Essenz des Ichs darstellen. Sie sollen die Aufmerksamkeit lenken, und zwar durch Unterlaufen der Gedanken. Wie gut, dass sie uns zum Beispiel aus einem Tagtraum aufschrecken, während gerade ein dicker Lastwagen auf uns zufährt, oder dass sie uns auf einen ganz besonders schönen Sonnenuntergang aufmerksam machen!

Fühlen lernen

Gefühle geben uns ein Ich. Sie sagen dem Säugling, was er will, und stellen ihn gleichzeitig vor das Problem, die Umwelt dazu zu bewegen, ihm das Gewollte zu geben. Daraus baut er allmählich seine Persönlichkeit auf. Gefühle stellen die Verbindung zwischen Geist und Körper her. Sie sind ein komplexes Signalsystem aus Nerven und chemischen Stoffen, das wir offenbar mit jedem anderen Tier gemein haben. Die meisten davon – Ärger, Angst, Freude, Verspieltheit, Lust, elterliche Instinkte und Schuld – teilen wir sogar mit den höheren Säugetieren außer Katzen, die keine Schuld empfinden, wie jeder weiß. Gefühle bilden den Kern unseres Sinns für richtig und falsch; sie sind Wertungen, anhand deren wir unsere Erfahrungen als gut oder schlecht, gefährlich oder ungefährlich einschätzen.

Doch aus der Perspektive des Glücks ist das Wichtigste: Es ist offenbar nicht möglich, negative Gefühle zu unterdrücken, ohne auch die positiven zu ersticken. Bevor wir uns also weiter darüber unterhalten, wie man zu mehr positiven Gefühlen kommt, wollen wir uns zuerst die bloße Fähigkeit zu fühlen näher ansehen. Etwas richtig fühlen oder empfinden ist gar nicht so schwer, nur erfordert es konzentrierte Aufmerksamkeit und Übung, und diese aufzubringen ist schwer, weil wir in der heutigen Welt alle so wenig Zeit haben.

Respektieren und würdigen Sie Ihre Gefühle.

Der Mensch lernt ständig, ob er es will oder nicht, ob er es versucht oder nicht. Das ist sowohl großartig wie erschreckend. Stellen Sie sich einmal vor: Sie wollten schon Ihr ganzes Leben Trompete spielen. Jetzt sind Sie 55 Jahre alt, die

Kinder sind erwachsen, und Sie haben abends Zeit, Ihren Vorlieben nachzugehen. Sie investieren in eine gute Trompete
aus zweiter Hand, finden einen Lehrer, wohl wissend, dass
Übung wesentlich ist. Sie wollen jeden freien Abend üben.
Das Problem ist nur, dass Ihr Hund jedes Mal zu jaulen beginnt, wenn Sie mit dem Üben beginnen. »Es tut ihm in den
Ohren weh«, meint Ihre Frau hilfsbereit. Das ist Ihnen völlig
schnuppe, Sie möchten einfach, dass der Hund nicht mehr
jault, weil es Sie schrecklich nervt. So geht es wochenlang. Es
frustriert Sie schon, wenn Sie nur ans Spielen denken.

Hierzu ist Folgendes relevant: Ein deutscher Forscher brei-
tete Nervenzellen von Rattenhirnen auf einer Laborschale
aus, verband diese mit winzigen elektrischen Drähten und
ließ immer wieder etwas Strom hindurchfließen. Alles wurde
mittels neuester Mikroskopieverfahren auf Video aufgenommen. Nach einer halben Stunde wuchsen neue dendritische
Dornen an den Nervenzellen.[161] Das sind spezialisierte Orga-
nellen, mit denen die Neuronen Neurotransmitter aufnehmen. *Lernen fand ohne Gehirn statt.* Lernen geschieht von
selbst, ob man sich dessen bewusst ist oder nicht. Nervenzellen lernen aus jeder Erfahrung.

Zurück zu Ihrer Trompete und dem Hund. Sharon Begley
hat ein faszinierendes Buch mit dem Titel *Neue Gedanken,
neues Gehirn* geschrieben, in dem sie viele Untersuchungen
über Neuroplastizität bespricht.
Unter anderem erwähnt sie einige Experimente von Michael
Merzenich, die sich genau mit

Bringen Sie Ihren Nerven
Freude bei.

Ihrem Problem befassen.[162] Merzenich steckte eine Reihe von
Affen in einen Käfig, in dem sie jeden Tag hundert Minuten
lang leichte Schläge auf einen Finger bekamen. Gleichzeitig

hörten sie über Kopfhörer Musik. Die Hälfte der Affen wurde mit einem Schluck Saft belohnt, wenn sie zu erkennen gaben, dass sich der Rhythmus der Schläge auf die Finger geändert hatte. Die übrigen Affen wurden mit Saft belohnt, wenn sie einen Musikwechsel bemerkten. Merzenich brachte den Affen in der ersten Gruppe bei, auf das Schlagen aufzupassen, der zweiten hingegen, auf die Musik zu achten. Nach sechs Wochen war in den Gehirnen der Schlaggruppe der zum entsprechenden Finger gehörende somatosensorische Kortex größer geworden. Im Gehirn der Musikgruppe hatte sich dieser Teil des Kortex nicht verändert, dafür war derjenige Bereich vergrößert, der dem Hören entspricht. Dabei waren die Affen in genau derselben Situation: Alle hörten Musik und bekamen gleichzeitig leichte Schläge auf den Finger. Der einzige Unterschied lag darin, worauf man ihre Aufmerksamkeit lenkte. Sharon Begley schreibt dazu:

> Wenn Erfahrung mit Aufmerksamkeit verbunden ist, führt sie zu physikalischen Veränderungen in der Struktur und der zukünftigen Funktionsweise des Nervensystems … Wir bestimmen in jedem Moment, wie unser sich ständig veränderndes Bewusstsein funktioniert. Wir entscheiden uns in einem sehr realen Sinn dafür, wer wir im nächsten Moment sein werden, und diese Entscheidungen hinterlassen in uns einen physischen Abdruck.[163]

Das, worauf wir achten, bestimmt, wie das Gehirn wächst.
Darin also liegt die Lösung für Ihr Trompetenüben: Bringen Sie den Hund in ein anderes Zimmer, schließen Sie die Tür und blenden Sie das Jaulen während des Übens geistig aus. Konzentrieren Sie sich bewusst auf Ihr Spiel und igno-

rieren Sie den Hund. Es ist zu erwarten, dass es Ihnen immer leichter fallen wird, weil Sie diejenigen Schaltkreise trainieren, die sich mit der Trompete befassen. Diese werden stärker und dehnen sich aus, während im Vergleich dazu die durch das Hundegebell in Gang gesetzten verkümmern. *Konzentrationsübung verändert das Gehirn.* Aufmerksamkeit ist kein fixer Vorgang, wie Daniel Siegel sagt. In meiner Terminologie ist sie eine Fertigkeit. Siegel konnte nachweisen, dass Aufmerksamkeit eine erlernbare Fähigkeit ist, und zwar während eines acht Wochen dauernden Achtsamkeits- und Wahrnehmungstrainings.[164] In dessen Verlauf wurde der Grad an Aufmerksamkeit bei Erwachsenen und Jugendlichen mit ADHS (Aufmerksamkeitsdefizit-Hyperaktivitätsstörung) signifikant verbessert, zugleich waren sie weniger abgelenkt und weniger impulsiv.

Ebenso werden Sie jedes folgende Mal eher aggressiv fahren, wenn Sie ein paarmal Ihren kühlen Kopf im Verkehr verloren haben und aggressiv dahingerauscht sind. Die Neuronenverbindungen zwischen Verkehr und Aggressivität werden gemeinsam gezündet und miteinander verdrahtet. Können Sie lernen, stattdessen ein paarmal tief ein- und auszuatmen, verdrahten Sie eine Verbindung zwischen Verkehr und Ruhe. Sie wissen inzwischen, dass Sie lernen, ob Sie es wollen oder nicht. Wenn Sie nicht lernen wollen, aggressiver zu fahren, müssen Sie bewusst lernen, achtsamer zu sein.

Diese Grundsätze werden heute bei Schlaganfallpatienten eingesetzt. Jahrzehntelang hat die Medizin angenommen, das Gehirn des Erwachsenen könne sich nicht mehr ändern, und wenn bei einem Schlaganfall Gehirnzellen in einem bestimmten Bereich zerstört würden, zum Beispiel diejenigen, die den Gebrauch des rechten Armes steuern, so gebe es keine andere Möglichkeit, als den linken Arm zu gebrauchen. Manche Wissenschaftler vermuteten jedoch, es sei falsch, den rechten Arm verkümmern zu lassen. Sie begannen mit einer sogenannten zwangsbeschränkten Bewegungstherapie: Der gute Arm wurde einfach festgebunden und der Patient aufgefordert, den schlechten zu benutzen. Heute weiß man, dass der durch den Schlaganfall beschädigte Gehirnbereich sich zwar nicht erholt, dafür aber andere Bereiche des Gehirns »rekrutiert« werden, um einzugreifen und einige von dessen Funktionen zu übernehmen.[165]

Wenn ein intensives Training neue Gehirnbereiche so schulen kann, dass sie Funktionen von anderen Bereichen übernehmen, die durch einen Schlaganfall ausgefallen sind, oder wenn Übung das Gehirn dazu bringt, bestimmte Reize auszuschalten und sich auf andere zu konzentrieren, dann ermöglicht es die Übung auch, wieder glücklich zu werden. Nur ist dazu ein intensives, konzentriertes Training erforderlich. Vor allem auf die Konzentration kommt es an. Das, worauf man achtet, bestimmt, welche Schaltkreise im Gehirn verstärkt werden und welche in den Hintergrund rücken, wie Merzenich mit seinen Affen zeigte. Wenn Sie in einer Menschenmenge einen Freund suchen, werden die Schaltkreise des Erkennens in Ihrem Gehirn aktiviert.[166] Suchen Sie jemanden in einem roten Hemd, kommt der Farben erkennende Schaltkreis zum Zug. Handelt es sich um jemanden, der winkt, zünden die entsprechenden Bewegungsschaltkreise, und so weiter. *Wenn Sie Rückschau über Ihren Tag halten, so denken Sie bitte an die Momente, als Sie sich wohlfühlten.* Das verstärkt die Schaltkreise des Wohlfühlens. Überlegen Sie, was dieses Wohlgefühl bewirkte, und tun Sie am nächsten Tag mehr davon. So bauen Sie Glück auf und stellen Ihren Glücks-Sollwert neu ein.

Sicherheit und Mitgefühl

Will man sich wohlfühlen, so hilft es, sich erst einmal sicher zu fühlen. Sich im eigenen Körper und in der Welt sicher zu fühlen hängt offenbar stark mit frühkindlichen Erlebnissen zusammen. Das sollte diejenigen nicht überraschen, die eine oder zwei Generationen haben aufwachsen sehen. Man kann stabile Charakter- und Persönlichkeitszüge beobachten, die offensichtlich schon im Säuglingsalter auftreten und das ganze Leben lang weiterbestehen. Dauerhafte Paradigmen sind zum Beispiel, wie ängstlich man im Allgemeinen ist, wie selbstsicher, welche Selbstachtung man insgesamt hat und wie sehr man bereit ist, sich den Mitmenschen zuzuwenden. Wie viel davon mit dem Erbgut des Kindes zu tun hat und wie viel mit der Erziehung, ist natürlich eine ungeklärte Frage. Sagen wir mal, dass bei jedem Eltern-Kind-Paar die Interaktion, die *Übereinstimmung* zwischen dem angeborenen Temperament des Kindes und Können und Verfügbarkeit der Eltern, sich auf diese Paradigmen auswirkt.

Psychologen haben seit fast 50 Jahren die sogenannte »Bindung« erforscht.[167] Bei der Beobachtung der Interaktion von Mutter und Kleinkind in einem Laborexperiment mit der Bezeichnung »Fremde Situation«, bei dem die Mutter das Kind einige Minuten einer Fremden überließ, bevor sie zurückkam, ließen sich die Kinder in drei Gruppen einteilen:

- Kinder mit sicherer Bindung freuen sich über die Rückkehr der Mutter. Sie suchen Trost bei ihr und lassen sich auch trösten.
- Kinder mit ängstlicher Bindung sind während der Abwesenheit der Mutter sichtlich beunruhigt und klam-

mern sich an sie, wenn sie zurückkommt, doch ohne dass ihre Unruhe deutlich nachlässt.

• Kinder mit vermeidender Bindung tun so, als mache ihnen die Abwesenheit der Mutter gar nichts aus, wobei Gehirnmessgeräte anzeigen, dass sie sehr wohl beunruhigt sind. Kommt die Mutter wieder, ignorieren sie sie. Will sie sie trösten, weisen sie sie manchmal sogar zurück.

Natürlich kann sich eine Menge beim Aufwachsen der Kinder ändern, doch der im frühkindlichen Alter entstandene Bindungstyp besteht meistens beim Erwachsenen fort. Es gibt zuverlässige Befragungen und schriftliche Tests, um den Bindungstyp Erwachsener zu ermitteln.

• Sichere Erwachsene gehen meistens enge, vertrauensvolle, herzliche Beziehungen ein. Sie sehen die Welt optimistisch und vertrauen auf ihre Fähigkeit, das Auf und Ab des Lebens zu meistern und sich nötigenfalls um Hilfe an andere zu wenden. Sie sind eher großzügig, mitfühlend und melden sich rasch als Freiwillige.

• Emotional ängstliche Erwachsene suchen meistens verzweifelt bei Mitmenschen Liebe und Unterstützung, fürchten jedoch ständig, enttäuscht oder verlassen zu werden. Sie haben wenig Vertrauen in ihre Fähigkeiten, sind eher bedürftig, klammern sich an und manipulieren andere. Im Grunde hegen sie große Selbstzweifel, was die Angst vor Ablehnung nur verstärkt. Zeigen sie Mitgefühl, so tun sie es, um ihr eigenes Unbehagen zu lindern, wenn sie andere leiden sehen. Sie sind nicht durch Großzügigkeit oder Einfühlung motiviert.

• Erwachsene, die emotionale Bindungen vermeiden,

glauben meistens, niemand könne ihnen helfen. Sie sind distanziert, und Vertrautheit ist ihnen unangenehm. Sie haben Eigenständigkeit zum Ziel, nur versuchen sie diese durch Ignorieren der eigenen Schwächen oder Bedürfnisse zu erlangen. Daraus entsteht ein äußerst unrealistisches, anfälliges Selbstbild. Sie haben meistens wenig Mitgefühl.

Groß angelegte Tests haben ergeben, dass nur etwas mehr als die Hälfte der jungen erwachsenen Amerikaner eine sichere Bindung haben.[168] Ein weiteres Viertel ist emotional ängstlich, und etwa 20 Prozent vermeiden Bindungen.

Wenn Sicherheit, Vertrauen und die Fähigkeit, lohnende enge Beziehungen zu knüpfen, wesentlich zum Glück beitragen – und das tun sie in der Tat –, so ist anscheinend fast die Hälfte erwachsener Amerikaner dem Unglücklichsein geweiht. Doch in einer faszinierenden Reihe von Experimenten stellten der Amerikaner Philip Shaver und der israelische Forscher Mario Mikulincer fest, das Sicherheitsgefühl bei emotional ängstlichen und Bindung vermeidenden Erwachsenen lasse sich stärken.[169] In einem Experiment bekam eine Reihe von Studenten auf einer Leinwand subliminal Worte gezeigt, die mit Gefühlssicherheit zusammenhingen wie *Liebe, Umarmung* und *Unterstützung*. Diese Studenten drückten sich danach vorurteilsfreier aus als andere, die subliminal neutrale Begriffe aufgenommen hatten. Ebenso stellte man weniger Vorurteile bei Studenten fest, die sich nur vorstellen sollten, sie steckten in einer schwierigen Situation, seien jedoch von Menschen umgeben, die sie liebten und ihnen helfen wollten. Dies ergab sich sogar bei Versuchspersonen, die sich zuvor als gefühlsmäßig ängstlich oder bindungsvermeidend erwiesen hatten.

Seine Einstellung auf einem Fragebogen festzuhalten ist eines, sich jedoch sicher genug zu fühlen, um jemandem beizustehen, der in Schwierigkeiten steckt, ist etwas ganz anderes. In einer weiteren Versuchsreihe wurde den Versuchspersonen jeweils gesagt, sie hätten die Aufgabe, das Verhalten einer anderen Versuchsteilnehmerin live auf dem Monitor zu beobachten und zu bewerten. Dabei handelte es sich um eine junge Frau, die aufgefordert wurde, eine Reihe ekliger oder unangenehmer Dinge zu tun, unter anderem die Hand in eiskaltes Wasser zu halten, eine Tarantel zu streicheln und ein konserviertes Schafsauge zu berühren. In Wirklichkeit war die »andere« in das Experiment eingeweiht, und das Ganze war eine Videoaufzeichnung. Während die ahnungslosen Versuchsteilnehmer das Video ansahen, bewies die junge Frau zunehmend mehr Ekel und Widerstreben, bis sie schließlich sagte, sie könne nicht weitermachen. Sie sahen auch, wie der Versuchsleiter die Kamera stoppte. Kurz danach kam er zur getesteten Versuchsperson zurück und fragte sie, ob sie den Platz mit der jungen Frau tauschen würde, die »aufgegeben« hatte. »Es ist ein wesentlicher Bestandteil der Studie, dass jemand tatsächlich die Tarantel berührt, während eine andere Person dabei zuschaut, und die nächste Aufgabe ist genauso schwer oder noch schwerer, dann geht es darum, dass einem Kakerlaken am Arm hochlaufen.«[170]

Wie zu erwarten war, waren Teilnehmer mit Bindungsangst oder Bindungen vermeidende weniger bereit, einzuspringen und sich selbst etwas Unangenehmem auszusetzen. Doch auch hier waren sie eher bereit einzuspringen, wenn sie zuvor subliminal entsprechend beeinflusst oder gebeten worden waren, an jemanden zu denken, der ihnen einst in einer schwierigen Situation geholfen hatte.

Bleiben wir auf unserem Sicherheits-Sollwert sitzen? Ist unser Mitgefühl fest begrenzt? Diese Experimente wurden, wie nahezu alle Versuche im Bereich der Sozialpsychologie, mit einem kleinen, fast trivialen »Stimmungsanreger« durchgeführt: eine Münze im Münzautomaten finden, ein weniger als einen Euro kostendes kleines Geschenk erhalten, eine kleine Tüte Bonbons bekommen, ein Wort auf einer Leinwand aufblitzen sehen oder die Bitte, sich an etwas zu erinnern. Sie stellten dabei fest, dass die Stimmungsänderung – wenigstens eine Zeitlang – anhält.[171] Nicht nur hält sie an, sondern sie setzt zudem eine positive Feedbackschleife in Gang, die sie auch noch länger anhalten lässt. Wenn Sie sich freiwillig bereit erklären, für jemanden zu leiden, kann diese eine Tat eine kleine dauerhafte Veränderung in Ihrem Selbstwertgefühl bewirken.

Die westliche Psychologie hat hundert Jahre gebraucht, um die Hypothese wirklich zu *prüfen*, dass das, was Sie tun, Sie glücklicher machen kann. Den Anstoß dazu hat schließlich die Positive Psychologie geliefert (siehe zehntes Kapitel). Die ersten Ergebnisse sind ermutigend. In einer Versuchsreihe wurde nachgewiesen, dass Konzentration auf Dankbarkeit den Glückspegel wenigstens vorübergehend hebt, den Schlaf fördert, zu mehr großzügigen und hilfreichen Handlungen und auch zu mehr Bewegung anregt.[172] In einem weiteren Experiment wurden die Teilnehmer gebeten, sechs Wochen lang fünf gute Taten pro Woche zu verrichten. Die Schlussfolgerung lautete, Freundlichkeiten Mitmenschen gegenüber bewirkten zumindest auf kurze Sicht eine positive Veränderung im subjektiven Wohlbefinden des Betreffenden.[173] Ein weiterer Versuch ergab, dass das Nachdenken über die eigenen Werte und die Bekräftigung derselben den Kortisolspiegel im Blut (ein verlässlicher Stressindikator) sowie die subjektive Stressempfindung senkte.[174] Ein Pionier der Glücksforschung, Michael Fordyce, hat schon vor einiger Zeit nachgewiesen, dass es reichte, seinen Psychologiestudenten im ersten Jahr die Grundsätze des Glücks beizubringen, um eine signifikante Erhöhung in deren Glücksniveau herbeizuführen.[175] Allerdings wurden seine Ergebnisse erst in den letzten paar Jahren zur Kenntnis genommen. Sein 14-Punkte-Programm hat er unter *www.gethappy.net* großzügig allen online zur Verfügung gestellt.

Solche Versuche liefern deutliche Beweise dafür, dass man sich selbst helfen kann, wenn man in einer Situation steckt, in der man sich unbehaglich fühlt, Angst bekommt oder ohne konkreten Grund unsicher ist. Keiner dieser Versuche erforderte konzentrierte Anstrengung oder eine Menge Arbeit – jedenfalls nicht der Art wie die konzentrierte Übung, die beim Achtsamkeitstraining wünschenswert ist, und keine dreimonatige Praxis, wie ich sie Ihnen empfehle. Die Betreffenden sollen nur einige Fragen beantworten oder ein paar Minuten darüber nachdenken. Wie viel effektiver könnten Sie Ihr Glücksgefühl steigern, wenn Sie sich dauerhaft bemühten? Hier einige Vorschläge:

- Nehmen Sie sich einige Minuten Zeit, still zu sein und sich an jemanden zu erinnern, der Sie liebte, an Sie glaubte und bereit gewesen wäre, um Ihretwillen zu leiden. Oder denken Sie an jemanden, der dies jetzt tut. Überlegen Sie, an wie viele einzelne Sinneseindrücke von dieser Person Sie sich erinnern können: die Stimme, ihr Ausdruck, Geruch, die Art, wie sie sich kleidete. Prüfen Sie, ob Sie sie in einen Rahmen stellen können: einen bestimmten Raum, eine bestimmte Zeit in Ihrem Leben. Sich an solche Einzelheiten zu erinnern hilft Ihren Gefühlserinnerungen wahrscheinlich nach und verstärkt sie.

- Denken Sie an jemanden, dessen Glück und Wohlbefinden *Ihnen* sehr am Herzen liegt, jemanden, für den Sie gerne ein Opfer bringen würden. Emotionale Erinnerungen an solche Verbindungen helfen Ihnen, sich sicherer zu fühlen.

- Oder Sie könnten sich Zeit nehmen und über Dinge in Ihrem Leben nachdenken oder sie in einem Tagebuch festhalten, für die Sie dankbar sind. Dinge, die Ihr Leben erleichtern oder erleichtert haben: Glücksfälle, Unfälle, denen Sie knapp entgangen sind, und Lernerfahrungen, aber auch Zeiten, in denen Sie sich freuten oder zufrieden waren. Wenn jemand bei den AA frustriert und verbittert ist, so wird ihm üblicherweise geraten, eine »Dankbarkeitsliste« aufzustellen. Dies bewirkt in der Regel eine drastische Veränderung der Sichtweise.

- Es ist auch gut, sich vor dem Einschlafen sowohl an Erfahrungen, in denen man sich sicher fühlte, wie an solche zu erinnern, für die Sie dankbar sind.

Gründe zur Freude

Michael Argyle, ein weiterer führender Glücksforscher, hat eine Liste all dessen aufgestellt, was bei den meisten Menschen gute Gefühle weckt.[176] Sie sind hier in freier Folge aufgeführt:

- Essen
- Gesellschaftliche Aktivitäten und Sex (Argyle rechnet Humor zu den gesellschaftlichen Aktivitäten)
- Bewegung und Sport
- Alkohol und sonstige Drogen
- Erfolg und soziale Anerkennung
- Einsatz von Fähigkeiten
- Musik, die anderen Künste, Religion*
- Wetter und Umgebung
- Erholung und Entspannung.

Beachten Sie, dass auch hier nichts über Geld, Besitz oder Leistung gesagt wird.

Übrigens hat die Autorin Barbara Ann Kipfer ein Buch mit dem Titel *Das Glück ist gleich um die Ecke* geschrieben, das man in der Nähe des Bettes zur Hand haben sollte.[177] Es enthält eine Aufstellung von 333 großen und kleinen Lebensfreuden, die sie in über 40 Jahren glücklich gemacht haben. Geht man davon aus, dass einem etwas eher wieder einfällt, wenn man öfter daran gedacht hat, so ist es wahrscheinlich ein ausgezeichnetes Buch, um beim Zubettgehen darin zu blättern.

* Dieser Teil der Liste ist etwas eigenartig. Ich kann mir nur vorstellen, dass Argyle die Religion mit den Künsten und der Musik aufführt, weil alle drei uns dank einer ästhetischen Erfahrung über uns selbst erheben oder uns Ehrfurcht einflößen können. Nur unterscheidet sich die Musik (nach meiner durch nichts untermauerten Theorie) von den anderen Künsten, weil Rhythmus und Melodien ganz direkt und sinnlich ins Gehirn dringen. Bei der Religion als Auslöser guter Gefühle geht es nicht nur um Ergriffenheit, sondern auch darum, dass sie ein Ziel bietet, ein Gemeinschaftsgefühl, vielleicht auch das Gefühl, von einem höheren Wesen geliebt zu werden. Im Folgenden komme ich noch auf *Ehrfurcht* und im zehnten Kapitel auf die *Religion* zu sprechen.

Stellen Sie sich vor, wie glücklich die Autorin sein muss, wenn sie so aufmerksam auf Glück achtet.

Um noch einmal auf Argyle zurückzukommen: Interessanterweise können drei der ersten vier Betätigungen auf seiner Liste nicht nur glücklich machen, sondern auch Elend bewirken, nämlich Schuld oder Scham auslösen und ins Gefängnis bringen. Essen, Sex und Drogen sind so starke, verführerische Verursacher guter Gefühle, dass man ihnen leicht verfällt und darüber seine Werte vergisst. Nur Bewegung und Sport sind offenbar nicht riskant. Die meisten anderen Punkte sind entweder grundsätzlich keine guten Verstärker oder von sich aus beschränkt.

Alle Freuden sind vergänglich. Das ist das Wesen guter Gefühle. Das Gefühl dauert so lange wie die Erfahrung, wenn überhaupt, denn wir lassen uns sehr leicht ablenken. Sie werden kaum einen ganzen Film wie gebannt ansehen, egal wie gut Martin Scorsese ist. Der Nobelpreisträger Daniel Kahneman meint, wir seien deswegen so anpassungsfähig, weil wir die Aufmerksamkeit nur kurz auf etwas richten können.[178] Deswegen pendle sich das Glücksniveau bei Lottogewinnern und Unfallopfern so rasch wieder auf den Ausgangspunkt ein. Zuerst nehmen solche oder ähnliche große Veränderungen im Leben viel Raum im Kopf ein, aber es dauert nicht lange, und schon lenken die Einzelheiten des Alltags wieder ab. Wie bei den Müttern, die sich nicht gerne ständig mit Kindererziehung befassten, während sie mit allem anderen beschäftigt waren, neigt man dazu, eine Behinderung oder plötzlichen Reichtum zu vergessen, weil man sich immer weniger lang damit befasst. Auch hier ist wieder Aufmerksamkeit der Schlüssel. Könnten wir den Geist trainieren, sich mehr auf das zu konzentrieren, was wirklich wichtig ist, und sich nicht von der nächsten Aufgabe ablenken zu lassen, ginge es uns sehr viel besser.

Mehr Achtsamkeit fördert die Konzentration. Achtsamkeit hilft bewusst wahrzunehmen, wie vergänglich und labil gute Gefühle sind. Achtsamkeit lässt uns diese Tatsachen akzeptieren, ohne so verängstigt zu werden, dass wir aus Angst vor Verlust oder Enttäuschung lieber gar nichts empfinden. Mit einer achtsamen Haltung werden wir empfänglicher für kleine Freuden – die Sonne auf der Haut, gute Gerüche aus der Küche oder eine E-Mail von einem alten Freund.

So viele mögliche Freuden entgehen uns unter anderem deshalb, weil wir uns zu sehr auf unsere Paradigmen verlassen. Jedes Mal, wenn wir ein vertrautes Objekt sehen, zum Beispiel eine Blume, laufen eigentlich zwei Vorgänge gleichzeitig ab. Die Augen nehmen einen Gegenstand mit einer bestimmten Farbe, Größe und Form wahr und übermitteln diese Information an die unteren Kortexebenen. Dieses Signal steigt durch die sechs Schichten des Kortex in die höheren Ebenen auf, wo die Wahrnehmung stattfindet. Es wird uns bewusst, dass wir ein Objekt sehen. Doch gleichzeitig beschäftigen sich die höheren Kortexschichten eifrig mit dem Erkennen des Gegenstands. Wir wissen aus früheren Erfahrungen mit Blumen, wie Blumen aussehen. Die höheren Schichten schicken eine Information in die Wahrnehmungsschichten hinab, die im Wesentlichen besagt: »Ich hab's. Es ist eine Blume. Du brauchst nicht weiter darauf zu achten.« Wir besitzen ein Paradigma für die Kategorie Blumen. Solche Paradigmen sind die Autobahnen des Gehirns, wie wir wissen. Sie sind zum raschen Erkennen des Geschehens in der Umgebung sehr nützlich, damit wir mit dem weitermachen können, was uns gerade wichtig ist. Beim Unkrautjäten kann der Geist sämtliche Einzelheiten der Blumen übergehen, weil wir das Unkraut aufstöbern wollen. Nur ist das Leben im 21. Jahrhundert so hektisch geworden, dass wir uns alle ständig im Unkrautjätmodus befinden. »Ich muss durch den Garten sausen wie durch jede andere Aufgabe.« Versuchen wir, uns im Alltag mehr zu freuen, so machen Paradigmen oft blind, und wir nehmen die wunderbaren Einzelheiten unserer Erlebnisse nicht mehr wahr.

Stecken wir im hyperwachsamen Zustand fest und haben das Gefühl, geschäftig bleiben zu müssen, nur weil wir diese (ungeprüfte) Angst haben, wir würden sonst zurückfallen, so sehen wir höchstwahrscheinlich im Leben nichts als solche Paradigmen, auch was Kinder, Geliebte und Chefs betrifft. Statt komplexe Persönlichkeiten mit eigenen Gefühlen wahrzunehmen, sehen wir nur die Klischees, die wir uns von ihnen machen. Das Leben saust an uns vorbei, wie die Umgebung an Autos auf der Autobahn vorbeisaust. Die Praxis der Achtsamkeitsübung entspannt die höheren Kortexbereiche und verlangsamt diese, sodass wir über feste Kategorien hinaus bei einem Kind das wirklich Neue an *diesem* Tag, in *diesem* Alter, mit *diesem* Gesichtsausdruck und *diesem* Anliegen erkennen können.

> Überlegen Sie, wie vieles Sie glücklich machen kann.

Genießen

Nicht nur sollte man gute Gefühle erkennen, sondern auch lernen, wie man diese genießt. *Genießen* ist in der Positiven Psychologie ein sehr beliebtes Thema und sollte es auch sein.

Im Gedränge der heutigen Welt, in der man immer zu viel zu
tun hat, macht man es sich zur Gewohnheit, rasch von einem
mentalen Thema zum nächsten zu gehen. Doch wenn sich
etwas gut anfühlt, sollte man innehalten und darauf achten.
Genießen ist ein Talent, das man lernen und üben kann. Sich
an das Schwelgen im Whirlpool zu erinnern ist leider nicht
dasselbe, wie im Whirlpool zu *sein*. Aber kommen Sie mal
kurz mit mir: Zuletzt war ich im Winter vor eineinhalb Jahren
in einem Whirlpool. Ich erinnere mich an den Chlorgeruch,
die große Feuchtigkeit in Nase und Stirnhöhlen, an den son-
nendurchfluteten Raum, das Dröhnen des Wassers aus den
Düsen, das alle sonstigen Geräusche im Raum übertönte, die
angenehme Wärme des Wassers, das beschwingende Gefühl
der Schwerelosigkeit und die Wohltat des Wasserdrucks, der
meine schmerzenden Muskeln massierte. Erstaunlich, woran
man sich erinnern kann, wenn man sich konzentriert. Und
während ich mich erinnere, erinnert sich auch mein Körper
und entspannt sich ein wenig.

Hier einige Strategien zum Genießen, die sich in Untersuchungen bewährt haben:[179]

- *Etwas gemeinsam mit anderen unternehmen.* Laden Sie Leute ein, eine Erfahrung mit Ihnen zu teilen. Laden Sie zur
Verleihung einer Auszeichnung alle Freunde ein, denn
deren gute Gefühle für Sie sind ansteckend. Gehen Sie
mit Gleichgesinnten Vögel beobachten oder ein Muse-
um besuchen und tauschen Sie Ihre Eindrücke aus.
- *Erinnerungen aufbauen.* Machen Sie innerlich Aufnahmen
des Ereignisses (oder echte Fotos, jetzt, wo fast alle mit
dem Handy fotografieren können). Bringen Sie ein Sou-
venir mit nach Hause. Ich nehme Steine von Besuchen

auf Schlachtfeldern des amerikanischen Bürgerkrieges mit nach Hause, aus den Gärten von Freunden, von Stränden und Bergen. Wenn ich auf die Veranda gehe und die Steine berühre, erinnere ich mich an die guten Gefühle bei jeder Reise.

- *Beglückwünschen Sie sich selbst.* Wie Christopher Peterson sagt: »Haben Sie keine Angst, stolz auf sich zu sein. Achten Sie darauf, wie beeindruckt andere sind, und bedenken Sie, wie lange Sie auf dieses Ereignis gewartet haben.«[180]

- *Die Wahrnehmung schärfen.* Konzentrieren Sie sich nur auf bestimmte Aspekte der Erfahrung und blenden Sie andere aus. Wenn Sie sich für einen gehaltenen Vortrag beglückwünschen, so vergessen Sie, wie sehr Sie geschwitzt haben und wie nervös Sie waren. Erinnern Sie sich an das Hochgefühl danach. Geht es darum, einen guten Wein zu genießen, so konzentrieren Sie sich auf Ihre Sinneseindrücke und schalten Sie das Denken aus.

- *Aufrechterhalten.* Konzentrieren Sie sich auf die guten Gefühle, ebenso wie Sie sich bei der Meditation auf die Atmung konzentrieren. Spüren Sie nach, wie sich Ihr Wohlgefühl im Körper auswirkt. Bleiben Sie bei der Erfahrung.

- *Im Verhalten ausdrücken.* Lachen, tanzen, singen Sie, springen Sie vor Freude, weinen Sie und drücken Sie Ihre intensiven Gefühle aus. (»Der Kuchen war *soooo* gut!«) Manchmal unterdrücken wir diese Impulse, weil wir uns fragen, was »die andern wohl denken«. Doch das würgt die Begeisterung todsicher ab. Lassen Sie sich gehen und machen Sie Ihrer Freude Luft.

Wenn wir bedenken, was wir alles über die hedonistische Tretmühle und sonstige Arten der Gewöhnung wissen, die uns herabziehen, so täten wir offenbar alle gut daran, uns darin zu üben, jedes gute Gefühl ausgiebig zu genießen. Jetzt, wo wir wissen, dass sich das Gehirn aufgrund dessen, worauf wir achten, selbst neu verdrahtet, können wir gute Argumente dafür vorbringen, dass der Genuss positiver Erfahrungen beim nächsten Mal für umso mehr gute Gefühle sorgen wird.

Eine verbreitete Achtsamkeitsübung ist die, sich fünf Minuten Zeit zum Kosten einer einzigen Rosine zu nehmen. Wenn Sie möchten, können Sie es gleich jetzt ausprobieren. Nehmen Sie die Rosine in den Mund, aber ohne sie zu kauen oder hinunterzuschlucken. Kundschaften Sie sie mit der Zunge aus. Nehmen Sie ihre Falten und Unebenheiten wahr. Spüren Sie mit verschiedenen Teilen der Zunge etwas anderes? Beachten Sie, wie sie sich durch den Speichel etwas aufweicht. Öffnen Sie sie dann mit den Zähnen, aber ohne weiterzukauen. Nehmen Sie wahr, wie der Geschmack sich beim Aufbrechen entfaltet. Wie würden Sie den Geschmack beschreiben? Was schmeckt ähnlich: Zimt, Wein, Tee, Schokolade? Denken Sie ein Weilchen darüber nach. Kauen Sie die Rosine jetzt, aber ohne sie hinunterzuschlucken. Nehmen Sie wahr, wie sich der Geschmack beim Kauen verändert. Ihr Speichel geht mit der Rosine eine chemische Verbindung ein und verändert den Geschmack ein wenig. Was schmecken Sie jetzt noch? Dann können Sie sie hinunterschlucken. Beachten Sie jedoch, wie der Geschmack in Ihrem Mund nachwirkt. Mögen Sie ihn?

Die meisten staunen über die Fülle und Vielfalt der Erfahrungen beim achtsamen Essen einer Rosine. Sie können dieses Erlebnis auch auf andere Sinneserfahrungen übertragen.

Übung 11
Genießen

Sorgen Sie dafür, dass Sie genügend Zeit haben und nicht unterbrochen werden. Machen Sie es sich bequem.

Werden Sie langsamer. Nehmen Sie sich Zeit. Wenden Sie
Methoden der Achtsamkeitspraxis an und konzentrieren Sie
sich auf Ihre Erfahrung. Statt sich auf den Atem zu konzentrieren, achten Sie auf den Geschmack des Essens, die Berührung Ihres Partners, das Gefühl der Sonne auf der Haut, das
Geräusch des Meeres, alles, worauf Sie sich jetzt konzentrieren
wollen. Wenn Sie merken, dass andere Gedanken oder Gefühle
Sie ablenken, lassen Sie diese einfach ausklingen und wenden
sich wieder der momentanen Empfindung zu.

Machen Sie eine innere Aufnahme. Treten Sie innerlich einen
Schritt zurück und betrachten Sie sich selbst: die Stellung, in
der Sie sitzen, die Tageszeit, und was in Ihrer Umgebung geschieht. Machen Sie sich ein inneres Bild von sich selbst, wie Sie
gerade jetzt sind, und von der Sinnesempfindung, auf die Sie
sich konzentrieren. Stellen Sie sich vor, wie Ihr Gehirn das Bild
Ihrem Gedächtnis einbrennt, so wie ein Film durch Öffnen des
Verschlusses am Fotoapparat belichtet wird. Sie werden dieses
Bild mit den dazugehörigen Empfindungen jederzeit wieder her-
vorholen können, wann immer Sie die entsprechenden Gefühle
wieder haben möchten.

Überlegen Sie, mit welchen Worten und Sätzen Sie jemandem die Erfahrung beschreiben würden. Das hilft, eine Erinnerung daraus zu machen. Gehen Sie nicht mit sich ins Gericht,
wenn Worte unzulänglich erscheinen. Gewöhnlich sind sie es,

aber sie beschwören Gefühle im Zuhörer herauf, die die Erfahrung für ihn verständlicher machen.

In jedem Geschmack stecken verborgene Geschmacksnoten. Erlauben Sie sich, tiefer einzudringen und sie zu erforschen. Ebenso stecken viele verborgene Erfahrungen in einer Berührung, einem Klang und einem Anblick. Üben Sie, Ihren Blick vom Weitwinkel (bei dem Sie sich bei der Erfahrung zusehen) zu einer Nahaufnahme (bei der Sie sich auf ein einzelnes Detail konzentrieren) und wieder zurück zu lenken.

Was das Aufrechterhalten guter Gefühle betrifft, so macht es einen großen Unterschied, wie man den Geist einsetzt. Dies wurde in einem Experiment aufgezeigt, in dem es um den Unterschied zwischen Denken und Erinnern ging.[181] Eine Reihe von Studenten wurde in zwei Gruppen aufgeteilt. Die eine sollte logisch und analytisch über Ereignisse in ihrem Leben berichten. Die andere sollte erinnerte Einzelheiten von Ereignissen festhalten. Beim Beschreiben glücklicher Ereignisse erwähnten die analytisch vorgehenden Studenten insgesamt weniger Wohlbefinden und Gesundheit als diejenigen, die sich einfach erinnerten. Umgekehrt äußerten sie sich beim Beschreiben negativer Ereignisse über mehr Wohlbefinden und einen besseren Gesundheitszustand als diejenigen, die sich bloß erinnerten. Dies deutet darauf hin, dass man vergangene Begebenheiten besser auskostet oder nacherlebt, wenn man die Gedanken schweifen lässt. Waren

Führen Sie Tagebuch. Lesen Sie regelmäßig darin. Lernen Sie daraus, was Ihnen gute Gefühle verleiht, und tun Sie dies öfter.

sie schön, so fühlt man sich gut, waren sie schlecht, so fühlt man sich mies. Der analysierende, problemlösende Teil des Geistes hingegen ist äußerst nützlich, wenn er sich mit negativen Ereignissen befasst. Nur bei der Analyse glücklicher Geschehnisse wird das Glück geschmälert. Halten Sie sich also nicht mit schlechten Gefühlen auf. Nutzen Sie Ihren »weisen Geist« dazu, nur so lange über negative Erfahrungen nachzudenken, bis Ihnen klar geworden ist, wie Sie diese nicht noch einmal machen müssen. Verdauen Sie die Lektion und gehen Sie weiter.

Es gibt viele Hinweise auf die Existenz eines »Engelskreises« – im Gegensatz zum Teufelskreis –, der beim Empfinden positiver Gefühle in Gang kommt. Zahlreiche Versuche haben ergeben, dass glücklichere Menschen als der Durchschnitt in vielen Lebensbereichen mehr Erfolg haben: bei Beurteilungen durch Vorgesetzte, im Hinblick auf Arbeitsbefriedigung, Gesundheit, Lohn, freundschaftliche Beziehungen, eheliches Glück, Allergien (Glückliche leiden seltener daran), soziale Unterstützung, Gruppenleitung, körperliche Anziehung, geschätzte Intelligenz, »Güte«, Managerpotenzial, Schlafqualität, körperliche Betätigung, Arztbesuche, Funktion des Immunsystems, Sterberate (!) und Todesalter, um nur einige zu nennen.[182] Anders ausgedrückt: Aufgewecktere, extrovertiertere Menschen sind in der Regel in den meisten Lebensbereichen erfolgreicher als weniger aus sich herausgehende. Dies trifft natürlich auch umgekehrt zu: Je erfolgreicher, beliebter und gesünder Sie sind, desto mehr gibt es, worüber Sie sich freuen können. Die Untersuchungen belegen auch, dass das Auskosten positiver Erfahrungen die Glücksfähigkeit neu ein-

> Lernen Sie, sich von negativen Gefühlen zu lösen.

stellt. Es geschieht nicht über Nacht, aber mit konzentrierter Aufmerksamkeit können Sie erwarten, den Schaltkreis im Gehirn zu stärken, der gute Gefühle aufkommen lässt, während die mit negativen Gefühlen zusammenhängenden Schaltkreise rosten. Dann ziehen auch Sie Nutzen aus dem »Engelskreis«, in dem mehr positive Gefühle mehr Erfolg, bessere Gesundheit und bessere Beziehungen bringen – die Liste lässt sich endlos fortsetzen.

Die beste und leichteste Übung im Buch

Nun folgt eine Übung, die Ihr Glücksniveau drastisch anheben kann und doch so einfach und leicht ist, dass sie praktisch keine Mühe erfordert. Lassen Sie sich davon nicht beirren. Sie hat in meinem Leben sehr viel verändert, ebenso im Leben vieler meiner Patienten und (den Berichten zufolge) auch bei vielen anderen.

Übung 12
Drei gute Begebenheiten

Als ich mein Buch *Undoing Depression* (»Depressionen auflösen«) schrieb, schlug ich vor, man solle beim Zubettgehen drei gute Vorfälle des Tages aufschreiben. Ich dachte, damit eine vernünftige Idee weiterzugeben, die ich von meiner Frau hatte. Nun stellt es sich heraus, dass Forscher der Positiven Psychologie experimentell nachweisen konnten, dass man seinen Glücksthermostat auf diese Weise sehr gut neu regulieren kann. Christopher Peterson und andere haben in Versuchen aufgezeigt, dass es besser ist, sich auf drei Dinge zu konzentrieren als auf mehr.[183] Die Übung sollte vorzugsweise abends durchgeführt werden, und zusätzlich zum Aufschreiben der drei Punkte ist es hilfreich, wenn man darüber nachdenkt, weshalb jedes dieser guten Ereignisse eingetreten ist. Es auf diese Weise zu überdenken macht achtsamer und fixiert die Erinnerung besser. Sie wiesen zudem nach, dass die Übung Glücksgefühle vermehrte und Depressionssymptome bis zu sechs Monate lang verringerte, solange die Betreffenden übten. (Die Studie dauerte sechs Monate. Es besteht kein Grund zu glauben, die Übung wäre weniger wirksam, führte man sie länger durch.)

Hier die wissenschaftlich erforschte und im Test erprobte Übung:

- Schreiben Sie jeden Abend vor dem Zubettgehen etwas über drei gute Ereignisse an diesem Tag auf: drei Episoden, die gut gelaufen sind, Ihnen ein gutes Gefühl vermittelten oder Ihnen ein Lächeln entlockten.
- Es kann sich um etwas ganz Kleines oder verhältnismäßig Großes handeln: was Sie beim Mittagessen mochten oder eine Gehaltserhöhung, ein neues Lied, das Sie hörten und das Ihnen gefiel, oder produktiv gearbeitet zu haben.
- Es können Sinnenfreuden sein, etwas, worauf Sie stolz sind, was Sie für jemand anderen freut, einfach alles, was ein positives Gefühl in Ihnen aufsteigen ließ.
- Beantworten Sie bei jedem Punkt die Frage: »Weshalb ist das geschehen?« Geben Sie eine einfache Antwort mit Ihren Worten. Niemand wird prüfen, ob sie stimmt.

- Wenn Sie eine Partnerin oder einen Partner haben, könnten Sie diese Übung abends gemeinsam machen und Ihre Aufzeichnungen austauschen. Dabei werden Sie sehr viel übereinander erfahren.
- Vielleicht tragen Sie die Aufzeichnungen in einem Tagebuch ein und lesen ab und zu darin. Wahrscheinlich werden Sie rückblickend auf angenehme Weise an etwas erinnert, das Sie vergessen hatten. Vielleicht schält sich dabei auch ein Muster heraus, das auf einige Veränderungen hindeutet, die günstig wären, wenn beispielsweise Ihre Gedanken mehr um Essen kreisen, als Sie möchten, oder wenn Sie selten an Sinnenfreuden denken.

Und hier meine Version für Faulenzer:

- Machen Sie abends beim Zubettgehen Ihren Kopf von allen anderen Gedanken frei. Haben Sie quälende Sorgen, hilft es manchmal, wenn man sich vorstellt, jede einzelne in die Hand zu nehmen und neben dem Bett auf dem Boden aufzustapeln. Viele werden am Morgen geduldig dort auf Sie warten, andere jedoch haben sich möglicherweise über Nacht davongeschlichen.
- Denken Sie nun, wie oben, an drei gute Dinge, die tagsüber geschehen sind, kleine oder große, Sinnenfreuden, Leistungen oder Ähnliches.
- Konzentrieren Sie sich auf die damit einhergehenden Gefühle. Üben Sie, feine Gefühlsunterschiede zu erkennen. Sind Sie stolz? Begeistert? Erfreut? Entlockt Ihnen die Erinnerung ein Lächeln? Achten Sie auf Ihre Gesichtsmuskeln, wenn die-

se sich zum Lächeln verziehen. Wird Ihnen warm? Wo? Ums Herz, im Bauch, im ganzen Körper? Spüren Sie einen angenehmen Klumpen im Hals? Klopft Ihr Herz schneller?

- Stellen Sie sich vor, wie die Neuronen in Ihrem Gehirn neue Glücksschaltkreise bilden: Winzig kleine Bulldozer verbreitern die Kanäle zum Glück. Beachten Sie, dass die Gehirnzellen schon nur beim Erinnern neue Schaltkreise bilden. Stellen Sie sich vor, dass Endorphine wie frisch geschmolzener Schnee in die Freudenrezeptoren der neuen Glücksschaltkreise fließen. Und vergessen Sie nicht: Wenn Sie diese Übung regelmäßig durchführen, wird sie Ihren Glücks-Sollwert verändern. Sie werden sich leichter und öfter freuen.

- Gleiten Sie langsam in den Schlaf, während Sie noch weiter genießen, erkunden und Bilder an sich vorbeiziehen lassen.

Bei einem Versuch mit dieser Übung wurde festgestellt, dass sie die ganzen sechs Monate der Versuchsperiode mehr Glücksgefühle bewirkte und Depressionssymptome verringerte, obschon man die Teilnehmer nur gebeten hatte, sie eine Woche lang durchzuführen. Weitere Nachforschungen förderten zutage, dass viele Teilnehmer sich in der Folge von selbst auf drei gute Dinge konzentriert hatten.[184]

Diese Übung bewirkt unter anderem, dass Sie öfter und leichter »jetzt da« sind, weil Sie aufgefordert werden, im Verlauf des Tages sowohl auf schöne und vergnügliche Momente zu achten wie auf solche, auf die Sie stolz sein können.

Seien Sie jetzt da.

»Mein Chef hat mir eben ein Kompliment gemacht. Das muss ich mir merken!« Als wir die Achtsamkeit besprachen, haben wir dieses »jetzt da sein« nicht besonders betont, aber genau darum geht es natürlich bei der Achtsamkeit. Man konzentriert sich auf die unmittelbare Erfahrung, auf das, was gerade jetzt geschieht, und lässt sich nicht von anderen Gedanken oder Gefühlen ablenken. Man ist umsichtiger, neugieriger, *bewusster*.

Der Körper

Auf Michael Argyles Liste der Ursachen des Glücks nehmen Bewegung und Sport sowie Erholung und Entspannung einen wichtigen Platz ein. Und ebenfalls an wichtiger Stelle in einer Liste der Ursachen des Elends stehen für fast alle Menschen die Meinungen zum Körper: zu dick, zu klein, zu dünn, zu behaart, zu schmerzhaft oder nicht in Form – und so geht es endlos weiter. Daher rührt die Liebe-Hass-Beziehung zum Körper.

Es gibt gute Gründe anzunehmen, dass Ihr Gesundheitszustand umso besser ist, je glücklicher Sie sind. Eine inzwischen berühmte Studie nutzte den günstigen Umstand, dass autobiografische Aufzeichnungen junger Schwestern des Ordens von Notre Dame, die diese bei ihrem Eintritt in den Orden geschrieben hatten, nach 60 Jahren noch existierten.[185] Die Forscher ließen eine Reihe unabhängiger Gutachter alle Aufzeichnungen lesen und die Worte zählen, die ein positives oder negatives Gefühl ausdrückten. Diese Zahlen wurden mit dem Gesundheitszustand der betreffenden Schwestern zum Zeitpunkt der Untersuchung verglichen. Dabei stellte sich heraus, dass die Schwestern (im Alter von 75 bis 95 Jahren) desto gesünder waren, je mehr positive Gefühle sie beim Eintritt in den Orden (im Durchschnitt mit 22 Jahren) zu Papier gebracht hatten. Dieser Versuch wird allgemein als ausgezeichnetes »natürliches« Experiment angesehen, da sämtliche Variablen wie Essen, Trinken, Rauchen, Lebensgefährten und Stress, die sich auf die Gesundheit auswirken können, in den 60 Jahren – dem Zeitraum der Studie – im Wesentlichen für alle Schwestern dieselben waren. Da alle grundsätzlich unter den gleichen Bedingungen lebten, ist es sehr wahrscheinlich, dass die Unterschiede im jeweiligen Glücks-Sollwert der Schwestern sich auf deren unterschiedliche Widerstandskraft und Vitalität auswirkten. *Glücklichsein hat einen Einfluss darauf, wie lange und wie gut man lebt.*

Bei einer ganz anderen Gruppe, den Oscargewinnern, hat jemand festgestellt, dass diese im Durchschnitt vier Jahre länger leben als diejenigen, die keinen Oscar erhielten.[186] Weniger Stress? Mehr Befriedigung? Angeborene Vitalität? Jemand anders bemerkte, Schönheitschirurgie stelle womöglich eine Ausnahme bei der Gewöhnungsregel dar. Erste Daten deuten darauf hin, dass Frauen, deren Brüste operativ vergrößert wurden, recht dauerhaft mit sich selbst zufriedener sind.[187] Vielleicht hat das Vorherrschen der Schönheitschirurgie in Hollywood ganz allgemein etwas mit mehr Glück und besserer Gesundheit zu tun. In einem Krankenhaus in Pittsburgh wurde in einem Zeitraum von zehn Jahren bei Patienten nach einer Gallenblasenoperation festgestellt, dass diejenigen, vor deren Fenster Bäume zu sehen waren, um signifikant weniger Schmerzmittel baten, sich besser mit den Krankenschwestern verstanden und weniger lang im Krankenhaus bleiben mussten als Patienten mit Ausblick auf einen Luftschacht.[188]

Muss man da wirklich noch erwähnen, dass Körper und Geist miteinander zusammenhängen? Zum heutigen Zeitpunkt der Forschung täte man wohl besser daran, sich darüber zu unterhalten, dass sie *dasselbe* sind. Der Geist befindet sich nicht nur im Gehirn, sondern auch in den endokrinen Drüsen, im Immunsystem, in Nerven, Muskeln und im Darm. Eine Emotion ist nicht nur eine vorübergehende geistige Erfahrung. Jedes Gefühlserlebnis verändert Gehirn und Körper ein wenig. Jedes Mal, wenn Sie glücklich sind, machen Sie es sich leichter, wieder glücklich zu sein, weil Sie den Glücksschaltkreis im Gehirn und übrigen Geist stärken. Ängste und Depression verkürzen nicht nur die Lebensdauer, sondern ziehen auch seltsame somatische Auswirkungen nach sich: Operationsnarben heilen langsamer, wenn man Angst hat oder deprimiert ist.[189] Unglückliche Menschen erkälten sich leichter.[190] Chronischer Stress und anhaltende Depression verursachen Gehirnschäden; große leere Räume entstehen dort, wo sich früher graue Zellen befanden, und die Rezeptoren für Endorphine – die chemischen Stoffe für gute Gefühle – verkümmern. Wenn Ihnen hingegen etwas Freudiges zustößt, verbessert sich Ihre Körperchemie, und Blutdruck und Herzfrequenz sinken.[191]

In meinem letzten Buch habe ich ausführlich behandelt, wie Stress und die damit einhergehenden negativen Gefühle den Körper zerstören. Offensichtlich hat Stresskontrolle einen besseren Gesundheitszustand zur Folge. Allerdings war mir nicht klar, dass eine *positive* Stresskontrolle mehr als nur gute Gesundheit bewirkt.[192] Im Vergleich zu Kontrollgruppen sind beispielsweise Menschen, die ihre Gefühle einfach aufschreiben, in vielerlei Hinsicht gesünder.[193] Shelley Taylor hat darauf hingewiesen, dass – in einem bestimmten Rahmen – Menschen, die unrealistisch optimistisch sind, gesünder sind als realistische. In einer Untersuchung über HIV-positive Männer wurden diejenigen, die ihre Krankheit realistisch akzeptiert hatten und sich aufs Sterben vorbereiteten, mit solchen verglichen, die unrealistisch optimistisch waren. Die Unrealistischen lebten im Durchschnitt neun Monate länger(!).[194] Dieses Thema ist in der Gesundheitspsychologie sehr kontrovers behandelt worden, und niemand empfiehlt Ihnen, sich Selbsttäuschungen hinzugeben, um gesünder zu sein. Tröstliche Illusionen können jedoch das Stressniveau senken, was sich wiederum auf die Gesundheit auswirkt. Vieles spricht dafür und dagegen, nur die angenehme Seite zu sehen. Inzwischen weiß man, dass eine positive Einstellung keinen Einfluss darauf hat, ob man Krebs bekommt oder nicht. Ist aber jemand von Krebs befallen, dann wirkt sich eine positive Einstellung sehr wohl auf die Lebensqualität aus, möglicherweise auch auf die Überlebenschancen. Es gibt allerdings einen Punkt, an dem die rosarote Brille zur Scheuklappe wird und eine gesunde Abwehr wie der Entschluss, eine Zeitlang nicht über etwas Verstörendes nachzudenken, sich in Verdrängung verkehrt.

Es gibt andere, weniger gefährliche Möglichkeiten als Selbsttäuschung, um Stress zu verringern.[195] Mehr Endorphine ins Gehirn fließen zu lassen stärkt das Immunsystem. Achtsamkeit erlernen, Glücksgefühle kultivieren und für Bewegung sorgen sind die drei großen Nährböden für Endorphine. Sie erzeugen einen weiteren »Engelskreis«: Glück macht gesünder, was wiederum glücklicher macht, und so weiter.

Heute sind etwa 60 Prozent der Besuche beim Hausarzt auf psychologisch bedingte Leiden zurückzuführen.[196] Am häufigsten werden Medikamente gegen Stresssymptome eingenommen. Wir befinden uns mitten in einer landesweiten Stressepidemie, die buchstäblich den Körper verschleißt, und wir müssen dringend vorbeugende Maßnahmen ergreifen, zum Beispiel die Ernährung ändern, für Bewegung sorgen,

Maßhalten und Stress abbauen lernen. Tal Ben-Shahar meint, sich nicht zu bewegen sei dasselbe, wie ein Beruhigungsmittel zu nehmen; der Körper sei dazu bestimmt, täglich hart zu arbeiten, Wild nachzujagen oder auf dem Feld zu arbeiten.[197]

Nur, *wie* kann man – vom Standpunkt des Glücks aus – alles, was man tun muss, um gut für sich zu sorgen, freudig gestalten? Es gibt offensichtlich viele Kräfte in uns, die bewirken, dass wir uns gegen regelmäßige Bewegung und gesundes Essen sträuben. Wir sahen bereits, wie nötig es ist, Willenskraft als Fertigkeit zu entwickeln, und haben die Tatsache erwähnt, dass es sich auch gut anfühlt, Willenskraft zu beweisen. Wo aber beginnen? Ich rate Folgendes:

- *Bewegung.* Alle kennen das Läufer-High, nur gibt es dabei einige Missverständnisse. Viele meinen, es handle sich um einen fast euphorischen Zustand, den man erreicht, wenn man lange läuft – eine Stunde oder länger. Doch das ist es keineswegs. Es stimmt, dass Bewegung Endorphine – Glückshormone, die chemischen Botenstoffe guter Gefühle im Nervensystem – produziert, besonders wenn sie die Atmung ankurbelt. Aber auch Schokolade, Sex und Partys erzeugen Endorphine. Das Phänomen hängt somit nicht nur mit Bewegung zusammen. Doch *jede* Art von Bewegung produziert Endorphine. Je mehr Sie sich bewegen, desto mehr Endorphine entstehen. Einfach gesagt: *Je mehr Sie sich bewegen, desto besser fühlen Sie sich.* Andererseits müssen Sie Ihre Kräfte einteilen lernen. Sie sollten Ihre Kraft allmählich aufbauen und Ihre Ausdauer langsam steigern, um sich nicht zu verletzen, wenn Sie sich zu sehr forcieren. Als lebenslanges Mitglied der *Lazy Man's Guild* (»Faulpelzgilde«)

kenne ich alle Tricks zur angenehmeren Bewegungs-
gestaltung: Bewegen Sie sich mit Freunden, in Gruppen,
mit Musik, zu einer Fernsehsendung oder bewegen Sie
sich einfach achtsam. Das Geheimnis bei der Bewegung
lautet: Wenn Sie die ersten fünf Minuten geschafft haben, dann können Sie gut eine Weile weitermachen. Der
Körper erwärmt sich, die negativen Erwartungen, wie
schrecklich es sein würde, verpuffen, und Sie sind ganz
überrascht festzustellen, dass es am Ende gar nicht so
schlimm ist.

- *Körperliche Fähigkeiten.* Wenn Sie sichergehen wollen,
  dass Sie Ihr Körpertraining genießen, dann tun Sie etwas,
  das körperliche Koordinierung und Fertigkeit fördert, etwas, das Sie ganz im Spiel aufgehen und Ihre Schmerzen
  vergessen lässt, beispielsweise Tennis, Squash, Schwimmen, Korbball, Radfahren, Tanzen oder eine Aerobic-
  stunde in der Turnhalle. Ich meine damit nicht zügellose
  Spiele, bei denen alles erlaubt ist, Sie sich die Knie verletzen und drei Monate brauchen, bis Sie wiederhergestellt
  sind. Ich meine etwas, das Sie regelmäßig einmal oder
  mehrmals die Woche betreiben können. Nur sollten Sie
  es achtsam tun. Sie sollten sich nicht überfordern und
  nicht zu sehr konkurrieren wollen. Sie müssen voll beim
  Spiel sein und die Endorphine in sich wirken lassen.

- *Ernährung.* Die heutige Fettsuchtepidemie und die Essstörungen sind aus dem Überfluss entstandene Probleme. Der menschliche Körper ist nicht für Mengen von
  Essen vorgesehen. Grundsätzlich sind wir grasende Tiere, dazu programmiert, aus wenig das meiste zu machen.
  Tiere, die so viel fressen können, wie sie wollen, sterben
  in der Regel früh. Wir sind heute so konditioniert, dass

wir meinen, bis zum Sättigungsgrad zu essen führe zu Wohlbefinden. Inzwischen wurde nachgewiesen, dass ein reichhaltiges »Trostessen« in sich hineinzuschaufeln ein wirksames, wenn auch selbstzerstörerisches und befristetes Gegenmittel für Stress ist.[198] Wie also die Nahrungsaufnahme zügeln und dennoch glücklich bleiben? Hier einige Vorschläge: Kaufen Sie nichts Abgepacktes ein. Vorbehandelte Nahrungsmittel enthalten zu viele leere Kalorien, Salz und ungesunde Zutaten. Essen Sie kein Fast Food und in keinem Kettenrestaurant. Halten Sie sich an frisches Fleisch, frischen Fisch, frisches Gemüse, Obst und etwas Brot, Olivenöl und Knoblauch. Es braucht nicht länger, ein Fischfilet zu grillen und etwas Reis und Gemüse zu dämpfen, als eine tiefgefrorene Pizza zu wärmen. Essen Sie als Zwischenmahlzeit Obst und Käse. Wenn Sie ein paar Wochen dabeibleiben, reinigt sich Ihr Gaumen gründlich. Wenn Sie dann wieder einmal zu vorbehandelten Nahrungsmitteln greifen, sind Sie geschockt von den Unmengen von Salz, Nahrungsmittelzusätzen und Geschmacksverstärkern. Vor allem aber: *Essen Sie achtsam.* Essen Sie langsam und achten Sie auf den Geschmack. Sie werden feststellen, dass Maßhalten ein tieferes Glücksgefühl beschert als Schwelgen.

Ehrfurcht

Ich kenne einen Berufsjongleur. Als ich ihn kennenlernte, hatte er ein paar schlechte Erfahrungen hinter sich und erwähnte, es falle ihm schwer, die vier bis sechs Stunden täglich zu üben, die er brauchte, um seine Arbeit gut zu machen.

Mein Gehirn steckte gerade im Nebel eines trüben Februartages in Connecticut und ich dachte: »Vier bis sechs Stunden täglich? Dieser Typ ist eine Art Verrückter, der sich in die Arbeit zurückzieht, um der Realität zu entgehen.« Einige Tage später war ich noch immer brummig, fühlte mich allein, war gelangweilt und bedauerte mich, aber ich sah mir seine Webseite an, die er mir empfohlen hatte. Ich war begeistert. Er bringt Dinge zustande, die unmöglich scheinen. Doch darüber hinaus sind sie einfach schön oder amüsant oder beides. Seine Arbeit ist von einer unbeschreiblichen Ästhetik, die Zuschauer in Staunen versetzt. Oder er spielt so mit den Erwartungen des Zuschauers, dass man einfach nur vor Ehrfurcht erstarrt. Meine Meinung über diesen Mann hat eine völlige Kehrtwendung erfahren. Könnte ich etwas so Zauberhaftes mit vier bis sechs Stunden Arbeit täglich schaffen, würde ich es ebenfalls tun. Doch darüber hinaus war meine schlechte Februarlaune verflogen. Wie C. S. Lewis überraschte mich die Freude. Noch jetzt wird mir ganz warm ums Herz, wenn ich an dieses Erlebnis denke.

Meine Frage lautet: *Wie kommt das zustande?* Wie bewirkt die Erfahrung von etwas Schönem, dass man sich nicht mehr bemitleidet oder einsam fühlt? Wie führt es dazu, dass man sich einer Welt verbunden fühlt, in der es sich zu leben lohnt? Es war kein Denkvorgang daran beteiligt. Ich dachte nicht: »Oh, sieh mal, es gibt also doch etwas Schönes im Leben!« Ich dachte überhaupt nichts. Ich bekam einfach eine andere Stimmung eingepflanzt.

Soviel ich weiß, hat die Wissenschaft noch keine Antwort auf meine Fragen gefunden. Ich bin aber sicher, dass man in einigen Jahren zumindest nachvollziehen wird, welche Gehirnmechanismen daran beteiligt sind. Wenn man es sich überlegt, ist dieses Phänomen ziemlich verbreitet, nur findet der Stimmungsumschwung gewöhnlich nicht so plötzlich und radikal statt wie bei mir. Das ist das Reizvolle an der Musik, an schönen Künsten, Feuerwerken, am Tanzen, einem Tennis-Doppel und den Schönheiten der Natur. Sie alle packen uns auf der Gefühlsebene, unterbrechen das Denken und entführen uns auf eine Reise an irgendeinen freudigen Ort. Dies kann sich stunden-, ja tagelang auf die Stimmung auswirken, und noch Jahre später entsteht bei der Erinnerung an die Erfahrung ein kleines inneres Lächeln. Haben wir es uns also zum Ziel gesetzt, glücklicher zu werden, so ist dieses Phänomen offensichtlich eines, das man sich zunutze machen sollte.

Zwar weiß man nicht, wie das alles funktioniert, aber man weiß, dass alle diese Erfahrungen (im Gegensatz zu dem weiter vorn Gesagten) der rechten Hirnhälfte zuzuordnen sind. Bei den meisten Rechtshändern befasst sich die linke Gehirnhälfte mit Logik, Problemlösung, Terminen und Fakten. Dieser Teil des Gehirns wird in der heutigen Welt überbeansprucht. Die rechte Hirnhälfte denkt impressionistischer, ganzheitlicher. Sie ist auf nonverbale, gefühlsmäßige Kommunikation eingestimmt. Sie ist vielleicht das, was man gemeinhin Unbewusstes nennt. Zwar sagten wir, die Aktivität der linken Hirnhälfte habe anscheinend mit mehr Glück zu tun, nur bezieht sich dies auf einen bestimmten kleinen Teil des Stirnlappens. Hier geht es um die Hirnhemisphären als Ganzes. Alle Anzeichen weisen darauf hin, dass wir in den letzten paar hundert Jahren seit der Erfindung von Jobs, Städten und künstlichem Licht viele der häufigsten Impulse des rechtshemisphärischen Denkens verloren haben, das heißt den Kontakt mit der Natur. Selbst heute noch gehen mehr Menschen jährlich in den Zoo als zu allen sportlichen Anläs-

sen zusammengenommen.[199] Wir sehnen uns nach einer Verbindung zur Natur. Von einem Gewitter überrascht werden,
im Dunkeln zu Bett gehen und den Eulen zuhören, Samen
wachsen sehen, das sind Dinge, die uns an unseren Platz in
der Natur erinnern.

Leben Sie in einer Stadt, so brauchen Sie nicht 300 Kilometer
weit zu fahren, um einen Vorgeschmack dieser Erfahrung zu
haben. Gehen Sie einfach mit wachen Sinnen nach draußen.
Seien Sie einfach eine Zeitlang ein Schaulustiger. Hören Sie
auf den Verkehrslärm. Betrachten Sie die Passanten, ohne daran zu denken, wohin Sie gerade gehen. Staunen Sie über die
Tausende unterschiedlicher Leben, die sich ständig in Ihrer
Umgebung abspielen, über die Bewusstseinsmengen, die Sie
nie kennenlernen werden. Städter tragen gewöhnlich, und
meistens aus gutem Grund, einen psychologischen Schutzpanzer. Sie können den Ihren jedoch bewusst eine Zeitlang
ablegen und sich daran erinnern, wie unbedeutend Sie sind.

Der Verlust des täglichen nahen Kontaktes mit der Natur
hat eine gewaltige Anpassung des Menschen erfordert. Im
Lauf der gesamten Geschichte gingen die Menschen bis vor
Kurzem zu Bett, wenn es dunkel wurde, und standen im Morgengrauen auf. Die Uhrzeit war kein Faktor im menschlichen
Leben. Man arbeitete, bis man müde oder die Arbeit getan
war. Der Mensch lebte mit Hunden, Katzen, Pferden, Kühen,
Schweinen, Hühnern, Ziegen und Kamelen zusammen und
war darüber hinaus mit einer großen Anzahl Tierarten vertraut, weil er sie jagte oder von ihnen gejagt wurde. Er war
den Unbilden des Wetters und den Jahreszeiten ausgeliefert,
die ebenfalls zur Natur gehören. Die meiste Zeit verbrachte
er damit, für ausreichende Nahrung zu sorgen. Er hatte viel
Zeit zum Nachdenken – beim Warten auf das Anbeißen eines

Fisches, das Aufgehen der Sonne, das Reifen der Feldfrüchte. Wir haben diese Demut verloren und sind sehr eingebildet geworden. In der heutigen Welt muss man sich in der Regel die Gelegenheiten für transzendente Erfahrungen selber schaffen, bei denen man in Berührung mit etwas Größerem kommt als dem Menschen: dem Meer, dem Himmel, den Bergen, dem Wehen des Windes, fallenden Blättern, der Betriebsamkeit einer Stadt. Dieser Verlust ist im Lauf der letzten 50 Jahre besonders markant geworden, seit sich der Mensch zunehmend auf Autos, Fernsehen und Klimaanlagen verlässt. Wenn Sie sich umsehen, stellen Sie fest, dass sogar Kinder kaum noch draußen spielen. Wir leiden an dem, was Richard Louv eine »Naturdefizitstörung« genannt hat.[200]

Niemand, ich jedenfalls nicht, kennt die Folgen dieser vielen Veränderungen. Aus der Sicht des Glücks ist nicht alles schlecht. Es ist kein Gewinn, sich mit Flöhen, Läusen, Wanzen oder Eiseskälte in Winternächten abfinden zu müssen. Nur haben wir viele Gelegenheiten zur Erfahrung von Ehrfurcht verloren. Unser Irrglaube, wir könnten die Welt beherrschen, wird immer größer. Zudem schützte das frühere Gefühl der Verbundenheit untereinander, mit Gott und mit der Natur vor Stress: Der Mensch glaubte nicht, es sei seine Aufgabe, das Universum zu beherrschen.

Zurück zur Ehrfurcht. Es ist nicht so schwer, ehrfürchtig zu sein, nicht wahr? Ich brauche nur meine Stereoanlage laut zu stellen und Mozarts *Requiem* oder *Baez Sings Dylan* abzuspielen, und schon ergreift mich die Ehrfurcht, *wenn ich mich darauf konzentriere.* Sie brauchen vielleicht nur ein Bild zu betrachten, die Sonne untergehen zu sehen oder eine Lieblingshymne in der Kirche zu singen, und Ihre Nackenhaare stellen sich auf, es läuft Ihnen kalt über den Rücken oder Sie bekommen eine Gänsehaut. Ehrfurcht wird oft durch den Kontakt mit etwas ausgelöst, das viel größer ist als wir. Man wird daran erinnert, ein Staubkörnchen im Universum zu sein. Gewöhnlich kommt etwas Geheimnisvolles oder Überraschendes dazu. Wenn man zu analysieren beginnt, was da passiert, ist der Zauber vorbei. Eine Frage: Wie oft haben Sie sich beim Fernsehen so sich selbst enthoben gefühlt? Ich würde sagen: praktisch nie. Ich will das Fernsehen nicht schlechtmachen. Manche Programme sind gut zum Lachen oder um sich zu informieren, und das ist wichtig. Nur ist beim Fernsehen keine *Beteiligung* des Zuschauers nötig, wie es offenbar der Fall ist, um in magische Bereiche einzutreten. Etwas Magisches bedeutet, dass unsere Sinne überwältigt sind und wir in ehrfürchtiges Staunen geraten. Wollen wir also mehr solche Freuden in unserem Alltag erleben, müssen wir uns vom Sofa erheben und den Fernseher ausschalten. Heutzutage ist das leicht gesagt und schwer zu bewerkstelligen. Fernsehen ist oft eine wahre Sucht.

Außerdem haben viele Menschen Widerstände dagegen (um diesen alten psychodynamischen Begriff zu verwenden), sich aus dem Alltags-Ich zu lösen und etwas anderem auszusetzen. »Ich habe heute keine Lust, mich eine Stunde ins Auto zu setzen, um aufs Land zu fahren … ich habe zu viel zu tun … Und was ist mit dem Abendessen?« Ich will Ihnen geradeheraus sagen, was hinter diesen Rationalisierungen steckt: Angst. Aus vielerlei Gründen haben wir unbewusst Angst davor, uns etwas Schönem, Atemberaubendem oder Ehrfurchteinflößendem auszusetzen. *Wir haben Angst vor starken emotionalen Erfahrungen,* größtenteils deswegen, weil wir wissen, dass sie den Boden unter unseren Füßen ins Wanken bringen. Sie können unser sicheres, wenn auch ziemlich elendes Wohlbehagen daran infrage stellen, Tag für Tag immer wieder dasselbe zu tun. Ich rate Ihnen deshalb Folgendes:

- Nehmen Sie jede Gelegenheit wahr, sich über Konzerte, Theaterstücke, Ausstellungen und Ausflüge in die Natur zu informieren. Lesen Sie die Ankündigungen in Ihrer Lokalzeitung oder den örtlichen Veranstaltungskalender im Internet und schwelgen Sie in Tagträumen.
- Wenn Sie anfangen zu rationalisieren, weshalb Sie das alles nicht tun können, stellen Sie sich der Tatsache, dass Sie Angst haben. Man braucht sich deswegen überhaupt nicht zu schämen. Wir alle trachten nach Sicherheit und Bequemlichkeit, nur kommt dieses Bestreben manchmal dem Wunsch nach Freude in die Quere. Hier gilt es, ein Gleichgewicht zu finden. Sehen Sie sich also Ihre Angst achtsam an, atmen Sie tief durch und tun Sie es trotzdem.

Daniel Gilbert erwähnt etwas, das er »Lustparadox« (*pleasure paradox*) nennt.[201] Wir haben gleichzeitig zwei Motivationen: Glücklichsein und Verstehenwollen. Manchmal beeinträchtigt das Verständnis einer Sache das Glück, das sie bringt. Er nennt als Beispiel ein Dutzend Rosen, das Ihnen anonym ins Haus geliefert wird. Wenn Sie herausfinden, dass sie von Ihrem Schatz sind, werden Sie höchstwahrscheinlich den Vorfall nach ein paar Jahren vergessen haben. Doch wenn Sie es nie herausfinden, bleibt die Erinnerung wegen des Geheimnisvollen, das sie umgibt, möglicherweise jahrelang lebendig. Ich denke, ganz ähnlich steht es damit, wie Ehrfurcht entsteht. Mit meiner linken Hirnhälfte verstehe ich nicht, was das Ansehen der Jongleur-Webseite in mir bewirkte, ebensowenig wie ich verstehe, was das Betrachten eines Dinosaurierskeletts oder das Hören von Beethovens *Eroica* bewirkt. Das Geheimnisvolle hält den Zauber lebendig.

Spielen

Wir alle müssen uns bewusst bemühen, das *Spiel* in unser Gefühlsleben zu integrieren, auch wenn »Spiel« und »Mühe« eigentlich nicht zusammenpassen. Versuche mit Kleinkindern haben ergeben, dass Neugier, Überraschung und Freude zu den grundlegendsten Gefühlen gehören. Spielen bietet Gelegenheit für alle drei. Es ist für uns schwerfällige Erwachsene sehr wichtig, die Fähigkeit zum Spielen beizubehalten. Ohne sie werden wir nur spröde und vertrocknen. Wir wissen inzwischen, dass das Gehirn Erfahrungen nicht nur speichert, sondern dass jede Erfahrung das Gehirn auch verändert. Beim Spielen wird an den Schaltkreisen der Freude weitergebaut, was künftige Freude erleichtert. Spielen erfordert, dass man seine Würde vergisst und sich selbst etwas weniger ernst nimmt. Spielen kann eine Gruppe von Fremden zu einer Gemeinschaft mit einem Erlebnis unmittelbarer Nähe verbinden. Spielen bedeutet, so zu tun, als ob. Man spielt, ein anderer Mensch zu sein, und erweitert dabei seine Perspektive.

Kleine Kinder und Haustiere sind prima Hilfen zum Glücklichsein, weil sie uns ständig dazu bewegen wollen, mit ihnen zu spielen. In den guten alten Zeiten vor der Elektrizität setzten die Leute ihr Baby einfach mitten in den Raum (das Zelt, die Höhle) und guckten ihm zu. Das machte Spaß. Heute tun Kinder das auch noch, wenn sie mit einem Kätzchen oder jungen Hund spielen.

Spielen ist ein einzigartiges, integrierendes Erlebnis, bei

dem die linke und rechte Hirnhemisphäre zusammenarbeiten. Spielen kann einen ziemlichen Stimmungsumschwung bewirken. Ich weiß jedenfalls, dass ich manchmal, wenn ich niedergeschlagen, beschäftigt oder in Gedanken versunken bin, den Versuchen meiner Hündin, Stöckchen mit ihr zu spielen, nicht nachgebe, *weil* ich weiß, dass ich dann bessere Laune bekomme. Dann komme ich mir vor wie ein Narr, weil ich mich so verdammt wichtig genommen habe, wo ich mich so leicht hätte besser fühlen können.

Spielen ist eine einmalig achtsame Erfahrung. Es verlangt, spontan und jetzt da zu sein. Es holt uns aus den gewohnten Rollen heraus, in denen uns etwas daran liegt, würdevoll und wichtig auszusehen, und versetzt uns in völlig ungewohnte Situationen. Im besten Falle vergessen wir dabei unsere Würde und haben einfach Spaß. Das Spielen lehrt uns, flexibler und auf Unerwartetes vorbereitet zu sein. Häufig kommen wir auf neue, unvertraute Art mit anderen in Kontakt, die mehr Nähe und Einfühlung ermöglicht. Bei vielen Spielformen werden natürlich auch Gleichgewicht, Koordinierung und Muskelfertigkeiten geübt, bei denen beide Gehirnhälften zusammenarbeiten. Tanzen ist in dieser Hinsicht besonders empfehlenswert.

Humor ist eine besondere Form von Spiel. Humor ist immer mit Achtsamkeit verbunden, weil er von einer Wahrnehmungsverschiebung abhängt. Man muss wegen einer Verkehrung lachen oder lächeln; der Komiker »arrangiert« es so, dass man etwas Bestimmtes erwartet, und siehe da, es kommt etwas anderes. Dabei erfährt man etwas darüber, wie man sich hat täuschen lassen, und muss über sich selbst lachen. Humor und Witz sind kleine Beispiele von Paradigmenwechseln. Sie zeigen die Tatsachen in einem anderen Licht und bewirken,

dass man sich viel weniger ernst nimmt als sonst. Humor prä-
sentiert meistens eine subversivere, absurdere oder brüskere
Version der Realität. Daher ist er von seinem Wesen her achtsam. Er hat eine andere Sicht der Realität zur Folge.

Menschen mit viel Sinn für Humor leiden weniger unter
Stress. Lachen hebt die Stimmung. Humor wird als einer der
reifsten Abwehrmechanismen erachtet, als eine Art, schwierigen Gefühlen das Gewicht zu nehmen. Er drückt Konflikte
gefahrlos aus. Er fördert die Solida-
rität innerhalb einer Gruppe.

Spielen Sie jeden Tag.

Der Akt des Lachens – sogar die
Erwartung, lachen zu müssen – ist nachweislich von gesund-
heitlichem Nutzen für Immunsystem und Kreislauf.[202] Weshalb nicht lachen, selbst wenn die Gutachter draußen sind?
Ein Arzt in Mumbai, der von der günstigen Wirkung des Lachens überzeugt war, rief 1995 einen »Lachclub« ins Leben,
der zu einer weltweiten Bewegung geworden ist (zu finden
bei Google unter dem Stichwort »Lachclub«). In der ganzen
Welt gibt es inzwischen Männer und Frauen, die sich täglich
in Gruppen treffen, um 20 Minuten lang Lachen zu üben.
Es ist ganz einfach: Sie stehen nur herum und albern miteinander. (Am Anfang erzählten sie einander Witze, doch
dann stellten sie fest, dass sie nach wenigen Wochen keine mehr wussten.) Sie haben herausgefunden, dass ein »ge-
zwungenes« Lachen bald echt wird, wenn man mit anderen
lacht. Ebenso macht Lächeln Sie glücklich, aber nur, wenn Sie
das Duchenne-Lächeln* beherrschen: das echte Lächeln, bei

---

* Nach Guillaume Duchenne benannt, einem französischen Anatom aus
dem 19. Jahrhundert, der bei Versuchspersonen verschiedene Formen des
Lächelns durch elektrische Stimulierung der Gesichtsmuskeln hervorrief.

dem Augenfältchen entstehen und der Ringmuskel rings um das Auge beteiligt ist. Es gibt viele verschiedene Arten, falsch zu lächeln. Doch wenn Sie richtig und aus ganzem Herzen lächeln, schickt der Körper dem Gehirn Glückssignale, der linke präfrontale Kortex leuchtet auf, und Sie empfinden positive Gefühle.[203]

Kreativität

Alice Isen, eine Psychologin der Cornell-Universität, machte ihren Versuchspersonen ein paar kleine Geschenke – ein paar Münzen, Bonbons, ein Kompliment – und forderte sie auf, dasselbe zu tun wie an jedem anderen Tag. Die Versuchsteilnehmer waren erfahrene Ärzte, die Krankheiten diagnostizieren sollten, während ein Pseudopatient ein Symptom nach dem anderen aufzählte. Auffallend bei diesem Experiment war, dass diese kleinen Geschenke ausreichten, um ein kreativeres Denken bei den Ärzten zu bewirken. Für die richtige Diagnose war nur die Hälfte der Schritte nötig, die nicht beschenkte Ärzte dafür brauchten.[204]

Es gibt bei uns ein Klischee, demzufolge ruhiges, logisches Überlegen zu den besten Entscheidungen führt; Denken sollte gefühlsfrei sein. Doch zumindest in manchen Situationen scheint ein positiver Gefühlszustand das klare, kreative und flexible Denken zu fördern.[205] Die Intuition ist oft viel erstaunlicher, als wir denken. Neuere Untersuchungen haben ergeben, dass das Gehirn bereits lustvoll reagiert, wenn wir die richtige Antwort auf ein mathematisches Problem, eine Frage der Grammatik oder der Ethik lesen, also noch bevor das logische Hirn die richtige Antwort »weiß«.[206] Positive

Gemütsbewegungen wirken sich anscheinend günstig auf Denken und Beziehungen aus. Sie fördern Kreativität, Flexibilität und Problemlösungsfähigkeit, erleichtern Verhandlungen, erlauben es den Betreffenden, einen anderen Blickwinkel einzunehmen und weniger defensiv zu denken. Sie ordnen offenbar Erinnerungen besser und fördern somit Denkprozesse und Urteilsvermögen. Sie geben uns Hinweise auf die richtigen Antworten. Sie tragen dazu bei, bei schwierigen Aufgaben durchzuhalten, und fördern Hilfsbereitschaft und Großzügigkeit. Glückliche Menschen sind gebefreudiger und rücksichtsvoller. Wenn Sie 50 Cent auf der Straße finden, sind Sie eher bereit, einem Notleidenden zu helfen. Nachdem Sie eine Comedy-Show gesehen haben, leihen Sie eher Geld aus.[207] Wenn Sie Ihre eigenen Erfahrungen überdenken, so werden Sie bestimmt feststellen, dass Sie auch schon einem Obdachlosen ein Almosen gegeben oder einen Streit rascher und großzügiger beendet haben, als Sie in guter Stimmung waren. Heute können die Forscher anhand von Fakten nachweisen, dass solche Auswirkungen real und alltäglich sind.

Andererseits steht auch fest, dass Stress die Kreativität behindert. Auch wenn viele versierte Multitasker möglicherweise *glauben*, sie seien erst dann in Bestform, wenn sie zu viel zu tun haben, so ist das ein Irrtum. Unter Zeitdruck denkt man oberflächlicher und eingeschränkter, besonders dann, wenn man den Terminplan für willkürlich oder künstlich auferlegt hält.[208] Es gibt zudem tatsächlich einen »Stresskater« mit tagelang verminderter Kreativität nach einer Phase übertriebener Geschäftigkeit.

Möchten Sie einen dauerhafteren Anstoß zur Kreativität bekommen, als ihn ein Bonbon oder 10-Cent-Stück verspricht? Setzen Sie sich vielfältigen Reizen aus. Mäuse, die in einer anregenden Umgebung aufgezogen werden (mit Spielzeug und anderen Mäusen zusammen, nicht in sterilen Laborkäfigen), weisen 15 Prozent mehr Neuronen im Hippocampus auf.[209] Sie lernen rascher, haben weniger Angst und sind neugieriger. Sogar ältere Mäuse (65 Menschenjahren entsprechend) weisen dreimal so viel neue Gehirnzellen im Hippocampus auf wie ihre im Labor gehaltenen Altersgenossen, wenn sie in einer anregenden Umgebung leben. Außerdem scheinen sich die neuen Neuronen strukturell von den älteren Zellen zu unterscheiden: Sie haben viel mehr stark verästelte Dendriten, also Rezeptorstellen für neue Informationen.

Fred Gage, einer der Forscher, die jüngst bewiesen, dass neue Hirnzellen im menschlichen Gehirn entstehen (Neurogenese), meint, Körperbewegung sei der wichtigste Faktor, um das Entstehen neuer Zellen anzuregen, dass jedoch deren Überleben von einer »anregenden Umgebung« abhängt. »Normalerweise sterben 50 Prozent der neu gebildeten Zellen, die den … Hippocampus erreichen. Wenn das Tier jedoch in einer anregenden Umgebung lebt, sterben viel weniger von diesen neuen Zellen.«[210] Interessanterweise hat erzwungene Bewegung nicht dieselbe Wirkung. Nur freiwillige Bewegung (bei den Mäusen die freie Wahl, nach Lust und Laune auf das Übungsrad zu springen) bewirkt eine Neurogenese.

Bei den Mäusen wandern die neuen Neuronen in einen kleinen, noch wenig verstandenen Bereich des Hippocampus, den man »Gyrus dentatus« nennt. Das ist deswegen faszinierend, weil man weiß, dass dieser bei Depressiven häufig signifikant geschrumpft ist. (Es steht nicht fest, ob dies eine Ursache oder Wirkung der Depression ist.) Diese Befunde haben Gage und andere zu der Spekulation bewogen, Depression könnte das Unvermögen sein, etwas Neues zu erkennen. »Viele Menschen, die unter Depression leiden, sagen: ›Es ist alles immer das Gleiche. Es gibt nichts Aufregendes im Leben.‹ Und wie es sich dann herausstellt, haben diese Menschen einen geschrumpften Hippocampus.«[212] Depression könnte also zum Teil daher kommen, dass keine Neurogenese stattfindet, was zum Verlust der Fähigkeit führt, etwas als verschieden oder interessant zu erleben. Bei Depressionen ist tatsächlich als hartnäckigstes Symptom häufig »Anhedonie« (Freud- und Lustlosigkeit) zu beobachten, der Verlust der Fähigkeit, sich zu freuen. Der Patient ist vielleicht wieder auf den Füßen, bewegt sich, hat die Arbeit wieder aufgenommen, ist nicht mehr von Schuld und Minderwertigkeitsgefühlen besessen und anscheinend voll mit dem Leben beschäftigt, aber immer noch nicht glücklich. Genau dann hören viele Patienten auf, ihre Medikamente zu nehmen, oder gehen nicht mehr zur Behandlung, weil sie das Gefühl haben, sie hätten das Maximum an Fortschritten gemacht. Dabei ist dies wahrscheinlich genau der falsche Zeitpunkt, um mit der Behandlung aufzuhören.

> Lassen Sie Ihr Gehirn nicht schrumpfen.

Beim alten Gehirnmodell – einem System fest verdrahteter Schaltkreise, das angeblich alles enthielt, was wir wissen – kann man sich schlecht vorstellen, dass Neurogenese irgendeinen Nutzen bringen würde. Um ein Bild von Sharon Begley auszuborgen, wäre es, als fügte man einem Computer ein Bündel Drähte hinzu. Heute, wo man weiß, dass Neurogenese die Norm ist und durch Lernen stimuliert wird, braucht man ein neues Gehirnmodell, das eine ständige Neuverdrahtung mit in Betracht zieht. Doch auch ohne neues Modell ist die Aussage klar: Möchten Sie, dass neue Neuronen wachsen, möchten Sie Ihr Gehirn vital und spannkräftig erhalten, so bewegen Sie sich regelmäßig und schaffen Sie sich ein reichhaltiges Umfeld. Das kann zum Beispiel bedeuten, gute Bücher zu lesen, Rätsel zu lösen, anregende Gespräche zu führen, zu spielen, Herausforderungen bei der Arbeit zu suchen, neue Rezepte auszuprobieren, sich neuer Musik und neuer Kunst auszusetzen, zu reisen ... Lassen Sie Ihre Fantasie ruhig spielen!

Die kleinen Freuden

Der Titel für dieses Buch lautet: *Glück ist einfacher als du denkst*, weil ich mir sicher bin, dass wir ständig einige der größten Freuden im Leben nur deswegen übersehen, weil wir nicht darauf achten. Wir tun etwas als geringfügig oder alltäglich ab, das uns eine intensive Freude verschaffen würde, wenn wir es nur beachteten. Mit ihrem Hund in der Sonne zu sitzen zählt für eine gute Bekannte zu den größten zehn Freuden,[*] und das wirklich perfekt getoastete Käsesandwich haben wir eingangs schon erwähnt. Von anderen Leuten habe ich Folgendes genannt gekommen:

- Rätsel lösen
- Überraschungen (überrascht werden und selbst Überraschungen planen)
- Heimkehren

[*] Übrigens sind Schwankungen der Sonneneinstrahlung in Börsenstädten ein zuverlässiger Indikator für entsprechende Kursschwankungen (Hirshleifer & Shumway, 2003).

- Alle Arten von Korrespondenz: Anrufe, Briefe, E-Mails, SMS, Postkarten
- Singen
- Tanzen
- Sex
- Vögel im Futterhäuschen beobachten
- Das Glück der erwachsenen Kinder
- Eine Ofenkartoffel mit saurer Sahne
- Ein Lieblingslied im Radio
- Eine Erinnerung an Liebe
- Kichernde Kinder
- Die erste Schwalbe (das erste Rotkehlchen, der erste Krokus, das erste Schneeglöckchen)
- Rasenmähen
- Etwas Ausgefallenes bei Google oder Wikipedia finden.

Die Fähigkeit, sich an solchen Dingen zu freuen, ist in der heutigen Welt ernstlich gefährdet, einer Welt, in der man ständig gedrängt wird, geschäftig zu bleiben, das Nächste sofort in Angriff zu nehmen und anderen immer um eine Nasenlänge voraus zu sein. Wenn man dann merkt, wie leer man ist, wendet man sich dem Shopping zu und kauft sich Trostpreise, nimmt ein unnötiges Antidepressivum oder wird verbittert und verletzt seine Lieben.

Inzwischen haben Sie gemerkt, dass ich sehr vieles gelesen habe, was andere zum Thema Glück zu sagen haben. Als ich mich anschickte, über die Sinnenfreuden zu schreiben, stellte ich überrascht fest, wie wenig Notizen ich dazu gesammelt hatte. Also nahm ich mir all meine Bücher über das Glück noch einmal vor und stellte fest, dass in den meisten nicht viel über kleine Freuden steht. In manchen fehlten Wörter wie

Sex oder *Essen* im Stichwortverzeichnis. Dabei gehören zu den meisten Betätigungen, die gewöhnlich mit guten Gefühlen verbunden sind, Sinnenfreuden wie Essen, Trinken, Sex und Liebe, Berührung, Musik und andere Künste, Natur und Schönheit, körperliche Aktivität und Sport.[213] Zudem sind diese Dinge verhältnismäßig unabhängig von der hedonistischen Tretmühle. Wenn Sie heute einen Cheeseburger wirklich genießen, so werden Sie einen weiteren nächste Woche genauso genießen, wenn auch vielleicht nicht schon morgen.

Das hat mir zu denken gegeben. Vielleicht ist das, was man zu kleinen Freuden sagen kann, allzu offensichtlich. Sex, Essen, legale Drogen, Musik und so weiter können sehr erfreuliche Erfahrungen sein, nur sind sie nicht von Dauer. Was gibt es noch dazu zu sagen? Und doch finde ich, es lohnt sich, darüber zu sprechen, was den Genuss behindert, was uns der Möglichkeiten dazu beraubt und was man tun kann, um den Genuss zu erhöhen. Denken Sie nur: Wohlbehagen bringt sehr viele sekundäre Vorteile mit sich. Sie werden gesünder, kreativer, interessanter, erfolgreicher und sind eher bereit, gut für sich zu sorgen – die Liste ließe sich endlos fortsetzen. Lassen Sie es sich also möglichst oft auf eine dieser kleinen genießerischen Arten wohl sein.

Sex

In einer Untersuchung in den USA wurde festgestellt, die Teilnehmer würden ein besseres Geschlechtsleben etwa so hoch schätzen, wie wenn sie 50 000 Dollar mehr Einkommen im Jahr bekämen.[214] Das ist wohl ein Hinweis darauf, wie völlig verkehrt wir an Sex herangehen. Wie schwierig ist es denn schließlich und endlich? Im Gegensatz zum Essen beispiels-

weise braucht man keinen teuren Herd, keine exotischen
Zutaten oder die neuesten Utensilien einer Edelfirma. Man
braucht nur eine Intimsphäre und möglichst einen Partner.
Die Schwierigkeit mit Sex steckt natürlich in unseren Köpfen.
Wenn man jung ist, ist man schüchtern und unerfahren. Sex
mit neuen Partnern ist immer voller Unbeholfenheiten und
führt manchmal zu Verlegenheit und verletzten Gefühlen.
Mit dem Älterwerden schämt man sich seines Körpers, der
Speckfalten und des Hängebauchs immer mehr – und zudem
funktioniert der Körper nicht immer, wie er sollte. Dann
kommt noch die ganze neurotische Schuld aus der christlichen, jüdischen oder sonstigen Erziehung dazu. *Nichts davon*
sollte überhaupt eine Rolle spielen.

Gönnen Sie sich mehr Sex.

Sex ist gut für Sie. Er schenkt Ihnen ein Glücksgefühl. Wenn er
niemanden verletzt, gibt es nichts, weswegen man Schuldgefühle zu haben brauchte. Überwinden Sie Ihre Hemmungen
und gönnen Sie sich mehr Sex.

Wir haben den Coolidge-Effekt bereits besprochen (siehe
drittes Kapitel). Eine unglückliche Tatsache des Lebens lautet, dass neue potenzielle Geschlechtspartner grundsätzlich
viel aufregender sind als der immer gleiche alte Körper, der
neben uns im Bett liegt. Doch bevor Sie Ihren Mann für den
Tennislehrer verlassen, sollten Sie sich bewusst machen, dass
die Begeisterung für das Neue rasch abflaut. Schon bald hat
man sich auch an den neuen Partner gewöhnt und dabei die
Liebe seines Lebens verletzt und womöglich verloren. Paare,
die seit einiger Zeit beisammen sind, müssen akzeptieren,
dass es nicht mehr so knistert, und gemeinsam neue Freuden
suchen, die häufig vielleicht nicht im Beischlaf enden, sondern in gegenseitiger Nähe, Zuwendung und Erfüllung.

Geschmack und Geruch

Essen ist natürlich eine große Genussquelle. Der Geruch, wenn Fleisch gebraten oder Brot gebacken wird, setzt automatisch Endorphine frei. Das ist ein weiteres Beispiel dafür, wie die Evolution positive Gefühle nutzt und zu einem Verhalten führt, das allen zugute kommt. Über 100 000 Nerven verbinden die Zunge mit dem Gehirn, wobei einiges an Geschmack gar nicht von der Zunge stammt, sondern von den Geruchsrezeptoren in der Nase. Man kann den Geschmacks- und Geruchssinn kultivieren, bis man mit zunehmendem Alter zum Kenner immer exotischerer und raffinierterer Geschmacksrichtungen wird und Neuartigkeit und Abenteuerliches mit der grundsätzlichen Freude am Essen verbindet. Auch Bier und Wein verdanken einen großen Anteil ihres Genusspotenzials nicht ihrer berauschenden Wirkung, sondern der komplexen Mischung von Geschmacksnoten und Aromen, die zum Kosten und Genießen einladen.

Für andere kochen macht mehr Spaß, als für sich allein zu kochen. Für meine Frau ist es eine ihrer fünf größten Freuden, und wahrscheinlich trifft das für viele zu. Es verbindet die Gelegenheit zum Ausprobieren Ihres Könnens damit, sich liebevoll, fürsorglich und großzügig

Lernen Sie, einige Lieblingsgerichte zu kochen.
Laden Sie andere dazu ein.

zu betätigen, und man isst dabei auch noch gut. Miteinander zu essen macht alle froh, und man kommt dabei ins Plaudern. In einer kleinen Untersuchung, die ich besonders mag, wurde festgestellt, dass der Genuss von Knoblauchbrot bei einer Spaghettimahlzeit in der Familie die Anzahl negativer Interaktionen durchschnittlich um 0,174 je Familienmitglied pro Minute

oder um 22,7 Prozent senkte. Die Anzahl angenehmer Interaktionen erhöhte sich durchschnittlich um 0,25 je Familienmitglied pro Minute oder um 7,4 Prozent.[215]

Ein weiterer großer Nutzen beim Kochen für andere:
Wenn Sie Freunde oder Bekannte zum Abendessen einladen,
werden Sie auch zu ihnen eingeladen.

Berührung

Menschen berühren, umarmen und streicheln ist viel wichtiger, als zurückhaltenden Menschen (wie mir) klar ist. Manche
depressive Patienten waren so lange isoliert, dass ihre Haut
ausgehungert ist. Werden sie berührt oder umarmt, erstarren
sie entweder oder schmelzen dahin. Viele alte Menschen in
Pflegeheimen leiden darunter, und erfahrenes Personal weiß,
dass man jemandem, der Angst hat und verwirrt ist, wirklich helfen kann, wenn man nur seine Hand hält. Berührung
setzt Opioide frei, nicht nur beim Menschen, sondern auch
beim Tier. Deswegen hören winselnde junge Hunde auf zu
winseln, wenn man sie streichelt. Dasselbe geschieht, wenn
sich ein schreiender Säugling dank der Berührung der Mutter
beruhigt. Bei einem Streit mit Ihrem Partner oder Ihrer Partnerin wird es schwierig, sich weiterhin aufrichtig zu entrüs-
ten, wenn Sie Händchen halten.

Umarmen Sie einander,
halten Sie Händchen,
kuscheln Sie!

In einem Versuch wurde nachgewiesen, wie wichtig Berührung für frühgeborene Babys ist.
Es handelte sich um über zwei
Monate zu früh geborene Säug-
linge, die nur etwa ein Kilo wogen. Als Therapie wurden sie
zehn Tage lang dreimal täglich je eine Viertelstunde massiert.

Dank diesem bisschen zusätzlicher Berührung nahmen sie 47 Prozent mehr zu als nicht massierte Babys. Die massierten Säuglinge konnten durchschnittlich sechs Tage früher als die anderen aus dem Krankenhaus entlassen werden.[216]

Freude und Achtsamkeit

Wir haben eine Menge über den großen Druck gesagt, den die heutige Gesellschaft ausübt, *nicht* zu fühlen, geschäftig zu bleiben und auf der Aufgabenliste ständig vom einen zum Nächsten zu eilen. Wir haben uns mit der Achtsamkeit als Fertigkeit beschäftigt. Sie soll uns beibringen, langsamer zu treten, achtzugeben und mehr zu empfinden. Und wir haben in diesem Kapitel erfahren, dass man als Folge vermehrter Achtsamkeit lernt, sich mehr zu freuen.

Freude und Achtsamkeit schaukeln sich gegenseitig hoch. Freudige Erlebnisse machen achtsam. Sie können uns, wenn wir nicht allzu abgelenkt sind, am Kragen packen und zum Achtgeben *zwingen*. Arbeiten wir daran, die kleinsten Freuden des Lebens auszukosten, so arbeiten wir auch daran, den Charakterpanzer abzulegen und unsere Sichtweise zu verändern. Wir geben etwas von unserem Kontrollbedürfnis auf und lassen das Leben auf uns zukommen. Dabei verändern sich unsere Werte unweigerlich. Wir lernen allmählich erkennen, was uns eigentlich glücklich macht, und lösen uns von einigen unserer alten Überzeugungen darüber, was uns glücklich machen *sollte*.

8

Mehr Zufriedenheit

Freude und Genuss sind unmittelbar und von kurzer Dauer, Zufriedenheit hingegen ist ein länger anhaltender Zustand, der verhältnismäßig unabhängig vom momentanen Auf und Ab sein sollte. Doch wenn es um Zufriedenheit und Befriedigung geht, so bilden diese wohl das verwirrendste und komplexeste Unterkapitel des Glücks. Dabei hängt so vieles, was im Leben zufriedener macht, vom einfachen gesunden Menschenverstand ab. Kennen Sie beispielsweise den als »Gelassenheitsgebet« bekannten Text nicht, so entgeht Ihnen etwas sehr Weises, das hier auf den Punkt gebracht wird:

Gott schenke mir die Gelassenheit, anzunehmen, was ich nicht ändern kann,
den Mut, zu ändern, was ich ändern kann,
und die Weisheit, das eine vom anderen zu unterscheiden.

Was die Zufriedenheit im Leben angeht, so macht es wohl einen himmelweiten Unterschied, »das eine vom anderen zu unterscheiden«. *Zufriedenheit* wird als Zustand definiert, in dem die eigenen Bedürfnisse und Wünsche erfüllt sind. Heute kann man, im Gegensatz zum größten Teil der Menschheitsgeschichte (zumindest im Westen), erwarten, dass die meisten *Bedürfnisse* ohne große Anstrengung gestillt werden. Die Liste der *Wünsche* hingegen kann endlos sein.

Es gibt eigentlich zwei Arten von Zufriedenheit: Zufriedenheit mit der Gegenwart und Zufriedenheit mit der Vergangenheit. Will man mit der Vergangenheit zufrieden sein und beispielsweise weniger bereuen, so hilft es, wenn man nach eigenem Empfinden die richtigen Entscheidungen getroffen hat. Dies führt auch zu Zufriedenheit mit der Gegenwart. Soll der jetzige Zustand der Ehe, der Arbeit und der Kinder zufriedenstellen, so erfordert dies, im Lauf der Jahre eine gute Ehe aufgebaut zu haben, sich in der Karriere bemüht und für die Kinder gesorgt zu haben. Damit kommen wir zu La Fontaines leichtsinniger Grille (aus dem ersten Kapitel), die keine Vorräte für harte Zeiten anlegte. Wie schafft man es, ein Gleichgewicht zwischen sofortigem Genuss und langfristiger Zufriedenheit zu finden?

Die Maßstäbe überprüfen

Eine grundsätzliche Frage zur Zufriedenheit lautet: »Habe ich die richtigen Maßstäbe?« Welches sind Ihre Kriterien, wenn Sie sich und Ihr Leben bewerten? Wenn ich die Verkaufszahlen meiner Bücher mit denen eines Erfolgsautors vergleiche, so bin ich etwas unzufrieden mit mir. Doch wenn ich bedenke, dass in meiner Familie noch niemand ein Buch veröffentlicht hat, fühle ich mich gleich etwas besser.

Nehmen Sie zum Beispiel Ihr Einkommen, den im Westen wahrscheinlich am weitesten verbreiteten Maßstab für den Selbstwert. Inzwischen hat die Verhaltensökonomie nachgewiesen, dass höhere Einkommenserwartungen die allgemeine Zufriedenheit mit dem Leben herabsetzen.[217] Je größer die Kluft zwischen dem tatsächlichen und dem erwünschten Einkommen, desto weniger glücklich ist man. Deswegen sind Reiche manchmal tatsächlich etwas glücklicher. Von einem bestimmten Niveau an will man nicht unbedingt mehr Geld, und eine große Sehnsucht der Mitmenschen wird auf der eigenen Liste gestrichen. Bei Vergleichen mit anderen fühlt man sich gut, weil man ihnen in dieser Hinsicht überlegen ist. Ist man hingegen nicht reich, so hat der Vergleich zur Folge, dass man mit dem eigenen Verdienst unzufrieden ist. Je reicher die Menschen im eigenen Umfeld, desto mehr möchte man selbst verdienen und desto unzufriedener ist man mit dem, was man hat. Zu den »Menschen im eigenen Umfeld« gehören vielleicht auch Reiche und Berühmte, falls man viel fernsieht oder die entsprechenden Zeitschriften liest und sich selbst zu keiner Gruppe zugehörig fühlt. Bis zu einem gewissen Grad sucht man sich aus, mit wem man sich vergleicht.

David Myers, einer der großen Glücksexperten, bemerkt:

> Wichtiger als absoluter Reichtum ist der wahrgenommene Reichtum. Geld ist zwei Stufen vom Glück entfernt: Das tatsächliche Einkommen hat keinen großen Einfluss auf das Glück; wie *zufrieden* man damit ist, hingegen sehr wohl. Ist man mit seinem Einkommen ungeachtet der Höhe zufrieden, wird man sich wahrscheinlich für glücklich halten ... Das bedeutet, dass es zwei Arten des Reichseins gibt: die eine, Reichtum zu besitzen, die andere, wenig Wünsche zu haben.[218]

Auch in jedem anderen Lebensbereich, den Sie sich vorstellen können, sind zu hoch gesetzte Ziele der kürzeste Weg ins Elend. Sie können es Perfektionismus nennen. Eine gute Bekannte und Musikliebhaberin schämte sich jahrelang, weil sie glaubte, nicht singen zu können. Seit sie vor Kurzem in eine Gruppe aufgenommen wurde, in der sich Menschen regelmäßig zum Singen treffen, die das Können der Einzelnen nicht allzu pedantisch auf die Waagschale legen, hat sie einen der größten Auslöser für Freude in ihrem Leben gefunden. Natürlich singt sie umso besser, je mehr sie übt. Bei wie vielem halten wir uns zurück, weil wir das Gefühl haben, es einfach nicht genügend gut zu können? Hier eine kurze Aufstellung von Tätigkeiten, die meine Klienten vorgebracht haben: kochen, malen, ein Instrument spielen, schreiben (ein Buch, einen Leserbrief, überhaupt Briefe), irgendeine Sportart, irgendein Spiel, jede Kunstform, das Auto (oder etwas anderes) reparieren, ein Haustier halten, eine Veranda (oder sonst etwas) bauen, Vorträge halten, sich um eine Beförderung, um Liebe, Ehe, die Kinder bemühen. Sind Sie zu perfektionistisch, probieren Sie dieses oder jenes gar nicht erst aus, und somit entgehen Ihnen viele der größten Freuden im Leben. Oder wenn Sie es doch versuchen, sind Sie mit Ihrer Leistung nie zufrieden und verkehren etwas, das Freude machen sollte, in Elend.

Lautet das Geheimnis zum Glück somit, wenig zu erwarten? Ja und nein. Kommen wir auf das zurück, was Sie ändern können und was nicht, was Sie wollen und was Sie brauchen. Ich finde es sehr klug, die Erwartungen in Bereichen, über die man wenig Kontrolle hat, herunterzuschrauben. Dazu gehört das Einkommen, die Aufnahme der Kinder in die Harvard-Universität und bis zu einem gewissen Grad das Gewicht. Der große Begründer der amerikanischen Psychologie William James sagte einst: »Es wird einem seltsam leicht ums Herz, wenn man seine Nichtigkeit auf einem bestimmten Gebiet in Treu und Glauben akzeptiert. Wie schön ist der Tag, an dem man es aufgibt, jung oder schlank sein zu wollen. ›Gott sei Dank sind diese Illusionen verschwunden‹, sagen wir erleichtert.«[219] Doch dort, wo Sie die Dinge einigermaßen in der Hand haben, werden Sie durch etwas höhere Erwartungen motiviert, sich noch ein wenig mehr einzusetzen, ein wenig mehr zu tun, und am Ende sind Sie zufriedener.

Schon allein die Tatsache, dass man sich vernünftige, konkrete Ziele setzt, hat sowohl bessere Erfahrungen wie Leistungen zur Folge. Wenn Sie beispielsweise ein Buch schreiben müssen, so gelingt dies viel besser, wenn Sie sich Ziele setzen wie x Seiten täglich oder y Kapitel im Monat zu schaffen, als wenn Sie einfach nur schreiben, sobald Sie Lust dazu haben. Ein verbindlicher Entschluss richtet die Aufmerksamkeit aufs Ziel, und damit kann man sich besser überlegen, wie man es erreicht. Viele Untersuchungen zeigen, dass man zufriedener wird, wenn man sich dem Ziel nähert. Man hat das Gefühl, sich für einen bestimmten Zweck einzusetzen, gibt sich innerlich einen Klaps auf die Schulter, dass man so brav und fleißig ist, und die Selbstachtung steigt. Man gerät in einen *Flow*-ähnlichen Zustand, über den wir gleich noch mehr hören werden. Doch denken Sie an die Gewöhnung: Diese guten Gefühle sind nicht unbedingt von Dauer, wenn das Ziel erreicht ist. Statt sich über die Leistung zu freuen, sucht man sich schon den nächsten Gipfel, den man besteigen könnte. Gewöhnung hat allerdings auch

> Manövrieren Sie sich nicht mit unmöglichen Erwartungen in eine Sackgasse.

ihren Nutzen. Kann sein, dass man das Ziel nicht erreicht.
Trotzdem hat man Nutzen aus dem Streben danach gezogen
und überwindet die Enttäuschung schneller.

Tal Ben-Shahar schreibt: »Der Sinn von langfristigen Zielen
liegt darin, uns zu *befreien*, sodass wir das Hier und Jetzt genießen können.«[221] Geht man ohne Ziel oder Richtung auf eine
Reise, muss man sich an jeder Weggabelung neu entscheiden.
An diesem Punkt können Ambivalenz und Ängste uns immer
wieder einholen. »Ist die Landschaft hier oder dort schöner?
Sind wir schon zu weit gefahren? Und was, wenn kein Zimmer im Hotel frei ist? Sollten wir uns dieses Schlachtfeld, jene
Höhle oder anderswo den antiken Ort ansehen?« Wenn wir
hingegen genau wissen, wohin wir wollen, sparen wir uns
diese Scherereien und können die Fahrt genießen.

»Soll ich Arzt, Anwalt oder Indianerhäuptling werden?« Die
Berufsfrage ist sehr schwierig. Ein junger Mensch kann kaum
wissen, wie gut irgendein Beruf zu ihm passt und welche
Befriedigung er ihm schenken wird. Es gibt einfach zu viele
Unbekannte. Doch wenn er eine Entscheidung getroffen und
sich fest zu einem bestimmten Ziel entschlossen hat, fallen
fast alle Unsicherheiten und Zweifel weg. Das erlaubt es den
meisten Menschen, sich innerhalb des Möglichen am gewähl-
ten Beruf zu erfreuen.

Machen Ihre Ziele und Werte Sie glücklich?

Nehmen wir an, dass Sie die richtigen Maßstäbe verwenden,
weder unrealistisch hart mit sich umgehen noch zu nachsichtig mit sich sind. Nehmen wir außerdem an, dass Sie verhältnismäßig immun gegen Wünsche und Begehrlichkeiten

sind, da Sie die Lektionen über Achtsamkeit und Willenskraft verinnerlicht haben. Bedeutet dies, dass Sie das Leben mehr befriedigt? Diese Fähigkeiten bringen zwar weniger Elend und mehr Freude, sind aber nur notwendige, nicht ausreichende Vorbedingungen für mehr Zufriedenheit. Damit kommen wir zur Frage, ob die Ziele und Werte, nach denen Sie streben wollen, Ihnen auch wirklich mehr Befriedigung bringen.

Manche Ziele eignen sich besser als andere, wenn es um ein zufriedenstellenderes Leben geht. Viele Forschungsergebnisse deuten darauf hin, dass man umso weniger glücklich ist, je materialistischer die Ziele sind, die man verfolgt.[222] Eine Studie ergab, finanziellem Erfolg einen großen Wert beizumessen bringe weniger Selbstverwirklichung, weniger Vitalität und bewirke mehr Depressionen und Ängste.[223] In anderen wurde festgestellt, dass Vorankommen in Bezug auf materialistische Ziele sich nicht auf das subjektive Wohlbefinden auswirkt, Fortschritte im persönlichen Reifeprozess und bessere Beziehungen hingegen schon.[224] In einer weiteren Untersuchung wurde nachgewiesen, dass das, was für Einzelne zutrifft, auch für Nationen gilt: Länder, in denen Geld sehr wichtig ist, haben ein eher niedriges Niveau, was das Wohlbefinden betrifft.[225]

Was wirklich befriedigt

Bei einer interessanten Versuchsreihe bekamen die Teilnehmer eine Liste mit zehn möglichen Lebensnotwendigkeiten, die aufgrund verschiedener bekannter Theorien über Auslöser für Glück und Zufriedenheit erstellt worden war. Dabei wurden die Versuchspersonen in den USA und Südkorea aufgefordert, über die befriedigendsten Ereignisse in ihrem Leben nachzudenken und anzugeben, welche Bedürfnisse dabei befriedigt wurden.[226] Die Forscher stellten fest, dass die befriedigendsten Ereignisse den Befragten Selbstachtung, das Gefühl der Autonomie, Kompetenz und wertvolle Beziehungen schenkten. Weiter unten eingestuft wurden Bedürfnisse wie Luxus, Beliebtheit oder Einfluss und Sicherheit. Somit haben die befriedigendsten Ereignisse auch in Ihrem Leben Ihnen wahrscheinlich Folgendes gebracht:

- *Selbstachtung.* Das Gefühl, viele positive Qualitäten zu haben, zufrieden mit sich selbst zu sein und sich selbst wirklich zu achten.
- *Autonomie.* Entscheidungen treffen können, die Ihren wahren Interessen und Werten entsprechen. Die Fähigkeit, die Dinge auf Ihre eigene Weise auszuführen, und zwar so, dass Ihr wahres Ich dabei zum Ausdruck kommt.
- *Kompetenz.* Schwierige Aufgaben erfolgreich zum Abschluss bringen und große Herausforderungen mit dem Gefühl zu meistern, ihnen gewachsen zu sein.
- *Beziehungen.* Verbundenheit mit einem Netz von Menschen, die Ihnen am Herzen liegen und denen umgekehrt auch Sie am Herzen liegen. Große Nähe zu Menschen, mit denen Sie Zeit verbringen.

Wenn Ihre Ziele diese Gefühle bei Ihnen auslösen, so ziehen Sie doppelten Nutzen daraus. Mit zunehmender Annäherung an diese Ziele steigern sich Ihre positiven Gefühle und Ihre Selbstachtung. Außerdem verfügen Sie künftig dank Ihrer

Zielstrebigkeit über mehr Autonomie, Kompetenz und Beziehungen, und dies verschafft Ihnen mehr Befriedigung im Leben. Das Leben geschickter führen zu können bringt mehr Freude.

Deswegen fallen Lotteriegewinner wohl so rasch wieder auf ihr früheres Elendsniveau zurück. Eine Million Dollar zu *gewinnen* ist etwas ganz anderes, als eine Million Dollar zu *verdienen*. Für Letzteres muss man wahrscheinlich hart arbeiten, Risiken eingehen, schwierige Entscheidungen treffen und eng mit andern zusammenarbeiten. Man entwickelt Fertigkeiten und Kompetenz, knüpft Beziehungen und gewinnt mehr Selbstachtung und Autonomie. Doch wenn man einfach nur zufällig das Gewinnlos an einem Kiosk gekauft hat, hat man kein bisschen zu seinen Lebensfähigkeiten beigetragen. Soviel ich weiß, erhöht ein Glücksfall die Selbstachtung nicht.

Prioritäten festlegen

Dank der folgenden Übung sollten Sie besser herausfinden können, welches Ihre Prioritäten sind.

Übung 13
Welches sind Ihre wichtigsten Werte?

Gönnen Sie sich ein paar Minuten Ruhe und versetzen Sie sich in eine achtsame Geistesverfassung. Wenn Sie bereit sind, schreiben Sie zehn Punkte auf, die das Leben für Sie lebenswert machen. Seien Sie unbesorgt, wenn die Liste nicht perfekt oder vollständig ist, denn Sie werden noch ein paar weitere Gelegenheiten haben, eine solche Liste aufzustellen. Versuchen Sie, nicht daran zu denken, welches in Ihren Augen die »richtigen« Werte sind. Schreiben Sie einfach auf, was Ihnen einfällt, ohne es zu beurteilen. Es sollte Sie nicht kümmern, wenn Tugendhaftigkeit nicht auf Ihrer Liste steht, Essen in guten Restaurants hingegen schon. Diese Aufstellung ist nur für Sie gedacht. Niemand außer Ihnen wird sie je sehen, und Sie verdienen es, sich selbst gegenüber möglichst ehrlich zu sein. Sie können Allgemeines auflisten (Natur) oder Konkretes (Sonnenuntergang über dem See). Im Moment spielt es keine Rolle. Fürchten Sie nicht, sich zu eigenwillig oder selbstsüchtig auszudrücken. Wenn Tischtennis spielen Sie glücklicher macht als mit den Enkeln spielen, ist das in Ordnung.

Legen Sie die Liste einige Tage lang beiseite und wiederholen Sie dann die Übung. Schauen Sie nicht in der ersten Aufstellung nach, sondern fangen Sie neu an. Es ist anzunehmen, dass Ihnen beim ersten Mal einige offensichtliche Dinge nicht eingefallen sind, weil Sie diese so selbstverständlich finden. Oder Sie haben anfangs einige wichtige Werte vergessen, weil Sie in dem Moment einfach nicht daran gedacht haben. Machen Sie die Übung nach ein paar weiteren Tagen ein drittes Mal.

Führen Sie nun die drei Aufstellungen zusammen, sodass Sie zwischen zehn und 30 Punkte erhalten. Haben Sie etwas mehrfach erwähnt, so schreiben Sie es nur einmal auf, geben ihm aber für jedes weitere Mal einen Extrahaken. Fällt Ihnen auf, dass einige Punkte sich besser unter einem Oberbegriff zusammenfassen lassen (Singen und Konzertbesuche könnte man als »Musikgenuss« bezeichnen), so behandeln Sie diesen wie mehrfach Erwähntes.

Stufen Sie diese Punkte nun in der Reihenfolge ihrer Wichtigkeit ein. Es wird Ihnen manchmal schwerfallen, sich zu entscheiden, aber die Rangfolge ist nicht für alle Zeiten bindend. Sie könnte sich schon allein durch diese Übung ändern. Sorgen Sie sich nicht zu sehr, ob Sie nun Sex wichtiger finden als gut essen oder umgekehrt; schaffen Sie nur eine grobe Ordnung, um zum Beispiel festzustellen, ob sowohl Sex wie Essen Ihnen wichtiger ist als Golfspielen oder nicht. Vielleicht hilft es Ihnen, sich vorzustellen, dass Sie einige dieser Tätigkeiten aufgeben müssten. Welche würden Sie zuerst fallen lassen?

Jetzt kommt der schmerzhafte Teil der Übung. Führen Sie in den nächsten Tagen ein kleines Tagebuch über Ihre Alltagstätigkeiten. Beobachten Sie, wie viel Zeit Sie tatsächlich mit einer Beschäftigung verbringen oder sich in einem Geisteszustand befinden, in dem Sie mit Ihren höchsten Prioritäten in Kontakt sind. Ähneln Sie den meisten Menschen, so wird die Feststellung Sie erschrecken, wie viel Zeit Sie mit Dingen verbringen, die gar nicht auf Ihrer Liste stehen.

Wahrscheinlich stellt sich heraus, dass einige Ihrer weiter unten eingestuften Aktivitäten notwendig sind, zumindest im Moment. Dazu gehören zum Beispiel arbeiten und zur Arbeit fahren oder die Kinder hierhin und dorthin kutschieren. Aber vielleicht fällt Ihnen auf, dass Sie Zeit mit unnötigen, tief eingestuften Tätigkeiten verbringen wie Rasen mähen oder sich um den Haushalt kümmern, wenn Sie stattdessen jemanden dafür bezahlen könnten, es für Sie zu tun. Das klassische Beispiel, fernsehen, schluckt bei den meisten viel Zeit, auch wenn sie es nicht besonders hoch einstufen. Gönnen Sie sich aber ruhig etwas Zeit, um sich emotional zu erholen. Wir würden uns wahrscheinlich ziemlich rasch verschleißen, befassten wir uns ständig nur mit den hoch eingestuften Aktivitäten.

Nehmen Sie trotzdem achtsam wahr, wie Sie Ihre Zeit verbringen, und versuchen Sie, sie mit mehr Wert zu füllen. Planen Sie Ihre Abende und Wochenenden im Voraus. Verbringen Sie mehr Zeit mit Freunden und Angehörigen als jetzt. Bewegen Sie sich mehr, damit Sie mehr Energie haben.

Schließlich könnten Sie daran arbeiten, sich von den notwendigen, tief bewerteten Tätigkeiten zu befreien oder sie wertvoller zu gestalten. Planen Sie einen Berufswechsel, wenn Ihre Arbeit Sie wirklich entmutigt, damit Sie mehr Spaß haben oder weniger weit pendeln müssen. Hören Sie auf der Fahrt Hörbücher. Wenn Sie die Kinder irgendwohin fahren, so singen Sie Lieder mit ihnen (am Anfang gibt es bestimmt einen Aufstand, aber sie gewöhnen sich schnell daran).

Sie werden feststellen, dass sich alte Gewohnheiten nicht so leicht ändern lassen, auch wenn es Ihnen noch so notwendig und einfach erscheint. Geben Sie nicht gleich auf, sondern sehen Sie sich achtsam und ohne Urteil an, was Sie daran hindert. Haben Sie Angst vor Veränderung? Glauben Sie, es würde Ihnen nicht guttun, wenn Sie Ihre jetzigen Grenzen überschreiten? Sind Sie einfach nur zu müde? Sprechen Sie mit einem vertrauten Freund oder Therapeuten darüber. Wir können uns auf tausenderlei Arten einreden, wir seien für etwas zu beschäftigt, das wir gerne tun und schätzen. Solche Dinge infrage zu stellen ist schwer. Etwas zu wagen ist riskant. Aber Sie haben nur *ein* wunderbares, wertvolles Leben – wie wollen Sie es verbringen? Wenn Sie sich vor Augen halten, was Sie bei dieser Übung gelernt haben, können Sie im Lauf der Jahre allmählich Ihrem Leben die gewünschte Richtung geben.

Denken Sie daran, was John Lennon gesagt hat: »Leben ist das, was dir widerfährt, während du damit beschäftigt bist, anderweitig Pläne zu schmieden.« Die Zeiteinteilung ist wahrscheinlich diejenige Komponente des Glücks, die wir am meisten in der Hand haben. Menschen, die mit Krebs oder einer anderen lebensbedrohlichen Krankheit zu kämpfen haben, stellen fest, dass sich ihre Prioritäten drastisch verändern. Sie vergeuden keine Zeit mehr mit Unwichtigem, sondern wollen sie mit ihren Lieben verbringen oder die einfachen Freuden des Lebens genießen – die Jahreszeiten, die Sonne, Essen, Spielen. Ihr Leben hat sich völlig verändert. Wie Tal Ben-Shahar bemerkt, sind sie genau dieselben Menschen wie vor der Krankheit. Sie haben nichts Neues gelernt, keine neuen Fertigkeiten, keine neuen Gewohnheiten und haben keine großen Offenbarungen gehabt. Sie verfügen über genau dieselben Fähigkeiten, die ihnen früher nicht glückverheißend genug erschienen. In Wirklichkeit aber besaßen sie stets die Fähigkeit, ihr Leben zu verändern, die Prioritäten anders zu setzen und glücklicher zu sein.[227] Auch wir besitzen diese Fähigkeit. Doch wie ein Krebspatient von Shelley Taylor meinte, als die Rede davon war, wie die Krankheit sein Leben zum Besseren gewendet hatte: »Der Trick besteht natürlich darin, dies zu tun, ohne Krebs zu bekommen.«[228]

> Ihr Terminplan ist Ihr Leben.

Allerdings ist es nicht leicht, jemanden zu bewegen, seinen Terminplan zu ändern. Der bekannte Jungsche Analytiker James Hillman erwähnt, er habe festgestellt, nichts sei schwieriger, als den Leuten klarzumachen, dass ihr Terminplan ihr Leben ausmacht.[229] Es wird sich nichts für Sie ändern, wenn Sie nicht bereit sind, Ihre Zeit anders zu verbringen. Der rücksichtslose, vorwärtsdrängende Erfolgsmensch des 21. Jahrhunderts will einen Schnellschuss, eine Pille, irgendetwas, das ja nicht von ihm verlangt, innezuhalten und sich Fragen zu stellen.

Lernen Sie Ihre eigenen Ziele kennen.

Zielen Sie darauf ab, ein glückliches Leben zu führen, dann gibt es einige offensichtliche Schritte, die dazu führen: eine Ausbildung machen, einen Beruf lernen, eine Arbeit finden, die einem etwas bedeutet, und wertvolle Beziehungen aufbauen. Diese Ziele erfordern Einsatz und Opfer. Genau da beginnt das Abwägen und Entscheiden. Jeden Tag zwingt uns das Leben, uns zwischen einer momentanen Freude und langfristiger Befriedigung zu entscheiden. Jeden Morgen zur Arbeit zu gehen ist ein typisches Beispiel dafür. Die meisten tun es, ohne groß darüber nachzudenken, außer vielleicht an einem wunderschönen Tag im Sommer oder mitten im Winter, wenn überall Schnee liegt. Es gibt jedoch täglich Hunderte solcher Entscheidungen zu treffen: »Noch ein Gläschen und noch etwas Spaß heute Abend oder morgen einen klaren Kopf? Jetzt ins Fitnesscenter gehen? Den Fernseher ausschalten? Noch einen Nachtisch?« Hier lässt man besser die Psychologie hinter sich, weil es keine Regeln gibt, sondern nur das eigene Urteil. Trotzdem will ich hier kurz einige Grundsätze anführen, wie man sich mehr Befriedigung verschafft:

- Lernen Sie Ihre Werte kennen und leben Sie danach. Wenn Sie etwas vorhaben, was diese verletzt, so verschieben Sie es, bis Sie Zeit gehabt haben, darüber nach-zudenken.

- Entscheiden Sie achtsam und möglichst ohne falsche Vorurteile.
- Achten Sie darauf, was Ihnen wichtig ist. Lassen Sie sich nicht allzu sehr in Versuchung führen. Distanzieren Sie sich von Begehrlichkeiten und Konkurrenzkämpfen.
- Befreien Sie sich vom Klischeedenken. Fällen Sie nicht automatisch ein Urteil.
- Nutzen Sie Ihren gesamten Geist – Logik, Gefühle und Intuition.
- Akzeptieren Sie das Realitätsprinzip: Sehen Sie die Din-ge, wie sie sind, nicht, wie Sie sie gerne hätten.
- Akzeptieren Sie auch sich selbst so, wie Sie sind. Lassen Sie nicht zu, dass der innere Kritiker Sie zu etwas zwingt, das Sie gar nicht wollen.
- Seien Sie offen für den Rat von Freunden, Angehörigen und Mentoren.
- Berücksichtigen Sie die Gewöhnung. Denken Sie daran: Schon bald ist Ihnen etwas zur Gewohnheit geworden, ob es Ihnen gefällt oder nicht.
- Wenn das Dopamin Sie übermannt: Verschieben Sie das, was Sie gerade vorhaben.
- Machen Sie keine Schulden. Das hebt nur Ihr Angst-niveau bis zu einem Punkt an, an dem Sie nicht mehr die klügste Wahl treffen können, und zwingt Sie womöglich zu suboptimalen Entscheidungen.
- Beugen Sie Kaufreue vor. Je teurer oder alberner etwas ist, desto größer die Reue.

Duhkha

Und was, wenn Ihnen nicht wohl ist und Sie ohne ersichtlichen Grund unzufrieden sind? Das kann kompliziert sein. Manchmal handelt es sich um eine Depression, und Sie sollten etwas dagegen unternehmen. Manchmal ist es das, was die Buddhisten *Duhkha* nennen: das unter der Bewusstseinsoberfläche schlummernde Leiden.[230]

> Fördern Sie *Flow*-Erfahrungen, die Sie Ihrem Ziel näherbringen.

Die Psychoanalyse empfiehlt ebenfalls, man sollte nicht jedes schlechte Gefühl meiden oder behandeln, sondern es lieber genauer erforschen. Manchmal steckt eine bittere Wahrheit dahinter, der man sich stellen muss. Vielleicht kann man sich überhaupt nur freuen und würdigen, was man hat, wenn man sich dem notwendigen Leiden – den harten Realitäten des Lebens – stellt. Vielleicht findet man die größte Unabhängigkeit, meiste Kreativität oder das

> Erwarten Sie nicht, ständig glücklich zu sein. Manchmal fühlt man sich schlecht und muss einfach abwarten, bis es vorbei ist.

stärkste Selbstwertgefühl erst, indem man sich den eigenen Dämonen stellt. Vielleicht sagt *Duhkha* Ihnen auch, Sie sollten von Ihrem hohen Ross steigen, nicht mehr so arrogant in Bezug auf Ihr eigenes Glück sein und etwas einfühlsamer mit Ihrer Umwelt umgehen. Oder wir sind einfach nur mit dem falschen Fuß aufgestanden, und morgen geht es wieder besser. Wie kann man herausbekommen, ob es sich um eine Depression oder um *Duhkha* handelt? Hält der Zustand lange an und wenn Sie die Hoffnung verlieren und sich selbst anklagen, dann ist es eine Depression.

Die Arbeit

Den größten Teil der Befriedigung im Leben bezieht man nicht aus dem, was man geleistet hat, sondern aus Betätigungen im Alltag. Also sind in den Bereichen Arbeit, Freizeit und Beziehungen die meisten Gelegenheiten für Befriedigung zu finden.

Vor einiger Zeit hat Mihaly Csikszentmihalyi sein bekanntes Buch *Flow: Das Geheimnis des Glücks* veröffentlicht.[231] Einer seiner überraschendsten Befunde war, dass Befragte gewöhnlich erwähnten, sie fühlten sich bei der Arbeit besser als in der Freizeit. Beim Arbeiten befanden sie sich viel eher in dem von Csikszentmihalyi so genannten »Flow«, einem Zustand, in dem man sich stark fühlt, aktiv, kreativ, konzentriert und motiviert ist. In der Freizeit waren die Befragten viel eher apathisch, passiv, fühlten sich schwach, langweilten sich und waren unzufrieden. Bei den meisten menschlichen Tätigkeiten gibt es einen schmalen Grenzbereich, in dem gestellte Aufgaben gerade genügend herausfordern, um das Beste aus den Fähigkeiten der Betreffenden herauszuholen. Das ist der Zustand, den er »Flow« nannte. Im Flow (»Fluss«) ist man voll dabei, die Aufmerksamkeit ist konzentriert, das Zeitgefühl ändert sich, man vergisst sich selbst, und alle kleinen Sorgen und Ablenkungen rücken in den Hintergrund. Ist man nicht im Flow, so ist entweder die Herausforderung zu gering, die Aufgabe zu leicht und man langweilt sich, oder die Herausforderung übersteigt das Können und man ist Stress und Ängsten unterworfen. So gesehen, ist es verständlich, weswegen wir nicht besonders oft glücklich sind. Wir schwanken zwischen Langeweile und Ängsten hin und her, und in der Mitte befindet sich nur ein kleiner Punkt, wo beide im Gleichgewicht sind und man sich wohlfühlt.

Doch Flow ist ein kontroverser Begriff. Sogar Csikszentmihalyi stellte wie fast alle andern fest, dass Arbeitnehmer statt am Arbeitsplatz lieber woanders sein möchten. In der Aufstellung der verbreiteten Ursachen für menschliche Freuden (siehe siebtes Kapitel) fehlt die Arbeit ganz. Fragt man Menschen nach positiven Lebenserfahrungen, erwähnen sie nur selten die Arbeit, außer wenn sie eine Gehaltserhöhung bekamen oder befördert wurden. Nur wenige Glückliche genießen die Arbeit wirklich.[232] Menschen mit viel Flow im Leben langweilen sich seltener, erreichen jedoch keine höhere Punktzahl in Bezug auf das Glück. Leute in Berufen mit viel Flow (Musiker, Künstler, Schriftsteller, Therapeuten) sind dafür auch Frustrationen, Depressionen, Stimmungsschwankungen und Suchtproblemen ausgesetzt, die ihren Selbstausdruck sowohl fördern wie behindern.[233] Kahneman und Krueger haben festgestellt, dass in ihrer Stichprobe von Frauen die Arbeit an vorletzter Stelle der angenehmen Tätigkeiten genannt wurde – direkt vor der Fahrt zur Arbeit am Morgen und nach der Heimfahrt am Abend. Was hat das zu bedeuten?

Die fehlende Wahlmöglichkeit erklärt größtenteils, weswegen bei der Arbeit zwar Flow entsteht, die Betreffenden jedoch lieber anderswo wären. Leider haben die meisten Menschen keinen an sich lohnenswerten Job. Sie arbeiten wegen der Bezahlung. Man merkt wahrscheinlich, dass die Zeit beim Arbeiten schneller vergeht, man sich weniger langweilt und engagierter ist. Doch da man dort sein *muss*, bezieht man nicht so viel Freude aus Flow am Arbeitsplatz. Flow-Erlebnisse hingegen, für die man sich selbst entscheidet, beispielsweise das Perfektionieren seines Könnens in einer Sportart oder Kunstrichtung, oder wenn man das Glück hat, eine an sich schon lohnenswerte Arbeit zu verrichten, sind eine nahezu ideale Befriedigungsquelle. Die abweichenden Ergebnisse Csikszentmihalyis sind zum Teil darauf zurückzuführen, dass er eine andere Methode anwendete: Er unterbrach die Befragten mehrmals im Lauf des Tages und bat sie, ihre Gefühle im jeweiligen Moment zu beschreiben. Bei den meisten Studien hingegen werden die Teilnehmer aufgefordert, sich an ihr Befinden zu *erinnern*, was eher zu Verzerrungen führt. Wenn man *glaubt,* bei der Arbeit unglücklicher zu sein, beeinflusst dies die Antworten beim Erinnern eher, als wenn man eine momentane Befindlichkeit beschreibt.

Die Einstellung ist alles

An einem dunklen Januarmorgen um 7:40 Uhr in Chicago auf den Bus zu warten, wobei gefrorener Schneematsch die Schuhe ruiniert und ein so kalter Wind bläst, dass man befürchtet, es fielen einem die Ohren ab, macht überhaupt keinen Spaß. Doch ab und zu könnten Sie Glück haben und den »Glücksbus« erwischen. Der Fahrer begrüßt Sie mit einem breiten Lächeln und dröhnender Stimme: »Willkommen im Glücksbus!« Dann macht er weitere Sprüche, singt, erzählt Witze, kommentiert das Wetter und den Sport, flirtet mit den hübschen Mädchen, neckt die Griesgrämigen und ruft gelegentlich: »Jesus liebt dich!« Da könnten Sie nicht anders als lächeln. Und alle im Bus wären einander nahe, würden fröhlich sein, lachen und nach den erstaunten Mienen Zugestiegener spähen, die den Fahrer des Glücksbusses noch nie erlebt haben.

Der Witz bei der Sache ist natürlich die Einstellung, die

man zur Arbeit hat. Der Glücksbusfahrer bekommt keinen Cent mehr für seine Persönlichkeit, aber er hat jedenfalls Spaß an seinem Job. Wenn man erst ein gewisses Können in seinem Arbeitsbereich erlangt hat, kann man damit zu spielen beginnen. Mir scheint, der Glücksbusfahrer will aufrichtig sein Evangelium der Freude verbreiten, aber es macht ihm auch großen Spaß, mit den Erwartungen der Passagiere zu spielen. Alle, die bei der Arbeit Kundenkontakte pflegen, können dasselbe tun. Lächeln Sie, und die Leute lächeln zurück.

Für alle, außer für ein paar wenige Glückliche, ist die Arbeit ein notwendiges Übel. Man muss arbeiten, wenn man regelmäßig essen will. Doch Flow-Studien und andere Untersuchungen haben aufgezeigt, dass viele Menschen Möglichkeiten finden, die meisten Routinearbeiten irgendwie erfreulich zu gestalten. Man kann sich bei der Arbeit freuen, weil sie dem Leben Struktur und Ziele gibt. Zudem ist der Mensch von Natur aus zufrieden, wenn er etwas gut oder zumindest gut genug macht. Sogar bei den langweiligsten Arbeiten gibt es Leute, die ein Spiel mit sich selbst spielen: »Also ich will vor der Pause noch zwanzig Teile montieren«, und schon vergeht die Zeit schneller. In der Freizeit fällt es schwerer, weil wir sie selbst strukturieren müssen. Am Schlimmsten ist es wohl, wenn man am Arbeitsplatz Däumchen drehen muss. Dann ist man sowohl gelangweilt und hat dazu noch Schuldgefühle – oder man freut sich wie ein Schneekönig, wenn es nur gelegentlich vorkommt.

Leider haben die veränderten Arbeitsbedingungen im Lauf der letzten 30 Jahre dazu geführt, dass es immer weniger Leu-

> Lernen Sie einen Witz und erzählen Sie ihn weiter. Dann fangen die Leute an, *Ihnen* Witze zu erzählen.

te gibt, denen die Arbeit Freude macht. Das amerikanische Meinungsforschungsinstitut Gallup, das viele Firmen berät, befragt regelmäßig Arbeitnehmer. Die Frage: »Bekommen Sie jeden Tag das zu tun, was Sie am besten können?«, wird von nur 20 Prozent bejaht.[234] Sogar dem sehr wirtschaftsfreundlichen »Conference Board« zufolge geben nur die Hälfte amerikanischer Beschäftigter an, mit ihrer Arbeit zufrieden zu sein.[235]

Das liegt vorwiegend daran, dass sie mehr Stunden arbeiten müssen, die Arbeitslast größer ist, die Stellen unsicherer und die Reallöhne gesunken sind. Alle arbeiten heutzutage mehr, nur um ihre wirtschaftliche Stellung beizubehalten. Der ständige Konkurrenzkampf läuft nur noch mit den entsprechenden Aufputschmitteln. Als erstaunlich anpassungsfähige Wesen gewöhnen wir uns daran und reden uns sogar ein, überfordert zu sein sei spannend oder wir könnten stolz darauf sein. In Berufen mit vielen Terminen – zum Beispiel in Verlagen, im Rundfunk oder solchen, die eine hochkonzentrierte Aufmerksamkeit unter schwierigen Bedingungen erfordern wie im Finanzwesen, Rechtswesen und Militär – kann eine »Adrenalinsucht« entstehen. Auch in Jobs unter einem Management, das eine Atmosphäre intensiven Wettkampfs verbreitet, ist dies der Fall. Die Herausforderung bei der Arbeit erzeugt einen Spannungs-Entspannungs-Zyklus, eine intensive Flow-Erfahrung, die sich vielleicht bereichernd anfühlt, auch wenn sie Gehirn und Körper wegen der Unmengen an Stresshormonen schädigt. Hat sich jemand an diesen Zustand gewöhnt und muss sich wegen einer Krankheit oder Verletzung frei nehmen, so kommt es meistens zu Entzugserscheinungen, und der Betreffende verhält sich wie ein Fixer, wird depressiv, wütend, reizbar und kann nicht schlafen. Eigentlich *ist* er ein Junkie, dem das Dopamin fehlt.

Der Spannungs-Entspannungs-Zyklus ist auch der Hauptgrund dafür, dass vieles auf die lange Bank geschoben wird. Wenn man etwas aufschiebt, erhöht man ständig den Einsatz auf den Termin hin und verschiebt die Aufgabe so lange, dass es sich, wenn man sie endlich erledigt hat, so anfühlt, als habe man das Blatt in letzter Sekunde gewendet. Allerdings ist es ein billiger Kick und ein Pyrrhussieg, weil das Endprodukt wahrscheinlich viel besser ausgefallen wäre, hätte man mehr Zeit und Aufmerksamkeit investiert. Ein Produkt abzugeben, für welches man wirklich sein Bestes gegeben hat, verschafft eine viel dauerhaftere, wenn auch weniger intensive Befriedigung.

Ein wettbewerbsintensives Arbeitsumfeld, in dem das Bonussystem so gestaffelt und auf die Leistung abgestimmt ist, dass manche reich werden, während andere praktisch nichts bekommen, oder in dem ständig Entlassungen drohen, dient nur den Interessen des Managements, indem es die Arbeitnehmer dazu anregt, sich für die Arbeit umzubringen, während sie ihrerseits lügen und betrügen und sich rücksichtslos gegen Kollegen durchsetzen. Es kann wirklich spannend sein, aber eigentlich ist es erniedrigend. Sie als Arbeitnehmer werden manipuliert, damit das Management glänzen kann oder die Besitzer mehr verdienen – oder beides. Sie finden nicht, dass Sie ausgenutzt werden, weil Sie vielleicht viel Geld verdienen oder ein hohes Ansehen erlangen, aber Sie werden ausgebeutet, denn dabei werden Sie zum Affen, der am Gängelband herumspringt. Akzeptieren Sie keine derartige Stelle. Kündigen Sie bei der nächsten Gelegenheit. Die Arbeitsbefriedigung ist viel höher, wenn Sie eine Chance zur sozialen

Interaktion haben und Teamarbeit an der Tagesordnung ist. Tatsächlich kann es sogar die Leistung erhöhen, etwas Zeit mit Herumalbern zu verbringen.

Hohe Ansprüche und wenig Mitbestimmung ist das Rezept für geringe Arbeitsbefriedigung. Bis zu einem gewissen Grad ist mehr Mitbestimmung ein Ausgleich für hohe Ansprüche. Wenn Ihr Arbeitgeber Sie Ihren eigenen Tagesplan bestimmen lässt, stecken Sie viel eher 50 oder mehr Stunden die Woche in die Arbeit.

Arbeitsbedingungen wirken sich direkt auf die Gesundheit aus, nur geschieht dies manchmal viel subtiler, als wenn man giftigen Stoffen ausgesetzt ist oder ständig die gleichen Bewegungsabläufe durchführt. Eine Untersuchung ergab, dass Angestellte der untersten Stufen des englischen öffentlichen Dienstes 3,5-mal mehr tödliche Herzinfarkte erlitten als diejenigen auf der höchsten Stufe.[236] Das lag größtenteils an der Tatsache, dass diese Angestellten über weniger Mitbestimmung und Autonomie verfügten, was mehr Stresshormone, einen erhöhten Blutdruck und Ähnliches im Körper produzierte. Zum Teil lag es auch daran, dass auf den unteren Stufen schlechtere Ess- und Bewegungsgewohnheiten vorherrschten und mehr geraucht wurde, wobei Rauchen und schlechte Ernährung teilweise eine Reaktion auf Stress sind. Doch ungeachtet der Stufe waren die Arterien bei den Angestellten mit der meisten Routinearbeit am stärksten verstopft.

Der glückliche Handwerker oder das Wesen der Arbeit

Wir würden gerne ein sinnvolles Leben führen, das einen Zweck und ein Ziel hat und uns befriedigt. Manche halten diesen Wunsch lediglich für ein Produkt der Gehirnfunktionen und nehmen an, deswegen erfinde der Mensch Götter und Religionen, die ihn trösten und ihm die Illusion eines Sinnes vermitteln sollen. Das lässt sich nicht beweisen, es sei denn, wir hätten eine göttliche Offenbarung, also lasse ich lieber die Finger davon. Immerhin scheint uns die Sinnsuche angeboren zu sein. Menschen, bei denen die Religion ein wichtiger Faktor im Leben ist, sind tendenziell glücklicher.[237] Doch da sich strenge Glaubenssysteme anscheinend immer schwerer aufrechterhalten lassen, ist der Mensch in der Sinnfrage immer mehr auf sich selbst gestellt.

Ich neige zum Individualismus. Diesen Hang habe ich wahrscheinlich mit sehr vielen Schriftstellern und Intellektuellen gemein, zumindest mit fast allen Therapeuten. Nehmen Sie zwei Männer, die beide in etwa dasselbe verdienen, in einer stabilen Ehe leben und je zwei Kinder haben. Der eine ist Kunsttischler. Jeder Auftrag unterscheidet sich ein wenig von den anderen. Er kann seine Kreativität und sein Problemlösungstalent täglich einsetzen und ist stolz auf seine Arbeit. Der andere arbeitet am Fließband. Er verrichtet täglich dieselbe Arbeit. Er braucht sich sehr wenigen Herausforderungen zu stellen und hat kaum eine Gelegenheit, sein Können zu beweisen. Spontan würde ich sagen, dass der Kunsttischler viel glücklicher und »erfüllter« ist und sich selbst besser »verwirklichen« kann.

Aber das ist ein Vorurteil. Der Schlüsselbegriff hier ist *selbst*. Der Kunsttischler arbeitet allein; der Mann am Fließband arbeitet wahrscheinlich mit einer Reihe von Kumpels zusammen, die wiederzusehen er sich täglich freut. Nach der Arbeit gehen sie zusammen ein Bier trinken, spielen im Fußballteam der Firma, ihre Familien verbringen Zeit miteinander, und sie unterstützen gemeinsam ihre Gewerkschaft.

Ließe man diese Männer den Standardfragebogen zum Glück ausfüllen, würde der Mann am Fließband möglicherweise viel besser abschneiden als der Kunsttischler. Hier kommt wieder das Vorurteil ins Spiel, denn einige von uns Intellektuellen fänden dieses Ergebnis falsch, weil der Mann am Fließband einfach nicht weiß, was er verpasst. Er drückt seine Persönlichkeit nicht aus, hinterlässt weder der Nachwelt etwas noch Spuren in der Welt. Im Vergleich mit dem Kunsttischler hat sein Leben weniger Sinn.

Hat es das wirklich? Vielleicht stressen die Arbeit, Termine und der Druck, allein zu arbeiten und über die Runden zu kommen, den Kunsttischler ebenso sehr wie die mögliche Unzufriedenheit seiner Kunden. Vielleicht hat er weniger Zeit für Frau und Kinder. Natürlich wird er beim Schulsportfest seines Sohnes dabei sein, aber der Fließbandarbeiter hat vielleicht auch noch Zeit, mit seinem Sohn zu trainieren, Golf zu spielen oder jagen zu gehen. Wer hinterlässt jetzt weder der Nachwelt etwas, noch Spuren in der Welt? Wessen Leben birgt einen größeren Sinn? Wer bin ich, das zu entscheiden?

Individualismus ist in der Geschichte verhältnismäßig neu. Er beginnt mit der industriellen Revolution. Im 18. Jahrhundert wurde der Mensch danach eingeschätzt, wie gut er sich in die Gemeinschaft einfügte, und nicht, wie erfolgreich oder kreativ er war. Eitelkeit war eine Sünde. Paris Hilton wäre auf dem Scheiterhaufen gelandet. Pflicht und Verantwortungsgefühl waren sehr wichtig, ebenso wie die Fähigkeit, Wünsche und Impulse zu beherrschen. »Der ideale damalige Mensch war freundlich, gesittet und widmete sich dem Gemeinwohl. Er tat treulich seine Pflicht, hielt seine Leidenschaften vernünftig im Zaum, beugte sich dem Schicksal und akzeptierte

seinen Platz in der Gemeinschaft. Er behandelte von ihm abhängige Menschen mit fester Hand und gütiger Weisheit.«[238]
Nach der Aufklärung, dem amerikanischen Bürgerkrieg und
der Französischen Revolution stiegen Eigeninteresse und Ei-
geninitiative als männliche Tugenden im Kurs. Nun wurde
der Einzelne, nicht mehr die Gemeinschaft oder die Familie,
zum Grundelement der Gesellschaft, und von jedem wurde
erwartet, seinen Platz in der Welt dank eigener Bemühungen
zu finden.

Das ist der Hang zum Individualismus. In vielen Teilen der
Welt wird es noch immer viel höher als im Westen geschätzt,
ein guter Bürger zu sein. Japanern und Chinesen fällt es deswegen sehr schwer, die westliche Gesellschaft zu verstehen.
Für die Chinesen ist der Stolz auf sich selbst keine besonders
schätzenswerte Eigenschaft.[239]

Doch zurück zur Naturordnung. Die Vorstellung eines
»Jobs« ist ein verhältnismäßig junges Phänomen und wurde
durch die industrielle Revolution notwendig. Selbstverständlich arbeiteten die Menschen auch davor und verrichteten
eine Reihe von Tätigkeiten. Neu war die Vorstellung, durch
einen »Job« an einen bestimmten Arbeitgeber gebunden zu
sein und »seine Stelle verlieren zu können«. Bis dahin arbeiteten die Menschen so viel als nötig, aber nicht mehr. Die übrige Zeit besorgten sie ihr Land, arbeiteten im Haus, gingen
jagen und fischen, pflanzten Feldfrüchte oder hingen in der
Kneipe herum. Arbeitslosigkeit gab es nicht. Auch heute noch
jagen die Kung in Botswana etwa sechs Stunden die Woche,
die San-Buschmänner in Südafrika »arbeiten« etwa 20 Stunden wöchentlich.[240] Doch die Erfindung der Massenproduk-
tion brachte Veränderungen für die Menschen mit sich. Wie
Tom Hodgkinson sagt: »Das größte Problem der industriellen

Revolution war, wie eine Bevölkerung aus willensstarken, auf ihre Unabhängigkeit pochenden, trinkfesten, feierfreudigen, zu Krawall neigenden, das Leben liebenden Engländern in eine gefügige, disziplinierte, dankbare Belegschaft umgewandelt werden konnte.«[241] Und Juliet Schor schrieb schon 1993 in ihrem Klassiker *The Overworked American* (»Der überarbeitete Amerikaner«):

> Die Behauptung, der Kapitalismus habe uns von zu viel Plackerei erlöst, lässt sich nur aufrechterhalten, wenn man als Vergleichsbasis Europa und Amerika im 18. und 19. Jahrhundert heranzieht, eine Epoche mit den wahrscheinlich längsten und härtesten Arbeitszeiten in der Menschheitsgeschichte.[242]

Man sollte also nicht gleich annehmen, dass bei Ihnen etwas nicht stimmt, wenn Sie Ihren Job nicht mögen oder der Gedanke, Ihr ganzes Erwachsenenleben lang mit dem Wecker aufzustehen, Sie nicht eben begeistert. Doch sollten Sie an Ihrer Situation nichts ändern können, so wäre es von Vorteil, wenn Sie dieser nach Möglichkeit gute Seiten abgewinnen könnten, statt sich täglich darüber zu ärgern.

Suchen Sie sich eine Arbeit (oder zumindest eine Nebenbeschäftigung) mit gleichgesinnten Kollegen – etwas, auf das Sie stolz sind und das Ihnen das Gefühl von Flow vermittelt.

Änderung der Einstellung

Kehren wir gemeinsam zum »Glücksbus« zurück. Was können Sie bei einer Stelle mit wenig Befriedigung tun? Hier ein paar Vorschläge:

- Versuchen Sie, etwas aus Ihrem Job zu machen. Die Arbeit ist einer der Bereiche, in dem wir die Chance haben, uns nützlich zu machen, und das ist ein Hauptgrund für Glück. Etwas Neues oder Einmaliges zu schaffen, ein schwieriges Problem zu lösen oder etwas zu tun, was sich auf die Zukunft auswirkt, kann dem Leben mehr Sinn verleihen. Manchmal dauert es lange, etwas zu lernen, bis man genügend Können erworben hat, um etwas wirklich Bedeutsames zu schaffen. Wenn Sie jedoch Ihre eigenen Fortschritte verfolgen, vermitteln diese Ihnen auch auf dem Weg dahin ein gutes Gefühl.

- Wenn Ihnen Ihr Job wirklich nichts bedeutet, außer dass Sie mit ihm »Ihre Brötchen verdienen«, so sollten Sie ihn doch achtsam verrichten, aber nicht zu ernst nehmen. Versuchen Sie, freundlich zu sein wie der Glücksbusfahrer und täglich etwas zu finden, mit dem Sie sich und andere erfreuen können. Probieren Sie auch, spielerisch mit der Arbeit umzugehen. Daneben können Sie Ihrem Leben in der Freizeit mehr Sinn verleihen: Erwerben Sie eine Fertigkeit, werden Sie Experte auf einem Gebiet, lernen Sie singen, malen oder angeln. Melden Sie sich für ehrenamtliche Tätigkeiten.

- Versuchen Sie, eine achtsame Haltung Mitarbeitern, Kunden und allen gegenüber einzunehmen, mit denen Sie Kontakt haben. Wenn Sie deren Tag etwas verschönern, stehen die Chancen gut, dass sie sich bei der nächsten Gelegenheit revanchieren. Das ganze Arbeitsklima kann angenehmer werden, nur weil Sie Ihre Haltung verändert haben.

- Sind die Arbeitsbedingungen wirklich unerträglich – mit einem schlechten Chef oder zu viel Reibereien im

Büro –, so versuchen Sie zu gehen, bevor Sie zu sehr darunter leiden. Ich habe viel zu viele Depressive gesehen, die in fürchterlichen Arbeitsbedingungen stecken geblieben sind, weil sie Angst vor Veränderung hatten. Das ist oft der Hauptgrund für ihr Unglücklichsein. Halten Sie Ihre Bewerbungsunterlagen auf dem neuesten Stand und schicken Sie sie bei jeder sich bietenden Gelegenheit ab. Sehen Sie die Stellenangebote in der Zeitung durch und gucken Sie auch ins Internet. Erwägen Sie einen Umzug. Eignen Sie sich zusätzliches Können an, sogenannte »ortsunabhängige« Fähigkeiten, die man überall braucht, zum Beispiel den Umgang mit Programmen zur Textverarbeitung und Tabellenkalkulation oder Aufgaben im Bereich des Kundendienstes.

- Nutzen Sie die New Economy. Man kann heute viel leichter als früher von zu Hause aus arbeiten, seine Arbeitszeit selbst einteilen und arbeitsfreie Wochen einplanen. Zwar hat jeder dieser Vorteile eine potenzielle Kehrseite, aber Sie sind Ihr eigener Chef und können sich viel mehr Zeit für Familie und Freizeit nehmen. Kleinigkeiten können sehr viel zu Ihrer allgemeinen Zufriedenheit beitragen. Ich, der ich ständig an Schlaflosigkeit leide, schätze die Möglichkeit sehr, erst um neun Uhr früh aufstehen zu müssen, wenn ich erst spät eingeschlafen bin. Zwar bedeutet dies, dass ich bis 19 Uhr arbeite, aber diese Zeiteinteilung passt offenbar gut zu meinem Rhythmus.

- Leute im Ruhestand sind in der Regel glücklicher als Menschen, die noch arbeiten.[243] Nur fehlt ihnen der soziale Kontakt, die Arbeit selbst und das Gefühl, nützlich zu sein. Achten Sie also mehr auf diese Dinge, während

Sie noch arbeiten. Genießen Sie Ihre Kontakte und unterstützen Sie einander. Denken Sie an Ihre Fähigkeiten
und helfen Sie, wo Sie können. Üben Sie einen positiven
Einfluss auf andere aus.

Freizeit

Die Psychologie hat sich noch nicht intensiv mit der Frage befasst, weshalb Freizeitbeschäftigungen so befriedigend sind.
Manche meinen, das könnte zwei verschiedene Gründe haben.[244] Erstens seien Tätigkeiten erfüllender, in denen man
das Gefühl habe, eine Fertigkeit zu meistern oder eine Wis-
sensbasis zu erwerben. Ein Golfspieler beispielsweise verbessert sein Spiel ständig, oder ein Fussballexperte hat mehr vom
Zuschauen als jemand, der sich nur flüchtig für das Spiel interessiert. Der andere Grund: Viele Freizeitbeschäftigungen
werden unternommen, weil sie einem moralischen Zweck
dienen oder das Gefühl vermitteln, man leiste einen Beitrag
zum Gemeinwohl, beispielsweise wenn man politisch aktiv
wird, sich als Kunstmäzen betätigt oder Mitglied der freiwilligen Feuerwehr wird. Das alles ist gut und schön, nur fehlt
dabei die Entspannung, die man erlebt, wenn man sich mit
einem guten Buch in der Hängematte räkelt oder den Wolken zusieht, wie sie dahinsegeln. Die Psychologen sehen die
Sache manchmal etwas einseitig. Es stimmt wahrscheinlich
schon, dass einige der befriedigendsten Freizeitbetätigungen
ein Engagement erfordern, bei dem so etwas wie Flow entsteht, und eine gewisse Herausforderung bieten, die man
meistern kann. Und natürlich entsteht ein noch besseres Gefühl, wenn man dabei etwas Nützliches leistet. Trotzdem soll-

ten wir das Nichtstun, das *dolce far niente,* ebenfalls genießen können.

Zweifellos ist die richtige Mischung gefragt. Zu viel Nichtstun bringt Langeweile und macht träge. Bei zu viel Engagement kommt der Spaß zu kurz. Wahrscheinlich sind widersprüchliche Forschungsergebnisse auf ein fehlendes Gleichgewicht zurückzuführen. Einerseits zeigten uns Flow-Untersuchungen eine der Hauptschwierigkeiten mit der Freizeit. Zwar sollte diese die erfreulichste Zeit des Tages sein, sie ist es jedoch häufig deswegen nicht, weil man nicht weiß, was man mit sich anfangen soll, sich langweilt oder unruhig wird. Andererseits ergaben viele Studien, Freizeitaktivitäten seien die größte Befriedigungsquelle im Leben.[245] Darunter sind diejenigen Betätigungen besonders wertvoll, die mit körperlicher Bewegung oder mit Mitgliedschaft in einer Gruppe zu tun haben. Das Wichtigste dabei ist vielleicht die Gelegenheit zu sozialen Kontakten. Michael Argyle berichtet, Freiwilligenarbeit komme als Freudenspender direkt nach dem Tanzen und mache mehr Freude als die meisten anderen Freizeitaktivitäten.[246] Bewegung, Mitarbeit in einer Gruppe, ehrenamtliche Arbeit und Tanzen sind offensichtlich alles Tätigkeiten, die in Flow versetzen.

Muss man also seine Freizeit gut gestalten, um sie zu genießen? Bei flowzentrierten Aktivitäten ist dies ziemlich offensichtlich. Es gibt eine Lernkurve, und wenn Sie an einem Punkt steckenbleiben, bevor die Betätigung »fließt«, oder wenn Sie sich negativ mit anderen vergleichen, werden Sie nicht glücklich. Dann bleibt für viele nur das Fernsehen, die am meisten verbreitete Freizeitbetätigung. Doch vielleicht könnte man sich auch anderen wenig anstrengenden Aktivitäten zuwenden wie Lesen, Spielen, der Fantasie freien Lauf lassen, in der Hängematte liegen und sich einfach entspannen. Das alles steht dermaßen im Gegensatz zur heutigen Welt, dass man Bestärkung und Übung braucht, um es richtig zu machen, ohne entweder Schuldgefühle oder das bohrende Gefühl zu haben, man sollte etwas *Produktives* tun. Es *ist* produktiv, nur nicht so, wie wir es uns vorstellen. Es macht gesünder, fördert einen aktiven Geist und liefert Gelegenheit, in Kontakt mit der eigenen Innenwelt zu kommen. Wir sind entspannter, andere haben mehr Spaß um uns herum, wir fühlen uns besser in unserer Haut, und wir haben keine Gewissensbisse, uns mit etwas zu belohnen, das wirklich wichtig ist.

Dann ist da noch die Sache mit dem »falschen Flow«.[247] Man kann sich auch bei Tätigkeiten wie Plaudern oder Videospielen, die keinen höheren Sinn oder sozialen Wert haben, völlig vergessen. Es ist der gleiche alte Zauber, den das Dopamin ausübt und der uns wie zufriedene kleine Hamster auf dem Übungsrad weiterlaufen lässt, wohlig damit beschäftigt, irgendwohin zu laufen, ohne zu wissen, wohin. Fühlen wir uns dabei ebenso gut wie bei einer »sinnvolleren« Beschäftigung? Das Problem ist, dass Flow moralisch und seelisch neutral ist. Wir werden dieses Thema noch einmal aufgreifen, wenn wir uns mit dem Sinn befassen. Jedenfalls gibt es keine einfache Antwort darauf.

Wie wäre es, für sich allein Gitarre spielen zu lernen, wenn Sie wahrscheinlich nie jemandem etwas vorspielen werden? Oder irgendeinem von tausend anderen einsamen Hobbys nachzugehen – Zuckertütchen sammeln, Taglilien kreuzen oder Zwerghühner züchten? Sie sind völlig harmlos und machen keine Schuldgefühle wie Videospiele, können eine Herausforderung und sinnvoll sein und die Selbstachtung verbessern.

Beziehungen

Vom bekannten französischen Schriftsteller Jean-Paul Sartre, der oft depressiv war, stammt der berühmte Satz: »Die Hölle, das sind die anderen.« Man weiß nicht, ob seine Lebensgefährtin Simone de Beauvoir das persönlich genommen hat. Vielleicht kam Sartre einfach nicht besonders gut mit Menschen aus. Jedenfalls vertreten die meisten führenden Forscher

> Tun Sie etwas, bei dem Sie sich wohlfühlen, das niemandem schadet und das Sie entspannt.

heute die Ansicht, gute Beziehungen seien wahrscheinlich der Hauptgrund für Befriedigung im Leben, und zwar quer durch alle Jahrhunderte und Kulturen.[248] Wenn Sie die glücklichsten Zeiten Ihres Lebens vor Ihrem inneren Auge vorbeiziehen lassen, werden Sie wahrscheinlich zugeben, dass die meisten eng mit Mitmenschen zusammenhingen, mit Geliebten, Freunden, Eltern, Kindern. Die Forschung hat ergeben, dass Menschen, die sich anderen verbunden fühlen, länger leben, glücklicher sind, ein produktiveres Leben führen und weniger gesundheitliche Probleme haben als diejenigen, die sich von den Mitmenschen abkehren.[249] Wer sich um andere kümmert, ist glücklicher, als wer sich nur mit sich selbst beschäftigt.[250]

Beziehungen bringen uns einen doppelten Nutzen. Einerseits hilft uns die Liebe und Unterstützung anderer, andererseits gewinnt man auch charakterlich, wenn man herzlich, rücksichtsvoll und mitfühlend ist. Wenn Sie sich in liebevollem Mitgefühl üben, werden Sie ein sympathischer, mitfühlender Mensch. Ein gut funktionierendes Beziehungsnetz zu besitzen bietet jedoch noch viele andere Vorteile:

- Beziehungen geben uns einen Sinn und Zweck im Leben. In einer Gesellschaft, in der billige, oberflächliche Werte vorherrschen, bieten Beziehungen Gelegenheit, auf das Leben von Mitmenschen positiv einzuwirken und gemeinsam etwas Sinnvolles zu schaffen.

- Beziehungen fördern die Kreativität. Vermag man die Dinge aus der Sicht anderer zu sehen, so kann man den eigenen einengenden Vorurteilen entfliehen. Wenn Freunde uns Mut machen, wagen wir leichter etwas und machen Dinge, an die wir, allein gelassen, nie denken würden. Als Gruppenmitglieder gehen wir zudem Risiken ein, die wir alleine nie eingehen würden, zum Beispiel vor Zuhörern singen, tanzen gehen oder nach Paris wandern.

- Beziehungen stellen unsere Paradigmen infrage. Wenn wir feststellen, dass Nahestehende anderer Ansicht über irgendetwas sind als wir, werden wir mit dem, was die Psychologen als »kognitiver Dissonanz« (Unvereinbarkeit der Wahrnehmungen) bezeichnen, konfrontiert, und das ist eine kreative Herausforderung. Sehen wir uns selbst mit den Augen anderer, werden wir ehrlicher und bescheidener, und wir merken auch, wenn sie unsere Abwehrmechanismen durchschauen.

- Beziehungen weiten sowohl den Geist wie die Welt, in der wir leben. Wir können nicht alles lesen und über alles informiert sein. Ein Netz von Freunden zu haben, die wissen, was uns interessiert, bedeutet, über eine Gruppe von Leuten zu verfügen, die ihr Wissen mit uns teilen und manches für uns herausfinden, was wir wissen müssen.

- Beziehungen vertiefen unsere Gefühle. Erleben wir gemeinsam mit andern etwas Bewegendes, werden die beidseitige Einfühlung und Verbindung verstärkt. Das macht die Erfahrung wirklicher, sie geht tiefer und bereichert außerdem mehr, weil unsere Emotionen in den anderen ein Echo hervorrufen und mit deren Gefühlen mitschwingen.

- Beziehungen schenken uns Mitspieler. Es ist nicht leicht, alleine zu spielen, aber mit Partnern und Gefährten zusammen können wir lockerer werden und Spaß miteinander haben. Wie Sie wissen, regt Lachen die Ausschüttung von Endorphinen an, genau wie Tanzen und Kontakte pflegen. Gerade Humor zum Beispiel lässt sich alleine schwer bewerkstelligen. Wir lachen viel mehr in Gesellschaft als allein. Ein guter Witz zur rechten Zeit kann die tiefsitzendste schlechte Laune verfliegen lassen, und mit Humor lassen sich Sorgen sehr viel leichter ertragen.

- Beziehungen geben uns Struktur und Zugehörigkeitsgefühl. Die Menschheit war ursprünglich dazu bestimmt, in einer eng verknüpften Gemeinschaft, in einer Stammesgruppe oder in kleinen Dörfern zu leben. Das Gefühl zu haben, zu einer solchen Gemeinschaft zu gehören, schenkte ein Sicherheitsgefühl, von dem wir heute nicht einmal wissen, dass es uns fehlt. Doch ein Netz von Menschen im Leben zu besitzen, die uns lieben und achten, kann uns ein wenig dieses verlorenen Gefühls schenken. In der heutigen Gesellschaft müssen wir uns bewusst bemühen, solche Netze zu finden oder aufzubauen, sei es in kirchlichen Einrichtungen, Freiwilligenorganisationen, Selbsthilfegruppen oder in Clubs, in denen die Mitglieder die gleichen Interessen haben.

Am einfachsten, ehrlichsten und direktesten lassen sich Beziehungen verbessern, indem man sich in Liebe übt. Zuneigung, zarte Gefühle, Vertrauen und Anziehung auszudrücken, andere zu unterstützen, sich einzufühlen und Verständnis zu zeigen, all dies kann man durch Übung fördern. Natürlich hat man möglicherweise eine Menge Widerstand oder Angst, sich intensiv auf andere einzulassen. Ablehnung ist schmerzlich, und die Angst davor hält viele zurück. Sie können jedoch mit Menschen üben, denen Sie vertrauen: mit Ihrer Frau, Ihrem Partner, Ihrem Kind oder Arbeitskollegen. Aber auch die Achtsamkeitsmeditation fördert die Einfühlung und die Fähigkeit, in nonverbale Kommunikation einzutreten, indem sie die entsprechenden Hirnbereiche stärkt.[251]

Üben Sie Mitgefühl mit Menschen, die Sie nicht gut genug kennen, um sie zu lieben. Timothy Miller sagt in seinem Buch *How to Want What You Have*, Mitgefühl sei die Absicht, jeden Menschen so zu sehen, als sei er weder besser noch schlechter als wir und weder weniger noch mehr wert als wir.[252] Die buddhistische Meditation der liebenden Güte bedeutet, sich selbst, Ihren Lieben, aber auch Fremden und Feinden zu wünschen: »Lebe in Sicherheit. Sei glücklich, gesund und lebe ohne Leiden.« Doch wie gute Lehrer wissen, reicht Wünschen nicht aus. Man muss seine Wünsche bei allen, denen man sich verbunden fühlt, in die Praxis umsetzen.

Üben Sie Extraversion. Gehen Sie auf die Leute zu. Lächeln Sie. Reden Sie mit ihnen. Extravertierte Menschen fühlen sich viel eher glücklich. Oder sind glücklichere Menschen extravertierter? Wir wissen es nicht, und es spielt auch keine Rolle. Eine Untersuchung introvertierter und extravertierter College-Studenten ergab, dass *alle* am glücklichsten waren, wenn sie sich extravertiert verhielten.[253] Sogar die introvertierten Studenten waren am glücklichsten, wenn sie so taten, als seien sie extravertiert. Daraus folgt: Jeder, der den Willen aufbringt, aus sich herauszugehen, wird dadurch glücklicher.

Beziehungen liefern zudem einen Schauplatz für Großzügigkeit und Schaffenskraft, wahrscheinlich die beiden wichtigsten Ursachen für dauerhafte Freuden im Leben, zum Beispiel, indem man Güte und Rücksicht übt; sich bemüht, eine gute Mutter oder ein guter Vater zu sein, und das Ergebnis sieht, wenn die Kinder aufwachsen; einfach Fremden zulächelt, ihnen einen guten Tag wünscht und deren Gesicht sich erhellen sieht; sich gestattet, die Wärme der Selbstlosigkeit zu genießen. Ohne diese Gelegenheiten wäre das Leben in der Tat garstig und brutal.

> Üben Sie sich in Liebe, Mitgefühl und Extraversion – alles Fähigkeiten, die man durch Übung verbessern kann.

Beziehungspflege

Wir neigen unglücklicherweise zur Annahme, Beziehungen sollten genau wie das Glück einfach sein. Das Gegenteil trifft zu: Beziehungen sind voll offener oder nicht ausgesprochener Konflikte. Wir möchten geliebt werden, befürchten jedoch, beherrscht zu werden. Wir möchten uns binden, lieben aber unsere Freiheit. Jeder will selbst entscheiden, sei es, wie man die Eier kocht oder wie man die Kinder erzieht. Lassen sich die Konflikte nicht lösen, so muss man getrennte Wege gehen, entweder physisch oder emotional. So hängt über jeder Beziehung das Damoklesschwert des Verlustes oder der Ablehnung, was viele davon abhält, sich überhaupt wirklich auf eine Beziehung einzulassen. In vielen Beziehungen kämpft einer gegen den anderen und gegen die eigenen Ängste. Denkt man etwas nach, so findet man meistens heraus, welches der achtsame Umgang mit solchen Problemen in einer bestimmten Situation ist. Konflikte und Ängste erschweren es jedoch, ruhig und achtsam zu bleiben. Hier also meine Tipps:

Nähe aufbauen und beibehalten

- Drücken Sie Ihre Liebe häufig und achtsam aus. Lassen Sie Nahestehende wissen, was Sie für sie empfinden. Legen Sie Ihren Schutzpanzer ab und handeln Sie in Wort und Tat nach Ihrem Gefühl. Umarmen und küssen Sie großzügig. Seien Sie aufmerksam und interessieren Sie sich für die Welt des anderen. Halten Sie Händchen. Machen Sie Komplimente. Nehmen Sie Dinge wahr. Unterlaufen Sie Ihr vorurteilsvolles Bild des Gegenübers und betrachten Sie es, wie es heute und jetzt in allen Einzelheiten vor Ihnen steht.

- Geschenke und Überraschungen wirken magisch. Sie beweisen, dass Sie an eine geliebte Person denken, auch wenn Sie nicht beisammen sind. Sie zeigen, dass Sie miteinander Spaß haben wollen. Es brauchen keine teuren Geschenke zu sein: ein Schokoriegel, ein Buch, ein kleiner Blumenstrauß.

- Üben Sie, Rücksicht auf die Bedürfnisse und Wünsche des anderen zu nehmen. Verwöhnen Sie ihn. Viele Menschen aus allzu gestressten und überforderten Familien haben viel zu selten erfahren, dass sich jemand aufrichtig für sie interessiert und wissen möchte, was sie denken und empfinden, nur weil sie ihm am Herzen liegen. Es gibt Menschen, die anfänglich Angst davor haben, weil es so starke und unvertraute Gefühle weckt. Halten Sie sich aber nicht zurück: Eine solche Liebe und Aufmerksamkeit lässt alle Beteiligten aufblühen.

- Seien Sie großzügig. Machen Sie Kompromisse und wechseln Sie sich bei Aufgaben ab. Eine vertrauensvolle, enge Beziehung ist der sicherste Ort, um zu üben, freigebig und großherzig zu sein.

- Loben und anerkennen Sie freizügig. Achten Sie darauf, was Ihre Lieben tun, und finden Sie Gelegenheiten, Ihre Anerkennung auszudrücken. Dankbarkeit macht Sie selbst glücklicher und gesünder, wie wir gesehen haben. Natürlich löst sie auch beim Empfänger einen Endorphinschub aus.

- Üben Sie, den Mund zu halten, wenn Sie schlechte Laune haben. Unsere Lieben sind oft die unschuldigen Opfer für unsere Reizbarkeit und Gedankenlosigkeit. Manchmal will man jemandem die Schuld zuschieben, und der Nächstbeste muss dran glauben. Aber wenn Sie Ihren Unmut an jemandem ausgelassen haben, haben Sie noch immer schlechte Laune und kommen sich zudem wie ein Esel vor. Schweigen Sie lieber und gehen Sie spazieren. Ihre schlechte Laune verfliegt rascher, wenn Sie keinen Streit vom Zaun brechen und sich dann schuldig fühlen. Will der andere Ihnen helfen und es irritiert Sie nur, so erklären Sie höflich, dass Sie im Moment Distanz brauchen.

- Sagen Sie offen, was Sie denken und empfinden. Ob Sie es glauben oder nicht, es interessiert die andern. Jemanden in Ihre Innenwelt einzulassen ist ein wunderbares Geschenk, besonders, wenn Sie sonst ziemlich verschlossen sind. Kommen Sie aus Ihrer Deckung und denken Sie laut.

Mehr Freude in Ihre Beziehungen bringen

- Kleine zuvorkommende oder liebevolle Gesten.
- Streicheln, umarmen, küssen.
- Sich ganz entspannt auf ein achtsames, tiefgehendes Gespräch einlassen.
- Miteinander über Ihre tägliche Liste der drei guten Dinge reden.
- Ihre Begeisterung über Ideen und Erfahrungen mitteilen.
- Eine wöchentliche Verabredung.
- Selbstlosigkeit beim Sex.
- Nicht an Kleinigkeiten hängen.
- Verlässlichkeit; tun, was Sie versprochen haben.
- Sagen Sie: »Ich freue mich jederzeit, dich zu sehen oder von dir zu hören.«
- Gemeinsames Abendessen, nicht fernsehen.
- Spielen.
- Bereit sein, zuzuhören und sich mitzuteilen.
- Über die gleichen Witze lachen.
- Über Ihren Speckbauch (oder was immer *Sie* so sehr stört) hinwegsehen.
- Die gleichen Werte haben.
- Überraschende Aufmerksamkeiten.

Konflikte lösen

- Erkennen Sie den anderen an. Hören Sie ihm aufmerksam zu. Tun Sie etwas nicht einfach ab, das entwürdigt den anderen und kann wirklich verletzend sein. Der alte Rat, einfach zu wiederholen, was Sie hören, funktioniert deswegen, weil er das Recht des anderen auf seine Gefühle anerkennt. Sie brauchen nicht mit ihm einverstanden zu sein, um klarzumachen, dass Sie begreifen, wie er sich fühlt. Sind Sie gewillt, seine Gefühle zu verstehen, so bekommen Sie dadurch sehr wichtige Informationen über die Entstehung des Konflikts. In 90 Prozent der Fälle handelt es sich um ein Missverständnis oder um ein Kommunikationsproblem.

- Erklären Sie, was Sie meinen. Sagen Sie, was Sie empfinden, statt es einfach auszuagieren. Partner meinen häufig, der andere sei wütend auf sie, wenn er eigentlich nur wegen der Wendung frustriert ist, die die Diskussion genommen hat. Teilen Sie klar mit, was Sie *wirklich* fühlen.

> Gehen Sie nicht einfach von der Annahme aus: »Wenn er mich liebt, versteht er es schon.«

- Lassen Sie sich nicht von Ihren Emotionen mitreißen. Gefühle sind äußerst ansteckend. Wenn ich wütend bin und mich kaum mehr in der Hand habe, dürfte es Ihnen sehr schwer fallen, ruhig und beherrscht zu bleiben. *Einer* von beiden aber sollte dies offensichtlich tun. Benutzen Sie also keine aggressiven Ausdrücke, greifen Sie den anderen nicht persönlich an, beschimpfen Sie ihn nicht und machen Sie keine wilden Anschuldigungen. Sagen Sie nicht *immer* oder *nie,* weil diese Worte die Situation überspitzen. Sie machen aus dem Streit um eine Handlungsweise des anderen einen Streit um ihn selbst. Kommen Sie nicht vom Hölzchen aufs Stöckchen, bleiben Sie beim Thema.

Den Kontakt zur Gesellschaft und zur Welt verbessern

- Gewöhnen Sie sich gedankenlose Urteile ab und behandeln Sie Ihre Mitmenschen lieber mit mitfühlender Neugier. Üben Sie, aufmerksam und fürsorglich zu sein und sich einzufühlen. In einer allzu geschäftigen Welt steht man ständig unter Druck und greift gerne auf Klischees und Vorurteile zurück, und dies wird zur Gewohnheit. Man kann diese Gewohnheit aufgeben, wenn man achtsam auf seine Denkvorgänge achtet und entschlossen ist, unter die Oberfläche zu blicken.

- Festigen und vertiefen Sie Ihre Beziehungen. Freundschaften liefern den Rahmen für einige der freudigsten Zeiten im Leben, zum Beispiel wenn man bis spät in die Nacht pokert, gemeinsam reist oder einfach nur anregende Gespräche führt.

- Vertiefen Sie Ihre Beziehung zur Natur. Nehmen Sie wahr, wie Ihre Umgebung auf Sie wirkt, die sonnigen oder grauen Tage, eine interessante oder monotone Umgebung, eine sichere oder bedrohliche Umwelt. Die Umgebung kann stimulierend oder niederdrückend sein, Sie können sich dort zu Hause oder fremd fühlen. Versuchen Sie, Ihr Leben so einzurichten, dass Sie mehr Zeit in einem für Sie anregenden Rahmen verbringen, in dem Sie sich wohlfühlen.

- Der Kontakt zu etwas Heiligem tut gut und bringt Erfüllung ins Leben. Kultivieren Sie Erfahrungen, die Ihnen das Gefühl des Tiefgründigen und Sinnvollen geben und einen Zweck in einem größeren Ganzen erfüllen. Dazu kann etwas so Einfaches führen wie eine kurze tägliche Meditation oder etwas so Erhabenes, wie in einer Kathedrale zu beten oder im Wald spazieren zu gehen.

Wissen, wie man in einer Beziehung Grenzen setzt

- Hören Sie auf Ihren Bauch. Möchte jemand Sie dazu bewegen, etwas Unangemessenes zu tun oder etwas, das sich seltsam oder unheimlich anfühlt, so tun Sie es nicht.
- Lassen Sie sich nicht manipulieren. Lernen Sie Schuld-trips, versteckte Drohungen und passive Aggression erkennen.
- Bemühen Sie sich nicht zu sehr um die Zuneigung anderer. Seien Sie kein Publikumsliebling. Dabei setzen Sie nur Ihre eigenen Werte aufs Spiel.
- Vergeuden Sie keine Zeit mit schwierigen Menschen. Wenn Sie Zeit mit ihnen verbringen müssen, so versuchen Sie nicht, sie zu ändern. Bieten Sie ihnen Mitgefühl an, jedoch ohne sich in etwas zu verstricken.

Reife Liebe

Liebe ist zwar zauberhaft, nur hält der Zauber nicht an. Ein Forscher schätzt, dass nach etwa vier Ehejahren die anfängliche Verliebtheit in der Ehe dahin ist und die Partner sich insgeheim fragen, ob sie nicht einen Riesenfehler gemacht haben.[254] Leider haben Änderungen des Scheidungsgesetzes die Trennung von Paaren allzu leicht gemacht, dabei wäre es vorzuziehen, dass sie durchhielten, besonders wenn Kinder da sind. Damit eine Ehe funktioniert, muss die romantische Liebe in mitfühlende Liebe umgewandelt werden – ohne dass die romantische Liebe völlig verschwindet. Mitfühlende Liebe ist die Zuneigung, die man jemandem entgegenbringt, dessen Leben eng mit dem eigenen verknüpft ist. Die Einsicht ist sehr wichtig, dass dies nicht automatisch geschieht. Die

romantische Liebe wird nicht ohne eigenen Einsatz zu mitfühlender Liebe.

Am besten lässt sich diese Liebe durch Freundlichkeit kultivieren. (Ich *weiß,* das klingt sehr prosaisch, aber es macht
klar, worum es geht.) Es ist allzu einfach, sich's bequem
zu machen, sobald man die Haus- oder Wohnungstür auf-
schließt, und zu vergessen, dass man dem Ehepartner Höf-
lichkeit, Achtung, Zuneigung und Rücksichtnahme schuldet.
Also:

- Hören Sie zu.
- Reden Sie miteinander.
- Helfen Sie einander.
- Kritisieren Sie nicht.
- Werden Sie nicht laut.
- Seien Sie rücksichtsvoll und großzügig.

Wenn Sie das tun, geben Sie Ihrem Partner oder Ihrer Partnerin guten Grund, bei Ihnen zu bleiben und Sie ebenfalls gut
zu behandeln.

Freunde

Viele meiner depressiven Patienten sind einsam und zurückgezogen. Natürlich liegt es zum Teil an ihren depressiven Gewohnheiten, dass es nicht eben lustig ist, mit ihnen zusammen zu sein. Ich habe aber festgestellt, dass viele einsam sind,
weil sie keine Angehörigen haben, an einem fremden Ort
leben und alleine arbeiten, außerdem schüchtern sind und
nicht leicht Freundschaften schließen. Die Depression fügt
dieser Einsamkeit noch Selbstbeschuldigungen hinzu, sodass

sich die Betreffenden für unattraktiv, wertlos oder nicht liebenswert halten, während sie doch eigentlich nur zurückhaltend sind.

Die meisten Menschen beziehen einen Großteil ihrer Freude aus dem Zusammensein mit Freunden. Allgemein besteht eine Korrelation zwischen Glücklichsein und befriedigenden Freundschaften, der Anzahl guter Bekannter sowie der Zahl enger Freunde, der Häufigkeit der gegenseitigen Begegnungen, der Anzahl Telefonate, gegenseitiger Besuche und Partys.[255] Viele Werbekampagnen versprechen, dass Sie sofort in eine sympathische Schar enger Freunde aufgenommen werden, wenn Sie »unser Bier trinken (unser Auto fahren, unsere Kleider tragen, unsere Zahnpasta benutzen«).

Freundschaften immunisieren gegen Stress. Der bekannte Stressforscher Robert Sapolsky hat herausgefunden, dass Paviane, die mehr Freunde hatten – also häufiger beieinander waren, gegenseitige Körperpflege betrieben und zusahen, wie andere um Vormacht rangelten –, weniger Stresshormone wie Kortisol im Blut aufwiesen.[256] Viele Untersuchungen haben ergeben, dass die Zahl der Freunde eine der höchsten Korrelationen mit dem allgemeinen Glücksbefinden aufweist, in etwa derselben Höhe wie Bewegung, Häufigkeit des Sex, Erfolgserlebnisse und einfache Sinnenfreunden.[257]

Wie schafft man sich mehr Freunde?
- Pflegen Sie Ihre bestehenden Freundschaften. Rufen Sie die Freunde an, laden Sie sie zu irgendetwas ein, unterhalten Sie sich einfach mit ihnen.
- Stellen Sie viele Fragen. Menschen reden gerne über sich. Seien Sie aufrichtig interessiert.
- Erzählen Sie ihnen von Ihren Vorlieben: Vielleicht fin-

den auch sie Zwerghühnerzüchten faszinierend. Und wenn nicht, so weihen Sie sie zumindest in etwas ein, das Ihnen wichtig ist.

- Sagen Sie ihnen, welche Werte und Ansichten Sie haben, aber bleiben Sie tolerant dabei.

Werden Sie Mitglied: der Kirche, eines Clubs, von Selbsthilfegruppen oder Gemeindeorganisationen.

Übrigens kann ein gesellschaftlich aufgeschlossenerer Mensch seinem kontaktärmeren Partner helfen. Meine extravertierte Frau hat mir geholfen, mich in vielen gesellschaftlichen Situationen viel wohler zu fühlen und sie sogar zu genießen, wo ich früher normalerweise baldmöglichst nach Hause geflohen wäre. Die Unterschiede bleiben trotzdem bestehen: Bei einem Jahrestreffen mit Hunderten von Teilnehmern kommt sie völlig aufgekratzt ins Hotelzimmer zurück, während ich erschöpft ins Bett sinke.

Freude, Befriedigung und Jonglieren

Sie wissen inzwischen: Glück ist nicht der natürliche Zustand des Menschen. Er erfordert Einsatz. Dazu gehört zum Teil auch, sich unangenehmen Tatsachen zu stellen oder schwierige Entscheidungen zu treffen. Wenn Sie dies nicht tun, gleitet Ihr Leben nur weiter auf den Elendspfad ab. Erfreulicherweise ist die meiste Arbeit für mehr Glück an sich schon angenehm oder macht Spaß. Versuchen Sie daran zu denken, dass Ihr Gehirn stets neue Verbindungen schafft. Es lernt alles, worauf Sie Ihre Aufmerksamkeit richten, und macht laufend Fortschritte, ob Sie es wollen oder nicht. Versuchen Sie also,

Ihr Gehirn mit möglichst viel Freude und Befriedigung zu füttern. Das Glücklichsein zu erlernen erfordert zwar etwas Anstrengung Ihrerseits, aber wenn Sie erst einmal die wichtigsten Fertigkeiten dafür gelernt haben, brauchen Sie sich sehr viel weniger zu bemühen und bleiben glücklich.

9

Trauer und Schmerz

Wenn Sie glücklich sein wollen, müssen Sie auch Trauer zulassen können. Niemand ist davon ausgenommen, außer vielleicht diejenigen buddhistischen Mönche, die sich ganz aus dem normalen Leben zurückgezogen haben. Die größten Freuden im Leben stammen aus unseren Bindungen, gewöhnlich zu Mitmenschen. Doch irgendwann werden uns diese Menschen genommen. Trauer ist ein Grundgefühl, das natürliche Gefühl als Reaktion auf Verlust. Es gibt andere Arten von Schmerz, die anscheinend auch unvermeidlich sind: körperliche Schmerzen, die mit zunehmendem Alter an uns zehren, geistiger Schmerz bei Stress und Enttäuschungen und der Schmerz des Mitgefühls, den wir für unsere Lieben empfinden.

Jeden Tag arbeite ich mit Menschen, die sich von großen Schwierigkeiten erholen, die das Leben beschert: von einer Scheidung, dem Verlust eines geliebten Menschen, dem Feststecken in einer unerträglichen Situation, chronischen Schmerzen oder gar Missbrauch und Vergewaltigung. Die meisten brauchten mich nicht lange, wenn sie nicht bei dem Versuch, mit der Lage zurechtzukommen, bestimmte Fehler begingen. Heute lautet ein bei manchen Psychologen beliebter Spruch: »Schmerz ist unvermeidlich, Leiden freiwillig.« Das ist ein in meinen Ohren zwar etwas zu einfacher Satz, aber ich sehe den Unterschied. Das Leben ist schwer, und Schmerz *ist* unvermeidlich. Man kann den Schmerz jedoch sehr viel schlimmer machen und verlängern, wenn man nicht klug damit umgeht.

Viele Depressive, mit denen ich arbeite, sind depressiv geworden, weil sie bei einem besonders traumatischen Verlust nie wirklich trauern konnten, beim Tod eines Elternteils in der Kindheit, der Scheidung der Eltern oder dem Verlust des Ehepartners. Unbewusst fanden sie ihren Schmerz so überwältigend, dass er sie umbringen würde, worauf sie ihre schlecht angepassten Abwehrmechanismen dazu einsetzten, ihn möglichst nicht zu empfinden. Nur sind sie dort steckengeblieben. Jeder folgende Verlust reaktiviert ihre Ängste und auch den Versuch, ihre Gefühle zu verdrängen oder zu unterdrücken. Unterdessen kommt ihnen die Fähigkeit abhanden, überhaupt noch etwas zu empfinden.

Die erschreckende Tatsache lautet: Wenn wir glücklich sind, haben wir eine Menge zu verlieren. Manche Menschen, für die frühere Verluste sehr niederschmetternd waren, streben überhaupt nicht mehr nach dem, was sie eigentlich wollten. Das funktioniert gelegentlich als absichtliche, bewusste Strategie. Einige wollen zum Beispiel nie mehr heiraten, haben jedoch trotzdem engagierte Liebesbeziehungen. Doch im Allgemeinen wird diese Haltung aus gedankenloser Angst eingenommen, und das nimmt dem Leben jede Freude.

Gewöhnlich stellt man sich Trauer als Reaktion auf den Tod eines geliebten Menschen vor. Es gibt jedoch viele Lebensumstände, die man manchmal gar nicht erkennt, die Trauer auslösen können. Man kann jemanden auch anders als durch den Tod verlieren: durch Scheidung, Umzug oder Nichtbeachtung. Menschen ändern sich. Eltern werden alt, und ehe man sich's versieht, sind die Rollen vertauscht, und wir müssen uns um sie kümmern. Unsere Kinder werden erwachsen, und so sehr wir sie als inzwischen Erwachsene auch lieben, so haben wir doch unsere Spielkameraden verloren. Und die heutige Gesellschaft bietet – um die Dinge noch komplizierter zu machen – Gelegenheiten für eine neue Art von »zweideutigem« Verlust, bei dem der »Verlorene« nach wie vor da ist, uns jedoch nicht mehr dasselbe bedeutet wie zuvor. Das trifft zum Beispiel auf moderne Formen der Scheidung, aber auch auf Alzheimer zu. Es gibt kaum Ratgeber und nur wenige Beispiele, wie man mit solchen Verlusten umgeht. Man muss sich als Elternteil mit jemandem, der einem eben das Herz gebrochen hat, weiter um die Kinder kümmern. Die Ehepartner von Alzheimerpatienten sind die neuen Lieblingslaborratten der Stresspsychologen, weil sie eine von der Sache her so schwierige Rolle übernehmen müssen. Nach dem Verlust ihrer Partner und deren Liebe müssen sie sich nun um die Verlorenen kümmern, die sie manchmal nicht einmal mehr erkennen.

Wir trauern nicht immer nur um den Verlust eines Menschen. Die Knie geben nach und man kann nicht mehr Tennis spielen, was 50 Jahre lang so viel Freude bereitete. Man wechselt die Stelle und stellt fest, dass die neue einem weniger zusagt. Man zieht in ein kleineres Haus um, wenn die Kinder erwachsen sind, und merkt, dass es sich nie wie zu Hause anfühlen wird. Man entscheidet sich für ein bestimmtes Vorgehen, und plötzlich fehlen einem die unendlich vielen Möglichkeiten, von denen man zuvor nicht einmal merkte, dass sie einem offenstanden. Terroristen schlagen in New York zu, und man verliert das Gefühl der Sicherheit.

Bedenken Sie, dass Trauer nicht ewig dauert.

Trauer braucht Zeit. Der Mensch besitzt eine natürliche Genesungsfähigkeit, die einer Gewöhnung ähnelt. Zuerst füllt der Verlust fast das ganze Leben aus, doch mit der Zeit rückt er angesichts anderer Erfahrungen allmählich in den Hintergrund. Zeit ist dabei von größter Wichtigkeit, nur besteht in der heutigen Welt ein enormer Druck, sofort weiterzumachen wie zuvor. Freunde möchten, dass man den Verlust überwunden hat, lange bevor man dazu bereit ist. Der Job jedenfalls verlangt, dass man wieder ganz bei der Sache ist. Mit hundert Stundenkilometern über die Autobahn zu fahren erfordert eine Konzentration, die im Pferdewagen nicht nötig war. Alles im Leben geht immer schneller, und man hat keine Zeit mehr zum Nachdenken.

Man muss sich die Fähigkeit aneignen, achtsam beim Schmerz zu bleiben. Man muss lernen, ihn wie andere Gefühle zu empfinden, ohne sich von ihm überwältigen zu lassen. Trauer ist deswegen anders und schwieriger, weil sie so schmerzlich sein kann, dass es kaum auszuhalten ist. Gerade hier ist die Meditationspraxis eine echte Hilfe: In der Meditation kann man Gefühle wie Regentropfen in einen stillen Teich fallen lassen. Sie klatschen auf, bilden Kreise, und das ist alles. Sie schaden dem Teich nicht und zerstören ihn nicht. Eigentlich fügen sie ihm etwas hinzu, wie alle Erfahrungen, auch Schmerz, zum Leben beitragen.

Elisabeth Kübler-Ross hat ihr Modell der Trauerstadien vor nahezu 40 Jahren entwickelt, und die meisten Leute kennen es inzwischen ansatzweise.[258] Es hat nach wie vor Gültigkeit, auch wenn es uns manchmal nervt, weil es offenbar zu gut passt. Judith Viorst sagt dazu in ihrem Buch *Mut zur Trennung – Menschliche Verluste, die das Leben sinnvoll machen*, es wirke auf sie so, als wollte uns eine Meisterin des Trauerns

ein Rezept für die perfekte Trauer geben.[259] Das Modell ist
aber vor allem deswegen hilfreich, weil es daran erinnert, dass
wir Zeit brauchen, weil wir uns in einem Prozess befinden,
der seinen natürlichen Lauf nimmt und den man nicht voran-
treiben kann. Etwas Größeres als wir hat die Führung übernommen und gibt sie nicht ab, bis es fertig mit uns ist. Aber
wir können zuversichtlich erwarten, heil daraus hervorzuge-
hen – bei einigen Arten von Trauer sogar mit Gewinn. Verlieren wir jemanden, den wir lieben und bewundern, übernehmen wir nach dem ersten niederschmetternden Schlag
allmählich unbewusst einige Stärken des geliebten Menschen.
Bei einer Entscheidung oder in einer Stresssituation können
wir fast nicht anders als uns fragen, was der geliebte Mensch
in dieser Situation wohl von uns erwartet. Dabei sehen wir
uns mit dessen Liebe, Geduld und Verständnis an und fügen
damit den inneren Kraftreserven etwas hinzu.

Der Segen der Vergangenheit

Was sonst kann man denn tun, als der Zeit ihren Lauf zu
lassen? Für viele ist die Erinnerung an die Vergangenheit mit
einem so starken Verlustgefühl verbunden, dass sie sich lieber
nicht erinnern wollen. Ein Lied erklingt im Radio, das man
mit der ersten Liebe gehört hat.
Man sieht ein Kind, das der in-   Nehmen Sie Ihr Maß an
zwischen erwachsenen Tochter   Trauer und Kummer an.
unglaublich ähnlich sieht. Man
sieht ein Buch, das Vater so gerne mochte – der Atem stockt,
und man wird von einem messerscharfen Schmerz durch-
zuckt, als habe man einen empfindlichen Zahn berührt. Es ist

nicht einmal nötig, die Trennung von der ersten Liebe zu bereuen; möglicherweise ist man sehr stolz auf die Tochter und
glücklich, dass der Vater durch den Tod erlöst wurde. Das alles spielt keine Rolle. Man weiß, dass man diese Erfahrungen
nie mehr machen wird, und das allein kann unerträglich sein.

Und was ist, wenn man es doch bereut? Was, wenn man
mit dem Vater zerstritten war, als er starb? Was, wenn man
findet, man sei ein Volltrottel gewesen, mit der ersten Freundin gebrochen zu haben? Was, wenn die Tochter uns heute
völlig fremd geworden ist? Wie viel schmerzlicher ist ein mit
Reue gepaarter Verlust? Es braucht Mut – eine sehr altmodische Tugend –, um sich solchen Erfahrungen zu stellen.
Aber wir müssen uns erinnern. Wenn wir ständig davor zu-
rückschrecken, leben wir in Abwehr, sind grundsätzlich uns
selbst gegenüber unehrlich und verlieren die Selbstachtung.
Wir können nicht im Jetzt da sein, wir können keine Achtsamkeit erlangen, wenn wir uns der Vergangenheit nicht stellen.

Hier drei Eigenschaften, die uns meiner Ansicht nach helfen, solche schmerzhaften Erinnerungen anzunehmen:

- *Vergeben.* Wir sollten sowohl uns selbst wie den Menschen, die uns ein Unrecht angetan haben, vergeben.
Haben wir etwas gemacht, das wir bereuen, so haben
wir dabei mit sämtlichen damaligen Gefühlen nach bestem Wissen und Gewissen gehandelt. Wir können uns
nicht in jenen Gefühlszustand zurückversetzen, könnten wir es doch, *würden wir genau dasselbe tun, weil wir es
nicht besser wüssten.* Patienten fragen mich immer wieder, wie sie nur so lange in einer kaputten Beziehung
(Arbeit, Familie oder sonst etwas) ausharren konnten.
Darauf antworte ich jeweils, sie hätten ja immer noch

Hoffnung gehabt. Damals lebten sie stets mit dem Hoff-
nungsschimmer, etwas würde sich ändern. Wie kann
man sich dafür anklagen, gehofft zu haben? Und diejenigen, die uns verletzt haben? Auch sie handelten nach
bestem Wissen und Gewissen. Es kommt wirklich ziemlich selten vor, dass jemand aktiv einen Mitmenschen
verletzen will. Viel häufiger kommt es vor, dass jemand
verärgert ist, sich gekränkt und defensiv in einer sub-
jektiv verzerrten Geistesverfassung befindet und nichts
als sein Recht für etwas will, das er als Verletzung wahr-
nimmt. So kränken wir Mitmenschen und umgekehrt.
Man muss ihnen vergeben, dass sie auch nur Menschen
sind.

- *Dankbarkeit.* Die erinnerte Erfahrung muss sehr wichtig
gewesen sein, sonst würde uns der Schmerz nicht so
treffen. Wir sollten dankbar sein, sie erlebt zu haben. Die
erschreckende Tatsache des Lebens lautet, dass Offen-
heit für Freude auch für Verluste anfällig macht. Würden Sie lieber gar keine Freude wollen? Ich habe bereits
den Laborversuch erwähnt, der ergab, seinen Dank auszudrücken mache glücklicher und gesünder. Ich finde
es noch wichtiger, dass es dankbare Menschen aus uns
macht, Menschen, die frühere Geliebte, vergangene Erfahrungen und ihre Jugend zu würdigen wissen. Menschen, die sich freuen, am Leben zu sein, auch wenn es
schmerzt.

- *Entschlossenheit.* Bereuen wir etwas, machen wir denselben Fehler nicht wieder. Haben wir die Erfahrung
damals nicht gebührend genossen, so sorgen wir dafür,
dass sich dies beim nächsten Mal ändert. Wir können
die Vergangenheit nicht ändern, aber wir können darauf

achten, das Beste aus der Gegenwart zu machen. Wir können uns nicht vor Verlusten schützen, aber das Leben heute voll genießen.

Andere Arten von Schmerz

Es gibt andere Arten von Schmerz als den Verlust eines geliebten Menschen, und manche sind auf ihre Weise noch schwerer zu ertragen. Bei den Recherchen für dieses Buch ist mir aufgefallen, dass einige Forscher verschiedene Situationen beschrieben haben, an die man sich nie ganz gewöhnen kann, obwohl der Mensch im Allgemeinen unglaublich anpassungsfähig ist. Daniel Nettle nennt deren zwei,[260] denen ich drei weitere hinzufüge:

1. *Dauerhafte Behinderung.* Auch wenn es stimmt, dass vielen Untersuchungen zufolge das Glücksniveau bei einer Behinderung auf bewundernswerte Art zurückkehrt, so doch gewöhnlich nicht in vollem Umfang.
2. *Lärm.* Wer in der Nähe eines der neuen Lärmverursacher (Straßenverkehr, Flugschneisen und Ähnliches) wohnt, glaubt, er werde sich daran gewöhnen, was jedoch nicht der Fall ist. Lärm bleibt ein ständiges Ärgernis.
3. *Körperliche Schmerzen.* Der Mensch gewöhnt sich an chronische Schmerzen und lernt damit zu leben. Aber sie machen langsamer, wunderlich und zerstreut. Sie sind wahrscheinlich kein Hindernis für Befriedigungen, schmälern jedoch manchmal die Freude.[261]
4. *Scheidung.* Auch bei einvernehmlichen Scheidungen gibt es psychisch gesehen Gewinner und Verlierer.[262] Der

Verlierer ist gewöhnlich der Verlassene und derjenige, der finanziell schlechter dasteht. Die Bitterkeit bei Scheidungskämpfen ist größtenteils auf das Gerangel um den »Sieg« zurückzuführen. Dabei erleidet die Selbstachtung des Verlierers manchmal eine dauerhafte Einbuße, und er wird anfällig für Depressionen.

5. *Arbeitslosigkeit.* Manche meinen, der Glücksverlust infolge Arbeitslosigkeit sei eigentlich schlimmer als der nach einer Scheidung.[263] Arbeitslosigkeit kann passiv machen (viel fernsehen) und zum Trinken verleiten. Sogar in Ländern wie Holland und Schweden, wo Arbeitslose finanziell gut unterstützt werden, sinkt das Glücksniveau, und Gesundheit und psychische Verfassung werden schlechter. Man gewöhnt sich auch nicht daran, selbst nach zwei Jahren nicht. Und wenn man wieder zu arbeiten beginnt, bleibt eine Narbe zurück: eine dauerhafte Verminderung unserer Freude an der Arbeit.

Möglicherweise gewöhnt man sich also nicht ganz an eine solche Situation. Ich würde raten: Berücksichtigen Sie dies, tun Sie, was Sie können, und klagen Sie sich nicht an. Ziehen Sie um, weg vom Lärm, wenn es irgend möglich ist. Nutzen Sie bei chronischen Schmerzen die Physiotherapie, Akupunktur oder Kinesiologie und nehmen Sie im Bedarfsfall Schmerzmittel. Die heutige Gesellschaft ist viel zu paranoid hinsichtlich des Drogenmissbrauchs, so paranoid, dass Sterbende manchmal keine Mittel bekommen, um ihr Leiden zu lindern. Wenn nur Opiate Ihre Schmerzen lindern, so nehmen Sie welche, aber passen Sie auf, dass Sie nicht süchtig werden. Gehen Sie zu einem Arzt, der mit Schmerzen umgehen kann. Tun Sie alles in Ihren Kräften stehende, um sich von einer Behinderung zu erholen. Lassen Sie den Mut nicht sinken. Sie sollten wissen, dass Arbeitslosigkeit dazu da ist, den Profit zu erhöhen, und nicht heißen will, dass Sie nicht gut genug arbeiten. Lassen Sie sich nicht von Selbstbeschuldigungen zum Nichtstun verleiten. Informieren Sie sich über die psychischen Wirkungen einer Scheidung. Lassen Sie sich nicht in die Verliererrolle drängen.

Es gibt einige verbreitete Mittel, die Linderung des Leidens versprechen. Nur funktionieren sie nicht, sondern machen später alles nur noch schlimmer, und zwar sehr:

- *Wegstecken.* So tun, als spiele es keine Rolle, den Schmerz verdrängen und zu schnell weitermachen wie zuvor. Doch dann entsteht eine Schwachstelle, und man wird für ähnliche künftige Erfahrungen anfälliger und kaltherzig. Wie gesagt: Man kann negative Gefühle nicht ausschalten, ohne auch die positiven zu ersticken. Und damit verliert man die Fähigkeit zum Glücklichsein.
- *Anklagen.* »Es ist meine Schuld. Er ist schuld. Es ist die Schuld der Regierung.« Zwischen Verantwortung zuteilen und anklagen liegt ein großer Unterschied. Anklagen beinhaltet Ärger. Ärger ist verlockend, wenn man leidet, weil man glaubt, im Recht zu sein, und der Ärger einem ein Machtgefühl verleiht. Aber er ist nur eine vorübergehende Ablenkung. Man muss sich zugestehen, die Einbuße zu spüren.
- *Zwanghaftes Grübeln.* »Wenn nur … (wenn wir nur einen anderen Flug genommen, es früher erkannt, die Bremsen kontrolliert hätten).« Das ist eine Denkfalle: Die linke Hirnhemisphäre ist so beschäftigt, dass man eigentlich außer Panik nichts mehr empfinden kann.

- *Der Angst erliegen.* »Ich kann nicht damit umgehen, ich bin nicht stark genug, es bringt mich um.« Solche Reaktionen lassen sich manchmal nicht vermeiden, aber man sollte sich davor hüten, ihnen nachzugeben. Sie sind der Anfang von Depression und Verzweiflung. Der Mensch ist in der Tat ein erstaunlich anpassungsfähiges Wesen, und höchstwahrscheinlich *können* Sie damit umgehen, *sind* Sie stark genug und werden *nicht* daran sterben.
- *Alkohol oder Drogen nehmen.* Das verschafft Ihnen vielleicht vorübergehend Linderung, doch danach ist das Problem nur noch größer.

Vergessen Sie nicht: Was immer Ihnen zustößt, Ihr großartiger Geist hat die Macht, die Dinge viel schlimmer zu machen. Versuchen Sie nur, sich anzuklagen. Versuchen Sie nur, in schlechten Gefühlen zu schwelgen. Essen Sie nur zu viel und bewegen Sie sich nicht genug. Schnauzen Sie nur die Leute an, die Ihnen helfen wollen, und wenden sich von ihnen ab. Vergleichen Sie sich mit allen, die mehr Glück haben als Sie. Bleiben Sie zu Hause und vermeiden Sie den Kontakt mit allem Schönen oder Erhabenen. Sehen Sie viel fern und lassen Sie die Werbung nicht aus. Kaufen Sie impulsiv ein, um mehr Schuldgefühle zu bekommen. Bleiben Sie bis spät nachts auf und verschlafen Sie am nächsten Morgen. Essen Sie mehr Junk-Food. *Schmerz ist unvermeidlich, Leiden freiwillig.*

Dem Schlimmsten ins Auge sehen

Ein Trauma hat nicht unbedingt eine posttraumatische Belastungsstörung zur Folge. Stehen Ihnen die Kräfte zur Verfügung, das Trauma zu meistern, so wachsen Sie daran. Ihre Grundannahmen sind zwar ins Wanken geraten, doch das ist nur gut. Wir alle kennen Menschen, die nach Überwinden einer Katastrophe reifer waren als zuvor.

Meiner Ansicht nach sind heutzutage zwei oder drei Totalzusammenbrüche der Durchschnitt in einem Menschenleben. Die Lebensumstände werden einfach überwältigend, man schläft nicht mehr, bricht beim geringsten Anlass in Tränen aus, die Gedanken laufen im Kreis herum und man glaubt, gleich durchzudrehen. Ich verharmlose es jetzt, aber wenn Sie sich in diesem Zustand befinden, so gibt es nichts zu lachen. Sie wissen wirklich nicht, ob Sie es überstehen. Und wenn ja, dann tragen Sie höchstwahrscheinlich einen dauerhaften Schaden davon, verlieren zum Beispiel den Mut und werden verängstigt – es sei denn, Sie nutzen Ihren Zusammenbruch und lernen daraus. Das ist aus Sicht der Erhaltung Ihrer künftigen Glücksfähigkeit ganz wesentlich.

Zum Glück hat mein Freund Bill O'Hanlon ein Buch *Thriving Through Crisis* (»Dank Krisen aufblühen«) geschrieben, und wenn Sie seinen Rat befolgen, können Sie Ihren Zusammenbruch in einen Durchbruch verwandeln. Hier meine Version einiger seiner wichtigsten Punkte:

- *Sie haben einen Zusammenbruch, weil Ihre Abwehrmechanismen unter dem Stress kollabiert sind.* Jeder braucht Abwehrmechanismen, die eine Art von Umgang mit Stress sind. Die Ihren haben bis dahin gut funktioniert, aber niemand ist vollkommen. Dies ist ein Signal, dass Sie sich andere Strategien aneignen sollten, um schwierige Situationen zu meistern.

- *Es ist nicht Ihre Schuld. Lernen Sie also aus dem Zusammenbruch.* Vergeuden Sie keine Zeit damit, sich für unzulänglich zu halten, sich schuldig zu fühlen oder sich zu schämen. Das Leben ist einfach eine Zeitlang zu schwierig geworden. Ergreifen Sie die Gelegenheit, den *besten* Umgang mit Stress kennenzulernen, statt nur Pflästerchen aufzukleben.

- *Nutzen Sie den Zusammenbruch als Zeit, um Ihre Grundeinstellungen zu überprüfen, statt Ihre Abwehrmechanismen weiter auszubauen.* Eine oder mehrere Ihrer Grundannahmen hat nicht funktioniert, daher die Krise. Prüfen Sie sich und Ihre Umstände achtsam und versuchen Sie herauszufinden, um welche es sich handelt: die Vorstellung, Sie seien vollkommen? Die Idee, Sie hätten einen Job auf Dauer? Die Annahme, Sie könnten Ihre Gefühle einfach wegdrücken?

- *Versuchen Sie, die Wahrheit zu sagen und sich Lügen, Selbsttäuschungen und mangelnder Authentizität zu stellen.* Lügen, einschließlich derjenigen, die wir uns selbst erzählen, bringen immer weitere Lügen hervor, bis das ganze Kartenhaus zusammenbricht. Es ist viel einfacher, die Wahrheit zu sagen. Man braucht sich nur an eine Fassung der Begebenheit zu erinnern: an die richtige. Das erzeugt sehr viel mehr Selbstachtung.

- *Nehmen Sie statt nur vorübergehender Anpassungen dauerhafte vor.* Wie gesagt: Eignen Sie sich die *beste* Art des Umgangs mit Krisen an. Lernen Sie Achtsamkeit. Lernen

Sie, Gefühle zuzulassen. Lernen Sie, Entscheidungen mit Logik, Gefühl und Intuition zu treffen. Lernen Sie, ehrlich, liebevoll und mitfühlend zu sein.

- *Finden Sie heraus, was Sie zu sagen haben, und verschaffen Sie sich Gehör.* Erkennen Sie Ihre Werte und setzen Sie diese um. Hören Sie auf, anderen hinterherzulaufen, und sagen Sie frei heraus Ihre Meinung.
- *Entwickeln Sie Mitgefühl sich und Ihren Mitmenschen gegenüber.* Die Welt ist ein Chaos, und alle tun nur ihr Bestmögliches.
- *Engagieren Sie sich.* Tun Sie Gutes für die Welt und Ihre Mitmenschen. Ja, Karma gibt es, und es wird sich für Sie lohnen. Unterdessen haben Sie ein besseres Selbstwertgefühl.

Wenn Sie diesen Regeln folgen, wird Ihr Zusammenbruch Ihnen sehr wahrscheinlich guttun und Sie nicht auf Dauer schädigen. Vielleicht genügt es dann, wenn Sie nur *einen* Zusammenbruch in Ihrem Leben haben statt deren zwei oder drei.

Glückspillen

So etwas wie Glückspillen gibt es nicht. Nur ein paar verbotene Stoffe, die so süchtig machen, dass man sie verbieten *muss.*

Es gibt jedoch zurzeit einen erschreckenden Trend im Westen, Menschen jede Pille zu geben, die sie verlangen, vor allem neue Antidepressiva wie Fluctin (Prozac), Cipralex, Seroxat und Cymbalta, um überhaupt »mit der Lage zurechtzukommen«.* Das sind unglaublich beliebte Mittel, die jedoch eine wichtige Frage über das Wesen der Krankheit aufwerfen. Alkohol ist ein sehr wirksames Mittel bei Angst in Gesellschaft (Sozialphobie). Heißt dies, dass Sozialphobie wegen Alkoholmangel entsteht? Genau diese Gedankengänge werden zur Erklärung herangezogen, weshalb »Antidepressiva« gut gegen Depression sein sollen. Eine unabhängige Bestätigung steht noch aus, dass diese Mittel ein mangelndes chemisches Gleichgewicht im Körper korrigieren können.[264]

Alarmierende Zeichen deuten darauf hin, dass Antidepressiva die Intensität der Gefühle drosseln. Einer meiner Patienten ist ein Musiker, der wegen seiner starken Sozialphobie, die schwere Asthmaanfälle auslöste, Cipralex nehmen musste. Das Medikament hat ihm sehr geholfen, nur stellte er fest, dass er keine Gänsehaut mehr bekam, wenn die Musik ihn im Innersten berührte. Als er kein Cipralex mehr nahm, bekam er wieder Gänsehaut. Er hatte nicht nur die körperliche Reaktion auf seine Musikliebe verloren, sondern auch das Gefühl, sich in die Musik versenken zu können, war ihm zum Teil abhanden gekommen. Er ist nicht mein einziger Patient, von dem ich höre, er sei mit einem dieser neuen Antidepressiva wie betäubt. Ein anderer stellte fest, dass er nach Seitensprüngen keine Schuldgefühle mehr hatte. Diese Erfahrungen gleichen denen einer Reihe von Patienten, die nach Einnahme von Antidepressiva erwähnten, seither sexuelle Funktionsstörungen zu haben. Die Forscher stellten fest, dieselben Patienten weinten nach eigener Aussage signifikant

---

* Ich habe dieselben Bedenken bei übermäßiger Einnahme von Medikamenten gegen Aufmerksamkeitsdefizit-Hyperaktivitätsstörung (ADHS) und in jüngerer Zeit bei Stimmungsstabilisatoren für Jugendliche. Muss man wirklich überall für solche Medikamente werben?

seltener, die Gefühle anderer machten sie weniger betroffen, sie hätten weniger erotische Träume, seien weniger überrascht und kreativ, ärgerten sich weniger und könnten ihre Gefühle weniger äußern.[265]

In einer Studie bekamen »normale« (nicht depressive) Freiwillige eine Woche lang Seroxat oder ein ähnliches Antidepressivum.[266] Daraufhin zeigte man ihnen Dias von Gesichtern, auf denen verschiedene Gefühle abzulesen waren. (Psychologen haben eine Standardreihe von Dias zusammengestellt, über die sich die meisten einig sind und die benutzt werden, um Einfühlung, emotionale Empfindsamkeit oder bestimmte Hirnschäden zu testen.) Nach Einnahme der Medikamente fiel es den sonst normalen Versuchspersonen signifikant schwerer, bestimmte negative Gefühle, besonders Ärger und Angst, zu erkennen. Eine andere Untersuchung mit normalen Freiwilligen ergab, dass die Einnahme von Seroxat über vier Wochen hinweg ihr Niveau negativer Gefühle signifikant senkte.[267] Möglich, dass Antidepressiva einiges von ihrer Wirksamkeit daraus beziehen, dass sie die Überreaktion Depressiver auf negative Gefühle abstumpfen. Aber wie viel Abstumpfung wollen wir überhaupt? Müssen nicht depressive Menschen wirklich vor negativen Gefühlen geschützt werden?

Verstehen Sie mich nicht falsch. Als Therapeut bin ich sehr froh, dass es die neuen Antidepressiva gibt. Ich finde, sie haben Tausende von Leben gerettet und jedenfalls Millionen Menschen aus ihrer Depression herausgeholfen. Depression ist eine ernstzunehmende Krankheit. Nur sind die meisten Patienten, die solche Medikamente nehmen, nicht depressiv.

Gefühlsabstumpfung gehört also offenbar zu den Wirkungen von Antidepressiva. Sie machen weniger empfindsam und helfen den Betreffenden, sich keine Sorgen mehr darüber zu machen, was andere denken. Peter Kramer hat diese Wirkungen bereits in dem Buch *Glück auf Rezept* erwähnt.[268] Je nach Umstand sind diese gut oder schlecht. Nur: Tragen sie nicht auch dazu bei, mit einer Welt zurechtzukommen, mit der man gar nicht zurechtkommen sollte? Sie können in den USA in viele Pflege- oder Altersheime gehen und werden feststellen, dass 90 Prozent der Patienten Antidepressiva bekommen, damit sie die Eintönigkeit und Einsamkeit ihres Lebens aushalten. Und nehmen Menschen, die sich nicht in Pflegeheimen befinden, sie nicht auch ein, um den Stress und die Leere ihres Lebens auszuhalten? Könnte es sein, dass nicht das Ausbleiben einer Einberufung zum Wehrdienst, sondern Antidepressiva für den Unterschied im Protestniveau gegen den Vietnamkrieg und den Krieg im Irak verantwortlich sind?

Wenn Sie also wirklich depressiv sind, so suchen Sie sich einen Therapeuten und einen Arzt und versuchen Sie es durchaus mit einem der neuen Antidepressiva. Wenn Sie aber nur unglücklich oder gestresst sind oder Kummer haben, lassen Sie die Hände von den Pillen. Arbeiten Sie lieber daran, Ihre Umstände und Einstellung zu verändern. Kummer, Trauer und Ärger sind notwendig, wenn auch unbequem. Sie gehören zu uns. Wir können sie nicht einfach ausschalten, indem wir unsere Abwehrmechanismen dazu einsetzen oder immer mehr Pillen schlucken. Zwar möchten wir das wohl manchmal, aber eine solche Entscheidung beschert uns ein leeres, schales Leben.

10

Der Sinn des Lebens*

Wir haben uns viele Strategien angesehen, die uns helfen können, Elend zu vermindern und mehr Freude und Befriedigung zu finden. Beim Glück gibt es jedoch noch eine weitere Dimension, die man gewöhnlich *Sinn* nennt. Dabei handelt es sich um das Gefühl, ein Ziel zu haben, darum, etwas Gutes im Leben zu tun, der Nachwelt etwas zu hinterlassen, um den Glauben, das Leben habe einen Sinn und Zweck, wenn auch nur auf irgendeine Gott allein bekannte Weise. Offensichtlich werden manche Entscheidungen im Leben durch den Wunsch nach Sinnfindung bestimmt: Deswegen gehen Gläubige in die Kirche, deswegen schreibe ich dieses Buch und größtenteils deswegen wollen Menschen auch Kinder haben. Das alles verspricht zwar einige Freude oder Befriedigung, die sich als eine Art Nebeneffekt dieser Tätigkeiten ergibt. Es winkt jedoch noch ein anderer Lohn: Ich denke, wir wollen das alles tun, weil wir den angeborenen instinkthaften Wunsch haben, dem Leben einen Sinn zu geben. Ohne diesen Sinn fehlt eine bestimmte Qualität, die Glück ermöglicht.

Heutzutage muss man die Suche nach dem Sinn sehr be-

---

* An diese Kapitelüberschrift muss ich ein Sternchen anfügen, um Ihnen zu sagen, dass ich den Sinn des Lebens nicht wirklich kenne. Tut mir leid, Sie enttäuschen zu müssen.

wusst betreiben. Wir haben die strukturierte Welt verloren,
für die der Mensch bestimmt war, in der alle miteinander
verbunden waren, eine Welt, in der er täglich Kontakt mit
der Natur und dem Geheiligten pflegte, wo sowohl die Religion wie ein fein geknüpftes Netz von Beziehungen und Erwartungen ihm vermittelte, wer er war und weshalb er hier
war. Heute haben wir das Problem, *selber einen Sinn finden zu
müssen*. Das ist eine Herausforderung – eine gähnende Leere,
die uns plötzlich umgibt. Es ist geradezu die Definition einer
Existenzkrise. Mit geistlosen Tätigkeiten – Konsumismus,
Multitasking, realitätsfernen Fantasien und ständiger Geschäftigkeit – kann man sich von diesem Bedürfnis ablenken.
Man kann sich bis zum Umfallen beschäftigen – und dann?
Kümmert sich irgendjemand darum? Die meisten Menschen
erfahren gelegentlich die dunkle Nacht der Seele, aller hekti-
schen Betriebsamkeit ungeachtet, wenn sie um vier Uhr früh
erwachen und sich fragen, ob sie sich selbst und anderen
etwas bedeuten. Wir möchten etwas bedeuten. Wir können
nicht wirklich glücklich sein, wenn wir nicht das Gefühl haben, dass wir uns und anderen etwas bedeuten und dass das
Leben einen Sinn und Zweck hat.

Könnten Sie jeden Tag ein Mittel einnehmen, dank welchem Sie stets glückselig wären, würden Sie es tun? Die meisten verneinen es.[269] Wir wollen echte Erfahrungen, nicht
künstliche. Die meisten guten Selbstgefühle entstehen, weil
man etwas geleistet und Hindernisse überwunden hat. Der
Weg zur Kreativität ist oft mit Mühen und Konflikten gepflas-
tert.

Carol D. Ryff hat jahrzehntelang daran gearbeitet, die
Komponenten echten Glücks aufzuspüren – nicht nur Freude, Befriedigung und das Fehlen von Elend, sondern alles, was

zu einem erfüllten, sinnvollen Leben gehört.[270] Ihre Arbeit ist die beste Grundlage, die ich gefunden habe, um dieses Kapitel zu ordnen. Sie skizziert sechs Faktoren:

1. *Selbstakzeptanz.* Sich mögen und allgemein mit sich zufrieden sein.
2. *Positive Beziehungen.* Die Fähigkeit, zu lieben, sich einzufühlen, miteinander verbunden zu sein.
3. *Autonomie.* Das Gefühl, selbst entscheiden zu können und verhältnismäßig frei von Fremdbestimmung und Bevormundung zu sein.
4. *Meisterung der Umstände.* Die Fähigkeit, in der Welt voranzukommen und sie den eigenen Bedürfnissen entsprechend zu verändern.
5. *Lebensziel.* Das Gefühl einer Ausrichtung, einer Zielsetzung und die Überzeugung, das Leben habe einen Sinn.
6. *Persönliches Wachstum.* Die Absicht, immer weiter zu reifen, sich neue Ideen und neues Wissen anzueignen, und die Bereitschaft, seine Grundeinstellungen zu ändern.

Da wir die ersten beiden Punkte bereits ausführlich besprochen haben, wenden wir uns nun den letzten vier Punkten zu.

Autonomie

Die Achtsamkeitsmeditation – wie eigentlich jede Meditation – birgt das verführerische Versprechen, man könne über seine Sehnsüchte hinauswachsen, sich so von allem lösen und seiner selbst so bewusst werden, dass man nicht mehr von seinen Wünschen verführt wird.

»Ich begreife das nicht«, fragte mich eine Patientin provo-
zierend: »Sollen wir die Leere akzeptieren oder sie füllen?« In
Kurzform sprach sie damit das an, was für mich die zentrale
Frage in Bezug auf das Glück ist. Auf meine Empfehlung
hin hatte sie viel über Achtsamkeit gelesen. Sie ist eine jüdi-
sche Mutter anspruchsvoller Jugendlicher, mit einem depressiven Ehemann verheiratet, selbst Therapeutin und verbringt
jede wache Stunde damit, anderen zu helfen, Erfüllung zu
finden. »Unglücklich? Unternehmen Sie etwas: Nehmen Sie
eine Pille, machen Sie eine Therapie, heiraten Sie, lassen Sie
sich scheiden, gehen Sie ins Fitnesscenter, machen Sie eine
Diät.« Und nun mein Vorschlag: »Informieren Sie sich über
Achtsamkeit.« Achtsamkeit ist eine Tradition, die gerade-
wegs bis zu Buddha zurückreicht. In ihr wird eine andere
Lösung vorgeschlagen: »Das Verlangen ist die Ursache allen
menschlichen Elends. Lernen Sie, weniger zu wollen. Akzeptieren Sie, dass das Leben schmerzlich ist. Stellen Sie sich der
existenziellen Leere, die ein wesentlicher Bestandteil unseres
Wesens ist.« Sollen wir, um die Begriffe aus diesem Buch zu
verwenden, *alle Abwehrmechanismen ablegen,* dem Leben völlig nackt entgegentreten und sämtliche Gefühle schutzlos
empfinden, oder sollen wir *unsere Abwehrmechanismen verbessern und verstärken,* um besser zu funktionieren? Sollen wir
Mystiker oder Erfolgsmenschen sein? Ich finde diese Gegenüberstellung zum Glück für uns alle falsch, aber wir wollen
der Frage noch etwas weiter nachgehen.

Buddha und 2500 Jahre später Freud sagten beide im Wesentlichen dasselbe: Das Elend gehört zum Menschsein, und
das Verlangen ist der Kern des Elends. Das Elend zu sehr be-
heben zu wollen, gedankenlos die eigenen Wünsche zu verfolgen oder zu versuchen, sie zu unterdrücken, macht alles

nur noch schlimmer. Es führt zu Selbsttäuschung und hektischer, sinnloser Aktivität. Paradoxerweise birgt das Akzeptieren der Tatsache, dass wir alle grundsätzlich allein sind und uns dem Tod sowie der großen kosmischen Leere nackt und wehrlos stellen müssen, einen gewissen Trost.

Mark Epstein hat in seinem Buch *Going to Pieces Without Falling Apart* (»Zusammenbrechen, ohne auseinanderzufallen«) den grundsätzlichen Unterschied zwischen Buddhismus und der weltlichen westlichen* Sicht des Menschen erfasst:

> Nach westlicher Theorie gibt es stets eine Hoffnung, die Leere könne gefüllt werden, und wenn der Charakter weit genug entwickelt oder das Trauma behoben werde, nähmen die unterschwelligen Gefühle ab. Man erwartet, dass die Leere vergeht, wenn man das Ich stärkt. Der Buddhismus geht genau umgekehrt vor: Konzentrieren Sie sich auf die Leere, die Unzufriedenheit und das Gefühl des Unvollkommenseins, so wird der Charakter gestärkt.[271]

Barry Magid drückt es in *Ordinary Mind* (»Alltagsgeist«) wie folgt aus: »Sowohl Zen als auch die Psychoanalyse verfolgen das Ziel, *die Suche nach dem Glück zu beenden*.«[272] Damit will er Folgendes sagen: Anzunehmen, man werde nur glücklich, wenn man bekommt, was man will, ist der Weg ins Elend – besonders dann, wenn man sich davon befreien möchte. Viele Religionen versprechen einen Ausweg: »Gott ist bei dir. Der Tod führt dich an einen Ort, wo deine Fragen über das Leben

---

* Das westliche Denken ist nicht unbedingt weltlich. Sowohl Jesus wie die frühchristliche Kirche empfahlen ganz ähnlich wie der Buddhismus, diese Welt aufzugeben; in einigen Formen der christlichen und jüdischen Tradition sind mystische Elemente und Entsagung noch heute stark vertreten.

beantwortet werden. Das Leben ist weder leer noch sinnlos. Noch verstehen wir es nicht, aber wir werden es verstehen.« Im 21. Jahrhundert ist ein solcher Glaube schwer aufrechtzuerhalten, während der Glaube an sämtliche Institutionen überall um uns herum zerfällt. In den USA und anderen Ländern scheint allerdings der politische und religiöse Fundamentalismus immer mehr Anklang zu finden, möglicherweise als Reaktion auf die Leere der westlichen Kultur. Doch wenn Sie intensiv an Gott oder die Regierung glauben und wenn Sie trotzdem dieses Buch bis hierher gelesen haben, so vermute ich, dass Ihre Fragen noch nicht alle beantwortet sind.

Weshalb ist diese Gegenüberstellung – entweder Mystiker oder Erfolgsmensch – falsch? Einmal deswegen, weil beides unmögliche Ziele sind. Kann man überhaupt die Leere nicht füllen wollen? Rein biologisch gesehen ist es wohl sinnvoller, über das Verlangen zu sprechen, über den Dopaminhaushalt, der uns dazu antreibt, ständig mehr zu wollen. Wir müssen aber auch die Angst erwähnen: die Existenzangst der Bedeutungslosigkeit. *Leere* ist ein Wort dafür, wie man Verlangen und Angst erlebt. Daher die Antwort: Man kann die Leere nicht füllen. Die Leere ist eine Wahrnehmung, ein Gefühl, eine Äußerung von Verlangen und Angst, die zum Wesen des Menschen gehört. Aber wir können lernen, weniger Angst zu haben und unser Verlangen zu beherrschen. Wir können das Leben so strukturieren, dass wir mehr Sinn und Zweck darin finden. Ganz füllen können wir die Leere jedoch nicht.

Möchten Sie lieber Mystiker oder Erfolgsmensch sein?

Kann man die Leere einfach akzeptieren und nach nichts mehr verlangen? Wie gesagt, Wünsche gehören zum Wesen des Menschseins. Wo wären wir denn, wenn wir aufhörten, uns und unsere Verhältnisse verbessern zu wollen? Wir können jedoch lernen, uns selbst mehr zu lieben, und zwar genauso, wie wir sind.

Dies ist ein zentrales Thema in der Psychotherapie. Dabei lassen sich zwei Lager unterscheiden: Das eine sind die Experten. Ob ein Psychiater Ihnen Pillen verschreibt oder ein kognitiver Psychologe Ihnen genau sagt, was mit Ihrem Denken nicht stimmt, oder vielleicht ein Sozialarbeiter Ihnen alle möglichen Ratschläge gibt, wie Sie Ihre Ehe führen und mit Ihren Angehörigen umgehen sollten (hier bekenne ich mich schuldig) –, diese Menschen glauben alle aus mehr oder weniger gutem Grund, sie besäßen ein spezialisiertes Wissen und hätten die Aufgabe, es zu Ihrer Hilfe einzusetzen. Die Prämisse lautet hier, Sie könnten die Leere füllen, indem Sie sich selbst perfektionieren. Das andere Lager besteht aus denen, die sich standhaft weigern, einen Rat zu geben. Es kann sich um klassische Freudianer (eine aussterbende Spezies) handeln, die Ihnen dadurch helfen wollen, dass Sie Ihre unbewussten Wünsche in den Griff bekommen, oder achtsamere Praktiker, die Ihnen helfen anzuerkennen, dass Verlangen Elend verursacht. Diese beiden Varianten liegen nicht so weit auseinander, auch wenn die Freudianer wahrscheinlich weniger weich und warmherzig wirken und größere Rechnungen stellen. Sie gehen von der Voraussetzung aus, dass Sie die Leere nicht füllen können, wie sehr Sie sich auch bemühen. Sehen Sie Ihren Ängsten einfach ins Auge, dann werden Sie stärker. Meine Patienten stehen ebenso wie ich als Therapeut vor dem Dilemma: Verstärke deine Abwehrmechanismen, lerne, die Lage besser zu meistern, eigne dir eine bessere kognitive und emotionale Kontrolle an – oder halte einfach inne und stell dich deinen Dämonen.

Welchen Weg wir auch immer wählen, wir enden dabei meist Kopf voran in einem Paradox: Wenn ich einer Patientin vorschlage, sie solle sich besser über Achtsamkeit informieren, so kann mein Vorschlag, der ihr helfen soll, die Leere anzunehmen, sich ganz leicht in die Bestrebung verkehren, diese zu füllen. »Wenn ich lerne, wirklich achtsam zu sein, werde ich glücklich. Wenn ich mehr Zeit zum Meditieren finde – vielleicht eine Stunde, vielleicht drei Stunden täglich –, werde ich nicht mehr so unzufrieden sein.« Dabei soll Achtsamkeit uns lehren, mit der Unzufriedenheit zu leben. Man kann das Streben nach Achtsamkeit zu einer weiteren sinnlosen Suche verkehren. Kann sein, dass Davidsons buddhistische Mönche (aus dem fünften Kapitel), die ihr ganzes Leben mit Meditation verbringen, die glücklichsten Menschen auf Erden sind – wenn man einen bestimmten Maßstab ansetzt. Möchten wir mit ihnen tauschen? Keine Beziehungen, keine Bindungen, keine Liebe. Glückseligkeit ohne Spaß, ohne Engagement.

Das Leben umfassend bereichern zu wollen, und sei es auf noch so kluge Weise, kann bedeuten, dass wir dabei unserem tiefsten Wesen den Rücken kehren müssen. Die so ganz und gar amerikanische und pragmatische Positive Psychologie würde uns gerne eine Glücksformel zur Verfügung stellen, die möglichst alle Zweifel, Ambivalenz und Reue aufhebt. Ist das tatsächlich möglich? Oder ist es ein Versuch, uns zu beschäftigen und abzulenken, bis wir sterben? Was nützt es, im Flow zu sein, wenn wir nur Videospiele spielen?

Somit stehe ich eindeutig dafür ein, das eine zu tun und das andere nicht zu lassen. Hören Sie nicht auf, sich zu perfektionieren, aber seien Sie sich dabei bewusst, dass Sie es nie schaffen werden. Lernen Sie, sich von Ihren Wünschen und

Ängsten zu distanzieren, ohne zu erwarten, sie völlig überwinden zu können. Erkennen Sie, dass nur Ihr ängstliches inneres Kind am Werk ist, wenn Sie die Stimmen der Unsicherheit und des Selbstzweifels hören, und dass Sie langfristig
gesehen glücklicher wären, wenn Sie unabhängiger würden,
auch wenn es Angst macht.

Folgendes Forschungsergebnis finde ich interessant: Wenn
Sie im Stress sind, so senkt das einfache Denken an Ihre Werte
Ihre Kortisolreaktion und subjektive Not.[273] Ebenfalls interessant finde ich, dass man trotz schwindender Gesundheit mit
zunehmendem Alter in der Regel glücklicher ist. Dafür gibt
es keine positive Erklärung. Mir scheint, es habe damit zu
tun, dass man weiser wird: Das Feuer der Jugend (Ehrgeiz,
Wettkampf, Rebellion) erlischt allmählich, und man kann
besser auf die leise Stimme in sich hören, die sagt: »Das ist
das Richtige.«

Die Positive Psychologie

Das Thema Autonomie führt uns direkt zu einer kurzen
Betrachtung der Positiven Psychologie. Martin Seligman, ein
wahrer Riese in der amerikanischen Psychologie, der unser
Fach zusätzlich zu vielen anderen wertvollen Beiträgen mit
dem Begriff *erlernte Hilflosigkeit* revolutionierte,[274] rief seine
Kollegen im Jahre 2000 dazu auf, sich mehr darauf zu konzentrieren, was zu einem guten Leben beiträgt, und sich
nicht nur der Hilfe für psychisch Gestörte zu widmen. Seither
haben er und viele Mitarbeiter, die ich schon erwähnte – wie
Mihaly Csikszentmihalyi, Christopher Peterson, Jonathan
Haidt, Carol Ryff und andere – bereits wichtige Beiträge in
diesem Bereich geliefert. Seligmans »Authentic Happiness«-

Website ist eine wahre Fundgrube für Informationen und
Selbsttests.*

Das Endziel der Positiven Psychologie ist die sogenannte »autotelische Persönlichkeit« (»autotelisch« bedeutet, dass
man sich seine Ziele selber setzt).

> Ist man autotelisch, benötigt man nur wenig Besitztümer und
> wenig Unterhaltung, Komfort, Macht oder Ruhm, da vieles
> von dem, was man tut, bereits lohnend ist … Solche Per-
> sonen … sind weniger von den äußeren Belohnungen abhän-
> gig, die bei anderen das Motiv bilden, ein aus langweiligen
> und sinnlosen Routinetätigkeiten bestehendes Leben weiter-
> zuführen. Sie sind autonomer und unabhängiger, da sie sich
> nicht so leicht durch von außen kommende Drohungen oder
> Belohnungen manipulieren lassen. Gleichzeitig gehen sie in
> allem auf, was um sie herum geschieht, weil sie ganz in den
> Strom des Lebens eintauchen.[275]

Wie Daniel Nettle bemerkt, bringt dieser Zustand viele Vor-
züge und einigen Nutzen mit sich, mehr Glück gehört jedoch
nicht unbedingt dazu.[276] Menschen mit einem hohen Flow-
Wert im Leben langweilen sich in der Tat weniger als andere,
schneiden jedoch beim Glückswert nicht besser ab. Berufs-
tätige in Jobs mit viel Flow halten sich nicht für glücklicher
als andere und sind ebenfalls Frustrationen, Depressionen,
Stimmungsschwankungen und Suchtproblemen unterworfen, die sie sowohl zum Selbstausdruck motivieren wie diesen
behindern.[277] Der Zusammenhang zwischen Autonomie und
Glück ist deswegen verschwommen, weil viele, die sich sehr

---

*   *www.authentichappiness.sas.upenn.edu* (englisch)

glücklich schätzen, eine Menge soziale Kontakte und viel Anerkennung brauchen. Mir ist Carol Ryffs Standpunkt lieber, demzufolge Autonomie eine von mehreren Komponenten eines erfüllten Lebens darstellt. Doch auch sie gibt zu, dass diese Formulierung Eigenschaften wie Lebensfreude oder die Fähigkeit, Veränderungen zu akzeptieren, kaum berücksichtigt.[278] In diesem Buch wollte ich mich eher an Glücksgefühle halten, sei es Freude oder die länger anhaltende Zufriedenheit oder der Frieden. Nur kann man nicht über Glück sprechen, ohne auch die Ansichten darüber zu behandeln, was ein erfülltes Leben ausmacht.

Seligman benutzt die Begriffe *Glück* und *Wohlbefinden* eindeutig zur Bezeichnung positiver Aktivitäten *ohne Gefühlskomponente* (wobei er offensichtlich »positiv« auf eigene Weise definiert). Er nimmt offenbar an, den Glücks-Sollwert des Menschen verändern zu wollen sei keine besonders wirksame Strategie.[279] Die Positive Psychologie konzentriert sich somit eher auf die Eudämonie (vgl. erstes Kapitel) als auf einfache Freuden. Ich lehne (vielleicht aus egoistischen Gründen) seine Annahme ab, zum Teil deswegen, weil sowohl Gehirn wie Glücks-Sollwert nachweislich viel veränderlicher sind, als es die Positive Psychologie bisher dachte.

Die wichtigste Art, wie diese Psychologie Glück fördern will, besteht darin, sich auf die eigenen Stärken (sogenannte »Signaturstärken«) zu konzentrieren, diese zu fördern und Dinge zu unterlassen, die grundsätzlich zu schwer fallen. Martin Seligman listet 24 Signaturstärken auf und bietet einen Selbsttest zur Bestimmung des eigenen Profils an. Die Vorstellung, man könne auf Stärken ebenso aufbauen, wie man neue Fähigkeiten erlernt, kommt mir natürlich sehr entgegen. Doch eine der Hauptschwächen dabei ist der Verlass auf einen Selbsttest, der gültig sein kann oder auch nicht. Und noch etwas stört mich: Wenn man zum Beispiel in der Signaturstärke »Güte und Großzügigkeit« nur wenige Punkte erreicht, sollte man es möglicherweise ganz aufgeben, sich in dieser Hinsicht verbessern zu wollen, und sich stattdessen intensiver auf Führungseigenschaften konzentrieren. Das ist natürlich eine vereinfachende und vielleicht ungerechte Beschreibung der Methode, nur fürchte ich, dass manche wohl dementsprechend reagieren.

Ich habe einiges an der Positiven Psychologie auszusetzen, obwohl ich im Prinzip voll hinter der Richtung und der Bewegung selbst stehe. Ich persönlich vermute, die Wende in der Psychologie ist eine Reaktion auf mehr Unglücklichsein, Stress und Sinnlosigkeit in der breiten Bevölkerung und nicht nur bei denen, die ein diagnostizierbares Leiden haben. Wir müssen weiß Gott Möglichkeiten finden, ohne Pillen glücklicher und gesünder zu werden. Die heutige Welt ist hart, und wir brauchen neue Methoden und neue Denkgewohnheiten, um mit ihr zurechtzukommen.

Meisterung der Umstände

Um glücklich zu sein, muss man zuerst Herr über sich, dann Herr über seine Lage werden. Völlige Herrschaft auf beiden Gebieten ist natürlich unmöglich, und sich zu hohe Ziele zu setzen bringt nur Elend. Es gibt jedoch eine ziemlich einfache Regel: Je mehr man das Gefühl hat, die Lage in der Hand zu haben, desto besser fühlt man sich. Etwas gut zu machen bringt Freude, und je besser man es macht, desto besser fühlt man sich. Wenn Sie zur Gitarre greifen, sind die ersten Wochen sehr frustrierend, doch schon bald zupfen Sie eine einfache Melodie. Dann feilen Sie wahrscheinlich einige Zeit an den Akkorden zu dieser Melodie herum, weil ein steter Fortschritt sich besser anfühlt, als weiterzumachen und neue Akkorde zu lernen.

Das Gefühl der Kontrolle – oder, wie die Psychologen sagen, die »Kontrollüberzeugung« – ist eine psychologische Variable, ein Charakterzug: Manche Menschen haben grundsätzlich das Gefühl, das Leben in der Hand zu haben, andere hingegen (besonders Depressive und Traumatisierte) fühlen sich ständig vom Schicksal gebeutelt. Die Überzeugung, die Lebensumstände in der Hand zu haben, ist bis zu einem gewissen Grad unabhängig davon, wie viel Kontrolle man objektiv darüber hat; dennoch ist die Korrelation mit dem subjektiven Wohlbefinden hoch.[280] Man kann einen Test machen und feststellen, wie sehr man das Steuer in der Hand zu haben glaubt. Sein Leben unter Kontrolle zu haben ist nicht bloß eine Täuschung. Wer realistisch plant, für die Zukunft spart, greifbare und konkrete Ziele verfolgt und praktische Methoden einsetzt, um diese zu erreichen, wer zudem produktive und hilfreiche Beziehungen aufbaut, ist offensichtlich im Vorteil im Vergleich zu Menschen, die unmöglichen Träumen nachjagen oder momentanen Launen nachgeben. Von Admiral James Stockdale (ein amerikanischer Kriegsgefangener im Vietnamkrieg) stammt die berühmte Feststellung, die Optimisten seien als Erste gestorben, nämlich diejenigen, die sagten: »Weihnachten sind wir draußen.« Weihnachten kam und ging. Dann sagten sie: »Bis Ostern sind wir draußen.« Und Ostern kam und ging. Dann kam Thanksgiving, und schon war wieder Weihnachten. Und sie starben an gebrochenem Herzen. Viktor Frankl hingegen, der das Konzentrationslager im Zweiten Weltkrieg überlebte, bemerkte, dass die Überlebenden sich auf das konzentrierten, was sie in der Hand hatten: jeden Tag für sich nehmen, Ordnung halten, essen, fit bleiben und den anderen helfen.[281]

Erinnern Sie sich an Ellen Langers Pflegeheimbewohner (aus dem fünften Kapitel)? Wer mehr Verantwortung übernahm, lebte länger. Diejenigen, die gesagt bekamen, sie könnten sich auf die Angestellten verlassen, wurden immer abhängiger und starben früher. Achtsamkeit ist gut für Sie, aber es ist nicht immer die bequeme, leichte Wahl. Sie bedeutet, dass Sie sich Ihren Selbsttäuschungen einschließlich der Vorstellung stellen müssen, man könne sich für jede Entscheidung auf andere verlassen.

Das Gefühl, sich in der Hand zu haben, ist für das allgemeine Wohlbefinden sehr wichtig. Zu den beunruhigendsten Symptomen bei einer Depression oder Angstzuständen gehört das Gefühl, wir könnten die verstörenden Gedanken, Gefühle und Impulse nicht aufhalten, wie sehr wir es auch versuchen. Wir fürchten, die Kontrolle über unseren Geist zu verlieren, was wie eine Definition für Verrücktsein klingt. Die angesehene psychologische Forscherin Shelley Taylor sagt, wichtig sei eher das *Gefühl*, das Steuer in der Hand zu haben, als etwas tatsächlich unter Kontrolle zu haben.[282] Das ist in gewisser Weise gut. Vieles kann dazu beitragen, dass man das Steuer in der Hand zu haben glaubt. Für die meisten Patienten mit einer schweren Krankheit ist es eine große Hilfe, möglichst umfassend darüber informiert zu werden, was mit ihnen geschieht. Eine Einführung in die sanfte Geburt nach Lamaze entmystifiziert den Vorgang. Vorhersehbarkeit erhöht das Gefühl beträchtlich, die Dinge unter Kontrolle zu haben, auch wenn man den Lauf der Dinge eigentlich nicht beeinflussen kann.

Das bessere Kontrollgefühl ist ein Hauptgrund, weshalb Achtsamkeit beruhigt. Vielleicht sieht man, dass man eigentlich nicht viel zur Beherrschung von Gedanken und Gefühlen tun kann, merkt aber gleichzeitig, dass sie mehr Sinn ergeben, als man je dachte. Wenn wir uns vor Augen halten, dass das menschliche Gehirn für eine andere Zeit bestimmt war, als die wichtigste Frage in einer einfacheren Welt lautete: »Gibt's heute was zu futtern?«, dann erscheinen unser Stress und unsere Verwirrung in einem neuen Licht. Es geht nicht so sehr darum, dass wir keine Kontrolle mehr haben, sondern darum, dass wir nicht so sehr *erwarten* sollten, alles unter Kontrolle zu haben. Heute gibt es buchstäblich zu viele Informationen zu verdauen, und unsere Schaltkreise im Gehirn sind überlastet, wenn wir versuchen, damit Schritt zu halten. Die Achtsamkeit rät uns, an der Vereinfachung des Lebens zu arbeiten, möglichst klar zu denken und etwas geduldiger mit uns selbst zu sein.

Luxusautohersteller wissen genau, wie wichtig uns Kontrollmöglichkeiten sind. Deswegen sind ihre Autos voll kleiner Servosysteme. Man kann die Temperatur um Zehntelgrade je für den Fahrer, den Mitfahrer und den Rücksitz einstellen (zumindest steht es so im Prospekt – wer weiß, ob das Thermometer genau geht?). Man kann den Sitz auf 600 Arten in vier Dimensionen einstellen und ihn auch noch heizen oder kühlen. Man kann Musik aus dem Radio, einer CD, dem iPod erklingen lassen, von oben, von unten und von den Seiten, und den Klang genauestens regulieren. Bei einigen Modellen kann man die Lautstärke wahrscheinlich unendlich weit aufdrehen. Das alles bietet die angenehme Illusion von Kontrolle, auch wenn das, worüber man Kontrolle hat, eher trivial ist. Man steht vielleicht im Stau und verbraucht

Unmengen von Benzin, hat aber *das Gefühl,* Herr der Lage
zu sein. Das ist eine der Selbsttäuschungen bei der Kontrolle.
Eine andere besteht darin, etwas gut machen zu wollen, das
an sich gar nicht so gut ist. Erinnern Sie sich an den Film *Die
Brücke am Kwai?* Die englischen Kriegsgefangenen waren deswegen guter Stimmung, weil sie eine richtig tolle Brücke bau-
ten. Es war harte Arbeit mit täglich greifbaren Resultaten.
Dabei konnten sie tatsächlich vergessen, dass die Brücke für
die japanische Eisenbahn ausschließlich den Kriegszielen der
Gegner diente. Ich bin auch sicher, dass die Nazis stolz auf ihre
Effizienz waren. Das erschreckendste Beispiel überhaupt sind
Selbstmordattentäter mit ganz klaren, konkreten Zielen, die
ihnen eine unglaubliche Motivation verschaffen.

Damit kommen wir zu einigen Einschränkungen, was Flow
betrifft. Meiner Meinung nach kommt Flow Geistlosigkeit
manchmal gefährlich nahe. Wir können völlig von etwas gefangen sein und dabei aus den Augen verlieren, ob die Tätigkeit einem guten Zweck dient und uns oder anderen guttut.
Videospiele werden mit Blick auf Flow entworfen. Langeweile und Aufregung halten sich ganz ausgeklügelt die Waage,
wenn der Spieler Punkte macht und sich Ebene um Ebene
hinaufarbeitet. Es wird eindeutig eine Fertigkeit aufgebaut,
und die Zeit vergeht langsamer. Positive Psychologen nennen
dies gerne »falschen Flow«,[283] aber daran ist nichts falsch. Man
kann Flow bei einem wunderbaren Gottesdienst in der Kirche,
bei einem Rockkonzert oder (bei einer entsprechenden Einstellung) auf einer Kundgebung von Neonazis erleben. Ich
bin mit Dan Siegel einig und denke, dass man am besten einen
Teil seiner Aufmerksamkeit der Aufgabe widmet, zu schauen,
in welche Richtung man geht, und nicht nur, wie lohnend die
Betätigung zu sein scheint.[284]

Somit finde ich *Stolz* eine wichtige Komponente, die zum Flow hinzukommen sollte. Man kann Stunden mit Videospielen verbringen und hochgradiger Experte darin werden. Man kann völlig im Flow sein, im Augenblick versinken, die Zeit steht still und die Reflexe funktionieren hyperperfekt. Man kann völlig aufgedreht und vollgepumpt mit Adrenalin und den Neurotransmittern für Freude und Engagement sein. Aber wahrscheinlich werden wir den Freunden nichts davon erzählen, zumindest nicht, wenn wir über 18 Jahre alt sind. Wie sehr wir auch darin aufgehen, ein wenig schämen wir uns doch, weil wir wissen, dass die Beschäftigung nichtssagend ist. Um wirkliche Befriedigung aus einer Tätigkeit zu beziehen, muss man das Gefühl haben, etwas Lohnenswertes zu tun. Es kann etwas sein, das der Welt so wenig echten Nutzen bringt wie Golfspielen. Doch weil der Golfspieler wahrscheinlich in einem Umfeld lebt, in dem seine Leistung geachtet wird, entwickelt er einen gewissen Stolz auf sein Spiel.

Stolz löst das Wertproblem jedoch nicht. Ein Neonazi kann genauso in Flow versinken wie ein Yogi in der Meditation. Leider ist Glück für die meisten Menschen wertneutral. Ich *glaube,* dass Lügen und böse Taten den meisten letztendlich schaden. Sie erzeugen Schuldgefühle, und je mehr man diese bekämpft, desto mehr wird der Charakter verbogen, sodass er noch schlechter wird als zuvor. Das habe ich sehr oft miterlebt, denn Therapeuten haben täglich damit zu tun. Aber nicht jeder hat das gleiche Schuldempfinden. In manchen Wertsystemen werden Verhaltensweisen unterstützt, die mich schaudern lassen, zum Beispiel sich und andere im Namen der Religion umzubringen. Ich würde gerne an ein schlechtes Karma glauben – daran, dass Lügen und schlechte

Taten in diesem oder im nächsten Leben bestraft werden –, aber ich habe nicht viele Beweise dafür gesehen. Und ich *weiß* leider, dass es viele Menschen gibt, die nach einer schlechten Tat weder Schuld empfinden noch leiden und auch nicht bestraft werden.

Ich glaube, auch hier heißt die Rettung Achtsamkeit. Ich glaube nicht, dass es möglich ist, wirklich achtsam zu sein und die Bedürfnisse der Mitmenschen nicht wahrzunehmen oder aus Vorurteil oder Hass zu handeln. Unglücklicherweise weiß ich, dass manche einen Weg, den sie für achtsam halten, aus Selbstsucht gehen. Um mit Sharon Salzberg zu sprechen, vergessen sie, das Ruderboot loszumachen.[285] Sie kaufen das Boot und fangen an, eifrig zu rudern – oder intensiv zu meditieren –, und merken nicht, dass sie die Kinder noch immer anschreien. Sie glauben, Meditation allein reiche aus. Doch wahre Achtsamkeit, die Art, die vom Loslassen der Impulse und Emotionen herrührt, davon, sich und seine Welt mit mitfühlender Neugier zu betrachten, erlaubt, auch weiterhin alles genau zu beobachten. Man kann in Flow aufgehen und dennoch ständig seine Werte prüfen. Man kann das Gefühl der Meisterschaft und gleichzeitig eine Zielausrichtung haben.

Wissen Sie noch, wie ich Sie im fünften Kapitel (Übung 5) aufzuschreiben bat, was Sie an sich ändern möchten? Sie könnten Ihre Glückskampagne in der folgenden Übung mit einem dieser Punkte starten. Vielleicht lesen Sie dazu am Anfang des sechsten Kapitels nochmals nach, wie man Willenskraft aufbaut.

Übung 14
Dauerhafte Veränderungen

Suchen Sie etwas, das Sie an sich wirklich ändern möchten. Es kann etwas sein, das unnötiges Elend in Ihr Leben bringt, oder etwas, das Sie lernen möchten und das Ihnen mehr Glück verschafft. Es braucht nichts Großartiges zu sein, sollte aber auch nicht belanglos sein. In der Kategorie Elend könnten Ihnen Rauchen einfallen, gesünder essen, sich besser organisieren, weniger trinken, rücksichtsvoller oder weniger reizbar sein. Im Glücksbereich könnten Sie sich überlegen, eine neue Stelle zu suchen, sich eine neue Fertigkeit anzueignen, an einem Fitnessprogramm teilzunehmen, sich besser durchsetzen zu lernen, jemanden zu einem Ausflug einzuladen oder Achtsamkeitsmeditation zu praktizieren. Sie können also entweder eine schlechte Gewohnheit ablegen oder sich eine gute aneignen.

Bestimmen Sie ein Datum, wann Sie damit beginnen wollen. Wenn es sich um etwas Einmaliges handelt, so setzen Sie Anfang und Ende fest. Müssen Sie sich zuerst Informationen beschaffen, dann rechnen Sie Zeit dafür ein. Wenn Sie beispielsweise Ihre Ernährung umstellen möchten, sollten Sie vorher mit Ihrem Arzt sprechen. Vielleicht möchten Sie sich auch einige der zahlreichen Bücher über Diät ansehen. Achten Sie aber darauf, dass die Informationsbeschaffung nicht zur Verzögerungstaktik wird.

Legen Sie sich auf einen Zeitraum von drei Monaten fest. Auch wenn Sie am zweiten Tag straucheln, so fangen Sie am dritten noch einmal an. Wenn Sie im zweiten Monat wieder stolpern, so machen Sie danach trotzdem weiter. Vergessen Sie nicht: Sie sind dabei, neue Schaltkreise im Gehirn anzulegen, auch wenn nicht alles gleich perfekt ist.

Für weniger Elend:

- Überlegen Sie sich alle Arten und Weisen, wie die betreffende Gewohnheit Sie verletzt und unglücklich gemacht hat. Schwelgen Sie jetzt, aber nur einmal, richtig im Elend. Schließen Sie möglichst auch Schuldgefühle ein – wie Ihre schlechte Gewohnheit andere verletzt oder Sie an wichtigeren Dingen im Leben gehindert hat. Lassen Sie nichts aus.
- Überlegen Sie jetzt, wie gut Sie sich fühlen werden, wenn Sie die schlechte Gewohnheit erst überwunden haben. Denken Sie an die vielen Arten und Weisen, in denen Sie glücklicher und gesünder sein können, Ihre Beziehungen besser werden und Ihr Leben einfacher wird.
- Bedenken Sie als Nächstes, wie sehr die Überwindung Ihrer Gewohnheit Ihre Selbstachtung heben und wie gut es sich anfühlen wird, sich in der Hand zu haben.
- Stellen Sie sich die schlechte Gewohnheit als Autobahn in Ihrem Gehirn vor. Sie schließen Sie jetzt, stellen an beiden Enden Straßensperren auf und bearbeiten den Belag mit dem Presslufthammer. Unterdessen kundschaften Sie einige weniger vertraute Wege in Ihrem Gehirn aus. Sie wissen, was Sie zu tun haben und wie Sie es tun wollen, nur haben Sie noch nicht viel Zeit auf diesen Wegen verbracht.

Für mehr Glück:

- Überlegen Sie sich, wie viel freudiger und angenehmer Ihr Leben wird, wenn Sie es geschafft haben. Sie besitzen eine nagelneue Fertigkeit, die gute Gefühle auslöst. Es kann auch etwas sein, das Sie gemeinsam mit andern machen und worüber andere sich mit Ihnen freuen. Sie werden stolz auf sich sein, etwas Schwieriges gemeistert zu haben. Dank Ihrer Selbstdisziplin werden Sie sich gut fühlen. Drei Monate ist eine lange Zeit, um bei etwas zu bleiben. Sie können wirklich stolz auf sich sein.

- Stellen Sie sich vor, wie ein kleiner Pfad in Ihrem Gehirn durch ständige Benützung immer größer und leichter begehbar wird. Am Anfang können sich vielleicht nur Kaninchen und Wild hindurchquetschen. Doch dann drücken Leute mit ihren Füßen die Erde zu einem festen Weg fest. Schon bald fährt ein Bauer mit einem Pferdekarren daher, danach kommen kleine gelbe Bulldozer. Und ehe Sie sich's versehen, ist Ihre neue Gewohnheit eine schöne asphaltierte Straße in Ihrem Geist geworden, auf der man leicht vorankommt.
- Wenn Sie bei der Übung einen bestimmten kritischen Punkt überwunden haben, wird sie automatisch, und Sie brauchen nicht mehr daran zu denken.
- Fangen Sie gleich jetzt an.

Das Lebensziel

Jeder Mensch möchte, dass sein Leben einen Sinn und ein Ziel hat. Häufig befriedigt die Religion dieses Bedürfnis. In manchen Gesellschaften bildet diese einen festen Bestandteil des Alltags. Das Essen muss auf eine bestimmte Weise zubereitet werden. Es gibt ausgeklügelte Rituale hinsichtlich Reinlichkeit, der Begegnung der Geschlechter, der richtigen Art zu

beten. Dies verleiht sogar den eintönigsten Lebensaspekten
Sinn und Ziel. So leben heute einige Millionen Menschen
in Brooklyn. Manche sind Juden, andere Muslime, Christen
oder noch etwas anderes. Doch bei den meisten Amerikanern und Europäern hat im Gegensatz zu diesen Bewohnern
von Brooklyn die Religion keinen Platz mehr im Alltag. Das
bedeutet, dass sie eine Möglichkeit zur Sinnfindung verloren
haben.

Es besteht eine kleine, jedoch stete Korrelation zwischen
Religion und Glück. Eine Religion liefert in der Regel ein Gemeinschaftsgefühl mit ziemlich starken Banden – ein Faktor,
der mehr Glück verheißt. Hinzu kommen das Gefühl einer
persönlichen Beziehung zu Gott als Freund, Berater oder Be-
schützer, das Staunen und die Ekstase einer religiösen Erfahrung und die Befriedigung, die aus dem Gefühl stammt, das
Leben habe einen Sinn. Meine Tante sah auf dem Totenbett,
wie Jesus, ihre verstorbenen Schwestern und ihre Mutter sie
willkommen hießen. Das hat ihr bestimmt geholfen, dem
Tod gelassen oder sogar freudig entgegenzusehen. Der Glaube kann manche sehr negativen Gefühle wie Angst vor dem
Tod, Schuld, Kummer und Verlust abschwächen und damit
das allgemeine Glücksgefühl erhöhen.

Auf unserer Liste guter Gefühle (siehe siebtes Kapitel)
haben wir das schwer beschreibbare Gefühl ausgelassen, das
Jonathan Haidt als »Hochgefühl« (*elevation*) bezeichnet.[286] Es
bedeutet, dass man alles Schmutzige, Gemeine und Profane
hinter sich lässt. (Das ist etwas anderes, als das was Paul Ekman im siebten Kapitel »Hochgestimmtheit« nannte; damit
meint er die Motivation, ein besserer Mensch zu werden.)
Haidt sagt, der menschliche Geist sei dazu angelegt, ein Ge-
spür für das Göttliche oder Heilige zu entwickeln. Ob Gott

existiert oder nicht, in uns ist etwas dafür vorgesehen, dieses Gefühl zu empfinden. Doch in der heutigen Zivilisation ist die Welt profan geworden, und sehr wenig ist überhaupt noch heilig. Trotzdem erfahren auch Atheisten manchmal dieses Hochgefühl; auch sie besitzen einen heiligen Ort in ihrem Herzen und machen Erfahrungen, die von besonderer Bedeutung für sie sind – nur schreiben sie diese Gefühle nicht Gott zu. Ich bin Agnostiker, bin aber in der Kathedrale *St. John the Divine* in New York ergriffen, auch in einem Dom oder einer Kathedrale in Europa, in einem Begegnungshaus der Shaker und sogar in den kahlen Ruinen eines irischen Klosters. Zum Teil liegt es an der Schönheit der Orte, zum Teil jedoch auch daran, dass ich weiß, wie viel kollektiver Glaube dort am Werk ist oder war. Ich fühle mich einer Gemeinschaft verbunden.

Wenn Gläubige an einer Messe oder einem Gottesdienst teilnehmen, machen sie eine kollektive Erfahrung des Hochgefühls – sie haben Kontakt mit dem Heiligen, singen und meditieren gemeinsam, nehmen an denselben Ritualen teil, hören Erzählungen von Liebe, Großzügigkeit und Selbstlosigkeit. Sie empfinden gemeinsam das, was die Christen *Agape* nennen, die gegenstandslose Liebe, die Liebe zu ihren Mitmenschen und vielleicht die liebende Güte, auf die sich die buddhistische Meditation konzentriert. Diese Gefühle sind echt, und wenn Sie den Hang zum Glauben haben, ist es ganz natürlich, sie einem Akt Gottes im eigenen Inneren zuzuschreiben.

Haidt hat das Hochgefühl in seinem Labor in der Universität von Virginia erforscht. Dabei zeigte er jeweils einer Gruppe von Teilnehmern Videos über Helden oder Wohltäter, die Hochgestimmtheit auslösten, der Kontrollgruppe jedoch ein Comedy-Video. Im Vergleich zur Kontrollgruppe erwähnten die Versuchspersonen danach mehr warmherzige, ruhige und liebevolle Gefühle. Sie wollten sich bessern. In einer seiner interessanteren Studien hat einer seiner Assistenten festgestellt, dass stillende Mütter mehr Milch hatten, wenn sie Videos sahen, die sie in Hochgestimmtheit versetzten.[287] Da ist offensichtlich etwas sehr Tiefgehendes am Werk, etwas, das nicht nur durch religiöse Erfahrungen, sondern auch einfach durch Miterleben einer vorbildlichen Tat geweckt wird.

Religion ist beileibe nicht das Einzige, was dem Leben Sinn und Ziel verleiht. Wissenschaftler und Gelehrte sehen wohl meist einen tiefen Sinn im Mehren des Wissens. Mütter beziehen ihn daraus, ihre Kinder gut zu erziehen, Künstler aus dem Selbstausdruck und Baumeister daraus, etwas Dauerhaftes zu schaffen. Manche sehen ein hohes Ziel darin, sich für eine Sache einzusetzen, sei es etwas Politisches, der Schutz der Umwelt oder die Unterstützung der Obdachlosen. Das Ziel kann sich im Laufe des Lebens auch ändern. Jahrelang sah ich mein höchstes Ziel darin, dass meine Kinder besser aufgezogen wurden als ich. Doch als sie erwachsen waren, verflüchtigte sich dieses Ziel größtenteils, und ich begann zu schreiben. In einer säkularen Welt, in der man dem Tod ohne tröstlichen Glauben an ein Leben nach dem Tod begegnet, möchte man doch gerne der Nachwelt etwas hinterlassen.

Persönliches Wachstum

Persönliches Wachstum gibt uns ein Gefühl der Erfüllung. Während Freude unmittelbar Gefallen oder Dankbarkeit ausdrückt, ein Lächeln auf unser Gesicht zaubert und uns zum

Lachen oder Singen bewegt, meine ich mit Erfüllung etwas Ruhigeres. Sie stellt sich ein, wenn man hart an etwas gearbeitet und es schließlich geschafft hat. Vielleicht hat man ein seinen Bestrebungen und Werten entsprechendes wichtiges Ziel erreicht. Das Gefühl stellt sich ein, etwas geleistet und einen Meilenstein erreicht zu haben. Möglicherweise erntet man Anerkennung und nimmt sich Zeit, sie auszukosten; oder etwas hat sich für uns auf eine Weise bestätigt, von der niemand je etwas erfahren wird. Zur Erfüllung gehören sowohl Stolz wie Freude. Auch ein gutes Buch zu lesen kann Erfüllung bringen, eine gute Predigt anzuhören oder zu sehen, wie die Kinder unabhängiger werden und etwas leisten. Somit kann sie sich auch stellvertretend für andere einstellen. Mag sein, dass Erfüllung sowohl den denkenden wie emotionalen Teil des Gehirns mehr einbezieht als die bloße Freude, weil sie meistens ein Element nachdenklicher Besinnung enthält. Sie entspricht eher der Eudämonie – dem eigenen Potenzial gerecht werden – als dem Hedonismus.

Der Begriff der Erfüllung beinhaltet ein Wertsystem. Erfüllende Tätigkeiten schaffen etwas, das wir nützlich oder gut finden. Das heißt nicht unbedingt, dass Erfüllung wichtiger für das Glück ist als Freude. Wir brauchen beides und viel davon. Manche Menschen suchen ausschließlich Erfüllung. Sie können nicht tanzen, mit den Hunden auf dem Boden rangeln oder sich von einer Amsel bezaubern lassen. Ihnen entgeht sehr viel. Doch das Gefühl, etwas zu tun, das geistig weitet und herausfordert, ist zuweilen ebenso wesentlich für das Glück.

Bin ich glücklich, wenn ich einen Vortrag halte? Wahrscheinlich habe ich die beiden vorangehenden Tage Angstzustände gehabt, die Nacht davor nicht viel geschlafen und

brüte noch die Tage danach über all den Fehlern, die mir unterlaufen sind, und den Wissenslücken, die ich gezeigt habe.
Doch bieten Sie mir eine weitere Gelegenheit dazu, und ich
mache es gerne wieder. Das liegt zum Teil daran, dass ich
beim Reden hellwach bin. Irgendwie ist das gedankliche Jonglieren mit dem, was ich gerade sage, was ich als Nächstes
sagen will, wie viel Zeit mir bleibt, und die Verbindung zum
Publikum für mich etwas vom Erhebendsten im Leben. Um
mit Csikszentmihalyi zu sprechen, ist es eine Gipfelerfah-
rung: »Manche Arten von Glück – möglicherweise die zutiefst
befriedigenden – sind weder von positiver Einstellung noch
von Fröhlichkeit oder Behaglichkeit abhängig.«[288]

Bei einer Untersuchung von 40 HIV-infizierten Männern,
deren Freund oder Partner eben erst an Aids gestorben war,
wirkte es sich deutlich auf das Immunsystem aus, ob sie einen
Sinn in der Erfahrung erkennen konnten. Diejenigen Männer, die über den Verlust nachdachten und fanden, er habe
ihre Grundeinstellungen irgendwie verändert (gewöhnlich
wurden sie in Beziehungen vorsichtiger), behielten ihr T-Hel-
ferzellen-Niveau im Immunsystem über zwei bis drei Jahre
Verlaufskontrolle bei, während das Niveau dieser Immunzellen bei den andern sank. Die Hälfte derjenigen, die keinen
Sinn fanden, starben innerhalb von fünf Jahren, im Gegensatz
zu weniger als 20 Prozent derjenigen, die einen Sinn gefunden hatten.[289]

Erfüllung ist somit nicht unbedingt etwas Freudiges, sondern kann tatsächlich aus etwas Tragischem entstehen, aus
einem lebensverändernden Ereignis wie zum Beispiel einer
Begegnung mit dem Tod. Erfüllung stellt sich gewöhnlich
nach einer achtsamen, bewussten Betätigung ein. Wir waren
kreativ, haben uns einer Herausforderung gestellt, eine Gele-

genheit beim Schopf ergriffen. Wir haben unsere Einstellung geändert und sehen die Dinge aus neuer Sicht. Wir haben unsere Neugier befriedigt oder die Kontrolle über etwas erlangt.

Erfüllende Tätigkeiten versetzen meistens in den Flow-Zustand; wir gehen ganz in ihnen auf. Das ist jedoch keine Voraussetzung für Erfüllung. Erfüllung und Flow können sich beim Lesen eines guten Buches, einem lohnenden Gespräch oder dem Reparieren des Rasenmähers einstellen. Erfüllung kann jedoch auch von Langzeitaktivitäten herrühren, die im Leben in den Hintergrund rücken, während man sich mit den Einzelheiten des Alltags abgibt: die Dissertation abschließen, endlich die wohlverdiente Beförderung bekommen, sich aktiv für soziale oder politische Angelegenheiten einsetzen oder die Kinder achtsam aufziehen.

> Tun Sie nichts, wovon Sie nicht möchten, dass andere (Ihre Mutter, Gott, Ihre Kinder) es nicht wissen.

Bei erfüllenden Tätigkeiten wird das ganze Gehirn genutzt, vielleicht sind sie deswegen so befriedigend: Dafür sind die besten logischen Denkfähigkeiten ebenso nötig wie die Gefühle, Werte und Intuition. Unser ganzes Ich zu einer funktionierenden Einheit zusammenzuführen ergibt das Wesen der Erfüllung. Wir haben das Gefühl, kohärent und aus einem Guss zu sein statt unkonzentriert oder im Zwiespalt.

Die Geschichte Ihres Lebens

Ein Faktor im Zusammenhang mit Erfüllung und Sinn, den Carol Ryff in ihrer Auflistung nicht erwähnt, ist das Bewusstsein der eigenen Identität. Im vierten Kapitel sahen wir, wie das Kind bei einer adäquaten Elternschaft ein Selbstgefühl als vollständiges Einzelwesen entwickelt, das in sich und über die Zeit hinweg Bestand hat. Daniel Siegel vertritt in seinem Buch *Wie wir werden die wir sind* die These, man baue eine zusammenhängende autobiografische »Erzählung« *(Narration)* – eine Identität – durch Verknüpfen der Selbstbilder der linken und rechten Gehirnhemisphären auf. Die Fähigkeit der linken Hirnhälfte, etwas zu erklären und Tatsachen linear miteinander zu verbinden, wird mit der Fähigkeit der rechten Hirnhälfte verknüpft, Gefühle und Autobiografie zu verarbeiten.[290] Das emotionale Ich und das sachliche, tatsachengebundene, geschichtliche Ich müssen aufeinander abgestimmt und verbunden werden. Bringt man die beiden erfolgreich zusammen, ergibt sich ein kohärenter, ziemlich zutreffender Satz von Selbsteinschätzungen. Damit wissen wir bei einem Ereignis, das uns aufregt, weshalb dies geschieht. Unsere Paradigmen sind konsistent und widersprechen einander nicht. Morgen werden wir in ziemlich gleicher Stimmung und mit derselben Denkweise erwachen wie heute, und wenn nicht, dann wissen wir doch, weshalb. Wir treffen Entscheidungen mit Geist, Herz und Intuition. *Gehirn und Geist können zusammenarbeiten und eine zusammenhängende Identität schaffen, die echte Sicherheit und die Fähigkeit zum Glück mit sich bringt.*

Diese stabile Identität fußt auf dem Selbstbild des Kindes, das Mutter und Säugling in ihren frühesten Interaktionen gemeinsam entwickeln. Bestimmend dafür, ob das Kind eine sichere Bindung zu bilden vermag, ist vor allem die Fähigkeit der erwachsenen Betreuungsperson, ihre eigenen Kindheitserfahrungen zu einem kohärenten Selbstbild zusammenzufassen. Anders ausgedrückt: Eine zusammenhängende

»Erzählung« befähigt zu Einfühlung und Verbundenheit. Auf dieser Basis fügen wir durch Austausch mit anderen Menschen im Lauf des Lebens immer mehr zu unserer Identität hinzu. Werden wir von Mitmenschen bestätigt, die unseren Standpunkt verstehen und respektieren, so gewinnen wir an Kohärenz. Werden wir ignoriert, nicht geachtet oder mag man uns nicht, verlieren wir an Kohärenz. Dies geschieht nicht nur im Gefühlsbereich, sondern auch in der physischen Gehirnstruktur.

Sind wir jedoch in der Kindheit zu kurz gekommen, dann erlaubt uns die achtsame mitfühlende Neugier, uns diese wesentliche Bestätigung selbst zu schenken. Wie im fünften Kapitel erwähnt: Wenn wir uns ganz und gar ehrlich und furchtlos betrachten können, fühlen wir uns tief innerlich verbunden

Arbeiten Sie an der Geschichte Ihres Lebens, damit eine kohärente Erzählung daraus wird. Es liegt an Ihnen, Ihrem Leben einen Sinn zu geben. Welche Rolle spielen Sie, welche Rolle möchten Sie spielen? Setzen Sie sich Ziele und streben Sie diese an.

und geborgen. Wir können unsere Strukturen erforschen und dabei die Zuneigung zu uns und Akzeptanz für uns selbst vertiefen. Nicht, dass wir uns alles vergeben, was wir getan haben, aber wir sehen uns ohne die verzerrende Wirkung der Abwehrmechanismen und Paradigmen. Wir verstehen uns und beschließen vielleicht auch, es besser zu machen.

Übung 15
Ihre eigene Grabrede[291]

Versetzen Sie sich in einen achtsamen Zustand und wenden Sie
Ihr Mitgefühl und Ihre Neugier sich selbst zu.

Denken Sie an das Ende Ihres Lebens. Es sind Ihre letzten
Augenblicke, aber Sie sind in Frieden und bei klarem Verstand.
Überdenken Sie den Lauf Ihres Lebens. Welches war Ihre größte
Befriedigung, Ihr größtes Glück? Welches waren Ihre größten
Enttäuschungen, was haben Sie am meisten bereut? Welche
Stärken hatten Sie? Haben Sie das Gefühl, Ihr Bestes gegeben
zu haben? Glauben Sie, Sie seien geliebt worden und hätten
geliebt? Haben Sie etwas zum Leben Ihrer Mitmenschen bei-
getragen? Wie würden Sie Ihr Leben insgesamt bewerten?

Sehr wahrscheinlich stoßen Sie auf einiges, was Sie bedau-
erten – verpasste Gelegenheiten, vergeudete Zeit. Doch glücklicherweise sind Sie ja noch nicht am Ende des Lebens angelangt. Sie haben noch Zeit, einige Probleme zu korrigieren
und Bedauertes, das Ihnen bei dieser Übung bewusst geworden
ist, nachzuholen.

Spulen Sie jetzt nochmals zu Ihrem Lebensende vor. Sie
haben die meisten wichtigen Veränderungen, die Sie vornehmen wollten, erfolgreich vorgenommen. Sie haben Ihr Leben
so geändert, dass Sie mehr Zeit und Energie auf das verwenden
konnten, was Ihnen am meisten am Herzen lag. Stellen Sie sich
jetzt Ihre Grabrede vor. Was würden Ihr Ehemann oder Ihre
Ehefrau, Ihre beste Freundin, Ihr bester Freund, Ihr Sohn oder
Ihre Tochter sagen, um Ihrem Leben ein Denkmal zu setzen?
Nehmen Sie ein Blatt Papier zur Hand und schreiben Sie es auf.

Hier ein Beispiel:

»Er war nicht vollkommen, aber er hat sein Bestes getan. Er hat mit einigen schlimmen Handicaps begonnen, die viele verbittert und selbstsüchtig gemacht hätten. Er hat aber bewusst die entgegengesetzte Richtung eingeschlagen und sein Leben lang anderen geholfen. Er hat sich stets nach bestem Wissen und Gewissen bemüht, geduldig, gütig und liebevoll zu sein. Seine Frau und Kinder wussten, dass er sie innig liebte.

Er hatte sich vorgenommen, warmherziger zu sein und mehr aus sich herauszugehen. Es war nicht leicht, aber er hat große Fortschritte dabei gemacht. Es hat ihm mehr Freude gebracht, aber wichtiger war ihm, dass es anderen half.

Er hat auch bewusst daran gearbeitet, das Leben zu schätzen. Das hat ihm gezeigt, wie tragisch es ist, dass viele Menschen blind für die Schönheiten des Alltags und die einfachen Freuden sind. Er wollte nicht mit dem Bedauern darüber sterben, nicht achtsam genug gewesen zu sein. Er hat gelernt, gute Bücher, gute Musik, die Schönheiten der Natur und die Freude des Lachens zu lieben. Er hat versucht, auch andere darauf aufmerksam zu machen.«

11

Glücklich bleiben

Nun sind wir gleich am Ende angelangt. Als ich mit dem Schreiben dieses Buches über das Glück begann, dachte ich, es werde etwa halb so dick. Vielleicht wünschten Sie, es wäre mir gelungen. Das Glück *ist* einfacher, als man denkt, aber es gibt bei diesem Thema trotzdem vieles zu bedenken. Wenn Sie es also bis hierher geschafft haben, können Sie sich auf die Schulter klopfen. Dann wäre es allerdings töricht, das Buch einfach wegzulegen. Ich empfehle Ihnen dringend, drei Monate lang eine Glückskampagne durchzuführen. Ich möchte nochmals betonen, dass Erfahrungen das Gehirn verändern und wir durch die Wahl dieser Erfahrungen einige Kontrolle darüber haben, in welche Richtung das Gehirn wächst. Denken Sie an die Jongleure und ihre dreimonatige tägliche Übung, bis Veränderungen in ihrem Gehirn sichtbar wurden. Unser Ziel ist, Ihren Glücks-Sollwert neu einzustellen und ihn vom düsteren Ende Ihrer normalen Skala zum fröhlichen Ende zu verschieben. Wenn Sie drei Monate lang ernstlich am Glück arbeiten, bekommen Sie ein anderes Gehirn und werden ein anderer Mensch.

Ich habe Ihnen im letzten Kapitel die Aufgabe gestellt, sich mit einer der Verhaltensweisen zu befassen, mit denen Sie sich mehr Elend einbrocken, oder aber sich vorzunehmen, etwas Neues zu lernen. Sie können sich jetzt auch entschließen,

das gleiche Engagement dafür zu verwenden, einfach glücklicher zu werden – indem Sie kleine Freuden mehr genießen,
indem Sie Ihre Beziehungen vertiefen, indem Sie die Achtsamkeitsmeditation praktizieren. Es hilft, konkrete Ziele zu
haben, und es ist nicht unmöglich, ein wenig über sich hinauszuwachsen.

Wie macht man das? Hier meine Vorschläge:

- *Nehmen Sie sich jeden Tag eine Stunde Zeit* und nutzen
  Sie die eine Hälfte davon für körperliche Bewegung,
  die andere zum Meditieren. Wenn Sie sich ein paarmal
  ernsthaft mit der Meditation befasst haben und feststellen, dass sie nichts für Sie ist, so verwenden Sie diese
  halbe Stunde zum Lesen einiger Bücher aus meinen
  Leseempfehlungen (im Anhang des Buches). Nehmen
  Sie sich diese Stunde täglich an fünf Tagen die Woche.
  Wenn Sie wollen, können Sie auch länger dabei bleiben,
  aber in einem vernünftigen Rahmen.

- *Erwachen Sie!* Sie sind von unglaublicher Schönheit umgeben. Ich bin voll damit beschäftigt, dieses Buch zu
  schreiben, aber ich habe es geschafft, mir gestern einen
  Schwalbenschwanz-Schmetterling im Garten genau anzusehen. Wussten Sie, dass er an den hinteren Flügel-
  spitzen herrliche Rot- und Blauschattierungen besitzt?
  Es sieht genauso aus wie die Fenster einer Kathedrale,
  nur im Miniformat von etwa fünf Millimetern. Hätten
  Sie mich gefragt, hätte ich gesagt, der Schmetterling sei
  blassgelb mit schwarzen Streifen. Wenn ich so etwas weniger als zwei Wochen vor dem Abgabetermin für das
  Manuskript dieses Buches sehen kann, können auch Sie
  noch heute etwas Schönes entdecken. Öffnen Sie sich

für alle Sinnesempfindungen. Werden Sie Feinschmecker kleiner Freuden.

- *Schlafen Sie im Gedanken an drei Dinge ein*, für die Sie dankbar sind, die Sie glücklich gemacht haben oder die einfach die besten Erinnerungen des Tages sind. Achten Sie dabei auf Ihre Körperempfindungen: das Lächeln auf Ihrem Gesicht, die Wärme ums Herz, die Entspannung in Nacken und Schultern. Lassen Sie zu, dass Ihr Körper das Wohlgefühl ausdrückt, das Sie empfinden.

- *Arbeiten Sie daran, das zu wollen, was Sie haben.* Sehen Sie sich um und versuchen Sie zu würdigen, was Sie besitzen und was für Möglichkeiten Sie haben. Schauen Sie, als wären Sie ein ins 21. Jahrhundert versetzter Benjamin Franklin: »Zentralheizung, Toilette mit Wasserspülung, Kochherd und Kühlschrank. Ein Fahrzeug, das mich am Tag tausend Kilometer weit trägt, auf bequemen, asphaltierten Straßen. Ein Orchester, das in meiner Tasche Platz hat.« Und wenn Sie mit Franklin nichts anfangen können, so sehen Sie sich einfach genauestens um, nach Ihren Möbeln, Büchern und was Sie sonst noch besitzen. Sie bieten Schönheit und Erinnerungen. Genießen Sie sie.

- Vergessen Sie nicht: *Glück ist nicht unser normaler Geisteszustand.* Wir wurden dazu erzogen, angespannt und ruhelos zu sein. Zudem ist die heutige Welt auch nicht gerade ein Paradies. Das Glück zu pflegen erfordert bewusste Aufmerksamkeit. Erwarten Sie nicht, ein unverbesserlicher Optimist zu werden. Sie können hingegen erwarten, mehr Gelegenheiten zum Wohlfühlen zu haben und sich bei diesen Anlässen noch besser zu fühlen.

- Hinzu kommt, dass die *heutigen Lebensbedingungen nicht*

dem entsprechen, *wofür der Mensch gemacht ist.* Wir befinden uns ständig im Kampf-oder-Flucht-Modus, und das stresst, macht Angst und deprimiert. Glauben Sie also nicht, diese Welt sei die bestmögliche. Übernehmen Sie die Kontrolle über möglichst vieles und schaffen Sie sich die Welt, die Sie haben möchten.

- Denken Sie daran: Das zu *bekommen, was Sie wollen, macht Sie nicht glücklich.* Je höher Sie finanziellen Erfolg schätzen, desto weniger glücklich sind Sie wahrscheinlich. Wappnen Sie sich gegen Konsum- und Konkurrenzdenken. Informieren Sie sich über die Werbung und darüber, was man als Student der Betriebswirtschaft lernt, weil es dazu eingesetzt wird, Sie zu manipulieren. Sparen Sie.

- *Glücksgefühle weisen jedenfalls auf mögliche Lösungen hin.* Geben Sie mehr Acht auf diese Hinweise, die Ihnen Ihre Intuition liefert.

- *Ihr Gehirn lernt, ob Sie es wollen oder nicht.* Achten Sie also darauf, was Sie ihm zu lernen geben. Wenn Sie sich zwanghaft um alle Charakterfehler sorgen, die Sie bis dahin nicht ändern konnten, und sich ständig mit ihnen beschäftigen, so werden Sie sie wahrscheinlich nicht ausmerzen, sondern Sie werden nur noch deprimierter und gestresster sein. Wenden Sie lieber Ihre Aufmerksamkeit etwas anderem zu.

- *Achten Sie systematisch auf das, was Ihnen ein gutes Gefühl vermittelt.* Schreiben Sie es auf, reden Sie mit Freunden und Ihren Lieben darüber. Bedenken Sie: Wir glauben zu wissen, weswegen wir uns wohlfühlen, aber das Gehirn bringt uns mit allerlei Tricks dazu, das zu tun, was gut für die Arterhaltung ist. Sie müssen Ihr eigenes Gehirn überlisten. Stellen Sie fest, was Ihnen wohltut, und tun Sie mehr davon.

- Dasselbe gilt für das Elend. *Stellen Sie fest, was Ihnen nicht wohltut, und tun Sie weniger davon.* Auch hier sollten Sie wieder systematisch und achtsam vorgehen, um sich selbst überlisten und Ihre Abwehrmechanismen und Fehleinstellungen unterlaufen zu können.

- *Glück ist einfacher, als Sie denken.* Kultivieren Sie kleine Freuden. Lernen Sie kochen. Essen Sie gut. Kochen Sie für Freunde. Seien Sie offen für das Schöne und Erhabene; gehen Sie *aufmerksam* durch die Natur. Sehen Sie weniger fern. Spielen Sie mehr. Schaffen Sie sich einen Hund an. Treten Sie einem Lachclub bei. Berühren Sie Ihre Mitmenschen häufiger.

- *Lernen Sie, auf jede erdenkliche Weise achtsam zu sein.* Achten Sie darauf, wann Sie urteilen, und hören Sie allmählich damit auf. Betrachten Sie sich und die Welt mit mitfühlender Neugier, dem Wunsch, zu verstehen, und mit gutem Selbstwertgefühl. Lernen Sie, tolerant und gelassen zu bleiben. Seien Sie bereit, loszulassen, unabhängig zu denken und Verantwortung zu übernehmen. Üben Sie das immer wieder, am besten drei Monate lang. Lesen Sie noch einmal die »Einfache Achtsamkeitsmeditation« (Übung 8, fünftes Kapitel) und praktizieren Sie diese regelmäßig.

- *Rechnen Sie mit der Gewöhnung.* Nutzen Sie die (im dritten Kapitel erwähnte) »Peak-End-Regel« und bewahren Sie sich das Beste für zuletzt auf. Lassen Sie sich aber in anderen Fällen nicht von der Regel täuschen. Spielen Sie mit den Faktoren Zeit und Abwechslung, um eine Gewöhnung zu vermeiden: Essen Sie Ihre Lieblingsspeise nicht jeden Abend, sondern nur einmal die Woche. Eignen Sie sich jeden Trick in diesem Buch an, um Ihren Glücksquotienten zu erhöhen.

- Angesichts der Kaufreue und der Tatsache, dass Sie mehr Glückseinheiten einbüßen, wenn Sie etwas verlieren, als dessen Erwerb Ihnen verschaffte, *öffnen Anschaffungen offenbar Tür und Tor für recht viel Elend*. Wahrscheinlich ist es sinnvoller, so wenig wie möglich zu kaufen.

- Jedenfalls sollten Sie keine größere Anschaffung machen, bis Sie *Ihre Schulden los sind*. Irgendwie ist uns allen eingetrichtert worden, Schulden seien normal und akzeptabel. In meiner Praxis höre ich aber immer wieder, dass die Betreffenden gerade deswegen nicht schlafen können. Schulden verursachen verheerenden und völlig unnötigen Stress.

- Wenn Sie jedoch etwas kaufen *müssen*, dann seien Sie ein »*Genügsamer*« statt ein »*Anspruchsvoller*«. Wenn Sie wissen, was Sie wollen und was es kosten soll, so holen Sie es und verlassen das Geschäft möglichst rasch wieder. Verwenden Sie keine Kreditkarte, sonst werden Sie bereit sein, doppelt so viel auszugeben. Der leichtere Weg zum Reichsein ist der, weniger Wünsche zu haben.

- Auf diese Weise Sparsamkeit zu üben lässt Sie *Geld für das sparen, wofür es wirklich gut ist: Sicherheit, Unabhängigkeit und Zeit, das Leben zu genießen*. Sicherheit schützt Sie vor ziemlich viel Stress, wenn Sie nach einem Brand plötzlich eine neue Bleibe brauchen. Finanzielle Unabhängigkeit erlaubt es Ihnen, Ihre Stelle aufzugeben, wenn Sie den Chef nicht mögen, oder Urlaub zu nehmen und die Welt zu erforschen. Zeit bedeutet genau das, was wir vor Erfindung der Jobs in Hülle und Fülle besaßen: Zeit, mit Freunden beisammen zu sein, die Sonne untergehen und die Kinder und Feldfrüchte wachsen zu sehen.

- Bedenken Sie, dass Sie vielleicht *Stress oder ein Trauma hinter sich haben.* Das erschwert Ihnen das Glücklichsein möglicherweise etwas, aber es macht es keineswegs unmöglich. Wenn Sie an ADHS (Aufmerksamkeitsdefizit-Hyperaktivitätsstörung) zu leiden glauben, so steht dahinter vielleicht eine psychische Störung, die als »Dissoziation« (Abspaltung) bezeichnet wird. Wenn Sie depressiv sind oder Angstzustände haben, so wahrscheinlich aus gutem Grund. Folgen Sie den Ratschlägen in diesem Buch, und wenn diese nicht ausreichen, suchen Sie sich einen guten Therapeuten.

- *Geben Sie vor, extravertiert zu sein.* Extravertierte haben mehr Spaß. Sogar Introvertierte haben mehr Spaß, wenn sie sich extravertiert verhalten.

- Vergessen Sie nicht: *Willenskraft ist eine Fertigkeit.* Üben Sie diese und beobachten Sie, wie Sie sie immer besser meistern.

- *Prüfen Sie Ihr kontraproduktives Verhalten.* Vielleicht steckt ein gesunder Rebellionswunsch dahinter. Wahrscheinlich ist es nur ein Hinweis darauf, dass Sie sich langweilen, gerade keine Ziele haben oder irgendwie feststecken. Versuchen Sie, diese Energie in etwas zu lenken, das Ihre Umstände verändert, statt sie gegen sich selbst zu wenden.

- *Nehmen Sie Ihrem inneren Kritiker gegenüber eine neue Haltung ein.* Er stellt nur die Stimme Ihrer Ängste, Ihrer schlecht gelaunten Eltern oder des kleinen Tyrannen dar, den Sie in der fünften Klasse vom Spielplatz mit nach Hause brachten. Er weiß nicht wirklich, wer Sie sind, sondern nur, wie er Sie manipulieren kann. Jetzt sind Sie erwachsen. Behandeln Sie ihn mit Ihren besten erwachsenen Fähigkeiten, mit Mitgefühl und Gelassenheit, und er schrumpft zusammen wie eine böse Hexe.

- *Lernen Sie, Distanz zu halten:* von zwanghaftem Denken, gedankenlosem Verlangen, der Stimme des Kritikers und zähen Gefühlen. Distanz ist eine Fähigkeit, die man lernen kann, und Achtsamkeit verhilft Ihnen dazu.

- *Gelassenheit verschafft Ihnen eine andere Sicht Ihrer Gedanken und Gefühle.* Sie sagt Ihnen, dass diese nur der *Inhalt* Ihres Geistes sind und sich jeden Augenblick ändern lassen, jedoch nicht die absolute Wahrheit sind, als die sie Ihnen erscheinen.

- *Warten Sie nicht, bis Sie motiviert sind.* Tun Sie den ersten Schritt, dann folgt die Motivation. Etwas zu unternehmen ist die beste Art, Ihre Gefühlslage zu ändern.

- Hüten Sie sich vor dem hedonistischen Paradox: W*enn Sie sich zu sehr um Ihr Glück sorgen, können Sie sich mehr Elend einbrocken.* Man muss üben, aber ohne sich Sorgen zu machen. Erwarten Sie nicht, ständig glücklich zu sein.

- *Arbeiten Sie nicht zu viel.* Arbeiten Sie, wenn irgend möglich, nicht mehr als 40 Stunden die Woche. Ist das nicht möglich, so gehen Sie daran, Ihr Leben umzukrempeln. Inzwischen ist bekannt, dass man umso weniger zufrieden mit dem Leben ist, je mehr Stunden man arbeitet.[292] Arbeiten Sie auch nicht zu lange ohne Pause. Planen Sie Pausen ein, um den Kopf frei zu machen. So sind Sie am Ende viel effizienter.

- *Wenn Sie sich langweilen oder Angst haben, bedeutet dies wahrscheinlich, dass Ihnen im Moment ein Ziel fehlt.* Allerdings ist es für die meisten Menschen sehr schwer, sich direkt aus dieser Gefühlslage zu einem neuen Projekt aufzuschwingen. Lassen Sie sich lieber eine Woche Zeit, um herauszufinden, was Sie machen wollen, und tagträumen Sie darüber.

- *Versuchen Sie, Ihre Arbeit angenehm fließend zu gestalten.* Suchen Sie sich Herausforderungen. Verbessern Sie die Atmosphäre. Geben Sie der Arbeit einen Sinn und gehen Sie spielerisch damit um. Sehen Sie zu, dass Sie auch anderen damit eine Freude machen.

- *Seien Sie ein vielschichtiger Mensch.* Je vielseitiger Sie sich entwickeln, desto weniger verletzbar sind Sie durch Rückschläge auf einem Gebiet. Wenn Sie nur Schriftstellerin sind und Ihre Bücher sich nicht verkaufen, sind Sie am Ende. Wenn Sie hingegen Schriftstellerin, Forscherin, Lehrerin, Mutter, Gärtnerin, freiwillige Rettungssanitäterin und Chormitglied sind, erholen Sie sich leichter von Enttäuschungen. Je mehr Freudenspender und Quellen des Genusses es in Ihrem Leben gibt, desto besser ist es.

- *Wenn Sie feststellen, dass Sie sich oder andere beurteilen, so wenden Sie sich etwas anderem zu.* Erfahrungen ständig in Schwarz-Weiß-Kategorien einzuordnen, auch im Umgang mit unseren Mitmenschen, ist eines der Hauptmerkmale von Unachtsamkeit. So verpassen wir all die Vielfalt und Schönheit des Lebens. Außerdem handeln wir dann stereotyp nach Vorurteilen. Wenn Sie lernen, nicht mehr zu urteilen, dann sind Sie auf dem besten Weg, Ihre am tiefsten eingefleischten Paradigmen aufzugeben.

- Eine Betätigung, die *außer Haus* stattfindet, ist wahrscheinlich lohnenswerter, ebenso, wenn sie *Mitmenschen einbezieht* und *körperliche Betätigung erfordert.* Zu Hause, alleine und sitzend werden Sie eher träge und langweilen sich. Es gibt allerdings einige Ausnahmen, zum Beispiel wenn Sie ein gutes Buch lesen.

- Gehen Sie davon aus, dass *es ein Karma gibt: Was Sie geben, bekommen Sie zurück.* Wenn Sie Ihre Mitmenschen gut behandeln, werden auch Sie gut behandelt. Wenn Sie Glück verbreiten, ernten Sie Glück. Wenn Sie großzügig sind, werden Sie mit Großzügigkeit belohnt. Üben Sie Liebe und Mitgefühl und seien Sie extravertiert.

- *Bauen Sie gute Rituale und Gewohnheiten auf,* besonders, wenn Ihnen etwas schwerfällt. Geben Sie sich keine Gelegenheit, darüber nachzugrübeln und sich durch Zaudern und Zweifeln demotivieren zu lassen. Dies ist ein Bereich, in dem Nichtdenken gut ist: Beginnen Sie einfach mit der Morgengymnastik, bevor Sie Zeit haben, sich durch irgendetwas daran hindern zu lassen. Finden Sie Möglichkeiten, automatisch Geld zu sparen.

- *Organisieren Sie sich.* Glückliche Menschen haben das Gefühl, ihr Leben in der Hand zu haben. Werden Sie nicht zum Opfer von Unordnung und Ineffizienz. Akzeptieren Sie die Tatsache, dass es heutzutage einfach viel zu viel zu tun gibt, und hören Sie auf, es perfekt machen zu wollen. Nehmen Sie sich eine Stunde Zeit dafür. Fangen Sie an einem Ende an und hören Sie erst auf, wenn Sie fertig sind oder wenn die Stunde um ist.

- *Versuchen Sie nicht, notwendige Trauer zu vermeiden.* Sie können keine unangenehmen Gefühle unterdrücken, ohne auch die guten zu ersticken. Lassen Sie also Ihre Gefühle zu, wenn Sie etwas oder jemanden verloren haben, das oder der Ihnen wichtig war. Keine Angst:

Denken Sie daran, wie schnell sich der Mensch an etwas gewöhnt. Selbst Trauer währt nicht ewig.

- Wir sind, was wir tun. *Ihr Terminkalender ist Ihr Leben.* Viel zu viele Menschen verbringen ihr Leben vorwiegend in einer Traumwelt oder in der Vergangenheit, warten auf ein Wunder und suchen sich dafür zu rechtfertigen, dass sie gerade irgendwo feststecken. Oder sie versuchen in sinnloser Raserei allzu vielen Verpflichtungen nachzukommen. Wir glauben, gute Absichten zählten, nur tun sie das leider nicht. Vergeuden Sie keine Zeit mehr mit Warten auf Ihr Glück.

Wenn Sie mich jetzt entschuldigen wollen: Es ist August in Connecticut. Zeit, im Garten Unkraut zu jäten, mit den Hunden zu spielen und mich um meine Frau zu kümmern.

Anhang

Leseempfehlungen

Begley, Sharon: *Neue Gedanken – neues Gehirn*. Arkana, München 2. Aufl. 2007.

Bennett-Goleman, Tara: *Emotionale Alchemie – Der Schlüssel zu Glück und innerem Frieden*. Fischer, Frankfurt a. M. 2004.

Ben-Shahar, Tal: *Glücklicher – Lebensfreude, Vergnügen und Sinn finden*. Riemann, München 2007.

Borysenko, Joan: *Gesundheit ist lernbar – Das klinisch getestete Programm zur Steigerung der Abwehrkräfte des Körpers und zur Förderung der Selbstheilungskräfte*. Scherz, Bern 2. Aufl. 1990.

Bourne, Edmund J.: *Arbeitsbuch Ängste und Phobien*. Arkana, München 2009.

Chödrön, Pema: *Wenn alles zusammenbricht – Hilfestellung für schwierige Zeiten*. Goldmann, München 2007.

– : *Suche die Freude*. Arkana, München 2009.

Csikszentmihalyi, Mihaly: *Lebe gut! Wie Sie das Beste aus Ihrem Leben machen*. dtv, München 2001.

Dalai Lama und Howard C. Cutler: *Glücksregeln für den Alltag*. Herder, Freiburg i.Br. 2008.

Epstein, Mark: *Going to Pieces Without Falling Apart*. Broadway Books, New York 1998.

Franckh, Pierre: *Einfach glücklich sein!* Arkana, München 2008.

Frankl, Victor: *Der Mensch vor der Frage nach dem Sinn*. Piper, München 21. Aufl. 2008.

Gilbert, Daniel: *Ins Glück stolpern – Suche dein Glück nicht, dann findet es dich von selbst*. Goldmann, München 2008.

Goldstein, Joseph: *Vipassana-Meditation – Die Praxis der Freiheit*. Arbor, Freiburg 1999.

Goleman, Daniel: *Emotionale Intelligenz.* dtv, München 2001.

Graaf, John de, u. a.: *Affluenza – Zeitkrankheit Konsum.* Riemann, München 2002.

Haidt, Jonathan: *Die Glückshypothese.* Vak-Verlag, Kirchzarten 2007.

Hayes, Steven C., und Spencer Smith: *In Abstand zur inneren Wortmaschine – Ein Selbsthilfe- und Therapiebegleitbuch auf der Grundlage der Akzeptanz- und Commitment-Therapie (ACT).* Deutsche Gesellschaft f. Verhaltenstherapie, Tübingen 2007.

Herman, Judith: *Die Narben der Gewalt – Traumatische Erfahrungen verstehen und überwinden.* Junfermann, Paderborn 2006.

Hodgkinson, Tom: *Anleitung zum Müßiggang.* Heyne, München 2007.

Kabat-Zinn, Jon: *Heilsame Umwege – Meditative Achtsamkeit und Gesundung.* Piper, Frankfurt a. M. 1995.

– : *Im Alltag Ruhe finden – Meditationen für ein gelassenes Leben.* Fischer, Frankfurt a. M. 2007.

Kornfield, Jack: *Das Tor des Erwachens – Wie Erleuchtung das tägliche Leben verändert.* Kösel, München 2001.

– : *Meditation für Anfänger.* Arkana, München 2005.

Lamott, Anne: *Bird by bird – Wort für Wort: Anleitungen zum Schreiben und Leben als Schriftsteller.* Autorenhaus-Verl., Berlin 2004.

Langer, Ellen: *Aktives Denken – Wie wir geistig auf der Höhe bleiben.* Rowohlt, Reinbek 1991.

LeDoux, Joseph: *Das Netz der Gefühle – Wie Emotionen entstehen.* dtv, München 2001.

Lyubomirsky, Sonja: *Glücklich sein – Warum Sie es in der Hand haben, zufrieden zu leben.* Campus, Frankfurt a. M. 2008.

O'Connor, Richard: *Undoing Perpetual Stress.* Berkley, New York 2005.

Salzberg, Sharon: *Metta-Meditation.* Arbor, Freiburg 2003.

Sapolsky, Robert M.: *Warum Zebras keine Migräne kriegen – Wie Stress den Menschen krank macht.* Piper, München 1998.

Schwartz, Barry: *Anleitung zur Unzufriedenheit – Warum weniger glücklicher macht.* Ullstein, München 2006.

Segal, Zindel V., u. a.: *Der achtsame Weg durch die Depression.* Arbor, Freiburg 2008.

Seligman, Martin: *Der Glücks-Faktor – Warum Optimisten länger leben.* Lübbe, Bergisch Gladbach 2005.

Siegel, Daniel J. L.: *Das achtsame Gehirn.* Arbor, Freiburg 2007.

Taylor, Shelley E.: *Positive Illusionen.* Rowohlt, Reinbek 1993.

Thich Nhat Hanh: *Das Wunder der Achtsamkeit.* Theseus, Berlin 2002.

– : *Ich pflanze ein Lächeln – Der Weg der Achtsamkeit.* Goldmann Arkana, München 2007.

Trungpa, Chogyam: *Der Mythos Freiheit und der Weg der Meditation.* Arbor, Freiburg 2006.

Viorst, Judith: *Mut zur Trennung – Menschliche Verluste, die das Leben sinnvoll machen.* Heyne, München 2002.

Wansink, Brian: *Essen ohne Sinn und Verstand – Wie die Lebensmittelindustrie uns manipuliert.* Campus, Frankfurt a. M., New York 2008.

Weiner, Eric: *Geografie des Glücks.* Rogner & Bernhard, Berlin 2008.

Anmerkungen

Einleitung

1 Erste Resultate sind ermutigend. Siehe Fordyce (1983), und Lyubomirsky u. a. (2005a).

2 Brickman und Campbell (1971).

3 Draganski u. a. (2004).

1 Glück erlernen

4 Siehe Peterson (2006, 55); die Studie ist eigentlich komplexer, und
die Ergebnisse sind nicht so einfach: Brickman u. a. (1978).

5 Für eine zuverlässige Erörterung der Plastizität des Gehirns siehe
Pascual-Leone u. a. (2005).

6 Eriksson u. a. (1998).

7 Maguire u. a. (2000).

8 Elbert u. a. (1995).

9 Schwartz, J. M., u. a. (1996).

10 Pascual-Leone u. a. (2005).

11 Für eine umfassendere Erörterung von Stress, Gesundheit und Gehirn siehe O'Connor (2005).

12 Lykken (1999, 35).

13 Für eine wohlüberlegte Erörterung des Themas aus der Sicht eines
Glücksforschers siehe Diener u. Scollon (2003).

14 Nettle (2005).

15 Schwarz u. Strack (1999).

16 Medvec u. a. (1995).

17 Myers (1992).

18 Es handelt sich um David Lykken, der die wichtigen Glücksstudien

bei Zwillingen durchführte, die gleich noch besprochen werden (Lykken u. Tellegen, 1996).

19   Siehe z. B. Fujita und Diener (2005). Über 17 Jahre hinweg stellten sie bei 24 Prozent von 3400 Versuchspersonen eine signifikante Veränderung von deren Sollwert fest. Bei fast 10 Prozent betrug die Veränderung drei oder mehr Punkte auf einer Zehnpunkteskala.

20   Lykken u. Tellegen (1996).

21   Lyubomirsky u. a. (2005a).

2 Der heutige Wahnsinn: die Gesellschaft

22   Vieles zu diesem Thema verdanke ich Nesse (2004).

23   Sheline u. a. (1996).

24   LeDoux (2001).

25   Servan-Schreiber (2003).

26   Bradshaw u. a. (2005).

27   Champagne u. Meaney (2001).

28   Francis u. a. (1999).

29   UNICEF-Bericht (2007).

30   Sapolsky (1998).

31   Lee (1984).

32   Zitat aus Hodgkinson (2007, 38).

33   Melchior u. a. (2007).

34   Kadison (2004).

35   Handler (2006).

36   Murray u. Lopez (2006).

37   Z. B. Diener u. Seligman (2004).

38   *The Economist* (2005).

39   Kahneman u. Krueger (2006).

40   Siehe z. B. Layard (2005), Putnam (2000) und Lane (2000).

41   Putnam (2000).

42   Vitello (2008).

43   Weiner (2008).

44   Henderson (2007).

45   Greenhouse (2001).

46   Bennhold (2004).

47   Steffen u. a. (2006).

48 Greenhouse (2008).

49 Fisher (2005).

50 Kasser u. Brown (2003).

51 Divorce Magazine.com.

52 Kasser u. Sheldon (2008).

53 www.newdream.org/live/time/timepoll.php.

54 Stevenson u. Wolfers (2008).

55 Ewing u. a. (2003).

56 Setlow (2001).

57 Prelec u. Simester (2001).

58 Diener u. Biswas-Diener (2002); Kasser u. Sheldon (2008).

59 Cryder u. a. (2008).

60 Layard (2005).

61 Myers (1992).

62 Ebenda.

63 Layard (2005).

64 Mipham (2005).

65 Nettle (2005).

66 Solnick u. Hemenway (1998).

67 Kahnemann u. Krueger (2006b).

68 Layard (2005).

69 Kahneman u. a. (2006).

70 Cushman (1995, 85).

71 Layard (2005).

72 Scott-Clark u. Levy (2003).

73 Buss (2000).

74 Collins u. Yeskel (2000).

75 Henwood (1998).

3 Angeborene Torheit: das Gehirn

76 Nettle (2005, 153).

77 Klein (2006, 88).

78 Nettle (2005).

79 Ebenda.

80 Nettle (2005); Gilbert (2006).

81 Klein (2006).

82   Nettle (2005).

83   Schwartz (2006).

84   Ebenda.

85   Plassman u. a. (2008).

86   Nettle (2005).

87   Argyle (2001).

88   Schwartz (2006, 58).

89   Nettle (2005); Peterson (2006).

90   Gilbert (2006, 330).

91   Ebenda, S. 220.

92   Van Boven u. Loewenstein (2003).

93   Fiorino u. a. (1997).

94   NBC Nightly News, Sept. 27, 2006.

95   Gilbert (2006, 296).

96   Nettle (2005).

97   Kubey u. Csikszentmihalyi (2002).

4 *Unnötiges Elend: der Geist*

98   Blackman (2004).

99   Vaillant (1993).

100 Kulka u. a. (1990).

101 Kessler u. a. (1995).

102 van der Kolk (2002).

103 Fullerton u. a. (2004).

104 Herman (1992).

105 Felitti (2002); Felitti u. a. (1998); Edwards u. a. (2003).

106 Buss (2000).

107 Schore (1994, 118).

108 Kahneman u. Krueger (2006).

109 Veröffentlichung der University of Michigan Press: www.umich.edu/news/index.html?Releases/2004/Dec04/r120204c

110 Costello u. a. (2003).

111 Schore (1994, 2003, 2007); Siegel (2001).

112 Bredy u. a. (2003).

113 Fredrickson (2001).

114 Bechara u. a. (2007).

5 Ein neuer Lotse

115 Hayes u. a. (1999); Hayes (2005).

116 Segal u. a. (2004, 50).

117 Slusher u. Anderson (1989).

118 Artikel in *Psychotherapy Networker* (2007).

119 Langer u. Moldoveanu (2000, 2).

120 Langer (1989); Langer (2005).

121 Diese Übung beruht auf Austin (1998).

122 Siehe Segal u. a. (2002); Kabat-Zinn (1982); Kabat-Zinn u. a. (1992); Kristeller u. Hallett (1999; Kabat-Zinn u. a. (1998); Goldenberg u. a. (1994); Kutz u. a. (1985); Speca u. a. (2000); Shapiro u. a. (1998); Davidson u. a. (2003); Carlson u. a. (2003).

123 Grossman u. a. (2004).

124 Segal u. a. (2002).

125 McEwen (2002, 38).

126 Goleman (1995).

127 Lazar u. a. (2005).

128 Bemerkung von Paul Fleishman anlässlich der Conference on Meditation and Psychotherapy am 1. Juni 2007 in Boston, MA.

129 Cahn u. Polich (2006).

130 Nettle (2005); Davidson (2000).

131 Klein (2006).

132 Fox u. Davidson (1986).

133 Anscheinend ist die Immunreaktion desto besser, je mehr Aktivität im linken Stirnlappen stattfindet: Rosenkranz u. a. (2003).

134 Davidson u. a. (2003).

135 Siegel (2007).

6 Weniger Elend

136 Einige dieser Ideen stammen von Polivy u. Herman (2002).

137 Schkade u. Kahneman (1998).

138 Schwartz u. Begley (2002).

139 Ebenda.

140 Lamott (2003).

141 Lykken (1999).

142 Siegel (2007, 19).

143 Emmons u. McCullough (2003).

144 Buss (2000).

145 Die wichtigsten Quellen hierzu sind Beck (1999), Ellis (2005) und Burns (1980).

146 Blatt (1998).

147 Segal u. a. (2002); Williams u. a. (2007).

148 Diese Empfehlungen habe ich aus vielen Büchern und meiner klinischen und persönlichen Erfahrung bezogen. Die letzten vier Punkte jedoch stammen von Linehan (1992).

149 Pennebaker u. a. (1997).

150 Chartrand u. Bargh (1999).

151 Dominguez u. Robin (1999), de Graaf (2002).

152 Schwartz (2006).

153 Schwartz u. a. (2002).

154 Weiner (2008).

155 Stone u. a. (2006).

156 Wallis (2005).

157 Zweig (2007).

158 McPherson u. a. (2006).

7 Mehr Freude

159 Ellison (1978).

160 Ekman (2007, 275).

161 Engert u. Bonhoeffer (1999), zit. in Klein (2006).

162 Rencanzone u. a. (1993).

163 Begley (2007, 284).

164 Siegel (2007).

165 Begley (2007, 211 ff.).

166 Ebenda.

167 Für eine ausgezeichnete Besprechung dieser Literatur siehe Karen (1994).

168 Begley (2007, 341).

169 Ausführlich besprochen in Begley (2007, 353 ff.).

170 Ebenda, S. 368.

171 Isen (2003).

172 Emmons u. McCullough (2003).

173 Lyubomirsky u. a. (2005a).

174 Creswell u. a. (2005).

175 Fordyce (1982).

176 Argyle (2001).

177 Kipfer (2007).

178 Kahneman u. Krueger (2006).

179 Bryant (2006).

180 Peterson (2006).

181 Lyubomirsky u. a. (2006).

182 Lyubomirsky u. a. (2005b).

183 Seligman u. a. (2005).

184 Ebenda.

185 Danner u. a. (2001).

186 Redelmeir u. Singh (2001).

187 Argyle (2001).

188 Ulrich (1984); zit. in Sapolsky (1998).

189 Kiecolt-Glazer u. a. (2002).

190 Cohen u. a. (2003).

191 Ryff u. Singer (2003).

192 Larsen u. a. (2003).

193 Pennebaker (1990).

194 Taylor (2005).

195 O'Connor (2005).

196 Servan-Schreiber (2003).

197 Bemerkung von Tal Ben-Shahar anlässlich der Conference on Meditation and Psychotherapy am 1. Juni 2007 in Boston, MA.

198 Dallman u. a. (2003).

199 Weiner (2008).

200 Louv (2006).

201 Gilbert (2005).

202 Berk u. a. (1989), Berk u. Tan (2006).

203 Klein (2006).

204 Isen u. a. (1987).

205 Isen (2003, 185).

206 Cabanac u. a. (2003).

207 Myers (1992).

208 Amabile u. a. (2002).

209 Begley (2007, 98 f.).

210 Ebenda, S. 114.

211 Ebenda, S. 120.

212 Argyle (2001).

213 Klein (2006).

214 Hirsch (2000).

215 Field (2003).

8 *Mehr Zufriedenheit*

216 Stutzer (2004).

217 Myers (1992, 39).

218 William James, zit. in Nettle (2005, 159).

219 Ben-Shahar (2007).

220 Ebenda, S. 111.

221 Kasser (2002).

222 Kasser u. Ryan (2003).

223 Kasser (2002).

224 Diener u. Biswas-Diener (2002).

225 Sheldon u. a. (2001).

226 Ben-Shahar (2007).

227 Taylor (1989, vii).

228 Ventura (2006).

229 Wallace (2005).

230 Csikszentmihalyi (1991).

231 Argyle (2001).

232 Nettle (2005).

233 Kahneman u. Krueger (2006).

234 Peterson (2006).

235 Ben-Shahar (2007).

236 Marmot (2005).

237 Myers (1992).

238 Rotundo (1993).

239 Eid u. Diener (2001).

240 Schumaker (2007).

241 Hodgkinson (2005, 36).

242 Schor (1993, 6).

243 Argyle (2001).

244 Wrzesniewski u. a. (2003).

245 Argyle (2001).

246 Ebenda.

247 Peterson (2006).

248 Reis u. Gable (2003).

249 O'Connor (2005).

250 Layard (2005).

251 Siegel (2007).

252 Miller (1995).

253 Fleeson u. a. (2002).

254 Lykken (1999).

255 Argyle (2001).

256 Sapolsky (1998).

257 Argyle (2001).

9 *Trauer und Schmerz*

258 Kübler-Ross (1997).

259 Viorst (1998).

260 Nettle (2005).

261 Kahneman u. Krueger (2006).

262 Wallerstein u. Blakeslee (1989).

263 Layard (2005).

264 Moncrieff u. Cohen (2006).

265 Opbroek u. a. (2002).

266 Harmer u. a. (2004).

267 Knutson u. a. (1998).

268 Kramer (1998).

10 *Der Sinn des Lebens*

269 Diener u. Biswas-Diener (2003).

270 Ryff (1989).

271 Epstein (1998, 19).

272 Magid (2002, 82).

273 Creswell u. a. (2005).

274   Peterson u. a. (1995).
275   Csikszentmihalyi (1997, 114).
276   Nettle (2005).
277   Ebenda.
278   Ryff (1989).
279   Seligman (2002); siehe Nettle (2005).
280   Argyle (2001).
281   Frankl (1996).
282   Taylor (1989).
283   Z. B. Peterson (2006).
284   Siegel (2007).
285   Sharon Salzberg, Bemerkung anlässlich der Conference on Meditation and Psychotherapy vom 1. Juni 2007 in Boston, MA.
286   Haidt (2006).
287   Ebenda.
288   Schumaker (2007, 36).
289   Taylor u. a. (2000).
290   Siegel (2001).
291   Diese Übung basiert auf Peterson (2006, 1. Kap.).

11 Glücklich bleiben
292   Kasser u. Brown (2008).

Bibliografie

Amabile, Teresa M., u. a.: »Creativity Under the Gun«. *Harvard Business Review,* Sonderausgabe August 2002.

Argyle, Michael: *The Psychology of Happiness.* Taylor & Francis, New York 2001.

Austin, James H.: *Zen and the Brain.* MIT Press, Cambridge, MA 1998.

Bechara, Antoine, u. a.: »Deciding Advantageously Before Knowing the Advantageous Strategy.« *Science* 275 (1997): 1293 ff.

Beck, Aaron T.: *Kognitive Therapie der Depression.* Beltz, Weinheim 1999.

Begley, Sharon: *Neue Gedanken – neues Gehirn: Die Wissenschaft der Neuroplastizität beweist, wie unser Bewusstsein das Gehirn verändert.* Goldmann Arkana, München 2. Aufl. 2007.

Ben-Shahar, Tal: *Glücklicher – Lebensfreude, Vergnügen und Sinn finden.* Riemann, München 2007.

Berk, Lee, u. Stanley A. Tan: »[beta]-Endorphin and HGH Increase Are Associated with Both the Anticipation and the Experience of Mirthful Laughter.« *FASEB Journal* 20 (2006): A382.

– u. a.: »Neuroendocrine and Stress Hormone Changes During Mirthful Laughter.« *American Journal of Medical Science* 298:6 (1989): 390–96.

Blackman, Jerome S.: *101 Defenses.* Brunner-Routledge, New York 2004.

Blatt, S. J.: »Contributions of Psychoanalysis to the Understanding and Treatment of Depression.« *Journal of the American Psychoanalytic Association* 46:3 (1999): 724–52.

Bradshaw, G. A., u. a.: »Elephant Breakdown.« *Nature* 43:24 (2005): 807.

Bedy, Timothy, u. a.: »Maternal Care Influences Neuronal Survival in the Hippocampus of the Rat.« *European Journal of Neuroscience* 18:10 (2003): 2903–09.

Brickman, Philip u. Donald T. Campbell: »Hedonic Relativism and Planning the Good Society.« In Mortimer H. Appley (Hrsg.): *Adaptation Level Theory – A Symposium* (287–302). Academic Press, New York 1971.

– u. a.: »Lottery Winners and Accident Victims – Is Happiness Relative?« *Journal of Personality and Social Psychology* 36:8 (1978): 917–27.

Bryant, Fred B.: »Finding Joy – The Art and Science of Savoring.« *Alternative Medicine* (Mai 2006): 63–66.

– u. Joseph Veroff: *Savoring – A New Model of Positive Experience.* Lawrence Erlbaum, Mahwah, NJ 2007.

Burns, David D.: *Feeling good – Depressionen überwinden, Selbstachtung gewinnen: Wie Sie lernen, sich wieder wohlzufühlen.* Junfermann, Paderborn 2006.

Buss, D. M.: »The Evolution of Happiness.« *American Psychologist* 55:1 (2000): 15–21.

Cabanac, Michel, u. a.: »Pleasure in Decision-Making Situations.« *BMC Psychiatry* 2:7 (2002).

Cahn, B. Rael, u. John Polich: »Meditation States and Traits – EEG, ERP, and Neuroimaging Studies.« *Psychological Bulletin* 132:2 (2006): 180–211.

Carlson, Linda, u. a.: »Mindfulness-Based Stress Reduction in Relation to Quality of Life, Mood, Symptoms of Stress, and Immune Parameters in Breast and Prostate Cancer Outpatients.« *Psychosomatic Medicine* 65 (2003): 571–81.

Champagne, Frances A., u. Michael J. Meaney: »Like Mother, Like Daughter: Evidence for Non-Genomic Transmission of Parental Behavior and Stress Responsivity.« *Progress in Brain Research* 133 (2001): 287–302.

Chartrand, Tanya L., u. John A. Bargh: »The Chameleon Effect – The Perception-Behavior Link and Social Interaction.« *Journal of Personality and Social Psychology* 76:6 (1999): 893–910.

Cohen, Sheldon, u. a.: »Emotional Style and Susceptibility to the Common Cold.« *Psychosomatic Medicine* 65:4 (2003): 652–57.

Collins, Chuck, u. Felice Yeskel: *Economic Apartheid in America – A Primer on Economic Inequality and Insecurity.* New Press, New York 2000.

Costello, E. Jane, u. a.: »Relationships Between Poverty and Psychopathology.« *Journal of the American Medical Association* 290 (2003): 2023–29.

Creswell, J. David, u. a.: »Affirmation of Personal Values Buffers Neuroendocrine and Psychological Stress Responses.« *Psychological Science* 16:11 (2005): 846–51.

Cryder, Cynthia, u. a.: »Misery Is Not Miserly – Depressed and Self-Focused Individuals Spend More.« *Psychological Science,* Juni 2008.

Cushman, Philip: *Constructing the Self, Constructing America – A Cultural History of Psychotherapy.* Perseus, Cambridge, MA 1995.

Csikszentmihalyi, Mihaly: *Flow – Das Geheimnis des Glücks.* Herder, Freiburg 2006.

– : *Lebe gut! – Wie Sie das Beste aus Ihrem Leben machen.* Klett-Cotta, Stuttgart 2001.

Dallman, Mary F., u. a.: »Chronic Stress and Obesity – A New View of ›Comfort Food‹.« *Proceedings of the National Academy of Sciences,* 100:20 (30. Sept. 2003): 11 696–701.

Danner, Deborah D., u. a.: »Positive Emotions in Early Life and Longevity – Findings from the Nun Study.« *Journal of Personality and Social Psychology* 80:5 (2001): 804–13.

Davidson, Richard, u. a.: »Alterations in Brain and Immune Function Produced by Mindfulness Meditation.« *Psychosomatic Medicine* 65 (2003): 564–70.

Davidson, Richard: »Affective Style, Psychopathology and Resilience: Brain Mechanisms and Plasticity.« *American Psychologist* 55:11 (2000): 1214–30.

Diener, Ed, u. Christie N. Scollon: »Subjective Well-Being Is Desirable, but Not the Summum Bonum.« Referat anlässlich des University of Minnesota Interdisciplinary Workshop on Well-Being, 23.–25. Okt. 2003. Einzusehen unter www.tc.umn.edu/~tiberius/workshop_papers/Diener.pdf.

– u. Robert Biswas-Diener: »Findings on Subjective Well-Being and Their Implications for Empowerment.« Referat anlässlich der Weltbank-Konferenz »Measuring Empowerment: Cross-Disciplinary Perspectives«, 4.–5. Februar 2003.

–: »Will Money Increase Subjective Well-Being?« *Social Indicators Research* 57 (2002): 119–169.

– u. Martin E. P. Seligman: »Beyond Money – Toward an Economy of Well-Being.« *Psychological Science in the Public Interest* 5:1 (2004): 1–31.

Divorce Magazine.com, www.divorcemag.com

Dominguez, Joe, und Vicki Robin: *Your Money or Your Life.* Penguin, New York 1999.

Draganski, Bogdan, u. a.: »Neuroplasticity – Changes in Grey Matter Induced by Training.« *Nature* 427 (2004): 311 f.

The Economist: »Economics Discovers Its Feelings« (nicht signierter Artikel). 23. Dezember 2005.

–: »The Economist Intelligence Unit's Quality-of-Life Index.« (2005) http://economist.com/media/pdf/QUALITY_OF_LIFE.pdf

Edwards, V. J., u. a.: »Relationship Between Multiple Forms of Childhood Maltreatment and Adult Mental Health in Community Respondents – Results from the Adverse Childhood Experiences Study.« *American Journal of Psychiatry* 160:8 (2003): 1453–60.

Eid, Michael, u. Ed Diener: »Norms for Experiencing Emotions in Different Cultures – Inter- and Intranational Differences.« *Journal of Personality and Social Psychology* 81 (2001): 869–85.

Ekman, Paul: *Gefühle lesen – Wie Sie Emotionen erkennen und richtig interpretieren.* Elsevier, München 2007.

Elbert, Thomas, u. a.: »Increased Cortical Representation of the Fingers of the Left Hand in String Players.« *Science* 270 (1995): 305 ff.

Ellis, Alfred, u. Catharine Maclaren: *Rational Emotive Behavior Therapy.* Impact Publishers, New York 2005.

Ellison, Harlan: »Strange Wine.« in Harlan Ellison: *Strange Wine.* Warner Books, New York 1978.

Emmons, Robert A., u. Michael E. McCullough: »Counting Blessings Versus Burdens – An Experimental Investigation of Gratitude and Subjective Well-Being in Daily Life.« *Journal of Personality and Social Psychology* 84:2 (2005): 377–89.

Engert, Florian, u. Tobias Bonhoeffer: »Dendritic Spine Changes Associated with Hippocampal Long-Term Synaptic Plasticity.« *Nature* 399 (1999): 66–70.

Epstein, Mark: *Going to Pieces Without Falling Apart.* Broadway Books, New York 1998.

Eriksson, Peter S., u. a.: »Neurogenesis in the Adult Human Hippocampus.« *Nature Medicine* 4:11 (1998): 1313–17.

Ewing, Reid, u. a.: »Relationship Between Urban Sprawl and Physical Activity, Obesity and Morbidity.« *American Journal of Health Promotion* (Sept.–Okt. 2003): 47–57.

Felitti, Vincent J.: »Reverse Alchemy in Childhood – Turning Gold into Lead.« *Family Violence Prevention Fund Health Alert* 8:1 (2001): 1–8.

– u. a.: »Relationship of Childhood Abuse and Household Dysfunction to

Many of the Leading Causes of Death in Adults – The Adverse Childhood Experiences (ACE) Study.« *American Journal of Preventive Medicine* 14:4 (1998): 245–58.

Field, Tiffany: »Stimulation of Preterm Infants.« *Pediatric Review* 24:1 (2003):4–11.

Fiorino, Dennis F., u. a.: »Dynamic Changes in Nucleus Accumbens Dopamine Efflux During the Coolidge Effect in Male Rats.« *Journal of Neuroscience* 17:12 (1997): 4849 f.

Fisher, Anne: »Does Your Employer Help You Stay Healthy?« *Fortune* (Juli 12, 2005): 60.

Fleeson, William, u. a.: »An Intraindividual Process Approach to the Relationship Between Extraversion and Positive Affect – Is Acting Extraverted as ›Good‹ as Being Extraverted?« *Journal of Personality and Social Psychology* 83:6 (2002): 1409–22.

Fordyce, Michael W.: »A Program to Increase Happiness – Further Studies.« *Journal of Counseling Psychology* 30:4 (1983): 483–98.

Fox, Nathan A., u. Richard Davidson: »Taste-Elicited Changes in Facial Signs of Emotion and the Asymetry of Brain Electrical Activity in Human Newborns.« *Neuropsychologia* 24 (1986): 417–22.

Francis, Darlene, u. a.: »Nongenomic Transmission Across Generations of Maternal Behavior and Stress Responses in the Rat.« *Science* 286:5442 (1999): 1155–59.

Frankl, Victor: *Trotzdem ja zum Leben sagen – Ein Psychologe erlebt das Konzentrationslager.* dtv, München 1996.

Frederick, Shane, u. George Loewenstein: »Hedonic Adaptation.« In Kahneman, Daniel, u. a. (Hrsg.): *Well-Being – The Foundations of Hedonic Psychology.* Russell Sage, New York 1999.

Fredrickson, Barbara: »The Role of Positive Emotions in Positive Psychology.« *American Psychologist* 56:3 (März 2001): 218–26.

Fujita, Frank, u. Ed Diener: »Life Satisfaction Set Point – Stability and Change.« *Journal of Personality and Social Psychology* 88:1 (2005): 158–64.

Fullerton, Carol S., u. a.: »Acute Stress Disorder, Posttraumatic Stress Disorder, and Depression in Disaster or Rescue Workers.« *American Journal of Psychiatry* 161:8 (2004): 1370–76.

Gilbert, Daniel: *Ins Glück stolpern – Suche dein Glück nicht, dann findet es dich von selbst.* Goldmann, München 2008.

–: »The Pleasure Paradox.« *Tricycle: The Buddhist Review.* Herbst 2005.

Goldenberg, Don L., u. a.: »A Controlled Study of a Stress-Reduction, Cognitive-Behavioral Treatment Program in Fibromyalgia.« *Journal of Musculoskeletal Pain* 2 (1994): 53–66.

Goleman, Daniel: *Emotionale Intelligenz.* dtv, München 2001.

Graaf, John de, u. a.: *Affluenza – Zeitkrankheit Konsum.* Riemann, München 2002.

Greenhouse, Steven: »Report Shows Americans Have More ›Kabir Days‹.« *New York Times* (1. Sept. 2001).

–: »Worked Over and Over Worked.« *New York Times* (11. April 2008).

Grossman, Paul, u. a.: »Mindfulness-Based Stress Reduction and Health Benefits – A Meta-Analysis.« *Journal of Psychosomatic Research* 57 (2004): 35–43.

Guardian: »Fast Forward into Trouble.« (Nicht signierter Artikel) 14. Juni 2003.

Haidt, Jonathan: *Die Glückshypothese.* Vak-Verlag, Kirchzarten 2007.

Handler, R.: »20 Weeks to Happiness.« *Psychotherapy Networker* (Jan. / Feb. 2006).

Harmer, Catherine J., u. a.: »Increased Positive Versus Negative Perception and Memory in Healthy Volunteers Following Selective Serotonin and Norepinephrine Reuptake Inhibition.« *American Journal of Psychiatry* 161 (2004): 1256–63.

Hayes, Steven C., Kirk Strosahl u. Kelly G. Wilson: *Akzeptanz und Commitment-Therapie – Ein erlebnisorientierter Ansatz zur Verhaltensänderung.* CIP-Medien, München 2004.

Henderson, Mark: »Modern Life – It's One Step at a Time, Only Much Quicker.« *Times* (London) 2. Mai, 2007.

Henwood, D.: *Wall Street – How It Works and for Whom.* Verso, New York 1998.

Herman, Judith: *Die Narben der Gewalt – Traumatische Erfahrungen verstehen und überwinden.* Junfermann, Paderborn 2006.

Hirsch, Alan R.: »Effects of Garlic Bread on Family Interactions.« Poster anlässlich des 58. Jahrestreffens der American Psychosomatic Society, 1. März 2000.

Hirshleifer, David, u. Tyler Shumway: »Good Day Sunshine – Stock Returns and the Weather.« *The Journal of Finance* 58:3 (2003): 1009–32.

Hodgkinson, Tom: *Anleitung zum Müßiggang*. Heyne, München 2007.

Isen, Alice M.: »Positive Affect as a Source of Human Strength.« In L. G. Aspinwall u. U. M. Staudinger (Hrsg.): *A Psychology of Human Strength – Fundamental Questions and Future Directions for a Positive Psychology*. American Psychological Association, Washington, D. C. 2003.

– u. a.: »Positive Affect Facilitates Creative Problem Solving.« *Journal of Personality and Social Psychology* 52:6 (1987): 1122–31.

James, William: *Principles of Psychology*. Henry Holt, New York 1890, 1986.

Kabat-Zinn, Jon, u. a.: »Effectiveness of a Meditation-Based Stress Reduction Program in the Treatment of Anxiety Disorders.« *American Journal of Psychiatry* 149 (1992): 936–43.

– u. a.: »Influence of a Mindfulness-Based Stress Reduction Intervention on Rates of Skin Clearing in Patients with Moderate to Severe Psoriasis Undergoing Phototherapy UVB and Photochemotherapy PUVA.« *Psychosomatic Medicine 50* (1998): 625–32.

–: »An Outpatient Program in Behavioral Medicine for Chronic Pain Patients Based on the Practice of Mindfulness Meditation – Theoretical Considerations and Preliminary Results.« *General Hospital Psychiatry* 4 (1982): 33–47.

Kadison, Richard: »The Mental Health Crisis – What Colleges Must Do.« *Chronicle of Higher Education* 51:16 (2004): B20.

Kahneman, Daniel, u. a.: »Would You Be Happier if You Were Richer? A Focusing Illusion.« *Science* 312 (2006): 1908 ff.

– u. Alan B. Krueger: »Developments in the Measurement of Subjective Well-Being.« *Journal of Economic Perspectives* 20:1 (2006): 3–24.

–: »Experienced Utility and Objective Happiness – A Moment-Based Approach.« In Daniel Kahneman u. Amos Tversky (Hrsg.): *Choices, Values, and Frames*. Cambridge University Press, New York 2000.

Karen, Robert: *Becoming Attached*. Warner Books, New York 1994.

Kasser, Tim: *The High Price of Materialism*. MIT Press, Cambridge, MA 2002.

– u. Kirk W. Brown: »On Time, Happiness, and Ecological Footprints.« In J. de Graaf (Hrsg.): *Take Back Your Time – Fighting Overwork and Time Poverty in America*, S. 107–112. Berret-Koehler, San Francisco, CA 2003.

– u. Kennon M. Sheldon: »Time Affluence as a Path Towards Personal Happiness and Ethical Business Practice.« *Journal of Business Ethics*. Im Druck.

Kessler, Ronald C., u. a.: »Posttraumatic Stress Disorders in the National Comorbidity Survey.« *Archives of General Psychiatry* 52:12 (1995): 1048–60.

Kiecolt-Glaser, Janice K., u. a.: »Psychoneuroimmunology – Psychological Influences on Immune Function and Health.« *Journal of Consulting and Clinical Psychology* 70:3 (2002): 537–47.

Kipfer, Barbara Ann: *Das Glück ist gleich um die Ecke.* Coppenrath, Münster 2007.

Klein, Stefan: *The Science of Happiness.* Marlowe, New York 2006.

Knutson, Brian, u. a.: »Selective Alteration of Personality and Social Behavior by Serotonergic Intervention.« *American Journal of Psychiatry* 155 (1998): 373–79.

Kramer, Peter: *Glück auf Rezept – Der unheimliche Erfolg der Glückspille Fluctin.* Kösel, München 1995.

Kristeller, Jean, u. Brendan Hallet: »An Exploratory Study of a Meditation-Based Intervention for Binge Eating Disorder.« *Journal of Health Psychology* 4 (1999): 357–63.

Kubey, Robert, u. Mihaly Csikszentmihalyi: »Television Addiction is No Mere Metaphor.« *Scientific American,* Feb. 2002.

Kübler-Ross, Elisabeth (Hrsg.): *Reif werden zum Tode – Es kommt auf die Intensität des Lebens an.* Knaur, München 2004.

Kulka, Richard A., u. a.: *Trauma and the Vietnam War Generation – Report of Findings from the National Vietnam Veterans Readjustment Study.* Brunner/Mazel, New York 1990.

Kutz, Ilan, u. a.: »Meditation as an Adjunct to Psychotherapy.« *Psychotherapy and Psychosomatics* 43 (1985): 209–18.

Lamott, Anne: »Scattering the Present.« http://archive.salon.com/mwt/col/lamott/2003/08/01/ashes/index.html, 2003.

Lane, Robert E.: *The Loss of Happiness in Market Democracies.* Yale University Press, New Haven 2000.

Langer, Ellen J.: *Aktives Denken – Wie wir geistig auf der Höhe bleiben.* Rowohlt, Reinbek 1991.

–: *On Becoming an Artist.* Ballantine Books, New York 2005.

– u. M. Moldoveanu: »The Construct of Mindfulness.« *Journal of Social Issues* 56 (2000): 1–9.

Larsen, Jeff T., u. a.: »Turning Adversity to Advantage – On the Virtues of the Coactivation of Positive and Negative Emotions.« In Lisa G. Aspinwall u. Ursula M. Staudinger (Hrsg.): *A Psychology of Human Strength – Fundamental Questions and Future Directions for a Positive Psychology.* American Psychological Association, Washington, D. C. 2003.

Layard, Richard: *Happiness – Lessons from a New Science.* Penguin, New York 2005.

Lazar, Sara W., u. a.: »Meditation Experience Is Associated with Increased Cortical Thickness.« *Neuroreport* 16:17 (2005): 1893–97.

LeDoux, Joseph: *Das Netz der Gefühle – Wie Emotionen entstehen.* dtv, München 2001.

Lee, Richard: »What Hunters Do for a Living or How to Make Out on Scarce Resource.« In Richard Lee u. Irven Devore: *Man the Hunter.* Aldine, New York 1984.

Linehan, Marsha: *Dialektisch-behaviorale Therapie der Borderline-Persönlichkeitsstörung.* CPI-Medien, München 1996.

Louv, Richard: *Last Child in the Woods.* Algonquin Books, New York 2006.

Lykken, David, u. Auke Tellegen: »Happiness Is a Stochastic Phenomenon.« *Psychological Science* 7 (1996): 186–89.

–: *Happiness – The Nature and Nurture of Joy and Contentment.* St. Martin's Griffin, New York 1999.

Lyubomirsky, Sonia: *Glücklich sein.* Campus, Frankfurt a. M. 2008.

– u. a.: »Pursuing Happiness – The Architecture of Sustainable Change.« *Review of General Psychology* 9:2 (2005a): 111–31.

– u. a.: »The Benefits of Frequent Positive Affect – Does Happiness Lead to Success?« *Psychological Bulletin* 131:6 (2005b): 803–55.

– u. a.: »The Costs and Benefits of Writing, Talking, and Thinking about Life's Triumphs and Defeats.« *Journal of Personality and Social Psychology* 90:4 (2006): 692–708.

Magid, Barry: *Ordinary Mind – Exploring the Common Ground of Zen and Psychotherapy.* Wisdom Publications, Boston 2002.

Maguire, Eleanor A., u. a.: »Navigation-Related Structural Change in the Hippocampi of Taxi Drivers.« *Proceedings of the National Academy of Sciences* 97 (2000): 4398–403.

Marmot, Michael: *The Status Syndrome.* Henry Holt, New York 2005.

McEwen, Bruce S. u. E. N. Lasley: *The End of Stress as We Know It.* Dana Press/Joseph Henry Press, Washington, D. C. 2002.

McPherson, u. a.: »Social Isolation in America – Changes in Core Discussion Networks over Two Decades.« *American Sociological Review* 71 (2006): 353–75.

Medvec, Victoria H., u. a.: »When Less Is More – Counterfactual Thinking and Satisfaction Among Olympic Medalists.« *Journal of Personality and Social Psychology* 69:4 (Okt. 1995): 603–10.

Melchior, Maria, u. a.: »Work Stress Precipitates Depression and Anxiety in Young, Working Women and Men.« *Psychological Medicine* 37:8 (Aug. 2007): 1119–29.

Michigan, University of: »New Method Measures Emotional Quality of Daily Experience.« Press release: www.umich.edu/news/index. html?Releases/2004/Dec04/r120 204c.

Miller, Timothy: *How to Want What You Have.* Avon, New York 1995.

Mipham, Sakyong: *Wie der weite Raum – die Kraft der Meditation.* dtv, München 2005.

Moncrieff, Joanna, u. David Cohen: »Do Antidepressants Cure or Create Abnormal Brain States?« *PLoS Med* 3:7 (2006) e240 doi:10.1371/journal. pmed.0 030 240.

Murray, Christopher J. L., u. Alan D. Lopez (Hrsg.): *The Global Burden of Disease. A Comprehensive Assessment of Mortality and Disability From Disease, Injuries, and Risk Factors in 1990 and Projected to 2020.* World Health Organization, World Bank, Harvard University 2006.

Myers, David G.: *The Pursuit of Happiness.* Avon, New York 1992.

Nesse, Randolph M.: »Natural Selection and the Elusiveness of Happiness.« *Philosophical Transactions of the Royal Society B: Biological Sciences* 359:1449 (Sept. 29, 2004): 1333–47.

Nettle, Daniel: *Happiness – The Science Behind Your Smile.* Oxford University Press, Oxford (UK) 2005.

O'Connor, Richard: *Undoing Depression – What Therapy Doesn't Teach You and Medication Can't Give You.* Little, Brown, New York 1997.

–: *Active Treatment of Depression.* Norton, New York 2001.

–: *Undoing Perpetual Stress.* Berkley, New York 2005.

O'Hanlon, Bill: *Thriving Through Crisis.* Perigee, New York 2005.

Opbroek, Adam, u. a.: »Emotional Blunting Associated with SSRI-Induced Sexual Dysfunction. Do SSRIs Inhibit Emotional Responses?« *International Journal of Neuropsychopharmacology* 5 (2002): 147–51.

Orsillo, Susan, u. a.: »Acceptance, Mindfulness, and Cognitive-Behavioral Therapy: Comparisons, Contrasts, and Application to Anxiety.« In Steven Hayes u. a. (Hrsg.): *Mindfulness and Acceptance – Expanding the Cognitive-Behavioral Tradition.* Guilford, New York 2004.

Pascual-Leone, Alvaro, u. a.: »The Plastic Human Brain Cortex.« *Annual Review of Neuroscience* 28 (2005): 377–401.

Pennebaker, James W.: *Opening Up – The Healing Power of Expressing Emotions.* Guilford, New York 1990.

– u. a.: »Linguistic Predictors of Adaptive Bereavement.« *Journal of Personality and Social Psychology* 72 (1997): 863–67.

Peterson, Christopher: *A Primer in Positive Psychology.* Oxford University Press, New York 2006.

– u. a.: *Learned Helplessness.* Oxford University Press, New York 1995.

Plassman, Hilke, u. a.: »Marketing Actions Can Modulate Neural Representations of Experienced Pleasantness.« *Proceedings of the National Academy of Sciences* 105 (2008): 1050–54.

Polivy, Janet, u. C. Peter Herman: »If at First You Don't Succeed – False Hopes of Self-Change.« *American Psychologist* 57:9 (Sept. 2002): 677–89.

Prelec, Drazen, u. Duncan Simester: »Always Leave Home Without It – A Further Investigation of the Credit-Card Effect on Willingness to Pay.« *Marketing Letters* 12:1 (Feb. 2001): 5–12.

Psychotherapy Networker (nicht signierter Artikel): »The Top Ten.« März/April 2007.

Putnam, Robert D.: *Bowling Alone.* Simon & Schuster, New York 2000.

Redelmeier, Donald A., u. Sheldon M. Singh: »Survival in Academy Award-Winning Actors and Actresses.« *Annals of Internal Medicine* 134:10 (2001): 955–62.

Reis, Harry T., u. Shelly Gable: »Toward a Positive Psychology of Relationships.« In Corey L. M. Keyes u. Jonathan Haidt (Hrsg.): *Flourishing – Positive Psychology and the Life Well-Lived.* American Psychological Association, Washington, D. C. 2003.

Rencanzone, G. H., u. a.: »Plasticity in the Frequency Representation of Primary Auditory Cortex Following Discrimination Training in Adult Owl Monkeys.« *Journal of Neuroscience* 13 (1993): 87–103.

Reuters Summit: »U. S. Executive Pay Still Out of Control.« 18. Feb. 2004.

Rosenkranz, Melissa, u. a.: »Affective Style and *In Vivo* Immune Response:

Neurobehavioral Mechanisms.« *Proceedings of the National Academy of Sciences* 100 (2003): 11148–52.

Rotundo, E. Anthony: *American Manhood.* Basic Books, New York 1994.

Ryff, Carol D.: »Happiness Is Everything, or Is It? Explorations on the Meaning of Psychological Well-Being.« *Journal of Personality and Social Psychology* 57:6 (1989): 1069–81.

– u. Burton Singer: »The Role of Emotion on Pathways to Positive Health.« In Richard Davidson u. a. (Hrsg.): *Handbook of Affective Science.* Oxford University Press, New York 2003.

Sapolsky, Robert M.: *Warum Zebras keine Migräne kriegen – Wie Stress den Menschen krank macht.* Piper, München 1998.

Schkade, David, u. Daniel Kahneman: »Does Living in California Make People Happy?« *Psychological Science* 9:340 (1998): 340–46.

Schor, Juliet B.: *The Overworked American.* Basic Books, New York 1993.

–: *The Overspent American.* Basic Books, New York 1998.

Schore, Allan N.: *Affect Regulation and the Origin of the Self – The Neurobiology of Emotional Development.* Erlbaum, Hillsdale, NJ 1994.

–: *Affect Deregulation and Disorders of the Self.* Norton, New York 2003.

–: *Affektregulation und die Reorganisation des Selbst.* Klett-Cotta, Stuttgart 2007.

Schumaker, John F.: *In Search of Happiness.* Praeger, Westport, CT 2007.

Schwartz, Barry: *Anleitung zur Unzufriedenheit – Warum weniger glücklicher macht.* Ullstein, München 2006.

– u. a.: »Maximizing versus Satisficing – Happiness Is a Matter of Choice.« *Journal of Personality and Social Psychology* 83:5 (2002): 1178–97.

Schwartz, J. M., u. a.: »Systematic Changes in Cerebral Glucose Metabolic Rate After Successful Behavior Modification Treatment of Obsessive-Compulsive Disorder.« *Archives of General Psychiatry* 53 (1996): 109–13.

Schwartz, Jeffrey, u. Sharon Begley: *The Mind and the Brain – Neuroplasticity and the Power of Mental Force.* HarperCollins, New York 2002.

Schwarz, Norbert, u. Fritz Strack: »Reports of Subjective Well-Being – Judgmental Processes and their Methodological Implications.« In Daniel Kahneman u. a. (Hrsg.): *Well-Being – The Foundations of Hedonic Psychology.* Russell Sage, New York 1999.

Scott-Clark, Cathy, u. Adrian Levy: »Fast Forward into Trouble.« *The Guardian,* June 14, 2003.

Segal, Zindel V., u. a.: »Mindfulness-Based Cognitive-Behavioral Therapy –
Theoretical Rationale and Empirical Status.« In Steven C. Hayes u. a.
(Hrsg.): *Mindfulness and Acceptance – Expanding the Cognitive-Behavioral
Tradition.* Guilford, New York 2004.

– u. a.: *Die achtsamkeitsbasierte kognitive Therapie der Depression – Ein neuer
Ansatz zur Rückfallprävention.* Dgvt-Verlag, Tübingen 2008.

Seligman, Martin E. P.: *Der Glücks-Faktor – Warum Optimisten länger leben.*
Bastei-Lübbe, Bergisch Gladbach 2005.

– u. a.: »Positive Psychology Progress – Empirical Validation of Interven-
tions.« *American Psychologist* 60 (2005): 410–21.

Servan-Schreiber, David: *The Instinct to Heal.* Rodale, Emmaus, PA 2003.

Setlow, C.: »Reinforce Shopping as a Leisure Activity.« *DSN Retailing Today*,
4. Juni 2001.

Shapiro, Shauna L., u. a.: »Effects of Mindfulness-Based Stress Reduction
on Medical and Premedical Students.« *Journal of Behavioral Medicine* 21
(1998): 581–99.

Sheldon, Kennon M., u. a.: »What Is Satisfying about Satisfying Events?
Testing Ten Candidate Psychological Needs.« *Journal of Personality and
Social Psychology* 80:2 (2001): 325–39.

Sheline, Yvette I., u. a.: »Hippocampal Atrophy in Recurrent Major Depression.« *Proceedings of the National Academy of Sciences* 93:9 (1996): 3908–13.

Siegel, Daniel J.: *Wie wir werden die wir sind – Neurobiologische Grundlagen
subjektiven Erlebens und die Entwicklung des Menschen in Beziehungen.* Junfermann, Paderborn 2006.

–: *The Mindful Brain.* Norton, New York 2007.

Singh-Manoux, u. a.: »Does Subjective Social Status Predict Health and
Change in Health Status Better Than Objective Status?« *Psychosomatic
Medicine* 67 (2005): 855–61.

Slusher, Morgan P., u. Craig A. Anderson: »Belief Perseverance and Self-
Defeating Behavior.« In Rebecca Curtis (Hrsg.): *Self-Defeating Behaviors –
Experimental Research, Clinical Impressions, and Practical Implications.* Ple-
num Press, New York 1989.

Solnick, S., u. D. Hemenway: »Is More Always Better? A Survey on Posi-
tional Concerns.« *Journal of Economic Behavior and Organization* 37 (1998):
373–83.

Speca, M., u. a.: »A Randomized, Wait-List Controlled Clinical Trial – The

Effect of a Mindfulness Meditation-Based Stress Reduction Program on Mood and Symptoms of Stress in Cancer Outpatients.« *Psychosomatic Medicine* 62 (2000): 613–22.

Steffen, Patrick R., u. a.: »Acculturation to Western Society as a Risk Factor for High Blood Pressure – A Meta-Analytic Review.« *Psychosomatic Medicine* 68 (2006): 386–97.

Stevenson, Betsey, u. Justin Wolfers: »The Paradox of Declining Female Happiness.« 2007. Einzusehen unter http://bpp.wharton.upenn.edu/jwolfers/Papers/WomensHappiness.pdf.

Stone, Arthur A., u. a.: »A Population Approach to the Study of Emotion.« *Emotion* 6:1 (2006): 139–49.

Stutzer, Alois: »The Role of Income Aspirations in Individual Happiness.« *Journal of Economic Behavior and Organization* 54:1 (Mai 2004): 89–109.

Taylor, Shelley E.: »On Healthy Illusions.« *Daedalus*, 1. Jan. 2005.

–: *Mit Zuversicht – Warum positive Illusionen für uns so wichtig sind.* Rowohlt, Reinbek 1995.

– u. a.: »Psychological Resources, Positive Illusions, and Health.« *American Psychologist* 55:1 (Jan. 2000): 99–109.

Ulrich, R. S.: »View Through a Window May Influence Recovery From Surgery.« *Science* 224 (1984): 420 f.

UNICEF Report Card 7: »Child Poverty in Perspective: An Overview of Child Well-Being in Rich Countries.« Einzusehen unter www.unicef-irc.org, 14. Feb. 2007.

Vaillant, George E.: *The Wisdom of the Ego.* Harvard University Press, Cambridge, MA 1993.

Van Boven, Leaf, u. George Loewenstein: »Social Projection of Transient Drive States.« *Personality and Social Psychology Bulletin* 29 (2003): 1159–68.

Van der Kolk, Bessel A.: »In Terror's Grip: Healing the Ravages of Trauma.« *Cerebrum* 4:34–50. The Dana Foundation, New York 2002.

Ventura, Michael: »Appointments with Yourself.« *Psychotherapy Networker* (Nov./Dez. 2006): 29–33.

Viorst, Judith: *Mut zur Trennung – Menschliche Verluste, die das Leben sinnvoll machen.* Heyne, München 2002.

Vitello, Paul: »Pressed for Time and Money, Americans are Giving Up Golf.« *New York Times* (21. Feb. 2008): A1.

Walker, W., u. a.: »Life Is Pleasant – and Memory Helps to Keep It That Way!« *Review of General Psychology* 7:2 (2003): 203–10.

Wallace, B. Alan: *Genuine Happiness.* Wiley, New York 2005.

Wallerstein, Judith S., u. Sandra Blakeslee: *Gewinner und Verlierer – Frauen, Männer, Kinder nach der Scheidung; eine Langzeitstudie.* Droemer-Knaur, München 1992.

Wallis, Claudia: »The New Science of Happiness.« *Time,* 17. Jan. 2005.

Weiner, Eric: *Geographie des Glücks.* Rogner & Bernhard, Berlin 2008.

Williams, Mark, u. a.: »The Mindful Way Through Depression.« Guilford, New York 2007.

Wilson, Kelly G., u. Amy R. Murrell: »Values Work in Acceptance and Commitment Therapy – Setting a Course for Behavioral Treatment.« In Steven C. Hayes u. a. (Hrsg.): *Mindfulness and Acceptance – Expanding the Cognitive-Behavioral Tradition.* Guilford, New York 2004.

Wrzesniewski, Amy, u. a.: »Working, Playing, and Eating – Making the Most of Most Moments.« In Corey L. M. Keyes u. Jonathan Haidt (Hrsg.): *Flourishing – Positive Psychology and the Live Well-Lived.* American Psychological Association, Washington, D. C. 2003.

Zweig, Jason: *Your Money and Your Brain.* Simon & Schuster, New York 2007.